电影《万物理论》据本书改编

我和霍金的生活
Travelling to Infinity

〔英〕简·霍金（Jane Hawking） 著
张　敬　王翰民　译

史蒂芬的知识改变了我们的世界
简的爱改变了史蒂芬的世界

重庆出版集团 重庆出版社

Travelling to Infinity: The True Story Behind The Theory of
Everything By Jane Hawking
Copyright © This edition arranged with Alma Books through BIG
APPLE AGENCY,INC.,LABUAN,MALAYSIA.
Simplified Chinese edition copyright © 2017 Chongqing Publishing
House Co., Ltd.
All Rights Reserved.

版贸核渝字（2015）第014号

图书在版编目（CIP）数据

我和霍金的生活 /〔英〕简·霍金著；张敬，王翰民译. — 重庆：重庆出版社，2018.4
书名原文：Travelling to Infinity
ISBN 978-7-229-12761-9

Ⅰ.①我… Ⅱ.①简…②张…③王… Ⅲ.①霍金（Stephen William Hawking 1942— ）—传记 Ⅳ.①K835.616.14

中国版本图书馆CIP数据核字(2017)第251444号

我和霍金的生活
Travelling to Infinity
〔英〕简·霍金（Jane Hawking） 著
张敬　王翰民　译

责任编辑：连果
责任校对：刘小燕
书籍设计：博引传媒

重庆出版集团
重庆出版社　出版
重庆市南岸区南滨路162号1幢　邮政编码：400061　http://www.cqph.com
重庆市国丰印务有限责任公司印刷
重庆出版集团图书发行有限公司发行
E-MAIL:fxchu@cqph.com　邮购电话：023-61520646
重庆出版社天猫旗舰店 cqcbs.tmall.com
全国新华书店经销

开本：710mm×1000mm　1/16　印张：22.75　插页：12　字数：400千
2018年4月第1版　2018年4月第1版第1次印刷
ISBN 978-7-229-12761-9
定价：78.00元

如有印装质量问题，请向本集团图书发行有限公司调换：023-61520678
版权所有　侵权必究

发行评语
Advance Praise for Travelling to Infinity

史蒂芬·霍金的精神世界如果有十一个维度，作为他的首任妻子，简·霍金会用十一个维度的爱将他包容。

——《星期日泰晤士报》（*The Sunday Times*）

当一场婚姻破裂时，时间该怎样定义？将自己一生奉献其中的女主人公又该如何抉择？简·霍金的小宇宙中既有失落，也有热爱。

——《卫报》（*The Guardian*）

一个温馨感人的故事。

——《泰晤士报》（*The Times*）

简对自己前夫的描述温柔、独到且充满尊敬。

——《星期日快报》（*Sunday Herald*）

简·霍金的书中描写了自己在史蒂芬万众瞩目的生活中充当支柱作用是怎样的一种体验。该书更像是来自世人不曾看到的暗处的呐喊。

——《每日电讯报》（*The Daily Telegraph*）

简·霍金令人神伤的真实叙述能立刻抓住读者的注意。

——《爱尔兰时报》（*The Irish Times*）

尽管简的痛苦显而易见，但这不是一本满腹牢骚的书。史蒂芬对抗病魔的精神固然英勇可嘉，而简在史蒂芬日益增加的悉心照顾与对三个孩子的关爱中追求平衡的不懈努力也一样伟大。

——《星期日独立报》（*Sunday Independent*）

简对自己最后几年痛苦煎熬的婚姻生活进行了直白、具体的描写。

——《独立报》（*The Independent*）

For my family

献给我的家人

La parole humaine est comme un chaudron fêlé où nous battons des
　　mélodies à faire danser les ours quand on voudrait attendrir les étoiles.

　　　　　　　　　　　　　　　　　　—— Gustave Flaubert

human expression is like a cracked kettle on which we beat
　out music for bears to dance to, when really we long to move the stars to pity.

　　　　　　　　　　　　　　　　　　—— Gustave Flaubert

我们敲打语言的破铁锅，
试图用它来感动天上的星星，其结果只能使狗熊跳舞。

　　　　　　　　　　——居斯塔夫·福楼拜（Gustave Flaubert）

目录
Contents

Part One
第一部分

1	飞翼	2
2	舞台	8
3	水晶马车	14
4	隐藏的真相	19
5	不确定的原则	23
6	背景	29
7	美好的信念	36
8	物理入门	44
9	小圣玛丽街	50
10	寒假	56
11	学习曲线	59
12	平淡的结局	66
13	生命的轮回	70
14	不完美的世界	74

Part Two
第二部分

15	西雅图不眠夜	80
16	陆地	87
17	天球	91
18	危险的活力	96
19	宇宙的扩张	102
20	维权运动	108
21	上进	114
22	智慧和无知	120
23	契诃夫的脚步声	127
24	冷风	135
25	协调	142
26	地平线	147

Part Three
第三部分

27	美国来信	156
28	成就	167
29	埋藏的宝藏	173
30	棋牌游戏	178
31	凯尔特森林	184
32	回眸	190
33	僵局	195
34	援助之手	201
35	意料之外	209
36	不和谐音	216
37	动乱	220
38	向星辰前进	228
39	恢复和谐	236
40	未完成的事业	242
41	离别	246

Part Four
第四部分

42	黑暗的夜晚	252
43	命悬一线	258
44	责任的压力	264
45	叛变	271
46	在灰烬中重生	280
47	数学与音乐	287
48	极致	292
49	红女王	299
50	天堂愿景	305
51	回家	308
52	成名的代价	311
53	荣誉	317
54	荣誉随从勋章	323
55	最后的宣判日	327
56	沉重的现实	332
57	无效	337

结语
致谢

Part One

第一部分

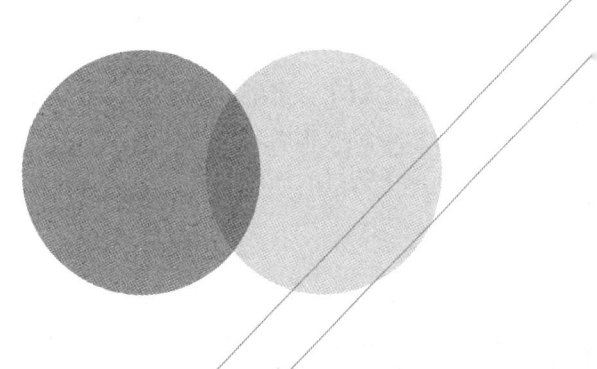

Part One | Travelling to Infinity
我和霍金的生活

1 飞 翼

我与史蒂芬·霍金（Stephen Hawking）的故事开始于1962年的夏天。事实上，故事在那个时候已经开始十来年了，只是我自己不曾意识到。20世纪50年代初，我7岁那年开始在圣奥尔本斯女子学校（St Albans）就学。有一小段时间，我总能见到这么一个男孩，蓬松的金棕色头发，总是坐在隔壁教室靠墙的位置。虽然这是一所女子学校，但也会收取部分男同学，我的兄弟克里斯托弗（Christopher）就在这里读小学。如果我们的老师有事没来给我们授课，我们一年级学生就会被迫和其他高年级学生挤同一间教室，也只有在这样的时刻，我才有机会看到那个蓬松头发的男孩。虽然我们未曾说话，但我的这些早期记忆是绝对可信的。史蒂芬后来也证实，他的确在那里念过一学期的书，之后才转到了几英里外的一所预备学校。

我对史蒂芬的妹妹们的记忆更加深刻，因为她们在圣奥尔本斯待的时间更长。玛丽（Mary）只比史蒂芬小18个月，她是两姐妹中的姐姐。我对她当时的印象非常深刻：胖胖的身形、乱糟糟的打扮、习惯一人独处、一副恍恍惚惚的样子。她总是戴着一副又厚又老气沉沉的眼镜，遮住了她原本晶莹剔透的脸蛋。菲利帕（Philippa）是史蒂芬的小妹妹，她比史蒂芬小5岁。她梳着整齐的小辫子，圆圆的粉红的脸上生着一双清澈的眼睛。她总是神情紧张，容易激动。尽管学校在教学纪律上的要求非常严格，但学生们对那些条件比较特殊的同学的态度还是非常苛刻。拥有一幢乡间别墅或乘坐劳斯莱斯来上学的特殊学生不在此列，像我这样的家里只有一辆老旧的"战前标准十（pre-war standard 10）"轿车的学生必然会受到同学们的耻笑。霍金家就更不用说了，像他们那样乘坐出租车来上学的同学更会沦为同学们冷嘲热讽的对象和笑柄。当出租车开进学校时，霍金家的小孩们总会躺在后排座位的下面以避免被其他同学们看到而成为被取笑的对象。与霍金家相比，我就没那么幸运了，我们家里的老旧轿车可没有足够让我躺下的巨大的后排座椅空间以躲避同学们的视线。不久后，霍金家的两个小女孩儿相继转学了。

我时常能看到她们的母亲，她是一个瘦小的女士。她总是站在我们学校附近的斑马线旁，等待着她最小的儿子爱德华（Edward）乘校车归来，爱德华在乡下的一所预备学校念书。我的弟弟在圣奥尔本斯上完初级班后也去爱德华在乡下的那所预备学校——艾尔斯福德屋（Aylesford House）——念书。那儿的男孩儿们总是穿着粉红色的夹克并戴着粉红色的帽子。那里是小男孩的天堂，尤其适合那些对学习没有兴趣的孩子，他们每天的主要活动就是游戏和露营，我的父亲曾经常在那里为他们演奏钢琴。8岁的爱德华虽然是霍金家收养的孩子，但他长得英俊且极具魅力。在我初识霍金一家的时候，爱德华和他们的生活还不算协调，我想大概是因为霍金家有在晚饭时围绕着饭桌读书的传统，而爱德华显然不是这种书虫类型的人。

黛安娜·金（Diana King），我在学校的一个好朋友，就亲身经历过霍金一家这种特殊的习惯。所以后来在听到我和史蒂芬订婚的消息时，她惊呼道："喔！简（Jane）！你这是要嫁到一个非常疯狂的家庭里去呀！"正是黛安娜在1962年的那个夏天第一次把史蒂芬介绍给我认识的。那年期末考试后，我和黛安娜还有我最好的朋友吉莲（Gillian）正享受着期末舒适的闲暇时光。由于我父亲是在政府部门任职的高级官员，所以我可以在校园生活之外初涉成人世界。比如：参加下议院的晚餐、在某个炎热的晴天参加白金汉宫的花园聚会。黛安娜和吉莲在那个学期结束后就毕业了，而我则会以学生会主席的身份留校，接下来的那个秋天我将开始大学入学申请的准备。那是一个周五的下午，我们已经收拾好了各自的行李，商量着戴上自己的草帽去镇上喝茶。路上，一个奇怪的人引起了我们的注意。一个年轻人，脸几乎全埋在棕色直发里，迈着奇怪的步伐，摇摇晃晃地朝与我们相反的方向走去。他完全沉浸在自己的思想中，左右摇晃着走路，完全没有发现我们3个女生的存在。在拘谨沉闷的圣奥尔本斯，这可不是常见的景象。吉莲和我惊讶地望着他，一旁的黛安娜则显得无动于衷。

"那是史蒂芬·霍金，我和他还约会过呢。"她对她的两位同伴解释道。

"你在开玩笑吧！"我们难以置信地笑着惊呼。

"我是认真的。他很奇怪，但也极其聪明。他是巴兹尔（黛安娜的哥哥）的朋友。他带我去了剧院看戏。他曾参加过核裁军运动。"

这着实让我们吃惊不小。我们继续前行，不过接下来的旅程不再那么

Part One 我和霍金的生活 | Travelling to Infinity

吸引我。说不上为什么，我不断地想着刚才遇到的那个年轻人。或许是因为在我传统守旧的外表下总有一些不传统的新奇东西在吸引着我吧，又或许我在冥冥之中感到他和我会再次相遇。无论是为什么，总之那天我们偶遇的情形在我脑海里留下了深刻印象。

那个夏天对于即将独立的年轻人来说如梦一般美好。但对于我的父母来说却更像一场噩梦，因为我即将前往西班牙参加夏季班的学习。回到1962年，西班牙对于我们就像是尼泊尔对于今天的年轻人那样遥远、神秘，且充斥着冒险。过往18年的生活经历，使我坚信自己具有生活自理能力，而事实上也的确如此。学校的课程安排紧密，我们外国学生都寄居在寄宿家庭里。到了周末，我们就会被带到潘普洛纳旅游。我在那儿看了至今为止唯一一场现场观看的斗牛比赛，野蛮残暴同时又壮观迷人。我们也去了圣依纳爵的家乡罗耀拉（Loyola）。每一个在圣奥尔本斯念书的学生都已经把他写的祷告文读了又读且早已烂熟于心：

教诲我们吧，上帝，
让我们像你应得的那样去服侍你。
让我们去奉献，不计回报……

如果没有旅行计划，我们就会在海滩上度过下午时光，或者在港口旁的饭馆庆祝某个节日，在酒吧聆听乐队沙哑的音乐，对着烟火欢呼。我很快就交到了在我的圣奥尔本斯交际圈以外的新朋友，他们大多都是参加和我一样课程的其他学生。我喜欢与他们共同体验西班牙令人愉悦的异国风情，体验着远离家人，远离校园古板条例的那种成年人的独立感觉。

结束了西班牙夏季班的学习回到英国后，我又马不停蹄地参加了新的旅程。我的父母为我的安全回归感到振奋，他们组织了一次前往卢森堡的家庭旅游。从我10岁那年的布列塔尼旅游开始，我的父亲一直有组织我们出行的习惯，他说这可以增长我们的见识。在他热情的带动下，我们一家都成了旅游运动的先锋。在整个欧洲还没从战争创伤中完全走出来的时候，我们就已经在它的乡间小路上漫步了无数英里，我和父母一起拜访了欧洲的各个城市、教堂、艺术博物馆。一路上，我们学习历史、欣赏艺术，同时也享受生活——美酒、美食以及盛夏的阳光。战争纪念碑以及弗兰德斯战场的公墓与这一切记忆交织在一起。

回到校园的那个秋天,假期旅行的经历给了我前所未有的自信。我感觉自己就像破茧的蝴蝶,校园教育所能给我的自主与独立与我在旅途中获得的相比就如沧海一粟。那段时间电视上出现了一种新的讽刺小品。我从中获取了一些灵感,便以学生会主席的身份为六年级的学生们创办了一个时装展。我的时装展特殊的地方在于,所有展出的时装都是由学校的校服改造的。时装展在整个学校引起了空前的轰动,大厅外的楼梯都被挤得水泄不通。我们的体育指导员,平时坚如磐石的米克尔·约翰(Meiklejohn)女士(我们都叫她米克),她充满男性特征的外表向来是我们学校正常秩序的保障,在那一天也忙得几乎中风。在喧嚣吵闹中没人听得到她的大吼大叫,被逼无奈,她只好拿出大喇叭来维持秩序。我只有在运动会、宠物展览以及一学期一度的教堂活动中看到过米克使用大喇叭。也只有那些时候,我们全校学生才会把圣奥尔本斯的街道堵得水泄不通。

　　我最初对那个学期的期望并非举办时装秀,而是计划用这个时间来申请大学。可惜我在学术方面的突进并不成功。无论我们对肯尼迪总统如何阿谀奉承,那年10月的古巴导弹危机仍然严重地撼动了我们这一代人的安全感,那些强权国家拿着普通人的生命玩着危险的游戏,我们对未来充满了迷茫。我还记得,当时我们跟随校长在学校聚会为和平祈祷时的场景,那时我想着菲尔德·马歇尔·蒙哥马利(Field Marshall Montgomery)将军曾经在20世纪50年代末期预言"10年之内会有核战争爆发"。核战争一旦爆发,留给我们的仅剩下区区4分钟时间,所有人类文明将戛然而止,这是妇孺皆知的事实。我母亲当时作出了这样的评价,就如同她一生中的无数其他言论一样平静睿智而充满哲理。她说:"如果她有生之年见证了第三次世界大战,她宁愿和其他所有人一起被毁灭,也不愿忍受看到自己丈夫和儿子参加一场无法归来的战争的悲痛。"

　　然而,我却无心过多纠结于紧张的国际局势,此时的我正精心备战即将来临的"A"水准考试(普通教育高级程度证书考试)并累得精疲力尽。在那个夏天尝到的自由味道也逐渐被麻木无趣的功课代替。当牛津大学和剑桥大学都拒绝了我的入学申请的时候,我感到丢尽了脸。尤其是想到,从我6岁开始父亲就抱着希望我能进入剑桥念书的心愿,我就更感到难过。金特(Gent)老师是我们学校的校长,她觉察到了我的失望心情,语重心长地劝说我没被剑桥录取并不耻辱,被剑桥录取的许多男生并不比被剑桥拒绝的女生聪明。在那个年代,剑桥和牛津大学的男女录取比率差

Part One | Travelling to Infinity 我和霍金的生活

不多是 10∶1。她建议我去参加位于伦敦的韦斯特菲尔德学院（Westfield College）提供的面试。那是一所位于汉普斯特（Hampsted）的类格腾女子学院，学院位置离剑桥大学不远。于是在 12 月的一个大冷天，我坐上公交车从圣奥尔本斯出发前往 15 英里（24 公里）外的汉普斯特。

　　面试简直糟糕透了，面试结束后我如释重负地跳上公交车回家。看着车窗外阴冷的飘雪，我才稍微放松。西班牙语系的面试非常不顺利，整个面试都在谈论 T.S. 艾略特（T.S. Eliot），而我对此基本上一无所知，几乎是蒙混过关。结束了西班牙语系的面试后，我又在校长办公室外排起长队。校长接待我的态度就像是一个高级政府官员会面她的行政下属，整个会面中的大部分时间她都把自己的头埋在高耸的文件里，只是偶尔抬起头来看我一眼。我已被之前失败的面试弄得心烦意乱，看到她的态度让我下定主意哪怕是丢掉这个入学机会我也要做点什么引起她的注意。于是在她用她那空洞冷漠的声音问道"是什么促使你选择主修西班牙语而不是主修法语呢？"的时候，我故意模仿着她的口气回答："因为西班牙可比法国性感多了。"她抬起头看着我，文件从她手里滑落。

　　令我感到意外的是韦斯特菲尔德学院最终录取了我。到了那年圣诞节，我在西班牙之旅中获得的大部分乐观与热情都已消失殆尽。我参加了黛安娜和她的哥哥一起举办的新年聚会。我穿着墨绿色丝绸连衣裙，将头发向后绾成一个蓬松的髻，心里很害羞，显得没有自信心。就在那里，我看到他了。靠着墙站在角落里，灯光照到他的侧面，他一边在说着什么一边用修长的手指比画着。几缕头发垂落下来盖过了他的眼镜，一套灰扑扑的黑色天鹅绒夹克，系着红色天鹅绒蝴蝶结——史蒂芬·霍金——那个我在夏天看到的在街边摇摇晃晃的年轻人。

　　站在远离大多数人的地方，他正在和一个牛津的朋友交谈着。他在谈论自己在剑桥大学已经开始的宇宙学研究，他说他本希望可以在弗雷德·霍伊尔（Fred Hoyle）的门下学习。霍伊尔是当时很有名气的科学家，曾经上过电视。但最终他的导师却是丹尼斯·夏玛（Dennis Sciama）。史蒂芬说，最初他以为未曾谋面的导师的名字念斯基尔玛，等他到了剑桥，才知道原来这个名字的正确读音是夏玛。史蒂芬说，当他在夏天得知自己在牛津获得一等学位的成绩时非常高兴，那时的我正在为了"A"水准考试忙得晕头转向。一等学位颁发给论文答辩最优秀的学生。学生发表论文，展现出其卓越的才能，然后就会有考官来对这些学生进行口试，考官会根据考试结果来判定学生应该获得一等学位、二等学位还是三等学位。三等学位很大程度上就等于是挂科了。史蒂芬面无表情地告诉考官,如果考官给他一等学位,他就会选择转学到剑桥攻读博士学位。如果考官给他一个二等学位(得到二等学位的学生也可以获得在牛津读博士的机会),他就会待在牛津大学。按照史蒂芬的说法,最终考官给了他一个一等学位,让他去了剑桥。

　　史蒂芬接着继续给他的两位听众——他的牛津的朋友和我——介绍他自己的如意算盘。他说他早就意识到凭自己在牛津的学习情况获得一等学位的可能性非常低。他几乎没有去过导师的课堂。他还告诉我们关于他把一份作业撕毁并扔到导师的垃圾桶里的传说确有其事。因为担心自己的学术生涯走不长远,史蒂芬也申请了公务员考试并通过了初试进入了第二轮的正式公务员考试。这次考试的时间安排在学期期末考试之后举行。一天早上,他像往常一样睡了个懒觉,醒来后有种异样的感觉。除了按例听《尼伯龙根的指环》的整套磁带外,那天好像还有什么事没做。史蒂芬没有写日记的习惯,他非常相信自己的记忆力。直到几个小时后,他才想起那天是第二次公务员的考试日。

　　我站在那儿听他讲故事,被他独特的个性以及那非同寻常的幽默感深深吸引。他的故事能轻松吸引听众的注意力,我特别喜欢听他在开玩笑后发出的笑声,他笑得那么厉害,常常笑到咳嗽,有时候我感觉他都快喘不过气了。在他的外表下,我看到了许多美好的品质。他在生活的泥沼中挣扎却又总能找到事物美好的一面,尽管带着羞涩,他仍然渴望着表达自己,我觉得我和他是多么的相似。但同时他又与我那么不同,他拥有自己独特的价值观,并且毫不羞涩地向世界表达自己的态度。聚会结束的时候,我们互相交换了姓名和住址,我并没指望着他会再联系我,只是悄悄许愿能再与他在街头擦身而过。那蓬松的头发与蝴蝶结是他自主独立灵魂的外在,再见面时我不会像上一次一样对它们发出惊叹。如果还有偶遇的机会,我会如黛安娜一样,穿过这些表象看到他的内心。

Part One　Travelling to Infinity　我和霍金的生活

❷　舞　台

　　这次聚会后没几天，史蒂芬寄来了一张请柬邀请我参加1月8日的派对。请柬上的笔迹工整而漂亮。也许是自己写字功夫不够，我总是羡慕那些字迹工整的人。黛安娜也收到了请柬，她告诉我虽然请柬上没明说这个信息，但这个派对应该是史蒂芬的21岁生日聚会。她答应到时候带我一块儿去。要给一个刚认识不久的人选礼物让人头疼，最后我决定送史蒂芬一张唱片代金券。

　　史蒂芬家住圣奥尔本斯镇的希尔赛德街，他们家的房子可谓节俭的典范。当然，在那个年代节约是主流趋势。第二次世界大战后我们这代人接受的教育都是节约。我们珍惜每一分钱，我们买东西都会讲价，杜绝没必要的浪费。希尔赛德街14号，这是一栋建于19世纪初的一座三层红砖大宅子，这就是史蒂芬的家了。这老宅子没有任何现代装饰的痕迹，没有如今广为使用的中央供暖，也没有覆盖整个地板的地毯。它独特守旧的设计却散发着自然的魅力。凌乱的树篱后面是破旧的正墙，一家四个孩子都在上面留下了童年的印记。紫藤悬挂在老旧的玻璃门廊上，前门上镶嵌的五彩玻璃也大部分脱落。我们按了门铃，在长长地等待之后，那个以前站在斑马线旁等待自己儿子放学的女人为我们打开了门。我也是那时才得知史蒂芬母亲的名字——伊莎贝尔·霍金（Isobel Hawking）。在她身旁是那个有着深色卷发和迷人蓝眼睛的可爱小男孩。在他们身后，借着一只灯泡的亮光，我看见了黄色瓷砖铺设的走廊和几件家具，其中有一座落地大钟和威廉·莫里斯牌墙纸。

　　渐渐地，霍金家的其他成员陆续来到客厅欢迎客人，我发现原来他们家的每一个人我都认识。我很熟悉史蒂芬的母亲，因为她经常站在路口等孩子。史蒂芬的弟弟爱德华，显然就是那位戴着粉红帽子的小男孩。史蒂芬的两个妹妹玛丽和菲利帕，是我在学校的同学。还有他的父亲弗兰克·霍金（Frank Hawking），他身材高大、头发花白。他曾经来我们家帮忙移走花园里的蜂窝,当时我和弟弟克里斯都渴望大饱眼福,但被他严厉地赶走了。弗兰克不仅是整个圣奥尔本斯唯一的养蜂人,他也是这里少数拥有雪橇的人之一。到了冬天,他会从山上滑着雪橇而下,路过我们家前往高尔夫球场。我们家会在夏季去那个高尔夫球场野餐并采集风信子。在霍金家客厅里的感觉就像是身处一个拼图游戏,我认识他们每个人,但从未想过他们是一家人。是的,还有一名家庭成员我也非常熟悉——阿格尼丝·沃克(Agnes Walker)。她是史蒂芬的外婆,她来自苏格兰。每逢这样的聚会她都会从阁楼上下来参加。史蒂芬的这位外婆因为在钢琴上的造诣在圣奥尔本斯可算是远近闻名。她每月都会在市政大厅与我们著名的民族舞领舞莫里·杜·凯恩(Molly Du Cane)进行一次公演。

跳舞和网球是我少年时代唯一的社交活动。通过这些活动,我结识了来自各个学校的拥有不同背景的朋友。放学的时候,我们常常一块儿玩乐:星球六的早上一起喝咖啡、晚上一起打网球;夏天在网球俱乐部举办派对;冬天则参加交际舞以及民族舞的学习班。虽然学习班里很大一部分是我们母亲辈的老人,但我们丝毫没有感到尴尬。在课堂上我们分开,各自跳各自的舞。在舞蹈班上我们的小团体里经常会有些小情小爱产生,如果哪位男生和班上的某个女生好上了,他们就会立刻成为我们津津乐道的话题,不过通常这些浪漫的故事不会持续太长时间。我们都是友好且容易相处的年轻人,我们在集体中享受着不同于繁重日常生活的轻松与简单。在莫里·杜·凯恩热情的领导下,整个班级都很团结,且始终给我一种无忧无虑的感觉。当我们的领舞凯恩女士和史蒂芬的外婆阿格尼丝一同表演的时候,凯恩会指挥着整个团体舞蹈,而阿格尼丝则用她灵活的手指弹奏出令人愉悦的配乐。她演奏时显得威严又自信,她会以一种冷峻的眼神扫视所有的舞者。这样一个传奇人物,我们竟能在霍金家的生日派对上相遇。

参加这个派对的有史蒂芬的各色亲戚和朋友。部分朋友是史蒂芬在牛津读书时认识的,但更多的是来自他在圣奥尔本斯高中时期的同学,他们大多数都成功地在1959年考上了剑桥大学和牛津大学。在高中时期,史蒂芬的年纪就小于同级的同学。到了大学,比他大好几岁的同学就更多了。史蒂芬在剑桥读本科时,他的同学们在年纪上大他很多,因为他们大多在进大学前服过兵役,而到史蒂芬这一届的时候服兵役的政策被取消了。后来据史蒂芬的自述,正是年龄差异的问题导致他在剑桥没有太好的表现。

我能看出史蒂芬和中学时代的同学们的友谊深于剑桥认识的朋友。到

Part One | Travelling to Infinity
我和霍金的生活

场的人里除了黛安娜的哥哥巴兹尔·金，其他人我都不太熟悉。但我知道这些人都是圣奥尔本斯社会上新的精英。圣奥尔本斯当地的报纸《哈福德广告报》在4年前曾大幅宣扬过圣奥尔本斯高中的成功。报纸将这些顺利考入名校的人的照片登在了头版头条，并将他们称为我们这一代知识上的领跑者。报纸报道他们无私地将自己奉献给了学术界，独立自由的他们肩负着开拓知识疆界的任务。相比他们，我的年纪稍小，当我开始自己的本科学习时，他们早已结束了学生时代。他们和我熟知的朋友截然不同，我虽然聪明但也只是18岁的小姑娘，我在那个聚会上感到紧张而拘束。他们这些人绝不会把整整一晚的时间都用在民族舞上。想到自己的平庸，我不敢和他们多说话。我跑到角落去挨着爱德华，尽可能地靠近火炉，静静地聆听着屋里各人的对话。那些人有的坐着、有的站着、有的靠着墙，整个房间都由靠在我身旁的这个小火炉来供暖。令我吃惊的是，他们聊天的话题并没我想象中那么严肃，多数都是互相开玩笑。我唯一记得的一个话题是一则小笑话——"一个人住在纽约的一栋高楼里，为什么家住50楼的他每次只坐电梯到46楼？答案是因为他太矮够不着电梯上50楼的按钮。"

在那次聚会后的很长一段时间，我没能再见到史蒂芬。我自己也在伦敦忙着上课，我当时在学习一种非常新颖的速记方法。这种方法不同于老式的象形符号记忆法，改为省略元音字母的方法来记忆。最开始的时候，每天早上我会和父亲一起匆忙地赶往火车站乘坐8点的火车。后来我发现，原来我不必那么早到达伦敦牛津街的学校，我完全不用像工作狂父亲那样早上8点就赶往火车站。所以后来我会慢吞吞地走到车站去赶9点的火车。8点的火车上全是些穿着西装，一脸疲惫却不得不赶早上班养家糊口的人。9点的火车上却都是些不慌不忙穿着很休闲的人，他们要么是在家里待了一个周末正准备返校的学生，要么就是不急不忙去伦敦参加面试的人。早上在火车中的时间是我一天中少有的闲暇时光。到了学校，除了中饭后的午休，我的一整天都要不停地上课，与无数老式打字机和它们发出的咔咔声为伴。

新的速记法非常容易掌握，但打字才是真正的噩梦。我明白速记的重要性，它对学生们记笔记可以起到极大的帮助作用，但打字的过程却让我感到绝望。当我还在为1分钟打40个字烦恼的时候，班里的其他同学已经完成了这门课的学习并掌握了秘书应该具备的其他所有技巧。事实上，速记只在短时期内有效，而打字却是一门一辈子都用得着的技艺。

只有在周末的时候我才可以暂时忘掉可怕的打字练习，抽出时间享受和朋友们在一起的时光。2月的一个星期六的早晨,我见到了黛安娜,她当时已在圣托马斯医院当一名见习护士,与她一起的还有伊丽莎白·常特(Elizabeth Chant)。常特也是我当年在校时的好友,她正在努力成为一名小学教师。我们一块儿去了我最喜欢的咖啡店,这个咖啡店在格林商场的旁边,格林商场是我们在圣奥尔本斯唯一的百货公司。我们互相交流着自己的课堂笔记,一起讨论着我们的朋友和熟人们。黛安娜突然问:"最近有史蒂芬的消息吗?""听说了,"伊丽莎白回答道,"那可是真糟糕啊,对吧。"我意识到他们谈论的就是史蒂芬·霍金。"你说什么?"我问道,"他怎么了?""他住院了,到现在快两星期了吧,应该是住在巴特(Bart's)医院,史蒂芬的妹妹玛丽正在那家医院实习。"黛安娜解释道,"他走路总是摔倒,据说他连自己的鞋带都系不上了。"她停顿了一会儿,继续说道:"医生在他身上做了各种可怕的检查,最终发现他得了一种很罕见的无法治愈的类似瘫痪的疾病,就像身体各处都得了硬化症一样,不过这个病比硬化症复杂多了,医生们推测他只剩下几年时间的生命了。"

我惊呆了。我才遇见史蒂芬没多久,尽管他行为有些奇怪但他给我留下的印象非常好。我们俩有很多共同点,在生人面前我们都显得有些害羞,但彼此独处时却又显得自然。真难想象,他虽然比我年长几岁,却要随时面对即将到来的死亡。在这之前,我从不觉得"死亡"这个词与我们会有什么联系。我们足够年轻,我们总以为自己是永生一般的人,死亡是非常遥远的事情。"他现在怎样了?"我声音略带颤抖地问道。"巴兹尔去看过他,"黛安娜继续说,"巴兹尔说他现在的心情非常低落,医院的那些检查非常可怕,住他对床的一个同样来自圣奥尔本斯的小男孩在几天前刚去世。"她叹了一口气,继续说道:"史蒂芬坚持要住公共病房,他说他个人的价值观不能接受独立病房。虽然他的父母极力劝他改变主意,但那也无济于事。""他们知道病因吗?"我问道。"不知道,"黛安娜回答说,"他们猜测可能是几年前他去伊朗的时候接种了未消毒的天花疫苗,导致他脊椎里感染了病毒。不过这都是猜测,没有医生可以确定其具体原因。"

回家的路上我一言不发,满脑子都是史蒂芬。回家后,母亲注意到我的魂不守舍。她虽然没见过史蒂芬,但常听我提起,也知道我喜欢他。我曾经告诉过母亲,史蒂芬行为有些古怪,以防他们碰巧相遇。我母亲经历过许多人生波折:她经历过战争的煎熬、挺过了自己父亲因病去世的痛苦、忍受了自己丈夫时常发作的抑郁症。当她得知史蒂芬的病情后,她用她那

Part One | Travelling to Infinity 我和霍金的生活

饱经风霜的声音告诉我："为他祈祷吧孩子，也许这会有帮助。"

大约一周后，我在火车站等待着9点的那班火车，我非常吃惊地看到史蒂芬挎着棕色的帆布背包在站台上闲逛。他看到我时也显得非常高兴。他的装扮比之前少了几分古怪，多了几分魅力，但我却觉得他看上去比以前更好看了。他打扮得有一种古典的学术风——长长的头发、漂亮的蝴蝶结、黑色天鹅绒夹克——这些一定是他从牛津学来的。我们前两次见面都是在昏暗的灯光下，这次在日光下，他那爽朗的微笑和灰色的眼睛显得更加迷人。那副眼镜吸引着我，甚至在潜意识里让我想到了我的偶像——诺福克郡的英雄纳尔逊勋爵。我愉快地和他同乘一辆火车前去伦敦，但我并没有谈及他的病情。我只是说当我听到他住院的时候感到很伤心，他只是点头并没有多说。他表现得就像是完全康复了一样，让我觉得自己如果继续挖掘这个话题实在太残忍了。他告诉我他现在是在回剑桥的路上，当我们快到圣潘克拉斯火车站的时候，他问我周末是否愿意和他一起去剧院看戏。当然，我回答非常乐意。

我们周五晚在伦敦苏荷区（Soho）的一家意大利餐厅碰面，光是见面的地点就已让我感到这个夜晚的奢侈。慌慌张张地吃完一顿昂贵的晚餐后，我和史蒂芬又得赶去伦敦南边的老维克剧院(the Old Vic)观看一部叫做《狐坡尼》（Volpone）的戏剧。整个行程都显得非常匆忙，我们赶到剧院的时候戏剧正好开演了，我们连存包的时间都没有，只能急急忙忙地把东西全塞到座位底下。我的父母也是老戏迷，所以我对本·琼森的作品并不陌生，我特别喜欢他的《炼金术士》，结果证明《狐坡尼》的精彩程度对于琼森之前的作品有过之而无不及。故事讲的是一只老狐狸密谋测试它的继承人是否诚恳，但是计划泡了汤。

从剧院出来后，我们一边等公交车一边激烈地交流刚才的戏。一个流浪汉经过，问史蒂芬要一些零钱。史蒂芬掏了掏自己的口袋，然后有些尴尬地说："真不好意思，我是一分钱都不剩了！"流浪汉看了我一眼，笑着对史蒂芬说："没事，小伙子，我能够理解。"这时公交车正好来了，上车后史蒂芬对我说："真不好意思，我连买车票的钱也没了，能不能麻烦你帮忙付一下？"我当时正为史蒂芬今晚花了太多钱，心里有些内疚，听他那么说我当然愉快地答应了。我翻开自己的手提包，却发现钱包不在里面，一定是在剧院放行李的时候不小心掉出来了。当时的我比史蒂芬还要尴尬。我们在下一个红绿灯的地方下了车，一路跑回老维克剧院。当时大门已经关闭，史蒂芬和我只得从舞台的侧门进去。整个剧院里空无一人，但从那空旷但依旧敞亮的舞台角度看，此刻的剧院更是显得宏伟并让人肃然起敬。我和史蒂芬蹑手蹑脚地从舞台上走下来，直奔我们的座位。果然在座位下发现了我的绿色钱包。正当我们转头打算原路离开时，舞台上的灯光消失了，整个剧院一下陷入黑暗中。"拉着我的手，"史蒂芬从容地说。史蒂芬拽着我通过长长的过道回到舞台，再找到侧门出去。好在剧院一片漆黑，他才看不到我已经通红的脸。幸好侧门没关，我们俩出来后站在路边大笑。我们竟然登上了老维克剧院的舞台！

Part One | Travelling to Infinity 我和霍金的生活

3 水晶马车

在老维克剧院的事情发生几周之后，我的速记课程终于迎来了尾声。某天晚上当我回家的时候，我的母亲站在门口迎接我，激动地朝我挥手。原来史蒂芬打来电话，邀请我去参加剑桥的"五月舞会"（May Ball）。在我高三那一年，我们学校的一个女生有幸参加了当时的"五月舞会"，年级里的其余女生都嫉妒得不行，我们觉得能够参加这样的盛会就像是童话成真了一样。难以置信的是现在我的机会也来了。当史蒂芬再打电话来确定我是否出席时，我心花怒放地答应个不停。不久之后我在学校附近的牛津街的一家商店里找到了一套白蓝色丝绸礼服，价格适中又漂亮。

虽然名为"五月舞会"，实际上正式的举办时间是 6 月，这也是典型的剑桥风格。我收到史蒂芬邀请的时候离舞会还有好几个月的时间，趁着这个间隙，我需要挣一点钱，一来可以补充我买礼服的花销，二来也为那年晚些时候去西班牙旅游作准备。所以我在圣奥尔本斯的一家临时工中介处登记。我得到的第一份工作是在哈特菲尔德（Hatfield）的威斯敏斯特银行（Westminster Bank）工作，工作时间为一天半（星期四下午和星期五全天）。威斯敏斯特银行的经理阿伯克龙比先生是我父亲的老朋友，他对我友好又耐心。我被带到了一部电话机旁，但我对接下来的工作毫无头绪。来电提示的指示灯不停地闪烁，慌乱中我拔除了几条线，又急忙把其他几条线插入孔里。我唯一应付得过来的就是帮银行内的人转接内线以保持他们之间的通讯，对于外线连入的电话我真是一头雾水。在威斯敏斯特银行工作之后我又去了不少地方做短工，眨眼间，这年春天就在接续的短工中度过，我迎来了初夏，迎来了"五月舞会"。

那个炎热的下午，史蒂芬来我家接我去剑桥。他看上去糟透了，我没想到自老维克剧院后他的病情恶化得这么严重，我都担心他没力气开他父亲的那辆老福特和风汽车。那辆汽车像坦克一样结实，但行驶年限已不低了。在这之前很长一段时间，史蒂芬全家除他以外都在英属印度的喀什米尔生活（史蒂芬留在英国读书），而这辆汽车一直在印度陪伴着他的家庭。我真担心史蒂芬瘦弱的身躯难以控制这辆快速的汽车。他甚至要靠整个身躯撑在方向盘上才可以勉强看清路面。我把史蒂芬介绍给我的母亲，她丝毫没有表现出惊讶和忧虑。她站在门口看着我们离去并和我们挥手道别，就像童话中慈祥的王后看着白马王子带着自己心爱的女儿乘着"水晶马车"前去参加舞会。

"水晶马车"开始了一段恐怖的旅程。史蒂芬完全继承了他父亲的恶劣的驾驶习惯。他父亲平常驾驶车辆又快又暴躁，无论是山坡还是拐弯处他都会毫无顾忌地超车。据说有一次他甚至一路全速逆行。我们的汽车飞一般地从赫特福德郡（Hertfordshire）的田野与树林疾驰到广阔的剑桥郡（Cambridgeshire）。窗外呼啸的风声和汽车轰鸣的引擎声掩盖了我们所有可能的交流。我紧张地盯着前方，史蒂芬的眼神倒稍显轻松。我想，也许是疾病致使他对生命态度的改变，与无解的疾病相比，他已不用在乎安全驾驶这样的小问题了。但我被吓得不轻，暗下决心回家时一定要乘坐火车，此时的我早已将童话般的舞会幻想抛到九霄云外了。

神奇的是，尽管那是我最危险的一次乘车经历，但我们还是平安无事地来到了史蒂芬的宿舍。这是一栋坐落在一个阴冷花园里的20世纪30年代风格的建筑。宿舍里，到处可见为了舞会在做最后准备的人们。管家带我到楼上的房间更换衣服，然后我被史蒂芬引荐给他的同学及室友。史蒂芬与他的同学们的交谈让我哭笑不得，他们互相说话的口气一模一样，要么特别激进，要么冷嘲热讽，当然都是以幽默调侃的方式表达出来。不过我能看出在心底，他们对史蒂芬都是充满了喜爱的。在那之前我很难想象有人可以既欣赏一个人，同时又以那样不屑的语气与之交流。我习惯一个人用语言来表达他对我的赞美与亲近，眼前的这些人，他们可以前一句话还在与史蒂芬激烈地争吵，后一句话又体贴地询问史蒂芬的生活。是的，当时我并不知道如何把理性与感性的言语进行区分理解。我不能判断他们之间的部分交谈出自科学与智慧，而部分交谈出自情感与友谊。正是与史蒂芬和他的剑桥朋友们的相处才让我学会了这些。

晚些时候，我和他们一块儿去国王街（King's Parade）街角的一家餐馆吃饭。从我坐的那个地方朝窗外望去，正好可以看到国王学院（King's College）的远景。在广阔的天空与东安格利亚（East Anglian）的夕阳余晖中，国王学院的教堂与尖塔的轮廓显得威严而肃穆。吃过晚饭，我们回到宿舍

Part One Travelling to Infinity
我和霍金的生活

做最后的休整，然后我们就要穿过贝克斯（The Backs）泥泞的草地到达史蒂芬所上学的地方——剑桥大学三一学院。他坚持要将自己的磁带录音机以及自己收藏的一套磁带带到三一学院的一个朋友家去。"你一个人拿不了那么多东西，别逞能了，"他的一个朋友关怀地对他说，"让我来帮你扛这些磁带吧。"说罢，他一手抢过了史蒂芬手中的包裹。

三一学院的校区不大，透露出朴实的气息，隐藏于大众视线之外。学院里包含了许多风格各异的建筑：有古老的维多利亚式建筑，也有设计新颖现代感十足的房屋。这些建筑将草坪、花台和临河的露台围了起来。我们从剑桥的另一边朝着古老的学院出发。我们路过了一座拱桥，史蒂芬关于这座桥的介绍给我留下了极其深刻的印象。这座刚建好不久的桥是为了纪念一位名叫蒂莫西·摩根的学生（Timothy Morgan），摩根在1960年完成这座桥的设计后就意外去世了。过了桥后，我们离舞会会场越来越近，我心中对这一切童话般的幻想也渐渐复苏，当时的场景让我想到了法国作家阿兰·傅尼耶（Alain Fournier）的名著《美丽的约定》（Le Grand），那是我最爱的法国小说。小说主人公奥古斯丁·梅奥勒斯（Augustin Meaulnes）在灯火通明的别墅与黑暗神秘的野外之间穿梭冒险，从一个懵懂无知的旁观者变为一个最忠实的参与者。在这之前他从没想象过身边的那无数美妙的音乐与歌舞。这就是我当时的心情，身处在三一学院中，乐队的演奏渗透在这夜晚的空气中，通往河边的草坪被无数美丽的小灯泡点亮，草地的中央立着参天的山毛榉，树下立起的舞台上已经有好几对男女在翩翩起舞。在草坪的华盖底下，我认识了史蒂芬更多的朋友。在那儿，我们愉快地聊天、喝香槟：人潮涌动的大厅正在上演精彩的歌舞；那间美丽装潢的木屋中，弦乐四重奏和牙买加钢鼓队正进行着音乐竞赛；老图书馆的角落里，在那旺盛的火炉旁你还可以找到精心准备的栗子。舞会进行了一段时间后，有的伙伴渐渐离开了。我和史蒂芬坐在河岸旁的阳台上聊天，静静地看着舞台上的人们热情的舞蹈。"对不起，我不会跳舞。"史蒂芬向我道歉。"那完全没关系，我不介意的。"我撒谎了。

不过，我对跳舞的愿望并未变为奢望。在享受了一顿丰富的自助餐并痛饮了一大瓶香槟后，我们发现地下室藏着一个爵士乐队。尽管有一些较为诡异的蓝色灯光照明，但整个房间依旧显得很昏暗，人们很难看见对方的面容，唯有男生们白色的袖口和衣领在灯光反射下发出淡紫色的光，姑娘们则如完全隐没在黑暗中。我立刻被这独特的气氛所吸引。史蒂芬曾给我介绍过紫色的光会照出洗衣粉里的荧光元素，这也就是为什么男生们的白衬衣会发出浅光的原因了，而姑娘们的礼服也大多都是专为这次舞会而准备（为了在黑暗中隐身，她们是不会让自己的礼服沾上汰渍或其他牌子的洗衣粉的）。我说服了史蒂芬在这样的环境下陪我跳舞，我拉着他的手走到了人群中，跟随着音乐在黑暗中翩翩起舞。看到整个房间都是跳跃的淡紫色，我们对着彼此开心大笑。我和他就在那里摇晃着、笑着、享受着美好的时光，直到乐队收工。

第二天清晨，剑桥大学所有举办"五月舞会"的学院都会对外来的游客敞开自家大门。我们一席人玩了一整宿，这个时候正伴着破晓的阳光，从三一学院路一直晃荡到了三一学院，在一间宽敞的房间里，不知道是谁的体贴细致的女朋友已为大家准备好了早饭。我找到一张扶手椅，坐垫特别舒适，整个人都可以陷进去的感觉，我不知不觉就在上面睡着了。我真是累坏了，后来一定是有人牵着迷迷糊糊的我回到史蒂芬他们位于亚当斯路（Adams Road）的宿舍里，我在那儿又睡了一会儿，才真正地清醒过来。

那一天的安排是由剑桥本校的学生带着我们这些被邀请来参加舞会的人们参观校区，实际过程比听上去要刺激多了。史蒂芬的朋友尼克·休斯（Nick Hughes）和汤姆·韦斯利（Tom Wesley）是我们那天的导游。他们都是化学系的博士生，不过他们当时正在合写一本关于介绍剑桥战后时期建筑的书——《剑桥新建筑》，并计划在1964年完成出版。史蒂芬也对他们的书较感兴趣，还当了他们的兼职顾问。所以当他们知道我们计划参观校区建筑时，他们义不容辞地揽下了导游的任务。不同于今天人们看待建筑的眼光，在20世纪60年代，这些新建成的房屋会让大多数人兴奋不已。它们代表着我们战后的建设与发展，当时的人们对历史遗迹的保护意识还较为淡薄，人们更喜欢做的事是不停地新修建筑，尽管这意味着要拆掉一些古老农场或者景点什么的。

两位导游同学怀着巨大的热情向我们这群对建筑一窍不通的女士们一一介绍，他们告诉我们哪些地点是未来建筑的选址区，告诉我们一些正在施工的建筑的未来用途。我们看了当时由休·卡森（Hugh Casson）负责建造的西奇威克区（Sidgwick Site）以及现在闻名遐迩的丘吉尔学院（Churchill College）。这个学院成立于1958年，学院以温斯顿·丘吉尔爵士（Sir Winston）的名字命名。然后我们参观了正在修建的冈维尔与凯斯学院（Gonville and Caius），我们的两位热心导游在此时已兴奋得有些语无伦次了。他们神往地把这所学院比喻为"一次激动人心的实验，其结果将会改变进入该学院的人的生活方式，而那样的方式就是冈维尔与凯斯"。我还记得他们对这所学院的描述："这里是剑桥在新学院建筑选址时最大胆最创新的突破。"我那时，万万没想到12年后，我将住在这"激动人心的新生活方式"的隔壁。最终，效法之前的传统，我们这些来自普通大学的游客们被"荣幸"地允许进入国王学院的教堂上厕所。

吃完午饭，我们坐上平底船，在水上享受我们的下午时光。而我也开始考虑该怎么回去的问题了。"我想，我还是坐火车回去比较好。"我有些迟疑地跟史蒂芬商量，但他却坚持要开车送我。为了不逆他的决定，我选择了妥协。果不出我所料，回家的路和来时一样危险惊悚。等我们一路颠簸地冲到圣奥尔本斯的时候，我已经下定决心，就算"五月舞会"再怎么吸引我，我也决不会再坐上那辆恐怖的汽车。当我们停在大门口的时候，已经能够看到我的母亲站在花园前等候了。我简短地对史蒂芬说了："谢谢你，再会"，然后我就直直地走进了屋内，丝毫没有回头。母亲跟在我身后，显然被我的冷漠态度给震惊了，她责备我说："你不会就这么想把那个年轻人打发回去吧，至少也得请人家进来喝杯茶呀！"她的话让我意识到自己的失礼，我急急忙忙地冲出去，想要叫住史蒂芬。幸好他的车还停在那儿，他正试着发动汽车。汽车在缓慢地顺着陡坡往下倒，这就是他的开车风格，他习惯在发动汽车引擎以前就松开手刹。当看到我出来叫他的时候，他愉快地把车停了下来，和我一块儿回到屋里。我记得阳光从金色的门外射进来，照在正喝茶的史蒂芬身上，他正把舞会上的趣事告诉给我的母亲，他看上去那么迷人。我真的是喜欢上他了，其实只要那疯狂的开车不要太多的话，我想我并不会介意。

第一部分

4 隐藏的真相

几周之后，我的家里迎来了新成员——我的父母答应为一位 16 岁的法国女生提供暂时的寄宿家庭服务。巧合的是，与这个女生最要好的朋友正好寄宿在霍金家里。6 月的一个星期六的下午，那时"五月舞会"才结束不久，伊莎贝尔·霍金邀请我以及这两名法国女生去剑桥玩。让我长舒一口气的是，她开车比她儿子平稳多了。与伊莎贝尔的交谈令人愉悦，她的言语之间都充满了智慧。更棒的是，她给我们提供了丰盛而美味的食物，她称之为"便捷冷餐"，我们就坐在史蒂芬宿舍外的阳台上边吃边享受剑桥的时光。从此，我的家庭和霍金一家走得更近了，每逢史蒂芬回到圣奥尔本斯度周末的时候，我的父母都会盛情邀请他过来吃晚饭。我的父母对待史蒂芬简直可以用无微不至来形容。他那时看上去又像我第一次见他时那样，一股浓浓的牛津风，他细直的头发显得更加长了，他出众的黑色天鹅绒背心加上红色蝴蝶结的复古风和我父母一向顺从社会习俗的风格迥然不同。而我父母似乎并不在意，因为这是史蒂芬和我们在这段时间的最后一次会面了，在这次会面后我将再次出发去西班牙。

1963 年 7 月的一个早上，我父亲开车送我前往盖特维克机场（Gatwick），我的航班本应该在当天早上 9 点起飞，下午 1 点的时候就能抵达马德里。但因为飞机引擎出了问题，航班延误了。不过一切都影响不了我的好心情，航班延误、飞机维修、屋顶滴雨的机场，哪怕是被我们发现正在驾驶室和自己的副驾驶喝啤酒的机长都不足以让我担心。我们学校的主管在马德里认识的熟人，同时也是负责为我接机的比尔·刘易斯（Bill Lewis）先生在得知这些情况的时候显得比我还紧张。"还以为你绕道北极去了呢！"当我终于在下午 5 点走出海关的时候，他对我开玩笑道。接下来他把我带回家，向我引荐了他的妻子。他妻子说每天晚上 6 点后都欢迎我到他们家做客。然后刘易斯先生带我看了我的寝室。房东皮拉尔（Pilar）就住在刘易斯先生房子的街角处一间宽敞整洁的公寓里，她是一个身形瘦小，披着一头

19

Part One Travelling to Infinity 我和霍金的生活

黑发的单身女士。皮拉尔的另外一个租客西尔维娅（Sylvia）也是英国人，她在英国大使馆上班。西尔维娅向我表达了她对皮拉尔的一些朋友的不满，她抱怨说总是有人不管白天黑夜突然出现在公寓里，严重影响了她休息。听到她这么说，我暗暗打算尽量减短在马德里逗留的时间。不过那并不能阻止我尽情享受在那座美丽的城市里的每一秒时光，我参观了著名的普拉多博物馆（Prado Museum），此后，我乘坐一辆游客巴士参观了位于阿兰胡埃斯（Aranjuez）的一处皇家寝宫以及著名的埃斯科里亚尔修道院（El Escorial）。当然我还去了托莱多（Toledo），这是一座屹立在塔霍河（river Tajo）的岩石之上的中世纪城市。犹太人、阿拉伯人、基督教徒们曾在13世纪时在这座城市里和谐共存。著名画家埃尔·格列柯（El Greco）在这里作出了他最惊艳的一些画作。一帮同学和我一块儿去朝圣了"烈士谷"（el valle de los caidos）（也称弗朗哥墓）。参观者的初步印象，这里应该埋葬了西班牙内战双方牺牲的战士。但事实上，这里只埋葬了法西斯主义者弗朗哥（Franco）一人。具有讽刺意味的是，该墓还是由当时关押在这里的共和党犯人们修建的。在那次旅途之后，我渐渐开始意识到马德里街头的许多身带残疾的乞丐，他们正是内战的幸存者，是西班牙历史上丑陋不堪的一页的鲜活证据。我想起在普拉多博物馆看到的画家戈雅（Goya）的作品。在20世纪中期的西班牙，人们仍然能够找到戈雅在18世纪末到19世纪初所描绘的那种那种令人不安的反差。

再说说皮拉尔的事，我和西尔维娅都不安地感到我们与房东的关系到了一个特别紧张的地步。我们从不答应晚上和她去逛街，她洗碗的时候会用盘子弄出超出正常范围的噪声，就像是在发脾气一样。虽然把西尔维娅独自留下面对房东令我有些负罪感，但我还是选择了撤离。我坐上了前往格拉纳达（Granada）的火车。我在格拉纳达的很长一段时间都待在一个国际学生青年旅馆里。在那个地方住着一群我见过的最热情激动最不可预测的一帮学生。尤其是当地的西班牙学生，他们的话题可以瞬息万变，上一秒还在和你谈论政治，下一秒就也可以和你尽情地讨论诗歌。整个旅馆总是充斥着年轻人独具的紧张气氛，有时我不得不在白天外面正热的时候跑去街道上溜达，这样我才能暂时从旅馆的环境里稍微逃离出来，保存我的理智。我会一边散步，一边看着街边的吉卜赛小孩儿们追逐打闹，或者是在摩尔人（Moorish）修建的宫殿里闲逛——阿尔罕布拉宫（Alhambra）和赫内拉里菲宫（Generalife）的奢华与美丽让我砸舌。

玫瑰的花香和潺潺的流水让我神志缥缈，我会独自一人在赫内拉里菲宫门外的小溪旁独坐几个小时的时间，从那儿眺望高墙那头的阿尔罕布拉宫纷繁复杂的内花园。脚下的城市在阳光下泛着金光，其中点缀着松柏的深绿和雪白城墙上怒放的紫粉色花朵。这是一座美丽而残忍的城市，世界上还有哪个城市谋杀了自己的孩子？当西班牙内战爆发时，正是在格拉纳达，弗朗哥右翼武装力量将12世纪伟大的西班牙诗人费德里戈·加西亚·洛尔卡（Federico García Lorca）残忍屠杀。我正是通过费德里戈·加西亚·洛尔卡的美丽的诗歌和韵律，认识了安达卢西亚的美丽色彩。

在令人窒息的美丽景色下的长时间静坐，让我感到一股深深的寂寞。过去，我也曾有过极度沮丧的失落感但又浑然不知这情绪出自何处的体验。而现在，我却非常清楚地知道这个情绪的来源，我渴望和别人一起分享自己的经历和感受，这个人就是史蒂芬。我们早些时候的相遇迸发出了惊人的火花，同时也带着一种相配的和谐。因为他的疾病，我想任何和他的关系最终都将是短暂的且令人心碎的。但在那之前，我能够帮助他完成他的使命，并找到哪怕是一瞬间的幸福感吗？我怀疑自己没有那样的能力承担如此重任，我把这样的想法跟我的来自世界各地的朋友们都进行过探讨，大家都叫我鼓起勇气去尝试。"如果他需要你，你一定要跟他在一起。"他们说道。

尽管心乱如麻，探险旅行的强大吸引力还是最终将我带离了惹人遐想的格拉纳达。很快我就和众多当地的小贩们——以及他们带着的各种家禽——一块儿坐上了前往马拉加的颠簸的公交车。在一个换乘车站，我等待着开往拉利内阿镇的公交车，那将是我前往直布罗陀之前的最后一站。一个年轻男子上前询问我是否愿意接受训练成为一名西班牙舞者。我非常吃惊，他说我的长相和身材都非常棒。虽然我现在已经对前来搭讪的西班牙男性具备了一定的应对技巧，但听到这样的话还是让我感到十分愉快。尽管我拒绝了他，但他显现出来的表情还是非常真诚。他并不圆滑也不拐弯抹角，跟我的交流非常直接。他递给我了一张名片，上面写有他舞社的具体地址。我似乎被打动了，想接受他邀请的念头闪现在脑海。也正在此时，前往拉利内阿镇的公交车进站了，我随即登上了汽车。现在回想当时的场景，西班牙的汽车很少有守时的，而那次的班车却非常守时，如果当时的班车晚到几分钟，也许我就跟着那个男子前往他的舞蹈社了，我今天的故事也许就彻底改变了。

在拉利内阿镇，我跨过了西班牙与直布罗陀的边境线，通过边境的大门高约5米。直布罗陀是英国的海外殖民属地，通过直布罗陀前往非洲非常便利。在这里我能够与公元 711 年入侵西班牙的入侵者后裔阿拉伯人打交道,他们在这里已经生活了 700 年。我非常喜欢他们,他们对我这个独自旅行的年轻英国女孩儿态度诚恳而亲切。不同于西班牙男性外放的习惯性与女性搭讪的风格,他们对人真诚而尊敬。他们是一个自尊心极强的民族,他们为自己精妙绝伦的艺术基因感到自豪,而他们对艺术的独到之处在大街小巷的各处地方都能看到。他们和善而又好客,对欧洲充满了好奇心,总是找我询问欧洲的生活。不管在哪个小店,无论我买了多么小的物件,他们总会盛情难却地拿出热茶请我留下来聊天。

听西尔维娅说,在我离开的这段时间,马德里出了不小的乱子。皮拉尔对她的租客越来越不满,她嫌租客们给的房租太少,她甚至要求西尔维娅搬出自己的房子。西尔维娅不得不住在了我的房间,算是和我共享一屋。我并不介意西尔维娅的加入,而且我们认为人多会更加安全。不过,我住不了多长时间就要离开了,西尔维娅肯定没办法长期一个人待在那里,她难以负担整个房间的房租。在这之前,我一直不愿将实情告诉刘易斯一家,以免给他们添加麻烦,但现在不得不将实情告诉他们了。趁刘易斯在家里举办鸡尾酒派对时,西尔维娅和我一块儿跟他们讲了皮拉尔的事情。我们告诉刘易斯,住在那间公寓会时常受到一些意图不明的男性骚扰,尽管规模不大,但显然是皮拉尔疏于管理所致。皮拉尔会时常找一些漂亮的英国姑娘,目的是介绍给她认识的那些肌肉松弛的老男人。我们晚上回家时,这些老男人会试图百般纠缠我们,好在我们的房间离门卫不远,我们发出呼叫声时门卫总能及时站在我们身后,这才稍微保证了我们的安全。公寓隔壁房间时常还会持续整晚的恶作剧:上锁的卧室门把手会发出"咯咯"声,令人心惊肉跳。

在马德里的最后一个晚上,西尔维娅和我一块儿给我们专注的听众们讲述着这些小故事。刘易斯的妻子吃惊得差点将自己的开胃酒喷了出来,我们见了乐得合不拢嘴。于是当地的朋友们被紧急召集起来合力帮助西尔维娅寻找新的住处。刘易斯的大多数熟人跟西尔维娅一样在英国大使馆工作,尽管她从来没有见过他们。他们都很有趣,也很谦虚,简直是做外交工作的最佳选择,外交工作也是在这个时候出现在我的兴趣名单上的。第二天我乘坐飞机赶回英国,心里交织着复杂的情绪:一方面为离开这么美丽奇异的国度感到惆怅,一方面又为即将在我面前铺开的精彩未来感到迫不及待。

第一部分

5 不确定的原则

从西班牙回到英国后我就试着联系史蒂芬，但这样的努力似乎没有任何成果。听他母亲说，他已经回到了剑桥，而且身体状况非常糟糕。我自己也忙着离开家，前往伦敦开辟我人生的新篇章，接下来的几周以及接下来的秋天，韦斯特菲尔德学院和伦敦彻彻底底占据了我所有的经历和时间。音乐会、戏剧、芭蕾舞挤占了我的全部时间。一天，我和一帮朋友正乘坐在伦敦的地铁上，我们看到了报纸头条刊登了美国肯尼迪总统被暗杀的消息。差不多同时，1963年11月，我再次得到了史蒂芬的消息。他将来伦敦看牙医，他邀请我一起去看歌剧。这当然比那些迎新舞会更加值得期待。尽管那时披头士狂热现象盛行，男孩们总是靠墙站着直到最后一支舞曲结束，令女孩们苦恼不已。虽然我从小就热爱音乐，但却从未系统学习过。唯一一次看歌剧还是发生在中学时代，当时学校组织我们去伦敦的萨德勒威尔斯剧院观看《费加罗的婚礼》。我学过竖笛，那也是我唯一一次学习乐器。不过在我13岁那年放弃了，因为我在维鲁拉米恩（圣奥尔本斯之前的罗马城市）滑冰的时候摔伤了胳膊。

11月一个星期五的下午，我在哈雷街与史蒂芬碰面。他的澳大利亚舅舅拉塞尔·科尔（Russel Cole）在这里开了间牙医诊所。史蒂芬走路不稳左右摇晃，如果我们要去远一点儿的地方，不得不多花点钱乘坐出租车。奇怪的是，他的步态越来越蹒跚，观念却越来越强硬和特立独行。我们决定前往距哈雷街不远的华勒斯典藏馆，在路上，他告诉我他并不像大众那样推崇遇刺的肯尼迪总统。在他看来，肯尼迪对古巴导弹危机的处理方式是鲁莽的，因为他将整个世界推到了核战争的边缘。史蒂芬指出，是肯尼迪而不是苏联最开始发起了武装对抗的想法。他继续指出，美国宣称胜利是荒谬的，因为肯尼迪已经同意军方从土耳其撤走导弹系统，以此安抚赫鲁晓夫。尽管走路歪歪斜斜，但史蒂芬的体力还是不错，我们在参观完华勒斯典藏馆后准备去摄政街上找吃的。走到摄政街附近的十字路口，红绿

Part One Travelling to Infinity 我和霍金的生活

指示灯刚显示绿色通行时，史蒂芬就摔倒了。在一旁路人的帮助下我把他扶了起来，然后我就一直搀扶着他，他浑身都在发抖，我们叫了一辆出租车，前往萨德勒威尔斯剧院。

我们看的是《漂泊的荷兰人》，整部剧实在是太壮观了。音乐之雄伟、剧情之精彩简直让我们震惊。故事中的荷兰船长受到魔鬼的诅咒，必须在海上漂泊，直到一个真心爱他并愿意为他付出生命的女子的出现。男主角形象高大，在自己的船上独自哀愁着自己的命运。爱上他的女孩叫桑塔，她纯真又无邪。然而，和大多数瓦格纳歌剧中的女高音一样，重任将她牢牢束缚。我意识到史蒂芬或许认为自己与在海上漂泊的"荷兰人"有相似之处，我似乎也可以理解他那种不要命的开车模式。他父亲的那辆轿车，就是他用来在命运不公的大海中怒吼的飞翔的荷兰人号。他同样也在搜寻着解救和出口，然而却没人可以给出答案。

那个夜晚之后，我意识到我为了史蒂芬要多去了解一下这个病。我去了好几次伦敦，拜访了已经成为医学生的同学。我联系了好几家跟神经疾病相关的慈善机构，到他们狭小的办公室咨询。然后，我一无所获，也许不知道更好。我自问：史蒂芬的遭遇会比正在威胁我们每个人的命运更糟糕吗？我们都生活在核战争的阴影下，谁也不指望能活到70岁。

在圣诞节和新年之间的那段日子，我给史蒂芬的家打了电话。他当时正要出门，和自己的父亲和姐姐们去伦敦看话剧。史蒂芬立刻问我是否愿意下周与他和他的父亲一块儿去另外一个剧院看话剧——约翰·施特劳斯的著作《玫瑰骑士》，他显然很高兴我能够一块儿同去。话剧看来是霍金一家人最爱的休闲方式，我则刚刚开始接触这种艺术形式。话剧能通过音乐和剧情的结合引起观众们强烈的情感共鸣，但要求观众的注意力高度集中。如果稍有走神，观众就可能会对其夸张而滑稽的演出感到困惑。接下来的那个学期，史蒂芬似乎有用不完的话剧门票。他经常跑到伦敦，带我去科文特花园或者萨德勒威尔斯剧院。我曾有一次提出看芭蕾的建议，毕竟我从4岁开始就爱上了芭蕾，但这个提议遭到了史蒂芬的嘲笑。他称看芭蕾太浪费时间，而且音乐就没有震撼力。于是乎，当我得到门票可以去听柴科夫斯基的芭蕾舞曲《罗密欧与朱丽叶》（杰出的芭蕾舞演员芳登和纽瑞耶夫将献上他们精彩的表演）的时候，我并没告诉史蒂芬。我和一帮女生朋友一块儿去了，我们坐在科文特花园的最后面，表演十分精彩、十分感人。很难想象霍金一家可以坐在这里慢慢地欣赏芭蕾舞曲。

史蒂芬经常来伦敦，要么是为了看牙医，要么就是来这里参加讨论会。而我在周末的时候也越来越多地开始往剑桥那边跑。尽管我们互相都渴望着见到对方，但每次见面后总是失望而归。尽管我每月有10英镑的零用钱，但每次往返剑桥都要花费我10先令，这也是一笔不小的开支。然而，就算是为爱情有如此的付出，我们的交往也并不顺利。因为史蒂芬的这不治之症，他没办法进行一个长期的关系自然的感情生活。也许他追求的只是一次激情的相遇。而在社会风气保守拘谨的20世纪60年代早期，在担心意外怀孕还是有效约束的时代，我这样天真的女孩根本不敢想象这样昙花一现的关系。我们在感情观上的对立使得我们的关系变得紧张，我回到伦敦的时候往往眼里都带着苦恼的泪水，而史蒂芬肯定觉得我这么专门跑过去跟他提这些事情无疑是在伤口上撒盐。他很少谈及自己的情感和想法，对自己的疾病更是闭口不提。我为了不伤害他，常常会自己猜测他的心情。然而这一做法并不明智，这也是我们无法正常交流的本质。那个冬天晚些时候我又在哈雷街上遇到他了，他刚刚看完医生回来。"情况如何呀？"我问道。他无奈地笑了笑，说："医生叫我不用再来了，因为他也不知道该做点什么才好。"

回到韦斯特菲尔德，我和室友玛格丽特·史密森（Margaret Smithson）时常去一个基督教协会的聚会。我越是沉陷于史蒂芬的感情中，心态也变得越来越困惑，我希望基督教聚会的机会能给我一些新的领悟。跟他的父母一样，史蒂芬毫不犹豫地宣称自己是无神论者，尽管史蒂芬住在约克郡的祖父母们有着深厚的卫理公会教派背景。虽然我不知道他的疾病会对他的心态产生什么变化，但我可以肯定的是，史蒂芬作为一个探索宇宙法则的天文学家，他具有无神论信仰是非常合理的。他不能让自己的运算受到造物主心态的影响。他邀请我周日出去玩，我可以从每周例行公事般的教堂活动中抽出身来得到放松，这是让我很乐意的事情，这并不等于我违背了自己的信仰。也许是在我母亲耳濡目染的调教下，那个时候我并不相信宇宙如史蒂芬解释的那样冰冷，我坚信在天地之间还有更深层的东西存在。尽管在那个时候我早就被他那蓝灰色的眼睛、坏坏的笑容迷住了，但我对他的无神论态度还是持反对意见的。我从内心深处抵触史蒂芬的理论，我不愿去接受一个没有人聆听、没有人祈祷的冰冷的精神世界。无神论会毁了我们的关系。我要继续寻找任何生活中可能出现的福音，期待幸运降临在处于困境中的我们俩身上。

Part One | Travelling to Infinity
我和霍金的生活

参加学校的基督教协会聚会的学生并不多，后来越来越少。这学期课程的主要话题是神圣的恩典，但我们很快发现这个团队的组织者们，包括那个年轻的牧师——我们都调侃他为 P. 索佩尔牧师（Revd P. Souper）——他们都相信只有那些接受了洗礼、深信基督教、虔诚祈祷的人才有资格获得神的恩典和救赎，只有他们才有资格进入天国。玛格丽特和我听不下去了，我们便离开了那个课堂。我们私下聊天，列举着身边的各种亲朋好友，他们在课堂上那些势利眼的评判标准下都不符合接受神的恩典的资格。后来我和她一块儿去了她父母位于约克郡的房子里游玩，我们在那里对这个话题进行了深刻的讨论。

现今，语言专业的学生都会得到一年国外学习的机会。但在20世纪60年代，能够在所学语言的国家学习一个学期都是奢侈。韦斯特菲尔德学院的西班牙语学生们那个4月被集体送往巴伦西亚大学参加那里给我们提前安排好的夏季课程。但到了那里才发现那个课程根本就不存在，我们唯一能找到的不过是当地大学里提供的一些简单的西语莎士比亚文学课程。对我们来说，最重要的是回国的时候一定要拿到一份出勤表，证明你在这里进行过规定课程的学习。所以我们去了一堂课，课堂上正在讨论麦克白的作品，我们对此完全没有兴趣。我们之前在学校已把莎士比亚学了个底朝天，如今我可不希望继续重复这个过程，更别说还是西班牙语授课。我的同伴们具有和我一样的想法，于是我们选择了去海滩玩耍。

两周之后，我病倒了。朋友们仍然天天去海滩玩耍，而我一个人被困在17层的公寓里，头疼得躺在床上煎熬。最开始我以为是中暑了，但随后被证明是发了水痘。我本身就已经很难过了：我特别想念史蒂芬，那个年代电话没有这么方便，而我跟他写了很多封信都没有回音。在那个遥远国度的公寓里，可以给我安慰的就是我同行的朋友们，以及我们和蔼可亲的房东太太多纳·皮拉尔·德·乌贝达（Doña Pilar de Ubeda）和她的女儿马里贝尔（Maribel），他们对我都非常友好。当我的病情稍有好转，我就跑到厨房和多纳·皮拉尔学做饭，学习西班牙的厨艺比学习西班牙语的莎士比亚可有用多了。她教我怎么把橙子均匀地剥成四瓣，教我怎么做西班牙著名的浓汤和海鲜饭，她甚至还会带着我去购物。全身长着麻子又穿着当地女仆的衣服，走在街上的我倒是再也没有猥琐的男人想要接近了。回到公寓，我有两盘带来的音乐唱片陪伴，一盘是贝多芬的《第七交响曲》，还有一盘是瓦格纳的《特里斯坦与伊索尔德》。后者总是能让我紧张的心情得以放松。终于大家期待已久的时刻来临了，我们乘坐上前往巴萨罗那的火车，开始了返程之路。巴伦西亚的橘子鲜美多汁，柑橘林的美妙气味飘荡在空气中，但我对这里没有丝毫留恋。除了这里的满街猥琐的男人外，这里的政治强权氛围非常恶劣：他们将学生抓进监狱过夜，将《泰晤士报》上的对西班牙当局不利的言论从版面中拿掉。

  我的父母带着史蒂芬来接我，那让我期待已久的重逢是令人喜悦却又短暂的。我很快意识到在我离开的这段时间里他变了，他的外貌特征和病情并无太大变化，除了他走路的时候喜欢拄一根拐杖。他变的是内心，他现在整个人都被低沉抑郁的心态所笼罩。这表现为苛刻而阴郁的愤世嫉俗，他经常在家里把瓦格纳的音乐剧开到最大声并持续播放。他比以前更寡言少语了，想和他好好交流变得更加困难了。他现在常常陷入自己的世界里，说好了在三一学院的草坪上教我打槌球，事实上总是忘记他的承诺，甚至忘记我的存在。他把自己最近新加的随身物拐杖扔到一边，然后给我下达了简单的指令让我挥棒瞄准第二个洞，我打偏了。然后，他拿起自己的槌棒，独自将球从头带到尾，我都没有得到碰球的机会。我站在那里惊讶地张开了嘴，我既感到好笑又感到难过，好笑的是他竟然会这样将我彻底遗忘，难过的是病痛给他带来了多大的压抑。他似乎希望将自己封闭起来，不希望他和他的疾病与我有任何牵连。但他的尝试是失败的，我们都在这段感情上付出太多，难以轻易拔出。

  我们很快又被迫分开，虽然这让人感到痛苦但或许在那个时候是有好处的。史蒂芬和他的姐姐菲利帕要去德国著名的瓦格纳音乐厅拜罗伊特节日剧院观看《尼伯龙根的指环》。与此同时，我陪我的父亲去第戎参加一次国际会议。在第戎，我住在当地一家老夫妇家，他们有一个非常有品位的25岁的女儿。她在当地上班，有一个男朋友。还好这次分别没让我痛苦太久，因为我父亲的会议开了两天后就推出了我也可以参与的娱乐项目。既然我们当时在勃艮第，那里最文明的自然是一家家优雅的酒庄了。于是乎，我在那儿接受了可能是人生中最愉快的一次教育，优雅的服务员向我介绍着精致的美酒和菜肴，我学到了许多与酒相关的典雅名词：努依圣乔治、博讷产区。努依圣乔治酒庄的标语勾起了我强烈的好奇心，他们的美酒就像"新婚之夜的柔软与爱抚……"。

  我们接着从第戎开车前去日内瓦机场接我的母亲，然后我们一行人前往伯尔尼高地的哈斯利贝格，在伯尔尼附近有一个小镇，从高处能够看到

Part One　Travelling to Infinity
我和霍金的生活

远方的迈林根村庄以及山脚下的阿勒河。在我们离开瑞士前去意大利之前，父亲带我们去了湖边的中世纪城市卢塞恩，在那儿我们看到了坐落在一架跨过河流的木桥底下的著名画作《死亡之舞》。父亲指着画作告诉我们："那穿白衣的死神，选中了受害者后将其囚禁，旋转着将其拉入深渊。"

　　意大利的风景是令人销魂的，无论在视觉上还是精神上都是一种享受。艺术、历史、音乐、灯光和颜色，我们的感官从四面八方受到最大程度的刺激，这种感觉一直伴随着我们——佛罗伦萨、圣吉米尼亚诺、比萨、锡耶纳、维罗纳、帕多瓦——每一处都展现着他耀眼的魅力。在佛罗伦萨，白天看过了米开朗基罗、贝里尼、列奥纳多·达·芬奇的作品。晚上，我们坐在酒店窗前，看着窗外的阿诺河缓缓流向彼提宫，我们即将去那里听音乐会。就在那个时刻，母亲向我坦露了为什么她选择在战争开始时嫁给父亲。如果他在战争中受伤的话，她将要亲自照顾他。母亲的这段话几乎就是一种美好的预兆。几天后，当我们到达威尼斯的酒店时，我收到了一张史蒂芬寄来的明信片，明信片上印的是萨尔茨堡的一座城堡的照片。我难以隐藏心中的喜悦，难道史蒂芬像我在思念他一样也在想念着我吗？这封明信片让我相信他也期待着暑假结束的时候和我重逢。他在明信片小小的纸上写满了内容，他说他们在音乐节快结束的时候赶到了萨尔茨堡，那儿和拜罗伊特完全是两种风格，捷克斯洛伐克不但好玩而且物价便宜。他在当时的那张明信片上并未提到他在德国的火车上重重摔了一跤，摔破了两颗门牙，后来还不得不去哈雷街上找当牙医的舅舅补牙。这封信件给我带来了美妙的浪漫，尽管史蒂芬人不在这里，但是威尼斯的小船、广场、教堂、水流，它的一切都瞬间显得那么美丽。不过当我离开意大利开始返程前往瑞士的时候并无任何留恋，迫不及待地希望迎接新的生活。我们从巴塞尔乘飞机返回英国，汽车也一起空运了。伴随着清风，飞机带着我们跨过了脚下我父亲曾经开车驶过的土地。

　　史蒂芬看到我回来非常开心。我知道史蒂芬开始正视我们的关系，开始意识到我们的交往能带来积极的事情。他也许意识到了自己的未来没有病痛暗示的那么黑暗无光。回到剑桥，10月的一个漆黑潮湿的星期六的夜晚，他轻声向我求婚。那一刻改变了我的一生，我从此决定了自己的命运，也将曾经想过的外交工作抛之脑后。

第一部分

6　背　景

　　重大的决定一经做出，其余诸事均迅速尘埃落定。接下来的一年愉快地飞逝。无论我的朋友以及家人们对史蒂芬的健康状况有怎样的担忧，他们都不曾向我提起。他们对我谈论的不过是霍金一家略显古怪的行事风格。

　　我并未对此介意，在外人看来的古怪风格却正是我喜爱他们一家的原因。霍金家人热情地欢迎我，将我像他们自家人一样对待。他们在物质上非常节俭，比起追逐潮流，总是偏爱熟悉的和旧的事物。为了省钱，他们还消减了室内的暖气。如果客人们抱怨说感觉到冷，他们会敷衍地劝说人们像弗兰克·霍金一样多穿一件衣服抵御寒冷。更别提年久失修的大房子，我已经在他们家发现好些角落，哪怕是最客气礼貌的人也会觉得这里破旧不堪。这一切对我来说再熟悉不过了，我从小就在这类似的环境中长大，我自己的父母就多少年来一直省吃俭用。我家并不富裕，我父亲的收入大部分都给了我们的教育以及那些美妙的夏日假期，所以日常的柴米油盐都需要家里的精打细算。我们家也没有中央供暖，我从小就习惯了坐在火炉边取暖，任凭脸和脚趾烤得发烫背脊却飕飕发凉。晚上上床后，我总会把自己冻僵的双脚贴在热水壶上。第二天醒来发现脚上的水泡和耳朵上的冻疮已成为习惯。如果说我家的房子看上去比霍金家的好些，那主要是因为我家的房子比较小，加上我父亲杂务技能上的缺陷导致家里的很多维修工作都是请的专业工人处理。我父亲试图亲自维修，但往往将事情弄得更糟。曾有一次，他在修补天花板的时候将一整块天花板给搞塌下来，直直地砸中了他自己的脑袋。每当他决定翻新墙面装修时，总是把油漆洒得到处都是。每次我父亲自己动手，我们都会多花很多额外的钱去修补他造成的各种破坏，所以我们很早以前就明白了请专业人士比我们自己装修更便宜。

　　在霍金家生活后，霍金家人也并不像传说中的那样喜欢在吃饭的时候各自看书。用餐时间在我看来总是充满了交流和互动。史蒂芬的母亲在饭桌旁总是和颜悦色地倾听和诉说，而他的父亲有的时候则看上去闷闷不乐。

Part One Travelling to Infinity
我和霍金的生活

尽管他可能看上去很严厉，但我知道弗兰克并不是一个喜欢发脾气的人。他的不开心往往来自于一些让人不如意的生活细节，比如一个不小心掉落的叉子或者一个摔碎的玻璃杯，他从来不会真的对家里人发火。事实上，总是他去哄年轻的爱德华睡觉，小爱德华总是在快上床睡觉时大吵大闹，而弗兰克却表现出了惊人的耐心和温柔。史蒂芬也不再像过去那样总是受负面情绪的影响，慢慢展现出他原本温和的处事风格。

饭桌上的内容从政治到国际时事，话题总是生动而充满智慧。因为菲利帕正好在那段时间在牛津学习中文，我们常常谈到中国的革命。我对东方的历史与政治一无所知，所以当类似的话题出现在饭桌上时，我更多的是坐在一旁饶有兴趣地聆听，很少插嘴以避免暴露自己的无知。和东方的巨大变革相比，我所熟识的西班牙与法国的政治历史就显得无趣多了，自然饭桌上也很少听到与他们相关的话题。霍金家人应该是我身边对法国最熟悉的了，伊莎贝尔的好些亲戚就是法国人。他们家对西班牙也非常熟悉，1950年的冬天，当弗兰克在遥远的非洲研究热带医学的时候，伊莎贝尔和孩子们便在西班牙的马略卡岛（Majorca）的德阿（Deia）待过几个月，他们就住在诗人罗伯特·格雷夫斯（Robert Graves）家附近。罗伯特·格雷夫斯的妻子贝里尔·格雷夫斯（Beryl Graves）是伊莎贝尔在牛津时期的同学，自然地，罗伯特·格雷夫斯成为了霍金一家尊重的榜样。

饭毕，我们几个年轻人会聚在一起玩桌游。史蒂芬从小就痴迷模拟王朝的桌游，他与挚友约翰·麦克林汉（John McClenahan）甚至还一起发明了他们自己的桌游。整套系统纷繁复杂，包括了完整的家谱、各种乡绅、详细的土地面积，甚至还有他们安排的王位继承以及遗产税等。可惜的是这套桌游并没有得到完好的保存，我们只能改玩其他游戏，比如：妙探寻凶、拼字游戏。当然了，偶尔我们也会试图玩耍规则复杂的中国桌游麻将。史蒂芬不仅具有高超的门球水平，还会教我玩国际象棋。但是，如果玩拼字游戏的话，我可不需要人指导了。我对文字游戏非常自信，这得益于我的埃菲（Effie）姨妈，她不仅能言善辩且创意也层出不穷。我小时候曾住在她伦敦北部的家里，跟她学了很多词汇游戏，拼字游戏自然难不倒我。

要是某天我们凑不齐人玩桌游，史蒂芬的母亲就会在饭后把我们叫到一旁，跟我们絮叨家庭历史。倾听她的故事是一个令人享受的过程，我也逐渐在这个过程中把她视作我的偶像——牛津大学的研究生。她结婚之前是一名所得税督察员，她高雅又充满智慧，同时对家人倾尽所有。婚后，她便全身心照顾家庭，似乎将事业心隐藏了起来。当时的她在一所私立女子寄宿学校教历史，像她这样睿智的人放在一个小学教历史真是大材小用。她一边沉思一边向我们讲述她自己的过去与霍金家的故事，似乎带着些局外人的超然。她在格拉斯哥（Glasgow）长大，在家 7 个姊妹里排行老二。她的外祖父是一名有钱的锅炉商人，父亲是一名医生。尽管很小的时候她便乘船搬到了普利茅斯（Plymouth），但她依然对外祖父在格拉斯哥豪华的宅邸记忆犹新，她甚至还记得一大家子人在豪宅的大厅里一起祷告的场景。而她的母亲，据说是劳瑞斯顿堡的经济学家约翰·罗的后裔。约翰·罗将整个法国的经济搞垮后便跑到了美国的路易斯安那州定居。根据她的讲解，她母亲的家族历史充满了各式各样的家庭纠纷，大部分都跟钱相关，似乎他们家人表达自己不满的方式便是恶语相向。

　　史蒂芬的父亲拥有着令人敬畏的约克郡（Yorkshire）农民的血统。他们家族中有位祖辈在 9 世纪初曾任职德文郡（Devonshire）公爵的管家，因而整个家族的荣耀都来源于此。正是因为这份令人钦羡的工作，这位显赫的祖辈得以在约克郡的巴勒布里奇（Boroughbridge）购置了一套房产，并将其命名为查特斯沃思庄园（Chatsworth）。但从那时开始，他们家族的经济状况一直走下坡路，到了 20 世纪，史蒂芬的祖父在农业方面的投资宣告彻底失败。结果留下他的祖母一人负担起养家糊口的重任。面对贫穷的困境，她将家里的五个孩子——四男一女——抚养成人。她在自家后院成立了一所新学校，女强人的她在这方面获得了巨大成功。伊莎贝尔的故事总是充斥着金钱、财富，这些东西能带来什么又能夺走什么。她就是这样一个现实主义的人，她平时判断一个人的好坏主要是看这个人是否足够聪明博学，而很少去关注这个人的品性。通常，外表上很有魅力的人难以得到伊莎贝尔的好眼色，越是注重外表的人似乎越容易受到霍金母亲的冷漠对待。

　　史蒂芬的母亲一家有 7 个姊妹，父亲一家也有 5 个兄弟，史蒂芬自然就有一大帮堂兄堂妹以及数不清的表兄表妹。我的父亲是独生子女，所以我只有少数几个远房表兄表妹，其中一个住在澳大利亚，另外的都住在诺福克的郊区。不难想象，我第一次见到这一大群不但和史蒂芬关系亲密，连模样都如此相似的表兄妹们的时候的吃惊。史蒂芬的母亲这边的亲戚们似乎都有着高高的颧骨，一对靠得很近的蓝色大眼睛以及卷卷的栗色头发。而他父亲这边的亲戚们都有一副长长的面孔。我只有一个表弟可能和我长相上有点相似，而史蒂芬家有 32 个相貌或多或少拥有相似特征的亲戚。他

Part One　Travelling to Infinity
我和霍金的生活

们不是史蒂芬父亲家族的就是母亲家族的，且都为近亲。

史蒂芬的这些亲戚大多居住在国外，离过婚的也不少。但我仍然对他们中的部分非常熟悉，我认识他们的朋友、丈夫、妻子，甚至还有他们的前妻前夫。这完全得益于那个冬天接连不断的家庭聚会，他们所有人都坦诚友好地接待我，我开始意识到一个庞大的家庭所带来的好处。他们外貌上的局部相似的小缺点在亲戚遍及四方所带来的安全感面前显得太微不足道了。这种新颖的大家庭的感觉令我振奋不已。相比之下，我自己家庭的圈子里只有父母、弟弟、外婆，以及两个姨妈。

不过，有这么一个霍金的家人和其他人带给我的感觉却截然相反——史蒂芬的姑妈梅里埃尔（Muriel）。当她听说我们订婚的消息的时候，她的原话是："我得赶来看看和史蒂芬结婚的女孩是什么样的。"梅里埃尔是弗兰克·霍金唯一的姐姐。曾经是家庭成员中最不引人注目的一个。尽管在音乐方面展露出了惊人的天分，梅里埃尔却最终选择了待在家中照看年迈的父母。我与史蒂芬订婚的时候梅里埃尔已经60多岁了，她有弗兰克家标志性的长脸，大大的棕色的眼睛透露出对生活的不满和哀怨。她全身心热爱着她的弟弟弗兰克以及弗兰克的大儿子，尽管自己没有继承到任何相关的特质，但她从不避讳谈论对弗兰克一家人的智慧的欣赏。她谈话的方式直爽而接地气，尽管教子史蒂芬对她彬彬有礼，但她的言论却时时遭到其他家庭成员的忽视。我经常会和梅里埃尔姑妈坐在一起聊天，这和我喜欢跑到弗兰克外婆的阁楼去一样——我偶尔需要从饭厅那充满浓郁智慧气息的种种讨论中逃离出来。

除了自己最亲近的亲戚，史蒂芬对别人是非常挑剔的。他的自信心逐渐恢复，他非常享受把他的牛津气息尽可能多地带到谈话中来，常常发表一些具有挑衅的话语。有一次我带他去我家度周末，他在我温和的外婆面前不屑地提到诺威奇大教堂的设计非常平庸，把我外婆弄得很不高兴。他特别喜欢和我的朋友们聊天，在聚会上，他用那些颇具争议的观点操控谈话，毫无惭愧之意。因为那些喧嚷而顽固的雄辩，他常常成为社交场合的焦点。

他会和我争论"人造假花从各个方面都比真花好上百倍"、"我最喜爱的作曲家勃拉姆斯只能算二流，因为他不懂如何运用不同的管弦乐器"、"拉赫玛尼诺夫对音乐的任何贡献都是微不足道的"、"柴可夫斯基也就是个芭蕾舞音乐作曲家"等等。那时，我对作曲家的认识还处在萌芽阶段，我只知道拉赫玛尼诺夫以及柴可夫斯基的音乐有能力感染我，对勃拉姆斯的管弦乐作品一无所知。直到后来我才知道，瓦格纳与勃拉姆斯两个人之间是非常排斥的。

尽管我悄悄享受着史蒂芬和我的各种争论，但我也害怕他毫无节制的自大有一天会让我的朋友们疏远我，甚至包括我的亲人。这种担心越来越严重，有一次我觉得他的自大甚至威胁到了我在学术上未来的发展。我并不介意因为他的缘故而失去在外交部工作的机会，但我不能任由他将我的所有的学术机会都毁了。有一回我带他去见我的导师艾伦·德蒙德（Alan Deyermond），那段时间德蒙德导师一直在劝说我攻读中世纪文学的博士学位，史蒂芬真是让我出尽了洋相。他和我的导师在讨论时显得趾高气扬，我还记得他一边说话一边挥动手中的酒杯的样子，就好像在用身体语言传达只有傻瓜才不认同他的观点。他迫不及待地阐述着学习中世纪文学就跟在沙滩上研究贝壳一样毫无价值的言语。所幸艾伦·德蒙德也是牛津毕业的，他选择了用牛津人独有的气质与霍金争论起来。最终两人没分出高低。在回家路上，我向史蒂芬提到了他的所作所为有多么无礼，他耸耸肩说："我们只是在客观地讨论，你不应该带入太多个人情感在里面。"

史蒂芬始终认为学术层面的交流不属于个人私事的范畴，他的这个观点在同一年的晚些时候便受到了挑战。曾经拒绝了史蒂芬研究生申请的弗雷德·霍伊尔教授，当时正在大力运用电视机作为媒介向大众宣传科学。他那段时间受到了社会各界广泛的关注，甚至政府都给了他足够的经费让他在剑桥成立了自己的天文学院。政府这么做的原因很简单，只有满足霍伊尔的需求，才能保证科技人才不向美国流失。在那个年代，英国科学家移居美国做研究是非常平常的事情。霍伊尔有权有势，其近期发表的各种理论都受到了各界的广泛推崇，特别是那些他和他的印度研究生贾扬塔·纳里卡（Jayant Narlikar）一起发表的实验报告。巧合的是纳里卡的实验室就在霍金曾经待过的实验室旁边，就在剑桥卡文迪许实验室附近。

霍伊尔当时最近的一篇论文内容是关于稳态理论的各方面的详细解释。他、赫尔曼·邦迪（Hermann Bondi）以及托马斯·戈尔德（Thomas Gold）一起合作完成了这项研究。在论文发表之前，他们在皇家学会的一次学术研讨会上做了展示。每一段演讲结束之后都有一个比较形式化的提问环节，在我看来那通常都是听众们客套地恭维几句的场合。史蒂芬也在场，他没有错过这个向演讲者发难的大好机会。当大会主持人将提问机会交给他的时候，这名没有发表过任何相关论文初出茅庐的研究生，吃力地站了

Part One Travelling to infinity
我和霍金的生活

起来走上台去，在整个大厅的听众面前向霍伊尔和他的学生们指出他们的结论是错误的。霍伊尔看上去非常吃惊，"你为什么这么认为？"他略带愤怒地问道，语态里透着一股不屑，就像他确定无论史蒂芬搬出什么样的证据都会被他轻易地反驳掉一样。史蒂芬回答道："我计算出来了。"从霍伊尔的脸色看来他似乎没有预料到这样的回答。不过史蒂芬又加了一句："起码在我脑袋里面我算出来了。"这次大会之后，因为史蒂芬无礼的壮举开始逐渐受到科学圈的关注。他也在这时定下了自己博士研究生的课题：膨胀宇宙的属性。这次事件之后，史蒂芬与弗雷德·霍伊尔的关系就没再缓和过。

抛开各种争论，无论是科学客观的还是私人感情的，那年我们还有一个最大的共同目标——迎接1965年7月的婚礼。作为一个已婚的本科生，我是否还能被允许继续留在韦斯特菲尔德念书成了一个大问题，所以我最重要的任务是让校方主管们在这件事上与我达成一致。如果我不能争取到主管们的同意，或许不得不将婚礼延期1年，在订婚仪式上我父亲曾要求我一定要在结婚前拿到本科毕业证。但另一方面，对于霍金的病情来说一年的时间太漫长，就像他父亲不断提醒我的那样，谁也不能保证霍金的病情还能坚持1年时间。这个可怕的事实是我计划未来的时候不得不考虑的一个重要因素。所以，我必须尽快说服西班牙系的系主任约翰·瓦列伊（John Varey）教授以及我们的校长马修斯夫人（Mrs Matthews），我要让他们知道事情的紧急程度。当我试探着把情况讲给瓦列伊教授听的时候，他表示这两件事情没有必然联系，如果校长同意的话，他不会反对。

自1962年进校前的那些面试后，我就再没与马修斯夫人交谈过，所以我对即将和她进行的谈话并没抱太大的希望。1964年秋天的一个傍晚，根据她秘书安排的时间，我于6点整准时来到了马修斯女士的办公室门口。我颤抖地敲响了她位于大学行政区办公室绿色的大门。我想从我走进她办公室的那一刻她就感受到了我的紧张。她让我在沙发上坐下，自己则一手拿着香烟，另一手端着酒杯，在我的旁边坐了下来。"告诉我，怎么了？"她皱着眉头，直直地看着我的眼睛，神态里透露着关心，"别紧张，我又不会吃了你"。我深吸一口气，用我能想到的最坦诚的方式将我和史蒂芬的故事、史蒂芬的病情、医生的诊断以及我们要享受生命留给我们的每一个时刻的想法全盘告诉了她。她的视线一直没有离开我，脸色始终很平静。她静静地听完了我的解释，途中没有一次打断我，然后她说道："你知道如果你结婚了，你必须住在其他地方而不是校园里，对吧？"我似乎看到了一丝希望，她并没有干脆地拒绝我的请求。我早就对这次谈话的各种可能结果做好了准备，我努力点了点头。"是的，我明白这一点。"我回答道，"我在普拉特大道（Platt's Lane）找到一套住房很合适。""很好，我批准你这么做，去吧，趁你们还有时间，多享受彼此在一起的时间。"马修斯女士回答道，眼睛一动不动地盯着壁炉里的木炭。然后她若有所思地跟我提到了她的过去，她原来也有类似的经历，她的丈夫也身患残疾，所以她才会比任何人都明白在这种时候什么才是正确的选择。不过她与我的父亲一样坚持要我完成学业。她提醒我要做好准备，未来的路将会很艰辛，但她愿意尽可能地给予帮助，她也同意帮忙去说服瓦列伊教授。

解决了这件大事，我也算是胸中一块大石落地，接下来就是确认搬到普拉特大道的事情。房东太太邓纳姆夫人（Mrs Dunham）把三楼的阁楼让给了我。她和她的丈夫对我非常友好而耐心。史蒂芬设计了一种通过剑桥和伦敦之间的中转站打电话的方法，打一次电话只需要4便士，相当于本地通话的价钱。这意味着每天晚上我们都可以尽情通话了。而邓纳姆夫妇一次也没向我抱怨过，这就是我认为他们对我很耐心的原因。每天我除了和史蒂芬说说日常见闻以及开开情侣间的玩笑，我们还会畅谈各种关于未来的美好计划。不顾病情带来的阴影，我们仍然憧憬着未来可能的工作、住处、我们的婚礼，以及随后的美国之旅。我们打算在婚礼举办日的10日之后，即那年夏天，到美国纽约州的康奈尔大学上暑期班。

Part One | Travelling to Infinity
我和霍金的生活

7 美好的信念

如今，眼前的问题都解决了，我有信心能在最后一年拿到学位。我父亲一直慷慨地在经济上支持我，帮助我购买往返剑桥的火车票。然而找工作赚钱养家的重担仍需要史蒂芬去承担。史蒂芬开始严肃认真地对待他的研究了，他知道研究报告一定要有含金量的内容，即使不被发表也要达到申请学术奖金的水平。他已经着手深入研究他在皇家学会学术研讨会上对霍伊尔提出的各种反驳。那段时间他也逐渐发现，如果不用太挑剔，自己也可以静下心来享受这份工作。

1965年2月的一个寒冷的早晨，我来到史蒂芬的住处。他现在搬到了三一学院的主楼，比较方便。他不仅仅是位满怀喜悦期待爱人到来的年轻未婚夫，他还希望我能运用秘书技术帮他打印一份工作申请。我走进他房间的时候，他脸上的笑容立刻被惊恐和沮丧所替代，因为他发现我的大衣下面臃肿的左手臂上裹着一层白色的石膏。他的表情让我感到他对我丝毫没有一点点的同情。我本来也不曾有什么期望，之前在电话中我也未曾告诉他我骨折的消息。

事情的经过是这样的。韦斯特菲尔德学院从去年开始招收男生了，学生会选举了新一届的娱乐活动委员会成员，比以前活跃多了。学校的舞会也比以前好多了，有不错的乐队演奏20世纪60年代的流行音乐，包括披头士和慢摇舞曲。我特别喜爱慢摇舞曲，在周中的一次舞蹈社聚会中，我与另外一名女生的男朋友一组慢摇。当时地面很滑，我又穿着高跟鞋，舞蹈开始没多久我就不幸地重重摔倒在地上，正好左手着地。伴随着一股钻心的疼痛，我知道这次手腕又断了，上次是因为滑冰，这次是因为跳舞。

我还没从这烦人的遭遇中缓过劲来，又看到了史蒂芬那难看的脸色，心情极度郁闷，直到我看到他借来的打字机以及摆在旁边的一叠整齐的白纸。他向我郁闷地解释说冈维尔与凯斯学院（Gonville and Caius College）的学术奖金申请在这周末就要结束了，他一直在等着我帮忙打出一份像样的申请。带着自己跑去作乐摔坏了手臂的内疚,我下定决心要用我完好的右手帮他打印一份漂亮的申请,我接下来的整个周末都花在那上面了。

想在史蒂芬的宿舍里过夜是不可想象的。听史蒂芬说,也许是我不小心在史蒂芬书房留下的围巾或者羊毛衫一类的东西,致使他们那坏脾气的楼管萨姆(Sam)好几次一大清早跑来查房,想看看史蒂芬狭小的单人床上有没有第二个人的身影。可惜萨姆想抓绯闻的渴望总是落空,因为我每个周末都是在史蒂芬那些已经有房有车的好友家里度过的。他的这些朋友们很多已经开始计划生子了,在我们这一代看来这才是正常的人生轨迹。主要目标是:美妙的爱情、完美的婚姻以及一个温馨的家庭。我与史蒂芬和其他人的不同在于,我们只有短暂的时间来实现这些目标。

尽管一波三折,学术奖金的申请最终还是成功地被我们及时投递出去了。史蒂芬现在只需要静静等待他们打电话来叫他去面试就可以。然而现实却比想象中的复杂多了。鉴于史蒂芬在皇家学会上"臭名昭著"的提问,他决定找赫尔曼·邦迪做这次学术奖金申请的推荐人。因为赫尔曼·邦迪和史蒂芬住汉普郡(Hampshire)的姨妈洛兰(loraine)是老邻居,此外,邦迪还认识斯蒂芬的姨父牙医罗斯(Rus)。因为这层关系,斯蒂芬认为没必要写一份正式的书信。但几周之后,史蒂芬收到来自冈维尔与凯斯学院的坏消息。当学院联系到邦迪教授,请求他对申请人史蒂芬·霍金做出评价的时候,他回复说完全不认识这个申请者。鉴于史蒂芬找教授的方式上的随意性,教授将他的名字遗忘也是说得通的。史蒂芬得知此事后,急忙打电话四处求救,终于得到了一次面试的机会。这次面试机会对史蒂芬非常有利,其一是史蒂芬有着卓越的辩论能力;其二是这次的面试官大多为其他科学领域出名的科学家,并非宇宙学家。

事实也是如此,学术奖金委员会成员们显然非常喜欢一个宇宙学家的加入。而对于我们来说,看到史蒂芬的名字出现在学术奖金获得者名单上真是值得庆祝的事情。身边的每件事在那个时候看来似乎都正超出我们预计完美地进行着。婚礼的具体日期也安排出来了,就在7月中旬。尽管史蒂芬的健康状况看上去很不理想,但接下来的日子直到暑假我们都在爱情的甜蜜和各种成功的喜悦中度过。不过,晴朗的天空偶尔也会有小小的乌云飘过:我的第二学年的期末考试、住宿问题、初次接触个人所得税。

然而,现实的残酷还是将看似无谓的阴云吹到了我们快乐生活的上空。史蒂芬等待了两周时间后,他给冈维尔与凯斯学院的财务主管打了电话。(冈

Part One　Travelling to Infinity
我和霍金的生活

维尔与凯斯学院的"凯斯"取自学校的第二任校长）。财务主管冷漠地表示，史蒂芬直到当年 10 月之前都不能正式入职，更别提他想要预支 6 个月的薪俸了。当时的我们最关心的可能就是史蒂芬到底能得到多少薪水的问题。另外财务主管还明确表示校方已经不再给研究人员提供住宿。这一系列坏消息让我们对史蒂芬能拿到手的收入没有过高的期望，同时我们还要为房子的事情头疼。不过剑桥里有很多像我们这样的新婚夫妇在学校从事研究工作，所以不管我们最后能拿到多少，我想应该能够我们度日了。至于住处，我们在市集广场正在新建的房子中看中了一套，并在中介代理那儿留下了我们的联系方式。

我们对未来的生活充满自信且迫不及待，不好的消息很快被我们淡忘。财务主管冷漠淡然的态度更是加深了史蒂芬对这种典型的中年官僚的轻蔑，我也开始慢慢认同他的看法。按照我们的理想主义，我们故意挑战常理，摒弃中庸、普通和平凡。当然不能允许这样鼠目寸光的官僚作风阻挡我们宏伟的规划或是破坏我们的信念。抨击这样的官僚主义很快成为了我们那一代人的反抗方式。不过我和史蒂芬两人最主要的斗争对象恐怕还是多变的命运。在生活带来的巨大困难面前，财务主管的官僚主义作风不过是小小的绊脚石。

当一个人与命运抗争的时候，他最关心的就是：生命、生存、死亡问题。目前看来，命运狰狞的一面似乎还在沉睡，它并未靠近我们。尽管我们遇到的困难重重，而笼罩在冷战阴云下的我们的未来和其他人并没什么不同。对史蒂芬来说，我们的婚姻也意味着他必须埋头努力地工作，证明自己在物理学界能有所作为。而在我看来，我们的信仰也会影响我们前进的道路。在某种意义上来说，我与史蒂芬都持有一种共同的信仰，一种关于存在主义的信仰。然而，我因为受到母亲以及身边一些朋友的影响，在信仰层面比史蒂芬更坚定。或许并非来自上帝的帮助，但我始终相信冥冥之中有股力量在给我勇气、给我决心，在我需要帮助的时候回应我的请求。另一方面，霍金一家尽管有卫理公会背景，但总是申明他们就算不是无神论者也是不可知论的支持者。他们对宗教的嘲讽让我感到很不舒服。我们订婚两个月后，史蒂芬和我就一起度过了我们的第一个圣诞节。他和我的家人一块儿参加早礼拜的事情引起了他家人的浓厚兴趣，回家后，迎接他的是家人的各种带着暗讽的言论。"那么，你现在感觉到更加圣洁了吗？"菲利帕充满讽刺地问史蒂芬，听那口气甚至还有几分责怪我的意思。史蒂芬以微笑作为回应。他的母亲说："他当然觉得自己更圣洁了，他现在可是受了一个贤惠女人的影响啊。"我不知道我应该怎么解读史蒂芬母亲的这句评论，这些有意无意的言论不能轻视，因为他们都话里有话，矛头都指向对我来说非常重要的东西：我的信仰。和这种冷嘲热讽相比，我们在选择婚礼仪式说辞的时候发生的事就更好玩了。我非常震惊地发现，根据1662年的公祷书上所说，我在婚后应该变为一名"虔诚忠贞的主妇的一员"。当然，我最后选择了1928年较新的版本，避开了这个难听的句子。

好事接二连三地发生，很快我们又有了值得庆贺的理由。某个周六，我待在史蒂芬的房间帮他写申请书，这一次目标是重力奖。这个奖的资助人是一名深信反重力可以治好自己中风病的美国人。或许任何一篇由他资助发表的文章都没能真正减轻这位好先生的一点点病痛，但他的慷慨解囊却让无数还在为温饱作斗争的年轻物理学家在经济上得到了巨大的缓解。多年以来，史蒂芬每一项重力奖都拿过，1971年的时候还有幸拿到了一等奖。尽管1965年的那个周六我们得知史蒂芬不能按时领到学院的学术奖金，但重力奖的获取使他的努力没有白费。几周之后，史蒂芬从剑桥给伦敦的汉普斯特打来电话，用我们早已熟知的4便士的方式。我急急忙忙从阁楼赶到楼下，电话里他说他刚在重力奖中赢得了特别表扬奖，奖金有100英镑。我在房东邓纳姆夫人的厨房高兴得欢呼雀跃。史蒂芬的这100英镑，加上我父亲很久以前就开始给我在国储银行存的资助金250英镑，总计350英镑（他答应在我21岁生日那天全部交给我）。利用这笔钱，我们不但可以付清史蒂芬之前的贷款透支，还可以用余钱购买一辆汽车。那年夏末，就在我们婚礼之前，史蒂芬在三一学院的好友罗布·多诺万（Rob Donovan）托他爸在柴郡（Cheshire）给我们找到了两辆非常划算的汽车。第一辆是1924年生产的敞篷劳斯莱斯，车身上的红漆光亮照人。即使价格再便宜，这件奢侈品对我们来说也是一笔不小的开支。第二个选择则与奢侈二字背道而驰，一台红色的"Mini"轿车。尽管心里不愿意，但我和史蒂芬不得不接受这个选择。依据我们目前的状况，"Mini"轿车这样的小巧性、实用性、经济性更加适合我们，更何况当时的我还未取得正式驾照。

驾照的考试我参加了多次，均以失败告终。我并不认为开着一辆花哨的劳斯莱斯会让一本正经的考官对我有什么好感。就在最近的一次考试失败之后，他还冷嘲热讽地说我的开车技术不是新手，而更像是无所畏惧的老司机。一旦上路就飙到限速，一路摇摇晃晃丝毫不负责任，他还说他应

Part One Travelling to Infinity
我和霍金的生活

该为我没有在拐弯或者上下坡的时候超车或者十字路口转弯的时候逆行而感到骄傲。具有讽刺意味的是，史蒂芬的开车技术也不咋样，时常将乘客吓出一身冷汗，但他却通过了驾照考试。按照当时法律的规定，只要史蒂芬坐在我的身边，我就可以开车上路。1965年的时候，我终于通过了路考，或许是我的老对头考官生病住院的缘故。

1965年上半年接二连三的好事让我们对未来充满了信心，也为我们的下半年奠定了基调，我的注意力越来越集中在剑桥以及婚礼上。不可避免地，我与朋友们在这段时间稍有疏远，包括我在韦斯特菲尔德学院的老友以及圣奥尔本斯高中的舞伴和网球球友。我最近一次见到他们，要么是在1964年圣诞节前夕的邮局分拣处，要么是在我21岁生日派对上。史蒂芬的父母很慷慨地让我在他们家举办了那次生日派对，他们家的大房子可比我父母的双拼房宽敞多了。

21岁生日派对，那是多么完美的一天。那天天气炎热、阳光明媚、天空蔚蓝无云，我的心情好到极点。史蒂芬送我了一张贝多芬四重奏的唱片，在我看来那是最能代表我们彼此吸引的东西。更让我感到高兴的是这次生日比之前一年的更完美。上一次，史蒂芬送给我一张安东·韦伯恩（Webern）的作品集，然后带我看了一部关于美国人怎么用电椅的戏剧。我还记得那个下午，包括我的外婆在内的一大家人环坐在客厅里静静地听韦伯恩的唱片的场景：史蒂芬坐在扶手椅上表情严肃，我父亲坐在他的旁边手捧着一本书沉浸在阅读中，我的母亲在一旁不停地织着毛衣，外婆则已经昏昏欲睡。那音乐就如同混杂的音符互相撞击，还有不合逻辑的长休止符和刺耳的不合谐音，毫无旋律可言。我们全家凭着惊人的冷静，变得丝毫不为这难听的音乐所动。而坐在地上的我将脸埋在一个靠枕中，差点疯掉。

1965年，我21岁的生日派对就完全不同了。整个生日都像童话故事般美妙得不可思议。当然，就像童话故事都有一个反派人物一样，我的生日派对也不乏这样的反派人物——菲利帕对我表现出厌恶和抵触的表情。我对她的做法难以理解，难道是因为我借用她家的房子开派对？或者是她认为我是一个从知识层面上不及她的"女流之辈"？她很早就显露出对我的信仰不屑一顾的态度，这一点是已知的事实。当我跟史蒂芬提到这个事情的时候，他只是简单地回答："别太放在心上。"但这圆滑的回答却没能安抚我疑惑的内心。

史蒂芬的两姐妹中较年长的玛丽则对我更加友好。根据史蒂芬母亲的说法，史蒂芬似乎从来不能原谅自己的两个妹妹在自己仅仅出生17个月后就来到了世上。羞怯又温柔的玛丽在整个家庭中总是陷于一个不被人喜欢的地位。成长过程中被史蒂芬和菲利帕两个极其聪明又具有强烈个性的人格夹在中间。作为一种自我保护的心理机制，她强迫自己努力适应这样的竞争激烈的家庭环境，虽然她的天赋其实更具创造性和实用性。基于对父亲的忠贞，她选择了从医，也只有在和父亲交谈的时候玛丽才能显得无忧无虑。尽管我的父母已早从圣奥尔本斯的好些朋友那儿了解了弗兰克·霍金对待磨坊山（Mill Fill）医学实验室的同僚们并不友好，但他对我总是彬彬有礼。他是一个敏感的人，他身上慷慨崇高的个人品质没有被这个世界的大众所发现真是一件令人遗憾的事情。带着约克郡人独有的直率，他不止一次地向我表明他们的家人对我和史蒂芬的婚姻的无限支持，总是坦诚地提供各种可能的帮助。无论对我们的婚姻感到多么高兴，史蒂芬的健康状况仍然让他悲痛欲绝，他的医学背景也使得他对史蒂芬的未来不抱太大希望。我的父亲打听到有一个瑞士的医生可以通过改变饮食的方法治疗一些神经学上的疑难杂症，他甚至提出愿意为史蒂芬提供路费去瑞士接受治疗。弗兰克·霍金秉承着他现代医学的严肃学术态度，认为瑞士医生的方法没有医学根据，拒绝了我父亲的提议。但弗兰克的医学知识又不足以亲自治疗儿子的病情，他唯一能做的只是谨慎地告诉我，史蒂芬剩下的日子不会太多。更重要的是他明确地告诉我，如果我和史蒂芬想建立一个完整家庭，那么我们就不能再等了，他还向我保证史蒂芬的病情不具有遗传性。

史蒂芬的母亲曾经向我吐露过她认为史蒂芬的怪病第一次出现病症是在他13岁的时候，她还为我详细介绍了这恐怖的疾病在史蒂芬身上的发展史。我想她是想让我对史蒂芬的病情未来可能发生的各种恶化结果做好充分的心理准备。然而，既然我们唯一能想到的找瑞士医生的路子被当做江湖骗术给否决了，那我不认为单纯地给我讲讲未来的恐怖对我和史蒂芬的现在有任何实际的帮助。我告诉他母亲我并不想了解那么多的细节，史蒂芬的未来无论怎样都阻止不了我现在想要嫁给他的心情，我会为他创造出一个家，我可以暂时把我个人曾经的计划放在一边，和我与史蒂芬目前面临的困难相比我个人的计划都微小得不值一提。而作为回报，我也希望史蒂芬可以尊重并鼓励我去完成我个人的目标和梦想。我相信他在向我求婚的时候对我父亲以及对我许下的诺言，我相信他不会让自己的病情成为我生活中的累赘。另外我们都答应好我的父亲，我一定会完成学业。

Part One | Travelling to Infinity 我和霍金的生活

婚礼的准备工作紧张地进行着,我与史蒂芬在圣奥尔本斯和剑桥来回穿梭。整个婚礼筹备过程中伴随着各样的争论:我的父亲和弟弟都认为在婚礼上应保持旧有习俗风格,史蒂芬在他父亲的支持下拒绝穿戴传统礼服。类似地,史蒂芬拒绝佩戴康乃馨,因为他认为康乃馨太低俗。但在我看来,它们的颜色和香味都提醒着我在西班牙所度过的美好时光。最终,我和他都做出了让步,史蒂芬同意佩戴玫瑰。我父亲认为婚礼少不了祝酒词,而史蒂芬则打算什么都不说。谁当伴娘的事情也迟迟未决,不过到最后,我们成功地找到了爱德华来当临时的小花童。我们能够一致通过的,就是我们最终选择在三一学院大厅举办婚礼,在牧师保罗·卢卡斯(Paul Lucas)的见证下结为夫妻。在 7 月 15 日举行宗教结婚仪式之前,我们还得在剑桥的西雷大厅(Shire Hall)举办一次严格意义上的官方婚礼。原因很简单,从法律上来说新婚夫妇不能在大学礼堂完成婚礼,至少普通的证书不能在那里颁发,而我们又没有多余的可以挥霍的 25 英镑从坎特伯里大主教(Archbishop of Canterbury)那里申请一张特殊的结婚证书。为了节省开支我们专门选择了一个小礼堂,地方小就意味着可以容纳的人少,那就意味着我们必须谨慎选择邀请谁来参加婚礼。有的亲戚朋友不得不被我们从客人名单上画掉,就算这样,一部分我们邀请的客人最终也会被挤到小阁楼上。

在婚礼的紧张筹备中,我还得抽出时间准备我的法语期末考试,拿破仑三世和 1871 年的巴黎公社的复习花费了我不少的时间。就在我们婚礼前不久,史蒂芬还去参加了广义相对论座谈会。那一年的座谈会正好设立在伦敦。我陪同他一起参加了政府在卡尔顿府联排(Carlton House Terrace)组织的官方招待会,在那儿,我第一次见到了许多在史蒂芬的将来会对他的事业产生重大影响的物理学家:基普·索恩(Kip Thorne)、约翰·惠勒(John Wheeler)、查尔斯·米斯纳(Charles Misner)、乔治·埃利斯(George Ellis)以及另外两名我不太记得清名字的苏联物理学家。他们中的许多人最终和我们成为了非常好的朋友。也正是在那次大会上,许多像史蒂芬一样的相对论物理学家第一次意识到黑洞研究的意义(在那个年代关于黑洞的相关图解还很少,大众对黑洞的认识都来自文字描述,黑洞大多被形容为正在陨灭的星球),接下来的几十年他们将朝着那个方向不断努力。

7 月 14 日的官方婚礼举办结束之后,我的新晋婆婆带着一脸醉意的笑容,在人潮拥挤的阁楼里向我走来,说:"欢迎来到我们的大家,霍金夫人,从今以后大家就会这么叫你啦。"第二天,7 月 15 日,圣斯威逊日(St

Swithin's day），史蒂芬的伴郎罗布·多诺万精心安排了我们在三一学院一整天的各种庆祝活动。他保证了这一整天没出一点差错，要做到这点并不简单，因为我们当天邀请了很多年迈的亲戚参加。在多诺万的精心安排下，一切都井然有序地进行着。或许那天的天气不算晴朗，偶尔还伴有一股寒风，但总体来说还是美好的一天。傍晚来临，我的父亲在大厅里郑重地向史蒂芬致谢，感谢他从自己手中接过了照顾我的重任，罗布·多诺万开车将我们送到剑桥市郊。在那儿停着我们最近买来的红色"Mini"轿车，多诺万帮我们将我弟弟在车身上的涂鸦清洗得干干净净。我坐上驾驶座，史蒂芬坐在我的旁边，我发动汽车小心翼翼地开上大道，朝着萨福克郡（Suffolk）的朗梅尔福德（Long Melford）公牛旅店（Bull Inn）的方向驶去。

Part One　Travelling to Infinity｜我和霍金的生活

8　物理入门

婚后第一个星期，我们在萨福克郡享受着世外桃源般的田园生活。美好的时光匆匆而去，而宁静的记忆挥之不去。难忘那清风徐徐的乡间小路，芳草萋萋的花园，古老冷清的乡村教堂，还有一排一排的乡村小屋。假期结束后，我们坐在机场等待前往纽约的航班，然后早早地登机。幸福的田园时光结束了，没有了那酣眠中的宁静村庄、没有了小屋和海滩，取而代之的是无趣的科学。

在纽约肯尼迪机场的入境护照检查处，一名穿着利索身材高挑的空姐拦住了我们。她专心致志地检查了我们携带的文件，抬头问道："请问你们的姓名是？""简·霍金与史蒂芬·霍金。"我们回答道，心里想着这不过是例行检查。她低头看了看手中的单子，说道："这张单子上没有你们的名字，请告知下你们的年龄？"语气听上去有些吃惊。我们也被这不寻常的问题给弄得不知所措。"我今年21，他23。"我替史蒂芬回答道。"噢，不好意思，我搞错了。"她几乎惊呼，"我还以为你们是没有家长陪同的未成年人呢，难怪这张单子上没有你们的名字。"

刚到美国就被人质疑成熟度和婚姻状态，让我和史蒂芬闷闷不乐。我们挺直腰板过了海关，然后，我们登上了将要载我们去纽约州北部的伊萨卡（Ithaca）的直升飞机。我们第一眼中的纽约景象甚是压抑。直升飞机艰难地穿过厚厚的雾霾，纽约的高楼大厦慢慢呈现出来，从空中的视角审视这些高楼，就像无数直插而来的矛头一样令人胆寒。很难想象有人愿意在那些炼狱般的高楼里生活和工作。我感觉自己就像到了格列佛游记中的大人国（Brobdingnag）一样。当我们下了直升飞机，转乘接我们去康奈尔大学（Cornell University）的加长轿车时，我这样的印象更加深刻了。这里的每一样东西——汽车、街道、房屋——都比我在英国见过的要大得多，哪怕是道路两旁的绿色田野也似乎一望无际。然而对我来说，最新奇的体验是在这几千英里外的异乡，竟然有着这么一群人和我们说着一样的语言。

我们被分别安排到康奈尔学生公寓三楼的一间单人床小卧室居住。我与史蒂芬早已习惯了学校的生活模式，所以狭小的居住空间并没对我们造成太大影响。真正影响我们的是在夏季学校期间，整个三楼都被安排给了有家室的学生居住，这也意味着我与史蒂芬不得不忍受半夜各种小婴儿的哭闹声，或者在他们的父母举办社交活动时小孩儿在楼道里的来回打闹声。我们原本计划在大西洋这头的美洲大陆继续我俩的蜜月，这甜蜜的计划就因为校方突如其来的安排泡汤了。尽管这里的小婴儿的确可爱，但嘈杂的居住环境确实难以让人高兴。

我们的宿舍住址也让我们在康奈尔的居住体验雪上加霜，我们的宿舍离上课的阶梯教室至少有1英里（1 600米）远。或许这对于一个身体健全的人来说并不是问题，但对史蒂芬来说则显得特别困难。史蒂芬没有交通工具的辅助，他每天必须比其他人更早出发才能保证按时抵达教室。如果他独自行走，则需要花费更多时间才能抵达教室，如果有人搀扶情况会适当好点。所以，我们几乎每时每刻地待在一起，他去那儿我就欣然陪同。另一个问题就是饮食问题，我与史蒂芬经济并不宽裕，我们难以支付餐馆的消费。宿舍里甚至没有一个像样的容器，我们泡茶也显得不那么方便。最终还是一名学校的负责人帮我们解决了问题，她主动提出开车带我去伊萨卡的伍尔沃斯连锁商店（Woolworths）买些生活用品。我坐在她的宽敞的小轿车里，礼貌地问道："你去过欧洲吗？"她直言不讳地回答："没有，我不喜欢去那些没有公共厕所的地方。"

我从超市买来了平底锅和各种餐具、刀具、咖啡杯以及一个小风扇。这里潮湿闷热的天气和西班牙的夏天完全不同。就这样，在康奈尔学生公寓的三楼，自我与史蒂芬结婚以来第一次搭建起了我们的第一个临时小家。史蒂芬的研究生同学，同时也是我们的婚礼客人之一，布兰登·卡特（Brandon Carter）在这段时间为我们提供了许多帮助。他曾在幼年时期在澳大利亚的丛林里参加过野外生存训练，根据那个时候的经验，他教会了我用平底锅泡茶的方法。我还学会了利用平底锅做煎蛋、意大利面，以及各种我们接下来几周赖以生存的食物。我以前从来没有想过一物多用会在某天成为我生活中快乐的一大重要来源。

那段时间我每天的大部分时间不是陪史蒂芬往返校园与宿舍，就是在学校周边的商店购买饮食起居用品。空闲的时间虽然不多，不过但凡有闲暇时间，我就会去图书馆继续我的学习。学习西班牙语也较为枯燥，为了

Part One Travelling to Infinity
我和霍金的生活

让自己的生活多样一点，我打算去秘书处借一个位置，利用他们那儿的打字机帮史蒂芬起草他的博士论文。史蒂芬愉快地沉浸在宇宙膨胀理论中，而我却不得不面临那些无数的令人费解的符号和公式。我很快发现要把这个学术领域的符号打印出来非常困难，那个时候的打字机想要打出普通的数学符号也很困难，更别说史蒂芬论文中的那些符号了。

让我没有想到的是，蜜月的第二个星期我就体会到了嫁给一个物理学家所带来的工作——打印复杂的论文。但我欣慰的是我终于有事可做了。同样，我很欣慰地看到史蒂芬对进入他们这个领域的国际圈子感到多么的兴奋，虽然他的名声或许早就被周遭的好些人所熟知。尤其让他激动的是他得以与罗杰·彭罗斯（Roger Penrose）（一名比他稍微年长的英国物理学家）合作研究一项关于引力奇点的数学项目。这项理论提出，任何经历引力坍缩的物体必定会形成一个奇点。这个奇点介于时间与空间之中，因为时间与空间在奇点上无限弯曲，奇点上的相对论不再成立。他们提到一个星球在自己巨大的引力下崩塌，其体积退缩到零的现象，罗杰推测出此时的奇点将隐藏在某处，奇点在后来的研究中被命名为黑洞。在罗杰的理论以及苏联物理学家叶夫根尼·利夫希茨（Evgeny Lifshitz）和伊萨克·哈拉特尼科夫（Isaak Khalatnikov）的研究成果的启发下，史蒂芬坚信他们的各种公式可以倒推并证明任何一个现有的宇宙膨胀的模型都是从一个奇点引发的，从而大爆炸理论就可以得到证明。这样的公式将会给他的毕业论文带来完美的结论。

罗杰的夫人琼（Joan）带着自己的一大家人热热闹闹地从底特律赶了过来。她刚来的时候，身前吊着她的小儿子，手边牵着年龄稍长的大儿子，她的老母亲抱着行李跟在后面。他们的到来给康奈尔三楼学生公寓带来了不少活跃的气氛。琼主修公众演讲，这项技能对于掌控一个充满儿子的家庭实在太重要了。不仅如此，我逐渐认识到像她这样的专业尤其适合担当物理学家的妻子。她的公众演讲能力足以帮助她得到物理世界更多人的认同。许多物理学家的妻子都有一大群孩子，但在这个圈子里，物理学家的妻子们的地位却很容易被忽视。在她们之中，一些人平庸地待在家做一个多嘴聒噪的家庭妇女，或是忍气吞声默默无闻。少数有物理学或数学背景的女人会选择扮演更具挑战性、更男性化的主导角色。其他的女人，如若她们的天赋是在其他领域，多半这些天赋和专业知识在生活中会被渐渐磨灭，得不到运用。物理学似乎影响着所有物理学家的妻子。她们都有一个共同点：她们都是物理学的寡妇。她们从结婚那天起，她们的丈夫就只有一半属于她们，而另一半献给了物理学。

每天，当我们在小院里散步的时候，我总会抽时间和一对墨西哥来的夫妇用西班牙语聊天，他们也和我一样被新环境弄得茫然不知所措。有一个星期六的下午，史蒂芬父母的朋友邀请我们去他们在伊萨卡附近湖边的避暑别墅游玩。平常时间的周末，我们一般都待在学生公寓三楼的小厨房里，一边听着我们平底锅在灶台上烧出的嗞嗞声，一边哼唱着澳大利亚民谣《丛林流浪》（Waltzing Matilda）。布兰登则在一旁不厌其烦地说着他过去在澳大利亚丛林里的各种历险故事。时不时地，他会将数学家詹姆斯·克拉克·麦克斯韦（James Clerk Maxwell）也掺和到他的故事中去。偶尔他也会提到自己神奇的航行经历，他曾经坐船穿越比斯开湾（Bay of Biscay）前往地中海。不过那次旅途在抵达法国的瑟堡（Cherbourg）之后就结束了。当他找不到新的历险故事和我们分享的时候，他和史蒂芬就会展开关于宇宙学的讨论。我时常一边听着他俩激烈的争论，一边刷碗。心里想着是否我们整个美好的夏天都会浪费在康奈尔的学生公寓三楼上。我逐渐开始适应在这单调的校园里每天一成不变的生活，不过很快，我们新认识的澳大利亚夫妇，布莱恩·伯恩斯（Brain Burns）和苏茜·伯恩斯（Susie Burns）便邀请我们乘坐他们的汽车一块儿前往尼亚加拉（Niagara）。汽车在水牛城郊区行驶了很久，我们终于见到了传说中的尼亚加拉瀑布，那壮观的景象让我和史蒂芬瞠目结舌。雄伟的水流奔腾不息地从悬崖峭壁上呼啸而下，瀑布下的水面上泛起无数的白色水泡。瀑布中央悬挂着一条若隐若现的彩虹，瀑布倾泻的声音震耳欲聋。我们穿过长桥走到另一端（属加拿大）继续欣赏瀑布的美景。直到我们坐短途飞机返回伊萨卡时，我和史蒂芬也没有从对雄伟瀑布的震惊中缓过神来。此时的天空聚起乌云，我们在忽然到来的闪电雷鸣中乘坐着一架看上去弱不禁风的小型飞机启程了，我记得那是我印象中第一次对飞行感到恐惧。

那之后的第二个周末，布兰登邀约了一帮好友乘船前往安大略湖（Lake Ontario）游玩。我们迎着微风起航。我在碧绿的湖水中畅想着游泳的快乐，史蒂芬坐在船舷上仿佛陷入了沉思。绿水轻拍着船舷，声音舒缓而和谐。湖中央游玩的时间飞逝而过，傍晚来临。此时湖面几乎没有风，致使我们的帆船无法航行。我们的伙伴们逐渐失去耐心，大家纷纷讨论着如何发射信号弹，如何向看不见的岸边求救。布兰登在一旁煽风点火地说，他在比

Part One Travelling to Infinity 我和霍金的生活

斯开湾也没遇到现在的情形，因为海上大部分时间你都可以依靠海风而行。幸运的是，我们最终靠着船桨将小船划到岸边，结束了这次愉快的湖上之旅。

不知道为什么，一直到夏季学校的最后一个星期，才有人以家庭为单位组织了一次郊外野炊的社交活动。组织者是一名拥有4个女儿的性格外向的加州物理学家雷·萨切斯（Ray Sachs）。这次活动让我们接触到了更多的物理学家背后的妻子和孩子们，不过最让我们印象深刻的还是一名安静的得州人——罗伯特·博耶（Robert Boyer）。史蒂芬曾与他有过学术上的合作。罗伯特谈话时总会主动邀请我参与，他的谈话不会只局限于物理学。他让我认识到，大多数物理学家私下里都很友好且和蔼可亲。而一旦物理学家群聚时，他们就会无休止地陷入到专业领域的争论当中。不过在那次野炊中，人们谈论得最多的还是有关越南战争的话题。大家一致认为战争是使用年轻一代的生命来换取政治家的欲望和满足感。

在我们临行前的最后一个夜晚，天空清澈而蔚蓝，一轮圆月高挂星空。我们都在宿舍外的阶梯上乘凉，也是那时，我认识了亚伯·托布（Abe Taub）教授，他是我们夏季学校的策划者。他和他的妻子奇切（Cice）正坐在我们边上赏月。我们痴迷地听着他们描述自己在加利福尼亚州的生活，他说他们的家门外就能看到宏伟的金门大桥，他还提到了伯克利，亚伯正是伯克利相对论研究小组的领头人。我从亚伯的话语中察觉出他试探性地希望邀请史蒂芬去他那里做研究，史蒂芬似乎也兴致勃勃，不过两人并未达成正式的合作同盟。

我与史蒂芬有说有笑地漫步回到公寓。或许是门外吹风着了凉，史蒂芬突然毫无征兆地倒在地上咳嗽，面部表情痛苦不堪。他很久没有发病了，潜在的病魔突然之间发怒般呈现在我们的面前。我们生活的阴影中的恶魔突然窜了出来，用它那邪恶的双手掐住史蒂芬的脖子，将他像玩具一样任意抛在我们学生公寓的地上，用脚将他死死地踩在那里，任他艰难地喘息着，试图去呼吸一口四周稀薄的空气。我是第一次见到史蒂芬这么严重的发病，我彻底呆住了。这突如其来的运动神经元疾病，这个我婚姻生活中一直潜在的被我遗忘的最大敌人，一瞬间将我弄得措手不及。慢慢地，史蒂芬艰难地比画着手势，示意我为他拍背。我惊慌失措，毫无顾忌地向他的后背猛拍。幸运的是，病情来得快也去得快。不一会儿工夫，这一切恐怖的现象消失得无影无踪，留下我和史蒂芬精疲力尽地瘫坐在走廊的地板上。一旁的围观者似乎也有点摸不着头绪。这次病魔的突然造访给我和史蒂芬当头一击，我们清楚地认识到了现实的恐怖。我们刚刚萌发的加州之梦还没来得及成型，就被阴霾的未来给彻底抹杀。

康奈尔的经历让我们变得成熟，待我们回到纽约，21岁的我开始变为一名勤勤恳恳的家庭主妇。而我丈夫经历的噩梦般的病痛侵扰远比我们设想的诸如运动能力的消退恐怖得多。现实更加糟糕，我还觉察到了我婚姻生活中的第4个重要成员，这名成员是个无情的竞争者。她和情妇一样令人讨厌，和妖妇一样没有怜悯之心，引诱她的崇拜者们陷入无法自拔的深渊。她就是物理学，就像爱因斯坦的第一任妻子曾经的描述：物理学是他们婚姻破裂的一个最大前兆。

不过在纽约，我们可以暂时从紧张的学习氛围中缓解出来，我与史蒂芬的关系也不会受到物理学的任何打扰，史蒂芬也不用把时间花在和其他的同僚无休止的讨论上。弗兰克·霍金的一个医学院的同学慷慨地将他在曼哈顿的一间公寓让了出来，我和史蒂芬周末的住处才有了着落。那个地点完美极了，我们在交通上不用花太多时间就能轻易抵达大都会艺术博物馆、帝国大厦、时代广场和百老汇。不过那年夏天的百老汇似乎没有太多戏剧可供我们选择，最终我们通常是欣赏音乐以度过周末的夜晚。慢慢地，我厌倦了这样的生活，和纽约告别的时候我没有丝毫遗憾。我们乘坐大巴进入肯尼迪机场，我已迫不及待要回到我所熟知的休闲的，可以让我自由穿梭的小人国。我的家乡是一片富有历史的诗一般的大陆，那儿是一片安宁的世界，人与人之间亲近无间。

9　小圣玛丽街

我对大西洋对岸的欧洲大陆安宁稳定的生活的幻想很快就被现实浇醒。我刚到家不久就得知我父母正计划搬家，他们将要从此离开我6岁时便居住的房屋。我和史蒂芬在剑桥广场附近预订了一间房子，但从房屋中介那里最后一次得到的消息是房子尚未建完。我们必须解决这个燃眉之急，我们将婚礼中收到的礼物全部塞到我们的红色"Mini"轿车上，驱车直奔房屋中介的办公室。地产经纪人告诉我们，房子其实已经修好了，但他们没有找到我们登记的姓名和联系方式，不得不将新修好的公寓转给了后面的租客。这个时候我才意识到，哪怕是我熟知的小人国也开始变得陌生冷酷起来。

一个令人泄气的午后，我和史蒂芬开始考虑下一步的打算。史蒂芬决定鼓起勇气找冈维尔与凯斯学院的财务主管商量，看他能否帮助我们想想办法。我们不抱希望地来到财务主管的办公室，开门的却是一位新人。原来在6个月前，财务主管已经换人了，新上任的是学校里曾经的西藏语讲师。西藏语讲师这个职务只是一个挂名职务，学校里几乎找不到学西藏语的学生。也正因如此，他才选择了利用空余时间监管学校的财务。跟他的前任不同，这位新财务主管并未抵制史蒂芬。相反，他耐心地听完了史蒂芬的解释，神情中满是关心，然后他给了我们一个绝妙的解决办法。"好的。"他笑着说，"我想我可以解决你的问题，当然这只是暂时的。我相信你也明白，学校已不再为研究生解决住宿问题了，你知道的对吧。"我们急切地点了点头。他低头看了看手中的一张单子，说："哈维路旅馆（Harvey Road Hostel）有一间单人间，每晚12先令6便士，我们增加一个床位，你们应付25先令一晚。"这价格完全是敲竹杠，但我们现在的情况特殊，不得不先找个落脚之处。我们计划着先住进去，暂时缓解当下的住房难题，然后尽可能早地想办法搬走。

尽管学院的管理者苛刻吝啬，但学院的工作人员尤其是哈维路旅馆的后勤人员真是善良至极。这就是学院服务人员的特点，无论是清洁工、工匠、园丁、门房还是服务生，无一不表现出热心和友好。而学院的高层管理者却毫无例外地选择无视。哈维路旅馆的后勤人员在我们入住之前将房间打扫得干干净净，帮我们开通了暖气，并将床垫打足了气。他们为我们入住的第一个晚上端来了饼干和茶，第二天早上也为我们提供了可口的早餐。他们甚至还主动提出帮我们洗衣服，我们向他们表达了感谢并婉拒了他们提供的服务。因为我们停留的时间会很短。

那段时间里，史蒂芬的导师丹尼斯·夏默（Dennis Sciama）向我们伸出了援助之手，帮助我们解决了住宿难题。他联系了彼得学院的一名研究员，这位研究员正想将学院租来的房子转租出去。房子里虽然没有家具，但我们可以随时入住。这里的地址非常理想，它就坐落在剑桥最漂亮的街道小圣玛丽街旁，离史蒂芬位于米尔大道（Mill Lane）的剑桥大学出版社大楼的新实验室不到100码（90米）的距离。

我们的新家，即小圣玛丽街11号。房间空空如也。我们不得不咬紧牙关，从积蓄和婚礼礼金中拿出一部分购置一些必需的家具。一张床和一个电磁炉是必不可少的。趁着等待床被送来的空闲时间，我出门买了一些生活必需品。史蒂芬留在家中等家具店的人将床送来，家里没有椅子，他不得不站在空荡的房间靠着墙壁休息。等我买完商品回家时发现史蒂芬正舒服地坐在一把蓝色小椅子上。原来当我不在的时候，隔壁邻居过来打招呼，并为史蒂芬提供了座椅。这位热心肠的邻居正是特尔玛·撒切尔（Thelma Thatcher），菲茨威廉学院（Fitzwilliam House）前院长的妻子。在此后的10年，特尔玛·撒切尔将成为对我们提供帮助最多且对我们影响最深远的人。那天晚上，我们用新买的电磁炉和在康奈尔买的锅做了晚餐。配上盛在水晶杯里的葡萄酒，用一个大纸箱当我们的临时餐桌。我与史蒂芬就这样度过了在小圣玛丽街的第一个夜晚。尽管现在房间还很空荡，但我们庆幸的是接下来的三个多月我们有住处了。

小圣玛丽街的街口外有两座教堂，右边是维多利亚联合改革教堂，左边是小圣玛丽中世纪教堂。两座教堂像两个巨大的卫兵一样挡在小圣玛丽街的入口，让整个街道隐藏在大众的视线之外。得益于包括我和史蒂芬在内的街道上的居民的争取，小圣玛丽街已禁止车辆通行。游客们想参观两座教堂、花园旅馆、大学中心都不得不经过步行穿过非居民区的米尔大道。小圣玛丽街的右侧全是三层楼高的小别墅，我们住的11号就在这一排三层小别墅的尽头。这些房子年代久远，最早的可以追溯到16世纪。彼得学院

Part One | Travelling to Infinity
我和霍金的生活

和冈维尔与凯斯学院不同,他们仍保留着解决学员住宿的制度,我们的住处就刚被彼得学院翻新装修过。

路的最南边有一片铁栅栏围起来的空地,那是这条街上的老墓地。整个墓地就像是一个巨大的花繁叶茂的植物园。那年9月,墓地被怒放的蔷薇与山楂染得火红,空气中弥漫着秋天独有的玫瑰花气息。只有少数墓碑还立在原地,尽管有垂柳和从地上蜿蜒盘绕而生的蔓藤的保护,但墓碑上的文字已无法辨认。大自然温柔地将几个世纪的灵魂揽入怀抱,让它们在花团锦簇中获得新生。那些怒放的花朵沿着栏杆蜿蜒,伸展开去轻抚那盏弯曲的旧路灯。到了夜晚,这条小路就沐浴在这昏黄的灯光之下。

特尔玛·撒切尔自封是这条街上的管理人,她在教堂花园里种植了好几株玫瑰,还时常会把自己的查理王猎犬(King Charles Spaniel)马蒂(Matty)牵到这里玩乐。下雨时,她会把小狗的四爪都用塑料带包起。自然她也会监督街区其他邻居对花园做出的一举一动。我们搬到这里仅一个星期,又从她家借来了好几把椅子、一张桌子、一口铁锅和几张盘子。她还帮我们从查尔莫斯(Chalmers)修女那儿借来了一个煤气炉,查尔莫斯修女在彼得学院当护士,她就快要搬进学院的房子了,那里什么都不缺。撒切尔还答应帮我们找找现在的房子到期之后的住处。她经常邀请我们去她装修别致又温馨的家里喝雪利酒。

那是1965年,撒切尔那时应有70岁了,但她又黑又长的头发加上精神饱满的外表看上去至少比实际年龄年轻10岁。她喜欢给旁人讲述她过去的故事,且总是讲得生动有趣、全情投入。她告诉我们说,她有次在一个教友派信徒的婚礼上,站起来向周围人宣布婚礼助手们忘了烧水泡茶。就像著名的喜剧演员乔伊斯·格伦费尔(Joyce Grenfell),她非常喜欢和剑桥学者们开玩笑。撒切尔内心充满了虔诚的基督信仰。在政治上,她自愿选择了史蒂芬嗤之以鼻的自由党。尽管史蒂芬和她在这些方面颇有分歧,但基于她慷慨善良的人格,史蒂芬对她总是尊重有加。

接下来的几个月里,特尔玛·撒切尔就像护小鸡一样用她的双翼对我和史蒂芬提供无微不至的帮助。当我有事去伦敦时,她还会帮我照顾史蒂芬。她自己的生活也不清闲,一边要照顾自己步入老年的丈夫的饮食起居;一边要帮助自己的女儿玛丽。她的女儿当时正筹划一部关于居住在印度的英国人的纪录片。

转眼间,我需要回到韦斯特菲尔德学院完成自己最后一年的学业。每周一早上我都要与史蒂芬艰难地道别,我俩都要与艰辛的生活作斗争。史蒂芬的身体状况在家里还能勉强支撑,如果晚上没人邀请他去某地聚餐的话,史蒂芬就需要独自在国王街走过一段对他而言艰难又漫长的路程才能抵达学校食堂进餐。我们街对面的邻居兼好友安妮·扬(Anne Young)答应我,每天晚上都会向窗外多留意史蒂芬的状况以确保他安全地通过。除此以外,附近的热心的邻居也常常伸出援助之手。当史蒂芬在食堂用餐完毕回家的时候,街上的邻居总会关切史蒂芬的情况。等史蒂芬回到家中,他们会打电话给我。

我的生活变得疲惫不堪。每周一早上我都要出发赶往伦敦,接下来的整个星期我都会待在韦斯特菲尔德学习,直到周五下午再加入乘客大军。周五下午我总是焦急难耐地希望回到剑桥,回到霍金的身边。在晚上一同去听尼古拉斯·佩夫斯纳(Nikolaus Pevsner)关于文艺复兴的讲座。回家的路上,我会不断地看手表、咬手指,心里嘀咕着这段隧道需要多久时间才能通过。担心错过了从利物浦中转站赶往剑桥的火车。在此后的几年,我常常梦见地铁停止在隧道里,真是糟糕的噩梦。

来回于伦敦与剑桥之间并非最痛苦的事情。从周一到周五,我在学校的压力也很大:西班牙语与英语的互译、论文和课时作业都必须按时上交,而我唯一能做功课的时间只有夜晚。周末我也不能休息,我要上街买好下周家里需要的日用品并打扫房间,或者帮史蒂芬打印他的论文。史蒂芬会在周中自己随手涂鸦般地写一点手稿,在我周末回家后交给我。我会挤出时间用打字机将它们工整地打印出来。我大学之前上的那些秘书课在这时起了大作用。比如我学的速记法就可以大大提高我的打字效率。我不仅有效地将史蒂芬的东西整理妥当,还为我们家庭省下了一大笔用来聘请专业打字员的劳务费。我在康奈尔时就开始打印论文,各种等式、符号、系数、拉丁字母、分数线上线下的数字,以及有限和无限的宇宙问题无聊透顶。不过,幸运的是科学论文大多短小,不需耗费太多时间。此外,在打字过程中,我也学到了些许关于宇宙和宇宙起源的知识,这也适当缓解了单纯打字工作的枯燥性。有时,当我想到自己正打印的这些奇怪的符号正在试图解释广袤宇宙最复杂最深刻的奥秘的时候,心里不禁有一种肃然起敬的感觉。当然,我不能让自己对这个问题的兴趣牵引着我的思绪走太远,毕竟我的主要工作只是打字,倘若我不专心致志地工作,一个放错位置的符号或者数字都可能将这个宇宙该有的秩序变为虚无和混沌。

我非常单纯地将自己看成一名打字员,我的工作就是把手稿转换成书

Part One 我和霍金的生活

面文字，我从未想过自己正在为史蒂芬的宏伟研究做出自己的贡献。作为一名勤恳的公务员的女儿，我幼年时期的家庭教育就使我学会了用词用语的严谨性。我所写的东西要简练且有价值。而史蒂芬的文字功底也有待提高，他平时的演讲就包含了大量的"你懂的"、"我想说的是"之类的口语。在这方面，我终于可以体现自己的价值了，而不是简单地提供劳力帮助。我也很欣慰有这样的机会将科学和文学拉近。

周末的其他时间，我们会选择购买日用品、在剑桥郡附近散步、到朋友们家里做客。我们曾经花了一个下午的时间在电器城挑选冰箱，犹豫购买预算内的还是加钱购买更大的冰箱。当时，史蒂芬的年薪为 1 100 英镑，排开其他的日常开销，我们一周的住宿费和家务费需要大致 10 英镑，每月剩下的余钱并不宽裕。因此，不论买什么东西，哪怕多花 5 英镑我们也觉得是一笔不小的开支。如果能把自己的"Mini"轿车从冈维尔与凯斯学院拥挤的停车场开出来的话，星期天的下午，我们会驾车前往剑桥郡的市郊游玩。遗憾的是，在我们小轿车的外圈时常停靠着旧宾利和旧路虎，不动用吊车根本没办法将我们的车弄出来，出游的计划就会因此泡汤。

记得一次我们将轿车驶出了车库，打算去全英自然和历史保护基金会在剑桥郡的景点——安格尔西修道院（Anglesey Abbey）。景点的停车场距离景点大门尚有半英里（800 米）的距离，为了不让史蒂芬吃爬坡的苦，我直接将轿车顺着斜斜的陡坡驶到了大门口。原以为他们会因为史蒂芬的身体情况而给予通融，实际上守门人对我们的态度无礼且不耐烦。他们坚持让我们将车开回停车场。我非常生气，扭头直接开回了家。一到家，我就开始生气地奋笔疾书，我写了一封信申诉公共设施对残疾人关照的缺乏。让我生气的不只是我们的公共场合没有像样的残疾人设施，还有残疾人时常受到的不尊重对待。

我们周日下午出游时，经常会光顾住在附近的朋友们，他们全都是像我和史蒂芬一样的已婚夫妇。我们常常在饮茶时间不请自来，和他们怀旧曾经的学生时光。他们中不少人都年长于我，大多数家庭都有了自己的第一个孩子。久而久之，我发现自己和史蒂芬在他们热情友好的关系里越陷越深，随后的几年里，我很快便欣然成为了两个孩子的母亲。史蒂芬也开始逐渐融入自己的另一个圈子：冈维尔与凯斯学院的研究员圈子。10 月初一个周六的早晨，我陪同史蒂芬一起去学校教堂，那儿正在举行对新来的研究人员的欢迎仪式。主持牧师邀请我在阁楼上观看了完整的仪式，仪式结束后他还邀请我这个衣着朴素的研究人员的妻子上贵宾席与他们共进午餐。这可是校园里从来没有的先例，我记得学校很早之前就有规定，研究人员的妻子是不允许走上贵宾席的。贵宾席上的客人从来都自视过高。他们往往会围绕着最深奥的话题展开详细的讨论，不过大部分话题都是他们自己的研究领域，因为没人想在自己不熟悉的领域夸夸其谈丢人现眼。在这样的餐桌上，或许邀请情妇也比邀请土气的夫人们更有脸面。走上贵宾席的研究员几乎可以邀请任何除他自己妻子外的女人加入筵席。当然，毋庸置疑的是本科生绝无资格走上贵宾席。不过学校里当官的可能不知道，他们的牧师早已多次违反了这些沉闷的规定。

出席了上次的筵席后，史蒂芬很快又加入了一个学院管理层的会议。他可能都没来得及反应到底发生了什么，不知不觉中，他就在那个周五的下午卷入了关于学校各种政策的讨论之中。按他的说法就是他感觉自己莫名其妙地陷入到 C.P. 斯诺（C.P. Snow）写的《院长们》（the Masters）的情景剧之中。唯一的不同就是《院长们》里的人物和故事都发生在斯诺自己的剑桥大学基督学院，而史蒂芬所看到的发生在冈维尔与凯斯学院。当时发生的事情几乎真的就是《院长们》所描述的故事的完美翻版，史蒂芬从激烈的讨论中了解到大家原来是在起草对时任院长内维尔·莫特爵士（Sir Nevill Francis Mott）的控告，因为他正利用私权给予自己的门生更多的优惠。整个会议充斥着不同人的怒吼，每人都情绪高昂，史蒂芬想要在那个时候彻底地弄清楚事情的来龙去脉是不现实的。不过很快，史蒂芬就察觉到一场公投不可避免地将要发生。他不但陷入到了最终的投票环节，他的一票还成为了具有关键性的一票。他对投票摸不着头绪，胡乱进行。所幸投票结果并未对现实结果产生什么影响。因为就在那个下午，院长内维尔·莫特爵士宣布辞职。史蒂芬对学校政治的初次尝试戛然而止。

李约瑟（Joseph Needham）博士被任命为下一任院长。他不情愿地暂时从自己对中国科学史的研究中退了出来，在接下来的一整年时间里带领整个学院慢慢走向稳定，因为上一任院长引起的各种骚动才得以渐渐平息。新任院长在大多数时候给我留下一种简练的感觉，仅有一次例外。一次在吃过晚饭后在公共休息室，他给我滔滔不绝地介绍，巴锡白法国甜葡萄酒含有过高的二硫化物，劝告我以后少喝一点。他那令人尊敬的妻子多萝西（Dorothy）给我介绍了许多在剑桥学术圈立足的方法。尽管她在学术上的成就也令人惊叹，但她是我见过的最谦虚最平易近人的学者。

Part One | Travelling to Infinity
我和霍金的生活

10 寒假

　　史蒂芬的论文渐渐开始引起人们的关注，大家认为他是这个领域的奇才。那年冬天，史蒂芬和罗杰·彭罗斯因为一篇名为《奇点和时空的几何原理》的数学文章而共同获得了令人垂涎欲滴的亚当奖。史蒂芬的导师丹尼斯·夏默跟我提到，史蒂芬将来会在牛顿力学领域有大作为，他还再三向我保证他会尽一切努力确保史蒂芬的发展。丹尼斯·夏默是个信守承诺的人，他总是充满热情地帮助自己的学生，他把学生们的事业看得比自己的还要重。当然，他对理解宇宙奥秘的渴望超过了一切私欲。他不断地鼓励自己的学生参加各地举办的论坛和峰会，他时常让自己的学生读最新的科学文献并与其讨论，通过类似的方式，他大大地增加了他的学生以及自己对相关新领域知识的学习。可以说他亲手缔造了一代卓越的宇宙学家、相对论学家、天体物理学家、应用数学家以及理论物理学家。我一直无法理解这些称号间的具体区别，我的感觉是，他们的称号会随着下一次座谈会的主题而改变：如果下一次会议是国际天文联会，那么他们全都是天体物理学家。如果下一次会议是广义相对论研讨会，他们又变为了相对论学家；在伦敦7月举行的相对论大会还没有结束多久，这帮学者们就像变色龙一样又变为天体物理学家准备参加12月在迈阿密海滩举行的天体力学大会。

　　学期接近尾声时，史蒂芬得知会议主办方能够支付我们俩一块儿去迈阿密的费用。尽管我只需在学期末请假几天，但我不确定韦斯特菲尔德学院能否批准我的请假。事实上，瓦列伊教授爽快地答应了我的请求。于是乎，在一个浓雾渐渐散去的12月的一个下午我们起飞了。我们抵达佛罗里达时已是半夜。第二天早上醒来，打开窗户才发现我们住宿的酒店就在海边，加勒比海碧绿的海水被我们尽收眼底。几天之前，我们还埋头在沉闷的工作中，现在却置身于这么美丽的海边，现实美好得超出了想象。接下来的几天，我都像做梦一样不敢相信自己的眼睛。史蒂芬在康奈尔的那次发病后，他的妹妹玛丽建议我带史蒂芬去温暖的地方过冬。佛罗里达的阳光和蓝天就是最理想的选择。我们接下来一周都会在阳光中度过。

大会开始的第一天，史蒂芬很快就和他那些穿着随意的同僚消失在会场，留下我一个人四处观光。站在会议酒店的游泳池，我不由觉得这里格外眼熟。这种似曾相识的感觉让我意识到似乎在哪里经历过这样的场景。我意识到这就是詹姆斯·邦德新拍摄的电影"金手指"的拍摄场地。电影里的一个女孩儿就是在这个酒店的某一个房间里被从头到脚沾满了黄金喷漆窒息而死的！这就是著名的枫丹白露酒店（Hotel Fontainbleau）。这座现代化的混凝土建筑铺着大理石地板，四面墙上都被落地镜完整地覆盖。因其酒店的名字来自法国城镇，所以整个大厅都装饰着法国路易十五风格的家具。

或许，最打乱整个酒店法式气息的就是研讨会本身。各地来的代表随意地穿着开领衫、短裤和拖鞋，与穿着精致的大堂服务员格格不入。有一天，我溜进会场打算听一场讲座。进入会场后，我发现这里的物理学家的穿着与之前我看到的那些代表完全不同。大家都穿着笔挺的深色西服，领带系得一丝不苟，他们的发型也似乎精心打扮过，没有一个人的脸上有慵懒随意的胡楂。我坐在那儿，困惑于为什么四周无法找到一个熟悉的面孔，很快我就发现是自己走错了地方。会场正在举办一个犹太人的葬礼，承办人正在推介可被生物降解的塑料棺木。

我们领略了迈阿密的奇异色彩和夏日阳光之后，便飞到了得克萨斯的奥斯汀，那里正值秋日。这是一个规模较小的大学城。20世界60年代中期，那里被认为是世界上最杰出的宇宙学研究的起源地。乔治·埃利斯（Geroge Ellis）陪同我们一块儿从迈阿密赶到奥斯汀，他会在这里与自己的妻子休（Sue）待上一年。我结婚的时候和他的妻子曾有过一面之缘。接下来的一周，我与史蒂芬都和埃利斯夫妇待在一块儿，我们长长的友谊就是从那个时候开始建立的。在接下来我与史蒂芬跌宕起伏的生活中，这段友谊一直伴随着我们。乔治·埃利斯沉稳而保守，他的父亲曾是《兰德每日邮报》（*The Rand Daily Mail*）的一名受人敬重的编辑。《兰德每日邮报》因在南非种族斗争中做出的卓越贡献而一直受到世人的称赞。就是在南非的开普敦大学（Cape Town University），乔治遇上了自己的妻子休，一个普通罗德西亚农民家的女儿。乔治和休两人都积极地参与到当地的种族斗争之中，最终他们都自愿被政治流放离开南非，他们宣称再也不会回到那个地方去居住。虽然乔治为人体贴且性格内向，但他的妻子休却热情活泼且细腻周到。

休是一名多才多艺的艺术家与雕刻家,她在谈话中总是充满热情和想象力,她在奥斯汀的一所孤儿学校教书,她将自己美好的品格传授给那里的每个孩子。她的学生们之前的身世都很可怜:他们要么是被破裂的家庭所遗弃,要么是暴力家庭的摧残品,还有甚者是从芝加哥难民窟里救出的童妓。休给那所学校带来的意义无可估量。仅仅用日常生活中的一小片纸、一小截绳子或者一堆火柴,她就能为孩子们做出精美的手工。她和蔼可亲的性格很快得到了这些曾经受到过成年人严重伤害的孩子们的喜爱。

得克萨斯广袤无垠,网状的街道外的郊区随处可见起重机一样的抽油泵。它们没日没夜地从黄土地里抽出液体黄金。这里的生活相当无趣,得克萨斯的科学家们的妻子在陪伴自己丈夫的过程中总要慢慢学会适应这里单调的生活,休在这个群体中绝对是超群的一个。许多的科学家的太太们感兴趣的不过是去学校的图书馆看看英国嘲讽文学作家麦克斯·毕尔邦(Max Beerbohm)的小说或者卡通漫画。这里就连无线电广播信号都时有时无,任何人待久了都会有一股强烈的被现代文明抛弃的感觉。回英国的路上,我们的航班在休斯顿和芝加哥被大雪滞留了很长时间,我和史蒂芬最终花了整整20个小时才抵达伦敦。旅途中长时间的等待加重了我们在得克萨斯的时候那种孤独的感觉。

尽管史蒂芬有心加入奥斯汀大学物理学研究组,尽管美国南海岸的天气那么怡人,接下来的一次经历让我们不得不放弃定居美国的想法。一个星期天的下午,我和史蒂芬在埃利斯的朋友家做客。史蒂芬的病再度发作,甚至还咳出了血。史蒂芬最害怕的就是自己的病给自己带来脑损伤。他躺在客厅,请求房子的主人赶紧帮忙叫医生。四周的朋友们都被吓坏了,发生这样的事情,他们感到又是着急又是难堪。美国似乎没有医生上门的传统,更别提那是一个星期天的下午。他们表示很难找到医生在这个时间上门诊治。在一通长长的电话后,他们终于接通了一名值班的全科医生,他破格答应了上门检查史蒂芬的病情。他的到来自然受到了我们最热情的欢迎。经过一番仔细检查后,医生担保史蒂芬没有引起其他并发症的迹象。我再次体会到美国是富人的天堂,他们对于那些穷人、那些出身低贱的人、那些因为疾病而不得不为生存奋斗的人是多么的无情。那是一个适者生存的残酷社会。

第一部分

11 学习曲线

我们于圣诞节前夜返回了英国,生活中的又一变化正在等着我们。在圣奥尔本斯度过了圣诞节后,我们又搬回了剑桥居住。不过这次不是搬回小圣玛丽街 11 号而是 6 号。特尔玛·撒切尔再一次对我们慷慨地伸出援手。在我们出差期间,她打电话找到了空置的 6 号住房的主人图伦-波特夫人(Mrs. Teulon-Porter)(撒切尔形容她是一位非常奇怪的女士)。撒切尔告诉她,与其常年空置不如将它让出来给急需住房的年轻一代。收到电话后,住在沙夫茨伯里的图伦-波特夫人很快乘车返回了剑桥。撒切尔热情招待了她,图伦-波特夫人带着她一块儿看了看自己的空房。

图伦-波特夫人身材瘦小、满头灰发。1920 年,她孤身从法国来到英国,并买下了小圣玛丽街 6 号的住房。随后不久,她嫁给了隔壁的邻居波特先生。她和她的丈夫都是痴迷于民俗的历史学家,自然而然地,他俩都痴迷于剑桥民俗博物馆。撒切尔坚信这就是他们给人一种不接地气的感觉的原因。从图伦-波特夫人房间里的摆设就能看出她和她丈夫的兴趣:壁炉上挂着从我们街道那边的墓地挖来的盎格鲁-撒克逊人(Anglo-Saxon)的符石;木制的门帘是从一棵大榆树上刮下来的;木椅是用一个大木轮子的斜边改造而成,还有一个 18 世纪车夫用的橡木盒子被倒置着钉在墙上制成一个小储物柜。

或许是撒切尔夫人已打好了招呼,初次与图伦-波特夫人见面并没有想象中那么奇怪。尽管她的房子有各样新奇稀有的装饰,房子的所在地对于我们也非常理想,但我和史蒂芬仍觉得这房子给我们一种阴郁狭小的感觉,闻起来有一股陈旧的霉味。房屋的正面用红砖铺成,上面粉刷着爱德华时期风格的典型的灰泥。房屋有三层,每层楼的前屋其年代都可追溯到 18 世纪。但它们表面铺满的灰尘让人难以辨认它们当年的魅力。房间里有两处楼梯,它们又窄又陡但并不影响使用。房子的后面是一个昏暗肮脏的院子,院子被其他房屋和一堵高墙围了起来。一眼看上去非常萧条。整个

Part One Travelling to Infinity 我和霍金的生活

房屋的地基因为年代久远有一点坍塌，特别是房屋的后半部，厨房天花板以及厨房楼上的厕所的地板都以一个非常危险的角度倾斜着。图伦－波特夫人似乎没有觉得这房子存在什么安全隐患。房屋前面的一块儿匾写着这栋房子于1770年由设计师约翰·克拉克设计完成。

要把小圣玛丽街6号当作我们梦想中的房子是有难度的。我承认它曾经很完美，房子的前厅正对着街那头的美丽花园，哪怕是在没有花的冬天，那景象也像诗一般美丽。尽管底层墙壁被隔壁5号的楼梯抵得有些倾斜，但不得不承认它拥有的两个卧室的确能满足我和史蒂芬现在的需求。"亲爱的，你只需涂一层新漆就够了。你绝对想象不到一层新油漆会给这里带来多大的变化。"特尔玛·撒切尔尽心地劝说我们买下这套住房，她不甘心自己辛苦帮我们做的规划被一些房子的小瑕疵打乱。

我们最终还是被她说动了，接下来就是与房子的主人讨价还价。史蒂芬非常大胆地开出了2 000英镑的低价。这个价格不出意外地遭到了图伦－波特夫人的回绝，她看了一眼旁边的撒切尔，告诉我们，这个房子在市场上至少值4 000英镑。不过，她提出她愿意将这套房子以每周4英镑的价格暂租给我们，一直到我们凑够了买房的4 000英镑为止。在这之前，我们都可以把房子当成是自己的一般使用，随意重新装修。这样的提议让我们双方都能接受。之后撒切尔夫人将图伦－波特夫人带回了自己的家中，盛情地用雪利酒和杜松子酒款待她。结果是没过几天，图伦－波特夫人在回沙夫茨伯里之前，特意转告我们，她已安排人将后院那又脏又破的煤窑移走了，她甚至还叫人将我们房子的正面重新粉刷了一次。

房屋里大多数空间都已打扫干净，图伦－波特夫人允许我和史蒂芬在正式入住之前进行各种装修。史蒂芬的论文在这时也几乎完稿，我不用继续花费时间在打字上，可以抽出时间粉刷我们的新家了。粉刷墙壁是一件非常有成就感的事情，虽然它会占用我西班牙语考试的复习时间。我们的新房看上去太老旧了，而且我们也没多余的钱雇用粉刷匠，所以这个工作不得不由我来承担。接下来，我就时常拿着好几个不同型号的刷子和白乳胶，站在客厅陈旧的墙壁前辛苦地劳作。我的计划是在我们入住前一定要完成对客厅和主卧的粉刷。入住后，在接下来的几个月时间慢慢将其他地方（阁楼、楼梯、厨房、厕所）也刷上新漆。

油漆伴有刺激性气味，我粉刷的时候都会将前门打开使室内通风。撒切尔夫妇常常来我们这里做客，给我送上热茶，顺便表扬我辛苦工作的成果。我记得一天，撒切尔先生路过我家门口，他站在门框处探进头来，高大的军人般的身姿必须弯腰才能穿过我们家的小门。"我觉得吧，"他不可思议地说，"你看上去那么弱不禁风，但看看你做的这一切真是太棒了。"撒切尔先生曾参加过第一次世界大战，他沧桑的脸上仍留着战斗留下的创伤。从他的口中听到这样的赞美之词让我振奋，我站在四脚梯上转头对他示以微笑。几天后，撒切尔夫人告诉我，他们家决定让自家做零活的工人帮我们粉刷客厅的天花板。"就把这当做我家比利给我们新邻居的乔迁之礼吧。"特尔玛·撒切尔这样对我们解释她丈夫难以置信的慷慨。撒切尔夫人家的零工看上去就像是略胖一点儿的约翰·吉尔古德（John Gielgud）。他曾是一名艺术家，他的妻子在国王街开了一个印刷店，而他则从事大面积的墙面刷漆工作。他是个亲切的人，尽管他没表现出来，但我知道他看见我粉刷的墙面时一定会暗自发笑。他教会了我许多刷漆相关方面的知识，比如：粉刷墙面时要从上向下刷，应付不平整的表面要用刷子画着圈刷，窗户边的墙面需要使用硬毛刷。

史蒂芬对奇点的研究让他在相对论领域的名气节节攀升，而我自己的学习进度却像大海中漂泊的小船一样忽高忽低。在一周内不间断地学习中世纪语言及哲学后，我知识的小船被推向高处，但又在星期天一整天的粉刷工作之后被摔得粉碎。当我花费了好大力气粉刷完毕后，我才沮丧地意识到，墙壁和天花板上还有很多小地方需要补刷。我和史蒂芬计算自己的经济状况，最终还是雇用了一个零工将最难的厨房粉刷干净。厨房的墙壁沾满了老旧的油渍，我在心理和经验上都难以应对。

尽管我的父母也是才搬新家，他们还是抽空和我的弟弟克里斯在一个周末来到剑桥我的新家，帮我粉刷顶楼的卧室。史蒂芬的父亲也从自己的旅途中抽出一天的时间帮我粉刷厕所。在这之前，我将浴缸重新上了一次瓷。在这一切完工后，我们的18世纪的老旧宅子果然如撒切尔夫人预言的那样焕然一新，就连那倾斜的地板看上去也不那么岌岌可危了，反而成为我家一种独有的特色。我们从史蒂芬的朋友那儿分别买来一些零星的家具，他们还帮忙把家具挨个儿搬到我们家中。事实上，我和史蒂芬从未想过这些家具搬进家后如何摆放，也没对房屋的尺寸进行测量。但幸运的是这些家具摆在家里就像预先测量并计划好的那样合适。

我们的新家焕然一新，这时的史蒂芬在学校的地位也越来越稳固。我们决定再去拜访下学校的财务主管。新年伊始，我们鼓起勇气参加了一年一度的夏克顿主教（Bishop Shaxton）主持的"女士之夜"晚宴。这天，学校大改以往对研究人员的妻子们的冷漠态度，反倒邀请她们去学校做客并加以美食款待。如果某个研究人员希望回家过圣诞节，而不是留在学校，夏克顿主教还会慷慨地为这些研究人员发放12先令6便士的节日津贴。在那个年代，12先令6便士的节日津贴可供一个三口之家在一个高档饭店享用5~6道好菜并无尽地享用美酒。参加"女士之夜"的人们也可以享受到同等价值的大餐，包括：一碗汤、一整只龙虾、一整只我叫不出名字的野鸡、一盘铺满奶油的布丁、一个芝士蛋糕，还有一杯香醇的红酒。在理论上，这是无比丰盛而美味的盛宴。遗憾的是学校的大厅并非封闭设计，1月的凉风在很短的时间灌进大厅吹凉了桌上的美餐。那也是我们第一次参加这样的宴会的感受（凉飕飕的）。不只是因为食物的温度，还有一个原因是我们被安排到了与冷漠的前财务主管一桌。就是那个曾无情拒绝了史蒂芬和我在结婚后提出的合理的房屋申请诉求的财务主管。更让我不满的是，我们的座位还处于一条长长的连桌的最后一个。我们沉默地吃完了面前冷冰的食物。用餐快结束的时候，一队老年人组成的乐队不知从哪儿冒了出来并开始表演。他们跳起古老的狐步舞。我对这种舞蹈一无所知，披头士在当年的盛行让我几乎将所有社交舞抛开。这导致的结果就是，我只能冷冷地坐在饭桌旁，阴郁地看着四周那些刚才还一言不发的人一个一个起身离桌，与自己的伴侣步入大厅中央的舞池随着音乐翩翩起舞。男人们站得笔直，就像紧折好的黑色雨伞，牵着舞伴在舞池中用标准的舞姿旋转。那年我21岁，旁边进餐的人大多在40岁以上，更有甚者70岁了。不合群的感觉让我觉得自己正深陷老年人的集会中，而这里的年轻人都被有意无意地无视了。

　　能够弥补"女士之夜"给我们带来的坏心情的就是冈维尔与凯斯学院雄厚的财力。作为剑桥大学最有钱的一个学院，也许能给我们提供几千英镑的贷款，而不用担心影响学院的财务运转。我们知道，没有任何一个建筑公司会考虑将我们的房子作为抵押并贷款给我们。史蒂芬认为，我们有理由试着说服学校借钱，这样我们也好尽快给图伦-波特夫人一个交代，将剩下的房款一次付清。当史蒂芬与财务主管在办公室交涉的时候，我与门外的主管助理克拉克（Clarke）开始了闲聊。他在这些棘手的问题上可比财务主管通融多了。我首先跟他提到了几周前我们收到的学校财务办公室发来的退休金申请表。我质问他们，为什么在明知道史蒂芬健康状况的前提下还要发这样的东西，是不是太无情了。史蒂芬在看到那些表后，无奈地摇摇头,他拒绝去计划那对于别人来说稀松平常但对他来说却遥不可及的未来。

克拉克先生并未对他们的不体贴的做法道歉,他甚至显得无法理解我的问题一样摇摇头。"小姐,我只是按规矩办事。"他说,"我的任务是把退休金申请表发给每一个学校新来的研究员,你的丈夫是一个新来的研究员,那么他就和其他人一样有权得到学校退休金的要求。他要签个字行使他的权利就可以了。"他或许看穿了我在想什么,于是又补充了一句:"这项退休金申请不需要经过任何的医学测试,我们对申请人也没有任何形式的健康状况的要求。"

我简直不敢相信他的话,我和史蒂芬一直以来都选择性地忽视这个问题。因为我们一直认为,鉴于史蒂芬的健康状况,退休金这种东西对我们来说是很不实际的。现在,我知道我们所需要做的仅是一个签名就可以实现,然后,我们就可以得到我们之前从未想过的保障。不仅如此,签字还能让我们得到一份从未有过的安全感。经过一个下午的努力,史蒂芬说服了财务主管派一名代理去检查我们的房子,从而校方才能决定是否给我们提供贷款。那个下午,我们选择去财务办公室真是太对了。拥有学校的贷款和退休金这两样东西,使我们原本摇曳不定的生活大船忽然有了两个坚实可靠的锚。

接下来的一个阳光明媚的春日的早晨,窗外的花园正盛开着无数黄色小花,学校里的房产经纪人按照要求到我们家里检查房屋。检查房屋的过程中,他一言不发、表情严肃,我们心中的希望也随着他毫无笑容的脸色越来越小。等他检查完毕并向我们陈述他的调查结果的时候,我心中残存的希望也灰飞烟灭了。我估摸着房产经纪人非常厌恶我们为了一些荒谬的差事把他叫来。他质问我们,难道没有看见房屋的后半部分都在塌陷吗?除此之外,三楼的阁楼火灾隐患非常突出。他表示他绝不会用那个阁楼当卧室或者书房,他强烈建议任何人都不要靠近那个地方。在他看来,没有一个正常人会购买一栋有200年历史的老房子。他还补充道,现在每天都有新房建起,而这座老房子很可能在不久的将来即将面临拆迁的命运。理所当然地,他绝不会推荐学校给这栋房子提供住房贷款。

史蒂芬对于这没有远见的裁定怒火中烧,但无论他在财务主管的办公室如何吵闹,财务主管还是毅然听从了校方房产经纪人的意见。我们从财务主管办公室灰心丧气地出来,驱车回家的路途中,我们路过位于城市另一头的房产经纪人自己的住处。我们发现那是一栋和我们家极为相似的三层楼建筑，比我们的还要高差不多10英尺（3米）。从三楼窗户透出的依稀可见的灯光望去，那儿的阁楼一定被当作办公室或者书房在使用。更夸张的是，这栋石灰色的木质建筑处处可见木头鼓起的地方，整个楼房一眼望去就是典型的16世纪的老房子。相比之下，我们18世纪的房子看上去更加现代化，保养得也更好。史蒂芬愤愤不平地对着房产经纪人的房子大骂。申请学校住房贷款的失败打乱了我们的计划，我们难以支付房子的全部房款，我们唯一能做的就是尽可能多地节约。于是乎，我们家逐渐形成了一套开源节流的系统：史蒂芬通过做研究、教书、论文比赛赚钱。而我和当时的麦克米伦政府领导下的奢侈的社会风气背道而驰，从付账单到日常开销都尽可能地能省就省。我学会了从日常购物中尽可能地挑选实惠产品，并逐渐在这方面成为了专家。从森宝利市场能够用1先令6便士的价格买到可口的培根；鹅肝要选波尔特勒家的，又有营养又便宜；在市集上总能找到最便宜的新鲜水果和蔬菜；当地的肉店总愿意用最低的价格卖肉给我——无论是猪脚还是羊肩肉从不会超过5先令。

1964年成立的工党政府从之前保守党那儿继承了挥霍的行事风格。1966年是我第一次作为公民行使投票的权利。投票结束的那天晚上，我到市集广场上加入到庆祝工党再次获选的人群中。可悲的是，我们最新的国会议员罗伯特·戴维斯（Robert Davies）在自己办公室猝死，工党政府也因各种财政问题而饱受重创。不仅如此，他们还要面对时不时的罢工以及迫在眉睫的赤字危机。随着英镑的不断贬值，英国很快就要交出它世界经济大国的王座。收音机里铺天盖地的都是财经新闻，或许更让人皱眉的是越南战争以及中东地区日益紧张的军事局面，超级大国的对立意味着潜在的核威胁逐渐在加重。

史蒂芬在这段时间找到一个既能赚钱又能提升自己能力的好差事。他之前一直想去牛津大学学习数学，但他父亲一直坚信数学是无法提供一个好工作的学科，尽管事实证明他的想法是错的。史蒂芬心里清楚地知道他因为不从事医学而让父亲失望透顶，为了不再把与父亲的关系进一步恶化，他才折中选择了物理。当他以研究生的身份来到剑桥的时候，他的数学知识背景还较为浅薄。他的导师罗杰·彭罗斯是一个出色的数学家，这也让史蒂芬觉得自己尚有不足。他找了一份监督冈维尔与凯斯学院本科生学习数学的工作，这样他可以一边赚钱一边补充自己的数学知识。他就这样一边当学监一边暗自准备着剑桥大学数学基本考试的大纲。不用说，他的学习能力远超他所监督的本科生们，他还常常抱怨看着那些没有实践经验的本科生学习令人着急，他的确在学期末的工作报告中向校方汇报了这个情况。他还跟着布兰登·卡特（Brandon Carter）参加了校园里几乎所有的与数学相关的讲座。史蒂芬喜欢听彭布罗克学院（Pembroke College）的威廉·霍奇爵士（Sir William Hodge）主持的课程。在整整一学期的教学中，课堂上的听众越来越少，最终只剩下史蒂芬、布兰登以及他们的另一个同事雷·麦克汉（Ray McLenaghan）。史蒂芬即便有逃课的心，迫于课堂上无人的窘相也不得不继续待在教室里，有课必到。

我记得大概是我在伦敦的最后一年，史蒂芬的一个在哈利大街当精神病医生的姨父赫尔曼·哈登贝格（Herman Hardenberg）因心脏病在离韦斯特菲尔德不远的圣约翰伍德（St John's Wood）住院。下午没课时，我会去看望他。赫尔曼的妻子珍妮特（Janet）是史蒂芬的姨妈。赫尔曼是一个有魅力的绅士，他很有品位，聊天的话题总能引起我的兴趣。特别是他时常聊到普罗旺斯吟游诗人的创作，那正好是我那学期期末的一项作业论文的话题。他熟读 C.S. 路易斯（C.S. Lewis）的著作《爱的寓言》（*The Allegory of Love*），由于个人的职业习惯他总会从心理学的角度解读书中诗人描写的对得不到的爱的苦闷的情感。偶尔我们也会聊到自己的日常生活。我告诉他关于我们在剑桥的生活以及我们对房子的重新粉刷的事情。"霍金家人对你还算友好吧？"他有一次好奇地问我，语气里似乎透着对霍金家人的不够信任。我自信地打消了他的担忧。霍金一家人很古怪，甚至与他人格格不入，这是众所周知的。他们冷漠超然，认为他们的智商远在他人之上，这在圣奥尔本斯也并非秘密。我和史蒂芬刚订婚的那段时间，圣奥尔本斯的我们家的亲戚总会有人指手画脚，与霍金家的气氛或许有时还有些紧张。但我将这些都看成我和史蒂芬婚姻所必须经历的小插曲，我没有任何理由去抱怨他们对待我的方式。我如实告诉赫尔曼，史蒂芬一家人看到我和他在一起总是表现得很宽心，他们也总是热情地欢迎我去他们在希尔赛德路的家中做客。

Part One | Travelling to infinity
我和霍金的生活

12 平淡的结局

　　夏天逐渐临近，花园从来没有像现在那样百花齐放。鲜艳的颜色和迷人的花香不但吸引着小圣玛丽街上的居民，也吸引着经过这里的路人。不断有组团的游客经过我们楼下的街道漫步，它们绝大多数是美国人。不少游客会凑近我们的玻璃窗，试图观望里面的景象。并非每一个游客都认为我们的房子很美丽，并猜测着里面的主人。我就听过一个小男孩儿站在我们的窗边，对自己的母亲嚷嚷着："天哪！母亲，这种地方竟会有人居住，这看上去就像鬼屋！"接下来的时间，我开始忙碌起来。史蒂芬在3月获得了博士学位，在短暂的庆祝后，我将自己所有宝贵的空闲时间都用在了复习上。无论周中在伦敦学校的图书馆，还是周末在剑桥的家里小阁楼上，甚至是那年复活节在圣奥尔本斯。

　　霍金家人这段时间的生活也很糟糕。史蒂芬的妹妹菲利帕最近不知是什么原因住进了牛津的医院。出于关心，我打算去医院探望她，也期望着这可能是一个让我们冰释前嫌的机会。因为此前，她对我这个嫁过来的嫂子一向颇有微词。我爱史蒂芬，我渴望着融入他们的家庭，去喜爱他家里的每一个成员。同时我希望也得到他的家庭成员们的喜爱，我弄不明白为什么我和他妹妹之间的关系却一直那么紧张。然而，到了我们去医院探望的那天，史蒂芬的母亲无情地通知我，菲利帕只想见史蒂芬而不想见我。她解释着，没人会因为菲利帕而损伤"我和史蒂芬之间的婚姻"。我身旁的史蒂芬对她母亲的傲慢无礼丝毫没有怨言，我感觉委屈得就快哭出来了。我冲出去准备开车找我的父母，然而他家的那辆老旧福特车又偏偏在这时无法启动。

　　那个下午，其他人都去探望菲利帕了，我独自一人留在医院的等候室复习。我在读一首关于流亡英雄的中世纪诗歌《熙德之歌》。渐渐地，我就被这首12世纪末的诗歌那精准的人物心理描写深深地吸引了。作者用巧妙的手法将一个人性格上的两面性糅合起来，一边是战无不胜的勇士，一边是博爱的丈夫与父亲。当写到熙德被流放的情节时，诗人将他与自己亲人的离别之痛形容为"从肉体中撕扯出指甲一般"。接下来的部分记录了主人公如何对自己的女婿包容和鼓励，而这份好心又是如何遭受了"农夫与蛇"的回报。这篇几个世纪以前的史诗故事，今天仍在读者的耳边回响，诉说着人心难测的道理。

  在我们回程的路上，也没人站出来给早晨发生的事情做点解释。在史蒂芬家里，有关私人感情上的事很少搬上台面供家庭成员探讨。在他们眼里，谈个人感受方面的话题远不如谈论学术话题。我与菲利帕的这次小插曲，也理所应当地被当作无用的垃圾扫到了人们看不见的地毯之下。在霍金家的地毯下藏着太多他们不愿谈起的私人话题，我的这些小问题相比之下根本不值得一提。正因如此，当我在期末考试前夕收到菲利帕的来信才大吃一惊。她用细腻的字体写道，她为我们以前关系的恶化感到遗憾，并希望这样的关系能在将来得到改善，她再三向我强调她尊重我"尝试着爱史蒂芬"的愿望。我对菲利帕主动抛出的橄榄枝感到欣慰，我也真诚地给她写了回信。但对于她这次信件中的用词我却感到疑惑，就像几月前我母亲听说霍金一家打算搬到剑桥给史蒂芬安排住处一样，我母亲听到时也觉得一头雾水。难道他们认为这段婚姻不会持续太久吗？我母亲气愤地问我。我想不通，史蒂芬几乎每天的起居都要我的帮助才能完成，全世界的人中只有他的家人对我和史蒂芬的幸福这么不看好。

  然而，让这些不看好我俩婚姻幸福的人失望的是，在我期末考试的那段时间我和史蒂芬的关系似乎比以前更亲密了。史蒂芬主动要求搬到我在伦敦的顶楼卧室居住，在精神上支持我的备考复习。我上午出门去考试的时候，他会独自在家准备自己的关于宇宙奇点命题的论文。不时地，还会翻翻我喜欢的各种西班牙著作。他最喜欢的是费尔南多·德罗哈斯（Fernando de Rojas）的《塞莱斯蒂娜》（*La Celestina*），一部与《罗密欧与朱丽叶》相似的爱情故事，书中的塞莱斯蒂娜可以算是中世纪西班牙文学中最生动的角色之一。下午的时候，我和史蒂芬会去汉普斯特荒野（Hampstead Heath）游玩。要么去那儿的花园闲逛，要么去肯伍德府（Kenwood）转转。我得从我上午的紧张的考试中放松一下手臂，而史蒂芬也要放松一下上午高速运转的大脑。我们有时也会去探望我的大姨妈埃菲，她那时已经70多岁了，还独自一人住在塔夫内尔公园（Tufnell Park）的大房子里。持续一周的考试快结束的时候，我才慢慢找到了考试的灵感，但那时大多数的考

Part One | Travelling to Infinity
我和霍金的生活

试都结束了。所以我不但没有考试临近结束时如释重负的感觉，反而有点儿小小的失落。我复习过的那些内容全都不是主要考点，这和我的生活似乎暗暗相应。生活中，无论是史蒂芬的家人还是周遭的朋友都更多关注一个叫霍金的人在学术上名列前茅，而他们并不关注我的学习成就。

随着我在最后一张考卷的最后一题上落笔，我的学生生涯也走到了终点。我们没有举办任何派对，没有任何仪式的庆祝，我只是跟几名好友匆匆作别。随后，我与史蒂芬坐车前去拜见罗杰·彭罗斯，他和他的家人在史丹摩为我们安排了晚宴。我们抵达史丹摩车站的停车场时，罗杰早已将他蓝色的大众车停在那儿了。不知道他的车在那儿停放了多久，当我们找到那辆大众车时，它的4个轮胎都没气了。罗杰不得不勉强将汽车开到街角的修车店补胎。一番折腾之后，我们终于抵达了罗杰的家，这是位于一条长街尽头的一栋单层公寓。他的妻子琼以及两个儿子克里斯托弗（Christopher）和托比（Toby）在门口热情地欢迎我们。我们上次见到小托比还是去年夏天在康奈尔，当时他还是个小婴儿。转眼间，他18个月大了，不但可以自己走路，还会嬉笑着在家里来回奔跑。他手中拿着一个小饼干，奔跑中会在深蓝色的地毯上留下一道道的饼干屑；又或者拿着自己的小玩具在家里扔来扔去，一会儿爬到扶手椅上一会又跳下来，嘴上还念念有词。坐在一旁的罗杰和史蒂芬则很快陷入了关于数学和物理的讨论之中。

期末考试的成绩和我的预估较为接近，并不优秀，但也足够我攻读博士学位了。我剑桥的经历使我渐渐明白了一个道理，如果你的身份只是一名研究人员的妻子或者是一个母亲，在剑桥这个圈子很难引起人们的关注。我必须要想办法拥有更为出众的一面，这非常重要。尽管那个时候，社会上也有越来越多的女权主义的声音。但我认识的许多剑桥的妇女们，她们成天闷闷不乐，除了家务就是带孩子，她们即便有才能也无处施展。我认为这都是那个学校以及整个社会不认可女性在知识领域的地位的制度所致。

此后，我每周的伦敦之行终止了，因为那段时间史蒂芬越来越需要我的帮助，他现在去哪儿都要靠我扶着。每天早上，我会扶着他去学院上班。中午的时候，我会接他回家吃饭。他的胃口特别好，每顿饭我都会想着办法换菜谱。午饭后，我会再送他回学校，晚上接他回家。我最初希望在外交部找工作的想法早被现实的生活否定了。不仅如此，哪怕是简单的教师培训课程我也没时间参加。因为我根本没法离开学校，没法离开小圣玛丽街，没法离开我们的厨房。在这种情况下，在家里自修一个博士学位显得更加适合我。我可以根据史蒂芬的工作时间来安排自己的学习计划，我可以抽空去学校图书馆学习。如果我申请博士学位获得成功，那么，我也有资格申请学术奖金了。这对我们的生活无疑是雪中送炭。

中世纪文学是一个我很感兴趣的研究方向，但我们的现状不允许我时常跑到很远的图书馆去翻阅古老的手稿。所以我的研究肯定不能是关于未被人们发现的、尚在探索中的中世纪文学。我的研究只能是批判性研究，研究那些已被世人充分发掘了的文字材料中的漏洞。考虑到剑桥博物馆海量的藏书量，我想那里一定有足够的材料让我从事这方面的研究。尽管我大部分时间会待在剑桥大学，但我还是选择成为一名伦敦大学的博士生，而非剑桥大学。这其中的原因很多，最主要的原因是剑桥大学要求他们的博士生在三年内毕业，而我的现实生活很难允许自己可以全身心投入到自己的博士毕业论文上。

我最终确定的研究方向是"伊比利亚半岛中世纪抒情诗"。然而，我并未立即展开学习，因为这段时间史蒂芬正好开展了一个新的课题。这个课题看上去很有发展前景，他们可以由此发表许多重要的论文。史蒂芬在我期末考试期间读完了《塞莱斯蒂娜》的整个剧本。期末考试周的最后一天，在我们开车返回剑桥的途中，他突然问我是否意识到整部剧本最终的死亡、毁灭、绝望，都是从老鸨母塞莱斯蒂娜对一个不起眼的小人物帕尔梅诺（Parmeno）的冷漠态度开始的。史蒂芬对这本书的解读非常深刻，当我将这一见解转述给我的导师时，我的导师都感到惊喜。当然，当我告诉他这事实上是史蒂芬的见解时，他就更觉得不可思议了。我也因此再次被史蒂芬的学习和理解能力给震惊，他的才能在包括我所研究的文学在内的任何领域都可以得到卓越的发挥。当时我的任务是解读1499年前后的文学中蕴含的弗洛伊德的概念。写这篇论文最让我感到欣慰的是，这也是对我们爱情的奖赏。我们可以和睦地生活和工作在一起，互相支持、彼此分享大家的快乐。即使我们所选择的学科不同，即使有试图分开我们的人和事，即使史蒂芬的健康状况越来越严重，但我们仍然感到非常快乐。从我们对彼此的信任和坚持的信念中，我们收获了勇气和力量，随着深秋的到来，我们发现一个新的生命即将来临。

Part One Travelling to Infinity
我和霍金的生活

13 生命的轮回

在得知我怀孕的消息不久后，自然法则就给我们带来了一条悲伤的消息。史蒂芬的祖母，我1个月前才认识的年长的霍金夫人不幸去世，享年96岁。那个时候，史蒂芬的父母却因公出差远在中国。仅仅1个月前的8月，我和史蒂芬、他的母亲、爱德华还一起北上探望他们那些年迈的亲戚们。我们在爱丁堡认识了伊莎贝尔娘家的老姨妈，在返程途中，我们造访了约克郡的巴罗桥，在一座霍金家祖传的房子里过了一夜。

19世纪早期，德文郡的公爵管家为自己建造了这座公馆，并将自己的姓从武尔加沃金（Vulgar'awkins）更改为霍金，因为他们认为这个姓更优雅。大宅子的四处都是楼梯，宅子拥有高高的房顶和对向海湾的窗户。这个宅子曾经也有它光耀的一面，随着时间推移，现在就只剩下可怜的梅里埃尔姑妈居住在这里。她一边费心地照看宅子，一边还要照看她年迈的母亲。就如同这个房子，梅里埃尔姑妈的身体状况也渐渐衰退。但从她眼角的皱纹中不难看出她曾经的坚毅与顽强，她一手带大了5个孩子，还靠一己之力维持着整个家庭的经济开支。她的卧房曾作为她的画室使用，现在这里是整个宅子里唯一还有生气的地方。尽管梅里埃尔姑妈尽力将房间打扫得给我们带来舒适的感觉，但其他的房间则因为常年无人居住而显得阴冷昏暗，对比起来极为明显。

在史蒂芬的父母亲出差期间，史蒂芬的小弟弟爱德华暂时跟着我的父母住在一起。有一个周末，他特地赶到剑桥来陪我和史蒂芬，当时正巧我有很强烈的晨吐反应，所以他不得不自己做了早饭。从那天开始，我的晨吐反应就一发不可收拾。一个有相关经验的朋友告诉我，对抗晨吐最有效的办法就是起床前先喝一杯热茶。理论上这或许会对我所帮助，但对我的家庭来说却极为困难。我想在清晨喝到热茶，不得不自己下床泡制，没人可以帮我。没过多久，我父母就送来一个专门泡茶的机器作为礼物，我强烈的妊娠反应这才得到了适当的控制。我也渐渐恢复了元气，回到了之前的日常生活中。

我们身边刚生过小孩儿的年轻母亲比比皆是。大家纷纷热情地支招：告诉我们哪家医院好，哪家疗养院不能去；告诉我们各种疫苗或者母乳喂养的好处与坏处。他们看到我对这方面的事情丝毫没有经验，一些好心的朋友甚至把她们的小宝宝借给我练习换尿布。但这一切都停留在理论阶段，毕竟他们的小孩都习惯了和大人的配合，特别听话且并不哭闹。事实上，我们以后处理自己的小孩时会更加困难点。

和史蒂芬相比，我的身体还算健康。史蒂芬的病情开始逐渐加重，越来越需要人照顾。史蒂芬的父亲弗兰克·霍金在去中国之前读了一篇论文。论文提到定期服用维生素B对患有神经性疾病的病人有好处，如果能够每周注射一种叫经钴胺素的配制剂的话，效果会更加显著。维生素药片可以从史蒂芬在剑桥的指定医师斯旺医生（Dr Swan）那儿拿到，然而，要搞到注射剂会稍显麻烦。注射室在大楼的另一面，在史蒂芬看来，将一整个上午都耽搁在等待打针上太耽误时间。没去几次，史蒂芬就开始烦躁起来。一天中午，我们刚从注射室回到家中，正好碰见特尔玛·撒切尔拿着扫帚在车道上打扫清洁。她看到我们脸上沮丧的神情，关切地喊住了我们："噢，亲爱的，这是怎么了？"我把我们要把一整个上午都浪费在家里和注射室的往返奔波中的事向她解释了一番，她立刻想到了解决办法。"这个问题简单！我们只需让彼得学院的查默斯修女（Sister Chalmers）上门拜访就可以了！"她拥抱了我们俩，飞速回屋联系查默斯修女，查默斯修女曾在我们刚搬到小圣玛丽街的时候借给我们一个煤气炉。接下来，在撒切尔夫人的帮助下，查默斯修女答应每周抽出一天的时间在下班后来我们家给史蒂芬打针。查默斯修女的下班时间即我们家的早饭时间。

医院的医生们建议史蒂芬定期接受物理治疗，从而保持关节与肌肉的活动，这又给我们带来了类似打针的难题。那个时候的史蒂芬的手指已经开始出现轻微的萎缩，他除了签名外几乎很难再写字。我们去剑桥附近新开的阿登布鲁克医院进行过一次理疗，那次理疗还没结束史蒂芬就怒气冲冲地表示再也不去了。他说他再也不想将自己宝贵的时间花在排队就医上。这次帮助我们解决问题的是丹尼斯·夏默，他说服了物理学院出资为史蒂芬请了一周两次的理疗师上门治疗。从此，康斯坦斯·威利斯（Constance Willis）便走进了我和史蒂芬的生活。

康斯坦斯·威利斯是典型的英国老派淑女形象。她充满生气，活跃得

Part One | Travelling to Infinity
我和霍金的生活

几乎有些让人敬而远之。她说话直率，待人诚恳。每周二和周四的十点，她会为史蒂芬做理疗。在这之前，她还要去三一学院服侍两位老人。一位是著名的古典学者高先生，一位是学院前院长辛普森神父。

依靠威利斯小姐和查默斯修女的帮忙，史蒂芬得以拥有几乎和其余同僚一样长的工作时间。他每天可能比其他人晚到办公室，但晚上，他会比其他人稍晚地离开办公室。工作时，他常常静坐在那里，深陷在自己的思绪中。哪怕是周末，他也会时常在自己的位子上静坐，脑袋里飞速思考着各种探讨宇宙起源的公式。"天体力学，"撒切尔先生常跟我半开玩笑地提道，"你的好先生一天到晚都忙着天体力学呐！"每次史蒂芬在路上遇到他而没有打招呼的话，他就会这样告诉我。史蒂芬对礼节不屑一顾，常常让其他更敏感的邻居或亲友们感到不适。我也因此没有少给他们道歉，我只能向他们解释，史蒂芬将精力完全集中在了他的学术研究中。

剧烈的晨吐反应让我缺席了老霍金夫人在约克郡的葬礼。到那时，我并未参加过任何葬礼，但这个社交活动上的空缺很快就被悲伤填满。玛丽·撒切尔（Mary Thatcher）是我们邻居的女儿，她正在打算延期她在中东地区的学习。她接下来的几个月时间将在以色列和约旦度过。那年秋天，就在她出发前，我看到她父亲牵着她的手，慢慢地走在车道上送她远去。他的脚步看上去有些踟蹰。我站在自己的家门口，看着他俩的身影慢慢消失在街道尽头，心中不禁泛起一阵酸楚。我有一种直觉，那个场景或许是他们最后的道别。悲伤的是，事实上那次分离确实成为了他们的最后道别。玛丽离开没多久，她父亲就病倒了，住进疗养院后没几周就不幸地离开了尘世。

冬天刺骨的寒风将街道上干枯的树叶吹得漫天飞舞，我和史蒂芬手拉着手站在高耸阴冷的三一教堂后面，出于对英国国教的信仰，威廉·撒切尔生前常来这个教堂。看着他的棺材被抬进教堂，殡仪主持念叨的怀念词让我不禁打了寒颤。眼前的景象充满了悲伤，死亡就在一瞬间带走了一个人生前所有的学识、经验、音容笑貌，他的善举和所有的成就都消失不见。我站在那里，我意识到自己身体里孕育着一个新的生命。那将是一张白纸，所有的学识、经验、成就都等待着被创造与被书写。站在我旁边的未出生的孩子的年轻的父亲，尽管身患残疾，却给我一种不屈的正直感。他的健康状况并不理想，但他对享受生命的渴望是那么强烈，对物理学上有所作为的梦想也正在践行。行走对他来说已越来越困难，系衣服上的扣子对他也成为一种挑战，吃饭所花费的时间也越来越长。脑力的活动越来越多，对笔和纸的需求却越来越少。不过这些都只是机械上的困难，它们都会被强大的决心和毅力克服。我不敢想象有一天自己站在丈夫的葬礼上的感觉。死亡是一出悲剧，但它不应降临在年轻人的身上。

尽管剑桥有许多中世纪的建筑和年迈的老学者，但年轻人才是剑桥得以兴旺的根本。学院就像一个磁铁一样，吸引着一批一批的年轻人前来朝拜。他们中的大部分人至少会在这里待上3年，小部分幸运的年轻人能待上6年。在这之后，他们会被学院送到残酷的现实世界中去。我早期的朋友们很多都离开了剑桥去往世界各地的大学里任教，他们在剑桥留下的空当又很快被新人填补。那年秋天，一位我曾在康奈尔大学相识的美国朋友罗伯特·博耶到剑桥出差，参加完物理系的会议后，他和我们共进晚餐。他和我们谈到了他在英国的妻子和小女儿，以及那段时间所有美国人都在谈论的越南话题，当然也谈到了物理学。

罗伯特来访后不久的一天，我正在准备午饭等着史蒂芬回来。我们的朋友乔治·埃利斯刚从得克萨斯回来，因为他每天都会去大学中心的新开的食堂吃饭，所以友好地提出每天中午顺路将史蒂芬从学校送回家。这时，广播里插播着一条重要新闻，得克萨斯的奥斯汀发生了枪击案。凶手爬上大学的一座高楼，朝着广场对面教室里的老师和学生开枪射击，有一个人当场遇害。我突然有种不祥的预感，果不其然，那天晚些时候，我们得知遇害者正是我们的朋友罗伯特·博耶。我不敢相信自己的耳朵，这不是死于年迈，不是死于威尔士艾伯凡矿场坍塌那样的天灾，也不是死于突如其来的疾病，而是死于一双残忍的双手。我们对这出悲剧感到震惊和心碎，对罗伯特·博耶的爱和敬佩将永存我们心中。

Part One Travelling to Infinity
我和霍金的生活

14 不完美的世界

罗伯特·乔治（Robert George）于1967年5月28日星期天晚上10点降生在这个世界。他体重6磅5盎司（5.72斤）。那天正好是著名的弗朗西斯·奇切斯特（Francis Chichester）环游世界回到普利茅斯港（Plymouth Harbour）的日子。罗伯特的出生给史蒂芬和我带来了极大的精神振奋。史蒂芬第二天一早就将这个好消息告诉了住在11号房子的来自新加坡的邻居佩克（Peck）和安郝义（How Ghee Ann）。他激动得语无伦次，以至于两位邻居还以为我在临产中出了事故。

罗伯特急切地来到这个世界，比预产期提早了两周，这让我有点措手不及。史蒂芬的妹妹玛丽，表弟于连（Julian）和我都在那个3月领到了文学学士学位，学位颁发仪式就在伦敦大学的阿尔伯特大厅举行，唯一遗憾的是大学名誉校长——我们的英国女王因病没有出席。在那之后，我们的父母们给我们安排了一场盛大的庆祝宴会，我公公专门把宴会举办地点安排在了皇家学会的热带医学学会。

那一学年的早些时候，冈维尔与凯斯学院院长的妻子李大斐（Dr Dorothy Needham）博士邀请我参加了一个刚成立不久的学术团体——露西·卡文迪许学院（Lucy Cavendish College）。学院领导人是两位著名的科学家：安娜·比德（Anna Bidder）和凯特·伯特伦（Kate Bertram）博士。她们成立这个学院的初衷是希望为剑桥的已婚女学生提供更多的创造学术的机会。加入这个学院之后，我获得了在剑桥攻读文学硕士的机会。最重要的是，我可以在大学图书馆借书了。到了春季快结束的时候，我受史蒂芬的启发撰写了一篇关于《塞莱斯蒂娜》的论文。一切迹象都表明我一边做学术研究，一边当母亲的决策是正确的，也是合理的。5月的最后一个星期五，我和平常一样在图书馆看书，收集着毕业论文需要的材料。那时的我不曾料到那竟是我以后很长一段时间内最后一次拜访图书馆。那天晚上，我不顾自己身体不适的预感，与同样挺着大肚子的休·埃利斯（Sue Ellis）

一同前往院长夫人威尔马·巴彻勒（Wilma Batchelor）举办的宴会。那天晚上，我一夜未眠。早上醒来，身体不舒服的感觉更加强烈，但我还是赶去市集给史蒂芬买了一大堆日用品，以避免我生育那段时间无法为史蒂芬提供足够的生活品补给。我将日用品带回家后，又急匆匆地去了肉店。屠夫克里斯（Chris）看了我一眼，坚决让我插队到最前面。"简，"他说，"你赶紧回家吧！"我取走了肉，感激地往家里奔去。

那天晚上，窗外风雨大作。我们的新加坡邻居安郝义开车捎我和史蒂芬去了一家私人产科诊所。但我很快就希望自己可以待在家，或者在妇产科医院申请一张床位。不过那个年代的妇产科医院只接受家境贫困或者患有并发症的孕妇。私人产科诊所里那些上了年纪的助产士就和从前中学里的老处女教师一样脾气暴躁。我牵着史蒂芬行进在诊所走廊时，突然感到一阵强烈的子宫收缩，就像一只大章鱼正用它的触角死死抓紧我的肚子一样。我最近上过的孕前课程里早已为这一时刻做好了准备，我立刻靠在墙上，开始做起老师教授的呼吸方式。

"你是有什么毛病吗？"一个眼神凶狠的修女严厉地质问我。她比其他修女更加年轻，应该更了解我的情况。24 小时后，我终于顺利地将孩子生产下来了。为我接生的不是助产士，而是约翰·欧文斯（John Owens），他是我常去的注射室里的一位年轻医生。整个过程史蒂芬都陪伴在我的身边。

我躺在床上，既累又无事可做。只有布拉姆斯的小提琴与大提琴的协奏曲陪伴着我，我试着用音乐将自己的注意力从疼痛中分散出来。音乐让我想起了两个月前父母为我举办的复活节派对。他们当时租的小别墅就位于康沃尔郡（Cornwall）的圣伊萨克港（Port St Issac）海湾边上。他们也许是猜出那将是我近期最后一次有机会做长途的旅行。就在康沃尔郡的那周，史蒂芬将这盘布拉姆斯的唱片当做生日礼物送给我。

随着史蒂芬的自信一起飞速增长的还有他的决心。我们在圣伊萨克港逗留的那段时间，抽空在某个下午驱车前往廷塔哲（Tintagel），这是亚瑟王著名的故居之一。廷塔哲位于康沃尔郡北海岸线的最远端。遗憾的是，在廷塔哲的小村庄根本看不见旧城堡。根据当地邮局的一名女士介绍，想要抵达旧城堡的唯一方法就是穿过充满乱石的陡峭险峻的阿瓦隆峡谷（Vale of Avalon）。史蒂芬坚持要一睹城堡容貌，我和我母亲明白他的病情，但不忍拒绝他的要求。我和母亲左右搀扶着史蒂芬，三人一歪一斜地沿着乱

Part One Travelling to Infinity
我和霍金的生活

石路往下走，海边迎面的海风凛冽地扑打在我们的脸上。我们走上一条乡间小路，天蓝色的海水时而拍打着我们的脚面，但我们搜寻的城堡却始终不见踪影。就这样行走了 40 分钟后，母亲已累得气喘吁吁，她开始担心带有身孕的我是否能支持下去。然而，史蒂芬却非常坚持。令我们欣喜的是，前方道路上不知从哪儿窜出一辆路虎，朝我们摇摇晃晃地驶来。从方向上判断，应该是前往我们来时的村庄的，我们赶紧截住了来车。司机被迫停车，脸上稍显不快。他告诉我们这里距旧城堡尚有较远的路程，我们需要翻越整个山岬才能看到。显然，史蒂芬希望看看旧城堡的愿望很难实现了，我们恳请司机将我们捎回村庄。司机好不容易答应了，但车里只能坐下一名乘客。我们毫不犹豫地决定让史蒂芬上车。几个月后，史蒂芬接到去巴特尔纪念研究所（Battelle Memorial Institue）在美国西雅图举办的夏季学校的机会。这让我感到非常高兴，因为我、史蒂芬，以及我们的小宝宝都可以在太平洋南海岸享受 7 个星期的度假了。小宝宝除了吃饭就是睡觉，带着他也不会为我们添加麻烦。

小宝宝的出生带给我们的喜悦真是难以形容。他出生后几个小时，就被护士抱着放到我的旁边。我还记得皮肤嫩得发紫的他躺在我的臂弯，慢慢挥舞四肢好奇地打探着这个世界的样子。"未来的教授"是我婆婆对小宝宝的第一评价。当他下一次被抱到我身边时，已完全从刚出生的状态中脱离出来，皮肤也呈现出更健康的肤色。他的眼睛深蓝得就像大海，脸颊就像童话故事中的小精灵一样粉嘟嘟的，耳朵也是尖尖的。他还没有太多的头发，只是在头顶上有一小撮卷卷的胎毛。当我把手伸过去抚摸他的时候，他用他小小的五根手指紧紧抓住了我的手指。

这个小小的美丽生物，是一个奇迹与完美的结合，来到了这个不完美的世界。他出生不到一周时间，第三次中东战争就爆发了，战争对中东世界带来的残忍而深远的影响恐怕一直会持续到我的孩子长大成人。我还记得当时自己躺在床上思索着，如果那些教条地催促年轻人上前线打仗的国家领导人全都由新晋的母亲们取缔，那么，世界和平在一晚就可以实现。

罗伯特出生之后的日子里，我们也开始逐渐学会接受我们家庭的新成员，学会与他和平共处。在最初的时间靠着爷爷奶奶们帮我们打理了，时间一长，大部分的事情都还是落在了我们自己的肩上。可想而知，我产后的生活相比以前发生了多大的变化。从这时起，我们无论是去学院还是去城里购物，都从以前的两个人变成了三个人。以前，我们需要带一个手杖，现在变成了一个手杖和一个婴儿车。我还得感谢乔治·埃利斯的慷慨帮助，他每天中午都会送史蒂芬回家吃饭，午饭后，他还会将史蒂芬送回学校。这种生活持续了一段时间，我们才从刚生完孩子的匆忙中稍微安定下来。

  一天下午，我决定去图书馆还书，顺便将我越积越多的关于中世纪伊比利亚半岛爱情诗作的索引卡片带去图书馆。我喂饱了罗伯特，并给他更换了尿布。他躺在自己的婴儿床里，在后院的蓝天下舒服地休息。我估摸着自己能有 1 小时的时间休息，我抑制住想要打哈欠的冲动，爬上楼去取我的书和卡片，并将它们散放在桌上。刚一坐好，楼下就传来了婴儿的哭声。我急忙跑下楼抱起罗伯特，给他喂吃的，检查并更换尿布。不过，他看上去并不是特别饿，我慢慢地将他放回婴儿床里，又起身返回楼上。很快，楼下的哭声再次响起，那个下午我就这样折腾着。直到后来我才明白了，小宝宝哭闹的原因并非饿了也非困倦，他只是希望有人能陪在他的身边。于是乎，1 个月大的时候，他就趴在我的腿上，和我一块儿准备我的论文了。当我试图下笔的时候，他不是在我膝盖上扭来扭去就是咯咯发笑。那个下午，我彻底打消了将照顾孩子和学术研究结合起来的不切实际的幻想。同时，我还错误地估算了刚生育了小孩的产妇需要多少时间的休息量。我以为产后的一周就可以恢复产前的工作量，我在产后一周就开始了大量的家务工作，完全没有意识到怀孕的过程已耗尽了我的大部分精力。我对喂养小宝宝需要花费的精力缺乏正确估计，再加之小宝宝与成年人完全不同的作息时间，以致我几乎每天都无法得到充足的睡眠。精疲力尽的我每天只能在罗伯特睡着后才能小憩一会儿。

  随着 7 月的临近，我对能否去西雅图越来越感到疑惑，因为行程的安排变得非常复杂。我们在凯厄斯教堂（Caius Chapel）为罗伯特举行了洗礼仪式，我们指定了当时到访的美国学者查理·米斯纳（Charlie Misner）作为他的教父。查理·米斯纳希望史蒂芬在西雅图的夏季学校结束后去马里兰大学拜访他，他想在那儿和他进一步探讨自己对奇点的研究。他和他的丹麦妻子苏珊妮（Susanne）邀请我们前往华盛顿特区和他们以及他们的四个小孩一起居住。这个提议并非不好，只是当时的我都不确定我们能否顺利地抵达西雅图，更别提之后的打算了。旅行需要准备的行李几乎都要我来操办。史蒂芬的、我的、六周大的小宝宝的，都只能靠我一人收拾，整个准备过程让人筋疲力尽。我没料到事情会发展为今天的样子，就像我之前丝毫不担心自己的身体可以承受眼前的各种困难一样。

Part One | Travelling to Infinity
我和霍金的生活

  1967 年 7 月 17 日早晨，在我父母的帮助下，我们还是顺利地抵达了伦敦机场。我们匆匆地给两位老人道别，机场工作人员找来轮椅带着史蒂芬挨个穿过了海关和护照登记处，并将他领到了候机室。我拖着大包小包，抱着罗伯特紧随其后。那天，三号航站楼的排气系统坏了，整个航站楼像一个大蒸笼。更可悲的是，我们刚到候机口，广播里传来了我们的航班晚点的通知。

  我们只好在炙热中焦急地等待。罗伯特在一旁大口地把整瓶玫瑰糖浆喝得一干二净，我本还指望着这瓶糖浆能撑过整个飞行旅程。第一条广播之后没多久，第二条广播接踵而至，通知所有泛美航空的乘客去吧台领取补给。我把罗伯特放在史蒂芬的腿上，起身加入到领取免费三明治的队伍中。当我回来的时候，我惊呆了。罗伯特安然无恙地坐在他父亲的腿上，靠在他父亲的怀里露出开心的笑容。而史蒂芬的脸上却有一种难以名状的痛苦的表情。低头一看，他新买的裤子下方流淌着一大片黄色的液体。他坐在那儿，无助地看着罗伯特的尿浸满了自己的鞋子。那是我这辈子唯一一次尖叫，我手中的三明治也被我扔在地上，我站在那里，只顾着放声尖叫。

  或许在那种情况下尖叫并不是理智的表现，但尖叫却引来了所有人的关注。我的叫声很快吸引了我急需的帮助。一名身穿绿衣的魁梧的护士出现在我们面前。她只是充满责备地望了我一眼，她就明白了我对眼前的景象束手无策。她推着轮椅前行，快速穿过海关和护照登记处。最终，她找到一处护理室，在那儿她开始为罗伯特清洗，并将清理史蒂芬的工作交给了我。我不知道自己在护理室待了多久，但我听到了广播里我们的航班起飞的通知。这位陌生而好心的护士跑去中央控制室，通知他们，必须待我们处理好后飞机才能起飞。于是在仅仅 7 周大的时候，罗伯特就拥有了致使国际航班延迟起飞的经历。

  接下来，在飞机上的 9 个小时，史蒂芬不得不一直穿着那条裤子。飞机越过了冰岛，越过了北大西洋的座座冰山，越过了格陵兰被积雪覆盖的高山和在阳光下耀眼的冰川，越过了哈德逊湾的浮冰，越过了北加拿大贫瘠的荒地。不知过了多久，随着飞机接近塔科马机场，瑞尼尔山终于出现在我们的视野里，这才标志着史蒂芬噩梦般的飞行接近尾声。之后，我将那条裤子送去干洗店清洗，但史蒂芬表示绝不会再穿那条裤子了。

Part Two

第二部分

Part Two Travelling to infinity
我和霍金的生活

15 西雅图不眠夜

巴特尔纪念研究所在西雅图为我们提供的一切都显得慷慨周到。他们为我们提供了一套宽敞的一层楼的公寓，公寓装饰得既舒适也现代。他们为我们准备了一个洗碗机、一个滚筒干燥机，还有一辆崭新的自动挡汽车。他们每两周会给我们送一次尿布，同时还有专人负责收走我们使用后的尿布。尽管如此，我们刚到这里时仍显出了不适感，并非美国院校为我们提供的条件不够好，只是因为刚生育孩子两周后就来到异国他乡稍显不适应。到了这里，照顾丈夫和孩子的重任几乎都落在了我的头上，这里可没有乔治·埃利斯的帮忙了。

接待我们的先生再三向我们担保，巴特尔纪念研究所距离我们的住处仅有2英里（3.2公里）远，非常便利。不过，与常人不同，2英里（3.2公里）和20英里（32公里）对我们来说，或许并无差异。因为史蒂芬行动越来越不方便，我不得不选择开车送史蒂芬上班，并同时带上罗伯特。每天早上是我最忙的时候，我要给史蒂芬穿衣服、做早饭，之后给罗伯特喂饭、洗澡。至于是先帮助史蒂芬还是先帮助罗伯特，取决于当时谁的情况更紧急。然后，我要将我们家的新车"福特水银彗星"提前从车库开出并停放在大门口最合适的位置，回屋扶着史蒂芬出门并提出罗伯特的儿童座椅。就这样拖着他俩艰难地走过家门前长长的一段车道。我将罗伯特安顿在后座上，帮助史蒂芬进入副驾驶座。但事实并非我们预计的那么顺利。尽管我每天都尽了全力地加快速度，希望史蒂芬少错过一些早晨的学术讲座，但我们的小罗伯特却在这个时候给我们出了大难题。他原本刚学会自己晚上入睡，但经过西雅图旅行的折腾，8小时的时差让他进入了白天睡觉晚上玩乐的状态。火上浇油的是，那个时候的西雅图正"享受"着它历史上最热的一个夏天。

初到西雅图的很长一段时间，我每天的活动范围都非常局限。仅在研究所和街角的干洗店间穿梭。我们家的新车硕大的身躯让我驾驶起来惶恐不安，唯恐出现事故。没过几天，我就做了所有美国母亲都不能想象的事：独自顶着似火的骄阳，提着我襁褓中的罗伯特，从家里步行去买菜，并将购买的商品放在罗伯特的婴儿车上拖拉着回家。

当彭罗斯一家也抵达西雅图时，我就像大海中漂流的幸存者看到了救援船一样满心激动。他们家最小的孩子埃里克（Eric）和罗伯特的年纪相差无几。相比罗伯特，埃里克更好动。当我们将两张婴儿床放在一块儿，或者把两个小婴儿放在一起时，琼就会开玩笑地说："他们正在学他们的父亲们那样讨论物理呢。"琼的到来让我的社交圈瞬间丰富多彩起来。她把我介绍给了许多研究所里的科学家的妻子们，她还带着我去西雅图的城中心逛街，我在那儿买了好多婴儿用品和衣服。在她的影响下，我也慢慢地开始尝试在城区驾车。我开始越来越频繁地在西雅图南北方向的大街上穿梭，我甚至还在这个城市遇到了我在诺威奇的儿时小伙伴，她嫁给了这里的一名波音公司的工程师。

之后的某一个星期天，我们又将西雅图的冒险指数提高了一个档次。史蒂芬照着地图领着我们到了一个码头，我们穿过普吉特海湾（Puget Sound）一直行驶到奥林匹克半岛。我抱着小罗伯特在海边玩水。还有一个周末，我们带着小罗伯特从西雅图向北行驶了 150 英里（240 公里），一直行驶到温哥华。我们去那儿拜访了我们在剑桥认识的澳大利亚朋友——杨斯夫妇，他们当时正在不列颠哥伦比亚大学工作。温哥华的天气寒冷且多雾，与西雅图那边又热又干燥大不相同。整个温哥华给人的感觉也很放松，在那儿，我完全没有在西雅图的那种紧张感。

回到西雅图，我们在一个炎热的星期六的早晨，跟着新认识的朋友一块儿去码头散步。那是研究所安排的为数不多的外出活动，在那儿，我们乘船去往布莱克岛上的一个美国原住民居留地。在码头等船时，一名美国的著名物理学家的妻子珍妮特·惠勒（Jeannette Wheeler）和我闲聊。就在那年，她的丈夫约翰·惠勒就像阿基米德显灵一般，坐在自己浴缸里给史蒂芬他们一帮科学家正在研究的东西想出了一个响亮的名字——"黑洞"。珍妮特·惠勒一头灰发、举止典雅，大家都说她是著名的"美国革命的女儿"中的一员。我们一行人在码头上行走，史蒂芬靠着我的手臂，珍妮特则帮忙推着小罗伯特的婴儿车。两个过路的老太太看到婴儿车里的小罗伯特，喜爱地用手碰了碰小罗伯特露在外面的小脚趾。珍妮特却被吓坏了，她对着那名老太太大声嚷嚷，说这样会吵醒孩子的。老太太赶紧撒手，和

Part Two　Travelling to infinity
我和霍金的生活

自己的同伴匆匆离开。我个人觉得小罗伯特现在被弄醒也许是好事，这样，他在晚上就可以因为疲惫而入眠了。我也可以得到难得的休息时间。结果，小罗伯特这一睡就是一天，在我们第二天到达景点吃中饭时，一名印第安女子帮我照看了小罗伯特的时候他才被摇醒了一小会儿。

每次出行，我的主要任务就是一手推婴儿车，一手扶史蒂芬。所以在长途游玩后，我越来越觉得身心疲惫。我以前学校的好友吉莲和她的丈夫杰弗里（Geoffrey）从温哥华岛来到西雅图拜访我们。她的丈夫在温哥华岛担任一名工程师，他们计划着还要在那里待两年时间。虽然他们只能在西雅图待一周的时间，但他们却成了我等待已久的救赎。杰弗里从此挑起开车的重担，不只是带着我们长途奔袭到瑞尼尔山游玩，甚至还开车带我们去购物。他帮助史蒂芬上下车，吉莲帮着我做家务并整理厨房，他们到来之后的这一周，解决了我们很多难题。

吉莲在我们这里的这段时间，发生了一件令我俩都不太开心的事。

吉莲在西雅图的最后一个星期六，我们相约去西雅图的 300 英尺（91米）高的太空针塔观景台游玩。在那儿，你能看到西雅图的全景，有普吉特海湾碧绿的海水和西边奥林匹克半岛雪白的山峰。群山连绵不绝地朝东南两个方向延伸，一直通到瑞尼尔山，这是一座巨大的休眠火山。针塔上的风景确实很美，但艳阳照射下的我们也难耐酷暑，加上靠着我的史蒂芬，以及抱着小罗伯特的吉莲，我们很快就蔫儿了。没过多久，我们就加入了等待下塔电梯的队列中。在我们旁边有一群年轻姑娘，她们一边议论着什么，一边朝我们望来。待我们进入电梯后，她们开始粗鲁无礼地指指点点，几近公然地嘲笑靠着电梯壁的史蒂芬。她们的笑声似乎越来越大，我越来越火，我当场就想扇她们两耳光，让她们给史蒂芬道歉。我想告诉她们，这是我充满勇气的挚爱的丈夫，他是旁边这名可爱男孩的父亲，一名伟大的科学家。但我英国人的沉默寡言的性格让我克制住了冲动，我转头照料小罗伯特，假装看不见这群令人厌恶的青年。那趟电梯似乎永远都到不了头，我不知道自己在里面站了多久才到达地面。就当我们快走出电梯时，其中一个女孩儿看到了吉莲背上的小罗伯特，充满爱意地问我们："那是你的小宝宝吗？""这不是废话吗！"我几乎是吼着回复她。她们一群人识趣地匆匆离开。"这帮人可真讨厌！"吉莲在一旁说道，我才明白吉莲也看到了刚刚的一幕。所幸在电梯里，我和吉莲站在那帮少女和史蒂芬之间，史蒂芬则完全不知道发生了什么。

第二部分

　　发生了这样的小插曲后，我对回家更是迫不及待。尽管如此，在暑假学校快结束的一个晚宴上，有人对史蒂芬提出了去加州大学伯克利分校待两周的诱人邀请，一名来自巴西的学者还答应给我们提供一套住房。这个邀请是诱人，我们在西雅图已待了不少时间，再在加利福尼亚西海岸待上两周也并无不妥。我学生时代勇闯南部西班牙的冒险精神尚未泯灭，我还记得1965年的那个夏天，亚伯·托布和奇切·托布在康奈尔给我们描述的美国的天堂般的生活，现在有机会亲自体验下真是不错的选择。

　　带着行李，包括婴儿车和无数个箱子，我们一行人飞到了旧金山。在那儿，他们又给我们分配了一辆较大较豪华的汽车，这里的高速公路如迷宫一般相互交错。还好看地图是史蒂芬的强项，不过偶尔他也会反应迟钝，临到高速路下道口才大喊着让我变道。我在紧张状态中连续变道窜下高速路的下道口，横冲直撞了好一会儿后，才成功找到了我们接下来两周的新家。这是一座木质建筑的两间屋的公寓，透过公寓的窗户我们可以远远地看到金门大桥。这个新公寓和他们在西雅图给我们安排的公寓相比更为现代，装修风格更显年轻化，西雅图的那间房老给我中产阶级的老年公寓的感觉。然而，新公寓却出现了一个大难题，我们的公寓被安排在二楼，即这栋楼房的顶层。所以我们在西雅图遇到的老问题又摆在了面前，每次出行我都不得不疲惫地上下爬楼梯。罗伯特现在已14周大了，他的身体越来越沉，我很难一边扶着史蒂芬一边抱着罗伯特下楼了。现实的情况是我必须首先将罗伯特的小摇篮车弄下去，再分两次将他们带到大门口。尽管每次出行都异常繁累，我们还是尽其所能地外出游玩。有时，我们会沿着伯克利分校后面的炎热山峰一直驾车；有时，我们会选择更冒险地沿着圣安德列斯断层一直向北，行驶在那段荒无人烟的道路上。大地上斑驳的裂痕也似乎述说着埋藏在地底的大自然的伟大力量。一次，我们驾车到了一个不为人知的小海滩，在那儿，聚集着一群不愿接受美国唯物主义社会现实的嬉皮士，他们在海岸边的简陋小屋里过着隐居生活。

　　亚伯·托布是伯克利相对论小组的领头人。他帮史蒂芬在自己的小组中找到了一份临时的工作。有天晚上，他和妻子奇切邀请我和史蒂芬一同共进晚餐。他们的家比我们想象中更远，待我们驱车抵达时，天色已渐渐黑暗下来。由于光线昏暗，我看不清停车的位置，一不小心将汽车开进了路边的沟渠里。车轮陷了进去，导致整车卡在路边没法移动。我尝试了几次希望摆脱困境，都以失败告终。我只得厚着脸皮去找托布夫妇帮忙，几

83

Part Two Travelling to Infinity
我和霍金的生活

个先到的客人也自愿出门为我们提供帮助,这其中就有著名的数学家林奇尼韦茨(Lichnerowicz)教授。男人们个个脱下自己精致的西装,挽起袖子且充满绅士风度地开始着手帮忙。待事情解决后,我和史蒂芬已耽误了大家太久时间,还被刚才的事情弄得衣冠不整。就在这时,小罗伯特又开始哭闹起来。他这样的小脾气在西雅图的时候就出现过,整个路途中乖乖地躺在自己的小摇篮里,一旦我们到达目的地,将他的摇篮轻放在无人打扰的昏暗客房,他就开始大吵大闹。似乎是在抗议自己没被邀请参加外面正在进行的宴会一样。唯一的解决办法就是将他带着并放置在我的大腿上。奇切·托布非但没有因为这桩桩的事件干扰了晚宴而生气,她甚至还邀请我第二天陪她和林奇尼韦茨太太一块儿去参观玫瑰花园。

　　玫瑰花园在之后的几天逐渐成了我精神上得以歇息的避难所。小罗伯特在这里也显得格外放松,他在藤蔓下自己的摇篮里香甜地熟睡。我陪着罗伯特待在阴凉处,空中弥漫着玫瑰的芬芳,我沉浸在自己的阅读中。我当时正翻阅着司汤达的长篇小说《帕尔玛修道院》,偶尔抬头看看远方的海湾。我的思绪飘回了当年的西班牙,回到了那年格拉纳达的赫内拉利费宫。那时,我也幻想过自己和史蒂芬美好的未来。现如今,那些幻想都一一变为现实,不,现实甚至超出了我当时的幻想。的确,现在的我非常累,但生命带给我的快乐远超过了它给我带来的疲惫。史蒂芬也越来越受到同僚们的关注,他对数学和物理学的理解,他惊人的记忆力以及能够在各个维度描述数学结构的能力引起了各个科学研究组织的学者们的浓厚兴趣。我们的未来正在眼前更加深远地铺展开来,更别提我们一起孕育的宝贝儿子。

　　如果说要找到一种使未来变得确定的办法,那只能是掌握好当下。每天都要活得出彩,而不是放弃眼前,将希望寄托在未来。这也逐渐成为了那段时间我对生活的见解,也是我所选择的生活方式。一旦有了这样的想法,未来的模型就会更加清晰:微观上看,我们的日子正逐日好转;宏观上看,或许全人类正面临着灾难。那段时间,越南战争似乎动用了化学武器的传言遍布世界,我想遭殃的自然是无辜的平民。在当时的环境下,如果世界的其他地方再出现什么冲突,也许一场新的世界大战又将爆发。

　　在那样的社会环境下,我和史蒂芬尽量地享受着当下的日子,珍惜着和平给我们带来的稳定。尽管如此,生活依然会给我们带来难以预料的烦恼。一次,帮我们联系住宅的巴西夫妇邀请我们游览旧金山。于是乎,我充满了期待。与人结伴出游,我作为妻子和母亲的负担或许会减轻不少。

我们相约在星期天早上在我家集合，和他们同来的还有一位不会说英语的巴西朋友。我先将史蒂芬扶下楼，将他在安顿在车上再回去迎接小罗伯特。站在大街上，我们看到除了我们的普利茅斯汽车以外，只有一辆破旧的灰色大众停在路边。"你们的车呢？"我对我们的巴西朋友问道。他有些吃惊地看着我说："不，不，我们打算坐你的车呢。"我不觉心里一沉，只好打开自己的车门，将史蒂芬重新安排到后座与巴西朋友的妻子同坐，而我们的巴西"向导"则坐在副驾驶，腿上抱着小罗伯特，为我指路。罗伯特不习惯被陌生人抱，一路上哭闹着没有停歇。我们在堵车中缓慢穿过奥克兰大桥，阳光直射加之罗伯特的哭闹，弄得我心情非常糟糕。我心里担心着小宝宝，却又不得不待在驾驶座上手足无措。

直到我们抵达金门大桥公园，这场闹剧才得以平息。我们暂时离开同行的友人，加入到一大群和平抗议的嬉皮士之间，我们和他们一同坐在草坪上，跟着音乐起舞。草坪上坐着的大多是和我年纪相仿的人，但是不知怎地，我却有一种我比他们年长不少的感觉。史蒂芬和我也曾像他们一样对这社会的不公作出反抗，我们也反感官僚主义的那一套。我们也向往他们所向往的自由，然而我们现如今却正走在他们希望反抗的社会为我们制定好的成长道路上。尽管我们非常认同他们对越南战争提出的抗议，但我们的首要目标却是与疾病抗衡。

那天之后，我下定决心以后不再依靠他人。然而，这实施起来却并不容易。史蒂芬已经答应去马里兰大学的查理·米斯纳的学院待一段时间。我们也进行着自我安慰，从这里一直向东飞回英国产生的倒时差问题小罗伯特一定难以接受。在中途适当停歇也许会减轻小罗伯特的烦恼。当然我们也迫切渴望着与史蒂芬的妹妹玛丽见面，她当时正在美国东海岸当一名医生。我们还想去费城拜访史蒂芬的老友约翰·麦克，以及他那会说西班牙语的美国妻子和她的家人们。

在向东飞行的航班上，坐在我旁边的一名中年妇女不停地哭泣，似乎非常伤心。我看她偶尔会瞅一眼小罗伯特，便将小罗伯特交给她，让她得以抱抱。看到怀里笑嘻嘻的罗伯特，她的脸上也闪现出一阵难得的笑意。她的同行人告诉我，她刚从越南回来，她的儿子在越南战争中不幸牺牲。我回想起在旧金山碰到的不到 21 岁的嬉皮士们常常抗议这个社会将他们当炮弹一样不顾后果地肆意使用，而他们自己却连投票甚至是喝酒的权利都没有，他们的抗议在我看来是正确的。但那些人大多都幸运地还在上学，

Part Two | Travelling to Infinity
我和霍金的生活

于是他们服兵役会被迫拖延到大学之后。而在大学中的这段时间，他们的教授们通常会想尽办法帮助他们摆脱兵役之苦。也有些人为了避免战祸移民到了加拿大之类的地方。而我身边的这位心碎的母亲就没那么好运了。

我们在马里兰对米斯纳的拜访显然不是时候，我们到达那里时，苏姗妮（Susanne）正为自己儿子升学的事情发愁，学校因为弗朗西斯的轻微自闭症而不愿接纳。我们见到了玛丽，并在麦克家待了一周，繁忙的行程让我感到疲惫，其中一个重要原因是小罗伯特不再需要母乳，我需要为他准备婴儿食品了。

喝酒会给我的心理带来不快的情绪反应，但对米斯纳夫妇而言就是严重损伤了。一天晚上，查理和苏姗妮安排了一次晚宴，将我和史蒂芬以及其他好友聚在一块儿。孩子们都被我们安排入睡，我们开始在客厅有说有笑地共享晚餐。饭毕，查理给我们展示了他们幸福的家庭照片。我并未喝醉，半迷糊半清醒的我忽然闻到从厨房传出来的一股奇怪的气味。大家很快就意识到了事情的严重，奇怪的气味惹得众人咳嗽不停。我突然意识到了自己的一个错误，在吃饭前，我将小罗伯特要用的塑料瓶放到灶台上的平底锅中加热，之后完全忘记了这件事。平底锅里的水慢慢蒸发得一干二净，散发出的黑烟很快弥漫到整个房屋中。我以为按当时的情况，就算米斯纳夫妇将我们赶出大街也理所应当。然而查理和苏姗妮表现出了惊人的豁达。我想几周后，我们离开时，他们会长舒一口气地和我们以及4个月大的罗伯特告别。不过，他们的心情远不及我对回家的激动心情。

16 陆 地

美国西雅图之行以及后来发生的事情彻底改变了我们的生活。这些变化在某些方面是好的，但在某些方面也带来坏处。史蒂芬在这几个月靠讲座赚到的钱对我们家庭的经济紧张情况的缓解无疑是雪中送炭。有了这些钱，我们可以买一个急需的自动洗衣机和充满美国风味的滚筒干燥机。对于 20 世纪 60 年代的英国家庭来说，滚筒干燥机算得上是一件相当奢侈的家庭用品。滚筒干燥机后来渐渐被我们派上了大用场，特别是在 1967 年末的冬天的一个星期五的晚上，我们更是欣慰自己买了这么一台机器。那天，我们举办了一个庞大的晚宴欢迎杰出的苏联科学家维塔利·金兹堡（Vitaly Ginzburg），他刚从莫斯科来到剑桥进行为期三个月的访问。在国际形势处于冷战的大前提下，他能安排出三个月的英国访问实属难得，更难得的是他还一同带来了自己的妻子。晚宴后厨房里堆积如山的餐盘说明了晚宴的成功。史蒂芬也加入了帮忙洗碗的行列。但在第二天，他为此大为发火并叫来了乔治·埃利斯带他去城里买了一个洗碗机。

美国之行还给我们带来了其他很多变化。众所周知，史蒂芬研究的领域现在有一个简单易懂的名字——黑洞。这比之前他们形容的"大质量恒星的引力坍缩"听上去简洁明了多了。黑洞这个名字自然也比以前更加吸引媒体的关注。西雅图夏季学校的经历使得史蒂芬成为了大众广泛认知的这个领域的先锋，我们也逐渐扩大了朋友圈。史蒂芬说："我们 10 月回到英国，罗伯特在这样小的年纪就经历了如此长距离的国际旅行。从物理学的角度分析，罗伯特即便一直在飞机上睡觉，理论上也与飞机具有同等速度进行着高速移动。"幸运的是，小罗伯特的生活并没有受到美国之行的太大影响。我也跟着享受了如此长时间的旅行。

这次旅行给我留下了深远的影响。首先，不知为何，美国之行让我对飞行感到恐惧，在我们回家后的年月里，这种恐惧感逐渐增强。两年前，我还对飞行毫无畏惧，然而现在一想到它，我就忧心忡忡。直到一段时间

Part Two Travelling to Infinity
我和霍金的生活

后,我才意识到自己害怕飞行的原因。当我仔细回想美国之行时,才明白问题的本质并非飞行本身。我们乘坐了不同的航空公司的航班飞越了无数英里距离,非常安全。问题的本质是,每次登机我都要照顾两个必须依靠我的生命,那沉重的责任让我不堪重负,并渐渐转化为对飞行的害怕。或许我在内心不愿承认对责任的惧怕,所以在潜意识里转换为对飞行的恐惧。我们家已经有了身体上的巨大疾病,我们不能再有心理上的任何问题。

尽管史蒂芬对自己研究领域的成功激动万分,并尽可能地把握住每次机会出席在全世界范围内的论坛和峰会发言。但那个漫长的冬天,我们还是待在了英国,用一个寒假的时间来重新适应常规的学术研究生活。史蒂芬的学术奖金再次被延长了两年。如今,他当年的伴郎罗布·多诺万也成为了冈维尔与凯斯学院的一名领薪的研究员。史蒂芬时常找他帮忙,让他每周一次扶他去学院上班,晚上则一块儿吃饭。我的日常生活就没有史蒂芬那么规律了,我常常需要根据小罗伯特的需求而改变自己的计划,与此同时,我还要抽时间准备毕业论文。当我和小罗伯特玩耍时,我心系着论文问题;当我开始构思论文时,母性又催使我照看孩子。尽管大吹大擂了许多年,20世纪60年代末期的英国大学并不会为研究人员的孩子提供托儿所或类似的机构。

我之所以能够使母教与学业并行,很大一部分原因要归功于我的母亲,以及住在我们隔壁照看伊尼戈·谢弗(Inigo Shaffer)的保姆们。伊尼戈·谢弗是我们隔壁邻居新生的小宝宝。我母亲会在周五早晨搭乘火车赶往剑桥,我在那个时间正好带史蒂芬去上班,她会照看家里的小罗伯特。从而让我能在接下来的几个小时去图书馆整理我需要阅读的书籍。我会把自己需要的书籍借回家,以方便在家中学习。而隔壁家的保姆有时候会将小罗伯特抱去临时照看,待两个孩子慢慢长大后,保姆会邀请罗伯特过去玩耍,让我抽出几个小时的时间返回图书馆还书。在他们的帮助下,我甚至还能偶尔去伦敦听一次讲座。

这样,我有了足够的精力和时间去继续我的研究——西班牙中世纪文学最主要的三个时期的共同点与差异性。史蒂芬习惯在大脑中巡视整个宇宙,我则习惯在历史的长河中逆流而上,回到了哈尔贾,浪漫诗歌的发源地。我首先查阅了一种古老的西班牙方言——莫扎拉布语。哈尔贾人就曾使用过这样的语言,在希伯来诗和阿拉伯哀歌里都出现过它们的身影。然后我将把研究的话题延伸到13世纪出现的加利西亚语和葡萄牙语写成的《坎加斯的朋友》,最后研讨15世纪初的古西班牙语写成的著名诗歌。这三个不同时期不同地点发生的诗歌运动,它们在风格上具有相似之处。即诗歌总是为女性吟唱，主题不是渴望黄昏之时与爱人相会，就是对失去心爱之人的痛心疾首。诗歌主人公常将自己的心情抒发给母亲或姐妹。另外，我还发现了一点很有意思的事情，这些诗歌很多都源自早期基督教故事的改编。

关于各个诗歌的起源及含义总有不同的理论解释，尤其是关于安达卢斯的阿拉伯诗歌《卡哈加斯》。我这个新手也正是在这一类诗歌的迷宫中找到了自己前进的方向。我花了大量时间查阅那本厚厚的绿皮索引，在不熟悉的期刊中寻找着稀有的信息，在细微的脚注中寻找着可能的线索，又在图书馆的无数书架上找寻着相关的文学评论。然后，我会将它们带回家逐一阅读并作好读书笔记。偶尔，我会找到图书馆里藏有的中世纪手稿，那是一种非比寻常的体验。但在实际上，它对我的研究并无有效的帮助，因为那古老的韵味和跃然于纸上的优雅笔记让人难以专心解读，只想单纯地欣赏。

尽管我选择了一条并不轻松的道路，但我却很享受在图书馆的几小时时光。我对图书馆充满着热爱，这个知识的圣殿充斥着各学科领域的朝圣者们，图书馆将广博的知识代代相传下去。每一个来这里的学者，都会沉浸在自己的学术世界里，或读或写，不受外界干扰。对我而言，这相对枯燥的学习过程偶尔还会迸发出中世纪诗歌的惊喜。《卡哈加斯》诗歌最初由牛津学者塞缪尔·斯特恩（Samuel Stern）于1948年翻译并完成出版。也是塞缪尔最初在开罗发现了这些诗歌的遗迹，全都是由难以理解的希伯来语写成。他发现如果将这些语言转换成罗马文字，并加以元音字母，难以理解的希伯来语就会被成功地翻译为美妙的罗马爱情诗。它们都书写着生活的美好。比如，当塞缪尔拿到一段这样的文字的时候，"gryd bs' y yrmnl's km kntnyr 'mw m'ly sn'lhbyb nn bbr' yw 'dbl'ry dmnd'ry"。他将其中的部分字母进行更换或者添加元音字母，则得到了以下一段文字："Garid vos ay yermanellas com contenir a meu male Sin al-habib non vivireyu advolarey demandare."整个句子是用古代语法拼写，句中短语"al-habib"在今天已很少有人使用。但略有西班牙语常识的人还是可以理解这些语句：

我的姐妹们啊，告诉我，
我该如何隐藏我的悲伤，
没了爱，我的生命也没了意义，
我应该飞往他的远方。

Part Two Travelling to Infinity
我和霍金的生活

我们从另外一首诗中则可以很明显地看出其中的基督教背景，一名诗中的女性孤苦伶仃地哭诉道：

我的爱人到了复活节还没有出现，
我的心仍被他牵动。

诗歌后半部分描写她爱人出现时的情景壮丽而宏大。大部分这样的诗歌里，爱人重逢都会设定在黎明时分。这是早期西班牙诗歌和法国普罗旺斯诗歌最大的区别，在后者的情节设定中，大部分爱人会在黎明时分分别：

母亲，我无法入眠，
我等待着拂晓。
我亲爱的爱人，
我的黎明之光。

对于我来说，《卡哈加斯》诗歌最打动我的章节是诗中女主角们为自己爱人的疾病而哭诉的片段：

我的心已不属于我的身体，
它不知道飘向何方，
我对爱人的悲痛难以言表，
他何时能够得以康复？

有一首我难以看懂的诗歌，研究了很久我也只能看懂"疾病"这个单词。接下来这首诗歌，讲述了一段女主角为了照顾自己的爱人，自己也病倒了的故事：

我对你的爱依旧如初，
挚爱啊，我对你的爱亘古不变，
疾病正侵蚀着我的双眼，
让我痛苦不堪！

第二部分

17 天　球

　　尽管对我来说，注册为伦敦大学的研究生更加明智，但事实上，这也让我在剑桥变得非常孤立。我的导师艾伦·德蒙德给予了我极大支持，为我提供了许多参加伦敦举行的学术研讨会的机会。不过，我去伦敦的时间很少，在剑桥的时间更多，我只能更多地去图书馆查阅资料，完成家庭和图书馆两点一线的生活，很难有人能和我在学术上展开交流。得益于多萝西·尼达姆（Dorothy Needham）教授的帮助，我成为了露西·卡文迪许学院的附属学员。露西·卡文迪许学院是剑桥新晋成立的学院，旨在为更多女性学生创造学习的机会。我有计划地安排着自己的工作和生活，有时我会提早给罗伯特喂饭，哄他早早入睡，再将史蒂芬的晚餐准备好再安排自己的学术活动。一个学期的时间里，我还是可以找到几次机会去参加露西·卡文迪许晚宴。

　　在剑桥那段时间，学术上的孤立很快迎来了解决办法。完全出乎我的意料，这问题竟是因为我家小罗伯特与邻居的小孩伊尼戈·谢弗的友谊而解决的。在谢弗的1岁生日派对上，我认识了一名6岁的小姑娘，克雷茜达·德龙克（Cressida Dronke）。她拥有赤褐色的头发，活泼可爱。她戴着一副巨大的墨镜，跟我们在场的一帮大人们绘声绘色地讲着几天前观看的《罗密欧与朱丽叶》舞台剧。这么小的年纪就进入了莎士比亚的世界对克雷茜达来说并不意外，她从很小的时候就开始跟随父母进出各大舞台剧剧场。

　　我很早前就知道了彼得·德龙克（Peter Dronke）的大名，他在学校教中世纪拉丁语。当时的他早已声名显赫，被誉为剑桥最有学识的学者之一。他的知识范围广博，整个中世纪的文学他都有所研究，当然也包括我的领域。在那次生日宴会上的相识使我在剑桥找到了一位最合适的良师益友。简短的交谈后，他就解决了我的很多问题，并提出了非常有建设性的建议。他的妻子厄休拉（Ursula）则在一旁对我赞赏有加。厄休拉也是一名学者，她研究的是古诺尔斯语写成的各种冒险故事。认识彼得和厄休拉的另一个

Part Two Travelling to Infinity
我和霍金的生活

结果是，我受邀参加他们在自家举办的学术研讨会，每周四的晚上都会展开讨论。讨论的话题涵盖广泛，涉及各种当下以及中世纪的文学评论，讨论会上彼得是最有权威的专家。聚会时，我和其他学生们恭敬地围坐在他们家棕色的地毯上，真正意义上地坐在当代最杰出学者的脚边。

参加过几次讨论后，我惊讶并高兴地发现这些讨论竟让我对宇宙学研究的哲学理论越来越清晰，虽然只是中世纪的宇宙学。不可避免地，我们的话题经常会围绕着12世纪由巴黎起源的学术趋势。总体来说，就是关于当时巴黎的沙尔泰主教发起的一个学术潮流，人们开始意识到上帝所创造的世界也可以用我们熟识的数字和公式去认知。也正是这个时期，神学开始逐渐向数学转换。巴黎和牛津当时新兴的大学都围绕着一个主要的话题展开着激烈的讨论，即上帝的本质及宇宙的起源如何才能在科学家与神学家之间得到最合适的研究。12世纪伟大的文艺复兴有很大一部分应归功于西班牙的知识界。1085年，西班牙基督教的军队从摩尔人手里夺回托莱多，此后，这座人种混杂的城市逐渐成为欧洲文明的中心之一。

13世纪，卡斯蒂利亚(the Wise of Castile)王国国王阿方索十世(Alfonso)将托莱多的角色扩展为翻译和学术的重要中心，他亲力亲为，大力推广现代西班牙语的使用，在许多重要的文件记录中都尽量避免继续使用拉丁文。大规模的翻译造就了许多无价的知识财富，如：国际象棋的规则制定，以及11世纪著名的阿拉伯学者肯迪在光学上的研究等。它们都得以用现代西班牙语的形式展现在世人面前。15世纪的列昂纳多·达·芬奇在北意大利进行的相关研究也正是受了肯迪的启发。当然，翻译工作最大的贡献是《天文学大成》，其中包含了2世纪亚历山大大帝以来的众多数学家和宇宙学家的著作。

《天文学大成》最初是由希腊语记载。直到阿方索在托莱多将它翻译为西班牙语之前，这本著作只有另一个阿拉伯语的版本。托勒密在亚里士多德的稳态地球理论上建立了自己的宇宙学模型。亚里士多德曾认为太阳、月亮、星星都是围绕地球旋转的，托勒密在此基础上提出地球是宇宙的中心，其余诸物都沿着各自固定的轨道围绕地球运转。当时的科学家们意识到了星体运动的不等性，托勒密就此推出一个小型的圆周运动的系统成功地解答了这个问题。当时的人们认为土星以外的星球都有一个属于自己的特殊轨道，并向外延伸，由不可知的上帝的力量维持运行。这个理论在当时能合理地解释人类观察到的星体运动。最重要的是，托勒密的这个观点并未直接反对当时的主流思想——地球是平坦的，地球之上是天堂，地球之下是地狱。于是，托勒密的宇宙模型被基督世界视为主流的教条。直到16世纪，这一教条才受到了天文学家哥白尼的质疑。对基督教来说，托勒密模型的要旨是，居住在地球上的人处于宇宙的中心，也是上帝关注的中心。

我们讨论历史上早期的宇宙模型时，史蒂芬和他的同事奈杰尔·外斯（Neigel Weiss）也参加过几次。奈杰尔的妻子朱迪（Judy）也在讨论小组中。这两个当代科学家在我们的集体辩论下，不得不承认20世纪的哲学家阿兰·艾莉（Alan of Allie）以及19世纪的哲学家罗伯特·格罗斯泰斯特（Robert Grosseteste）、罗吉尔·培根（Roger Bacon）的学术观点在当时是非常精准且有远见的。值得一提的是，在我们当时——列举的众多哲学家中，也不乏女流。主见分明的德国哲学家，宾根的希尔德加德（Hildegard of Bingen）曾提出了自己对宇宙的看法。她认为整个宇宙的形状与鸡蛋相似。希尔德加德的认知在当时的社会相当超前。

在学术讨论中，我了解到历史上的很多讽刺故事，尤其是史蒂芬和奈杰尔·外斯出席的那些讨论，更是让我对史上的诸多讽刺事件看个分明。我意识到，尽管希尔德加德在历史上有过短暂的风光和荣耀。但实际上，20世纪的女性地位尤其是她们在科学界的地位与12世纪相比几乎没有任何提高。另外就是天文学这个学科，尽管20世纪的天文学家们在各方面都有了革命性的突破，但一些老旧观点却仍然顽固保存了下来。尽管托勒密的系统被哥白尼提出的太阳中心说取代，但托勒密提出的人择原理却流传了下来。

20世纪60年代末到70年代初，这些都是史蒂芬和布兰登·卡特闲聊时常提到的话题。我们周六的时候常开车前去拜访布兰登的乡间小别墅。自从他和他的比利时妻子吕塞特（Lucette）新婚之后，他们就一直忙着翻新装修他们的房子。当史蒂芬和布兰登沉浸在关于各种科学原理的激烈争论中时，我和吕塞特会带小罗伯特出去散步，一边准备晚饭，一边用法语交流着彼此欣赏的文学家和文学作品。

在我和史蒂芬为数不多的关于他工作的对话中，他也曾试着为我解释人择原理。从我的角度来看，我认为它和中世纪宇宙学的哲学原理甚是吻合。托勒密的天文学系统再次将"人"放在了万物的中心，人择原理的中心思想，即我们人类存在的宇宙也是我们唯一能够存在的宇宙。因为一亿五千万年前发生了宇宙大爆炸，伴随着大爆炸并行发生了一系列复杂而精细的化学物理变化，这一切变化都是朝着适应智能生物的方向发展的。智能生物出

Part Two　Travelling to Infinity
我和霍金的生活

现后便会提出相关的问题，寻求为何宇宙是我们观察到的样子。然而这个问题并没有实际存在的意义，因为宇宙如果不是我们现在观察到的模样，那么，智能生物便不能存在，也不会有人提出关于宇宙为何存在的问题。因此，将这套理论应用到现实生活中——人类所在的地方就是人类的中心，相反，人类不在的地方不可能成为人类的中心。按照这样的逻辑，中心问题完全没有意义。然而，现代科学家似乎对一切由人择原理延伸出的学说和讨论都嗤之以鼻。

近现代天文学不再像中世纪那样受到宗教信仰的天堂和地狱的限制。与中世纪天文学家对宇宙的认识相比，近现代天文学家认为宇宙是一个相当复杂的综合体。而中世纪天文学家们只考虑了宇宙的温度、宇宙的无垠广袤，以及人类的存在性。1968年，曾有一段时间关于"我们不是宇宙中唯一生物"的讨论甚为流行。我记得一天下午，我去学院找史蒂芬，休息室里正人声鼎沸。无线电天文学系的一名学生约瑟琳·贝尔（Jocelyn Bell）和她的导师安东尼·休伊什（Antony Hewish）利用安装在剑桥3英里外的一节铁轨上的天线接收到了来自外太空的循环的无线电讯号。这个讯号是人类和外太空生物的首次接触吗？无线电是宇宙里的"小绿人"发出的吗？大家半开玩笑似的将这一则讯号命名为"小绿人（LGM, 'little Green Man'的英文缩写）"。然而，讯号的源头最终被证明来自一颗中子星。中子星属于行星的残骸，体积虽小却质量巨大，中子星上存在生命的概率为零，由此，这次无线电讯号给大家带来的激动才渐渐散去。

尽管20世纪的科学家们还能依稀从人择原理里记起部分托勒密宇宙系统的基本内容，也许少数人还会感慨中世纪一帮哲学家的聪明才智，但总体来说，还是德龙克家的学术讨论让大家重新对宇宙起源这个广泛讨论的学科有了更全面更深刻的认识。12世纪的哲学家和天文学家们最大的兴趣在于如何运用新兴科学去解释宗教里的上帝的存在，从而将造物主的神奇解释给平凡大众。基于这样的动机，阿兰·艾莉和尼古拉斯开始尝试用欧几里得几何去解释"三位一体"。也许，今天看来当时的这些常识有多么不合逻辑，但是，中世纪时的科学家们一直在努力尝试用数字和公式与传教神学相联系。

几百年后的今天，科学家们正试着将宗教理论和科学理论彻底分离，尽最大可能寻找证据否认上帝创造天地万物的故事。对无神论的科学家们来说，他们的目标就是用单纯的公式和数字去解释世界上的一切事物。在他们眼里，"造物主"的存在完全背离了他们的认知，一定要搬开这块研究路上的巨大的绊脚石。但对于非科学家的平民而言，史蒂芬他们所研究的或许比上帝更难以让人理解。奇怪的是，对于那些研究非常超前的科学家们来说，他们所发现的东西却似乎正揭示着一个神圣的奇迹般的世界。这个世界非常完美，呈现在这帮人眼前的仿佛是一个柏拉图实在论。亚里士多德的老师柏拉图在公元5世纪提出了实在论，他声明宇宙与我们的周遭无关，而与我们的精神世界相结合。每一个完美的形式或理念都有其对应的有形的不完美的体现在地球上的形式。而现代数学理论所创造的严谨宇宙与中世纪之前人们所描述的宗教宇宙与此正好相似。另外一个问题是，这些顶尖的科学家们将一生都用在了理性研究上，他们对个人世界以及上帝的理论却不甚了解。

  在教条的理性的论据面前，提精神和宗教的信念是没有意义的。任何关于一个牺牲自己而造福人类的伟大上帝的讨论都是与单调的遗传理论背道而驰的。甚至是道德讨论、艺术欣赏，在科学面前也难免沦为实证哲学主义所抨击的对象。我出生在一个具有严谨的宗教信仰的家庭，却生活在一个理性至上的世界里，我尽量选择中庸的处事方式，仅将自己的精神世界放在特尔玛送给我的一小片田地上。我在那儿栽种春天的绿草和夏日的玫瑰，任由思绪在诸多科学理论中随意漂泊。小罗伯特和伊尼戈嘻哈地玩耍着，我看着史蒂芬在生日时送我的粉白相间的法国蔷薇，看着以亨利二世的情妇命名的美丽鲜花，听着两个小孩儿的欢声笑语，整个花园似乎都充满了活力。

Part Two　Travelling to Infinity / 我和霍金的生活

18　危险的活力

田地设有围栏，小罗伯特和伊尼戈嬉戏着，我也丝毫不担心他们发生意外。我怀着小罗伯特的时候就有种直觉，这孩子至少有两个正常小孩儿的活力。他出生后相比其他小孩更好动，这严重打乱了我的正常作息时间。甚至在只有 8 周大的时候，他就学会了利用四肢站立。从那之后，他很少静静地坐着，每次抱他的时候他都会坚持站在我的大腿上。即便是之前在西雅图，校方安排的摄影师尝试让他摆出各种躺着或坐着的姿势以更利于拍照的时候，他也完全拒绝。后来，摄影师不得不让步，致使当时拍摄的艺术照中几乎都呈现的是他的站立姿势。7 个月大的时候，小罗伯特就学会了拆解他的婴儿床。我们不得不将小床上的可拆卸部分用绳索进行额外加固，这才让他不至于时不时地"越狱"。每天晚上，我和史蒂芬会为他诵读童话故事，待其熟睡后离开。不幸的是，每次我们刚到楼下，他就顽皮地跟了下来缠着我们继续玩耍。虽然，他已无法拆卸经过我们加固的小床，但他会选择翻过床栏摔下地面，奔跑着找我们玩耍。每天晚上我们一家都要忙活到 11 点才能睡觉。

在这之前，罗伯特的活力就曾让我们心惊肉跳。1968 年的春天，我的父母带着我和弟弟去康沃尔郡游玩。罗伯特被我们安置在儿童座椅上，整个行进路上他都非常乖巧，可一到晚上，大人们都显困意时他开始活跃起来，在房间里围绕着家具展开了他的冒险。我被一声清脆的尖叫惊醒。小罗伯特为了保持身体平稳，他会扶着墙壁行走，他的小手不小心碰到了正在加热状态下的蓄电加热器，高温将他手掌上的皮都烫掉了。还好我弟弟有医学方面的背景知识，他给小罗伯特找到了止痛药阿司匹林，又将他的手用干净胶布包裹好。在大家的精心处理下，小罗伯特的伤情开始好转，那天晚上，大家还是得以安心入睡。第二天醒来，小罗伯特的手已红肿发胀，我和克里斯在镇上为他找了一天的医生。医生对学牙医的尚处实习阶段的克里斯给小罗伯特进行的第一时间的处理进行了高度评价。医生开了一些专门给婴幼儿止痛用的药剂后叮嘱克里斯继续照顾罗伯特。

同一年的夏天，住在 11 号的邻居佩克和安郝义决定带着他们的小女儿返回新加坡。撒切尔一家为他们举办了一场小圣玛丽街特色的欢送派对，我们以及伊尼戈家都收到了派对的邀请，一块儿出席的还有十来个其他宾客。伊尼戈和罗伯特两人在撒切尔家就跟自家一样自然，他们俩都特别喜欢特尔玛，或许是因为特尔玛身上有一种外祖母的亲近感。在他们家的每个早晨，两个小家伙醒来就会"撒切，撒切"地叫嚷，渴望着特尔玛能放他们到棋牌室的桌上去玩弹珠。两个小家伙早已在之前多次的下午茶时间里熟识了特尔玛家繁华奢侈的家具，特尔玛也慷慨地让他俩在王宫般气派的沙发上疯来疯去，尽管她之前还用塑料薄膜遮住了易损的锦缎表面。派对当天，我们大家都没太在意两个小家伙，任凭他们玩耍。特尔玛站起身来，准备给佩克和安郝义以及他们的女儿说祝酒词，众人也纷纷起立转身拿起酒杯。但酒杯里的酒早已不见了踪影，这个时候，我们才听到楼上传来的两个小"酒鬼"嘻嘻哈哈的笑声。

那个夏天的晚些时候，我和史蒂芬带着小罗伯特去海滩玩水，他还是第一次来到北诺福克海岸看海。海滩上，一边是四处飞奔的小罗伯特，一边是行动不便的史蒂芬，我一阵忙乱。我一边扶着史蒂芬，一边扛着玩沙用的铁桶、铁锹、叠凳、毯子等沙滩必备品缓慢行走在海滩，小罗伯特却在前面越冲越远。小罗伯特转眼间就冲到了海边，所幸那天海浪不算迅猛，潮水也刚刚退去，我们才得以避免那些不可预知的危险。

在北诺福克的最后一天早晨，我上楼收拾行李，将史蒂芬和小罗伯特留在楼下。我们所待的别墅后院有一个阁楼式的日光浴室，通过一个摇晃的小梯子可以爬上阁楼。显然，我们是不会用这个日光浴室的，所以整个后院的门我们从未打开过。在楼上收拾了半个小时的行李后，我下楼发现史蒂芬孤身一人坐在客厅。"罗伯特呢？"我问道。"他到后院去了。"史蒂芬说道，"不知他用什么办法撬开了门，窜了进去，我呼唤你时你未曾听见。"

我惊恐地看着后院的大门，立刻冲了过去。我打开门，看不到罗伯特的踪影。抬头望去，穿着蓝色 T 恤的儿子像个不关心尘世的小罗汉一样坐在梯子的顶端，丝毫不知自己所处的险境。我三步并作两步爬上楼梯将他抱了下来。

我后来回忆，罗伯特在那个夏天的海滩之行如此安全，全拜他的小短腿跑不过我所致。我每次将史蒂芬在沙滩上安顿好后，就会像运动员那样

Part Two Travelling to Infinity
我和霍金的生活

飞奔到海边将摇晃的罗伯特抱起。接下来的两三年时间，相同的事情不断重复上演。无论是大海、小溪还是游泳池，只要我一不留神，小罗伯特就会抓紧一切机会跳到水里。一次，我们和埃利斯家以及他们深色头发的小女儿休一块儿去了诺福克。小罗伯特头也不回地奔向大海，一个海浪后便消失了身影，多亏埃利斯像箭一样扎到海里才将他及时救出。还有一次，当我们拜访史蒂芬学生时期的好友比尔的父母克莱格霍恩（Cleghorns）一家时，罗伯特又一头栽进了他们院子里的充满水草、泥土、青蛙的池塘里。1969年的夏天，我们一家在华威大学待了一段时间，史蒂芬在这里参加跟突变理论有关的活动。小罗伯特抓住一切机会向这里的游泳池的深水区跳去。所幸那些时候，我的眼睛一刻也没离开过罗伯特，以至于没有意外发生。

那个夏天正是"人类进步的一大步"之夏，我们在公共休息室一同观看了美国人登月的直播。"一大步"、"一小步"、"突然的剧变"，那个夏天的这些流行关键词似乎也是我们现实生活的写照。我总要大步迈出才能管住好动的罗伯特，而搀扶史蒂芬行走的步伐却越来越小。我每天早上会开车带史蒂芬穿越新校区的学生宿舍抵达教学楼。从停车场到教室，我们需要经过一个院子和迷宫般的走廊。按照史蒂芬的步速，那段路上我们至少要耽误5分钟时间。两岁的罗伯特刚停车就冲了出去，远远地把我和史蒂芬甩在身后。不过，让我们放心的是他很有方向感，总能在迷宫走廊里找到教室的位置。他会独自跑进去，冲到第一排座位上等着我们。大家都开玩笑地说，只要看到罗伯特进教室，史蒂芬就快到了。所以，每当罗伯特出现在教室门口的时候，学生们就开始整理自己的笔记，做好听课的准备。

在家里，我们也要做好围栏搭建的工作，时刻防止着罗伯特在没人看护的情况下跳到河里。在一次次的散步中，我终于找到了处理罗伯特的办法——消耗罗伯特的体力的同时保存自己的体力。小罗伯特只有在累到无法站立时才会乖乖回家，而这时，他会赖在地上让我抱着回去。方法很简单，我们散步时不带婴儿车，让小罗伯特自己行走即可达到目的。没有了婴儿车的牵绊，出行时遇到紧急情况我的反应速度会更加敏捷。"给他弄个绳子牵着吧。"我父母看着我疲惫的脸色时这样建议道。"不行，用绳子牵着他，他会赖在地上不走。"我如此反驳我的父母的。"胡说，"他们回应道。他们或许认为我这样的回答是为婴儿自由的权利做无聊的抗争。"那你们试试。"我没好气地建议道。于是我的父母就带着儿童绳，牵着罗伯特去远离主交通干道的河边散步。没过多一会儿，他们就回来了。"好吧，你说得没错。"他们无奈地说道,"我们一给他系上儿童绳,他就坐在地上一动不动,不肯走路。"

我不敢相信,我过去多年的教育经历以及现在阅读的广泛的中世纪文学作品中,竟然没有一点儿关于如何带孩子的有用信息。就像从古至今的小孩都是无缘无故地长大了,几乎没有人想到是否应该教导下新晋父母们一点育儿相关的知识。如果这是遗传学中提及的自私基因在作祟,那么,这自私基因必然会经历自我毁灭。从早上 6 点到晚上 11 点,罗伯特都是一个阳光灿烂的可爱男孩,能量爆棚到难以想象,让我精疲力竭。我唯一能参照的教科书是一本陈旧的由斯波克教授(Dr Spock)撰写的《婴幼儿看护》。我不断翻阅它,企图在里面找到解救之方。让我感到欣慰的是,斯波克教授确实提到了婴幼儿过度活跃的解决方法。但他提出的解决方法我却不敢采纳,我担心好动的罗伯特会将自己勒死——在婴儿床上放置一个蚊帐一样的网,将小孩困在里面。偶尔,我会在晚上罗伯特入睡后去找我的医生威尔逊诉苦,他除了能为我提供一杯雪利酒安慰外,也是束手无策。

1969 年 9 月的一个凌晨,我突然从梦中惊醒。弄醒我的不是声音、不是亮光,而是一股气味,一股略带甜味且黏稠的气味。我意识到一定出了什么事情。我睁开眼发现,罗伯特站在我面前,脸上挂着他标志性的无邪的笑容,蓝色的睡衣上全是粉红色的液体。我立刻从床上跳了起来,冲向楼下的厨房查看情况。冰箱门打开了,旁边摆了一个小凳,冰箱里的各种药瓶被打翻一地,那股甜甜的味道正从被打翻的史蒂芬的抗组胺药里传出。史蒂芬最近有点感冒并伴有局部耳痛,医生给他开了这个药,食用后会产生轻微的催眠效果。打翻的药瓶里还有部分是我的,其中有一瓶有轻微的兴奋效果,我靠这些药物从疲惫的睡眠中清醒过来。那年的罗伯特仅有 2 岁,他站在自己拖来的小板凳上,够到了放置在冰箱最高层的药瓶,将颜色鲜艳的药瓶中的药物尝了个遍。

我来不及照顾史蒂芬,匆忙地穿上外衣,将罗伯特放在婴儿车里,带着他直奔注射室。因为情况紧急,注射室的工作人员对我们特别照顾。这时的罗伯特已经开始摇头晃脑,显然是催眠药物起了作用,注射室的医生简单处理后立刻通知我们赶往医院。我们叫来了计程车,前往半英里(800米)外的医院。抵达医院的时候,罗伯特的情况看上去已越来越严重,他的手脚都开始抽搐并不时地挥舞着四肢。医生从我怀里接过小罗伯特,将他倒立过来,进行催吐治疗。一旁的护士干练地一边询问情况一边做着笔录,

Part Two | Travelling to Infinity 我和霍金的生活

询问着罗伯特是错食了什么药物导致了现在的状况。治疗了很长时间后，一名护士告诉我："罗伯特还没脱离危险，我们已尝试了所有可能的急救措施，现在唯一能做的就是等待，等待情况的好转。"

在那之前，罗伯特的健康状况只出现过一次紧急情况。前一年的冬天，我们和埃利斯一家前去马略卡岛过新年。我们刚到目的地，罗伯特就染上了西班牙腹痛，这一病就是七天，我们整个假期都待在旅馆陪他。那个时候的他连白水都无法下咽，我们只能眼睁睁地看着他一天天消瘦下去。当时的罗伯特就像尼日利亚内战中的难民婴儿一般瘦小。医生们围绕着将他送到住院部接受住院治疗还是将他送回剑桥展开了激烈讨论。神奇的是，几天后，罗伯特的身体开始奇迹般地复苏。等我们将他送到我父母在圣奥尔本斯的家时，他已彻底康复了。那次恐怖的经历令人难忘，而这次无疑更为严重，我承受不了失去小罗伯特的代价。

他们把小罗伯特安置在婴儿病房的一张病床上，并为我提供了一把椅子，等待着他的醒来。小罗伯特在一系列防止他乱动的医学仪器下不适地晃动。我神态麻木地坐在椅子上，没有说话没有哭泣。我和史蒂芬最宝贝的儿子，我们最爱的小生命渐渐昏睡过去，我感觉生命仿佛从自己的身体里消失了一样难过。小罗伯特用他的活泼和开朗打动了身边的每一个人，他的脸上总是挂着美丽的微笑。他是我和史蒂芬生命中一切美好东西的化身。我和史蒂芬对他的爱超过一切。我们因为爱将他带到这个世界上来，又用我们可以想到的最无微不至的关爱照顾着他。现如今，他似乎正准备着离开这个世界。这是我们对他安全防护的疏忽所致。如果他无法醒来，我决不会原谅自己。我当时混乱的脑袋里唯一的声音就是不断地祷告："求求你，上帝，别让他死，别让他死……"

每过一段时间就会有护士进来检查罗伯特的呼吸和脉搏。然后她们都会紧闭嘴唇悄悄退出房间，留下我痴痴地看着天花板，脑袋里仍然重复着我唯一能想到的祷告。不知过了多久，一个护士进行完例行检查后告诉我，罗伯特的情况已逐渐稳定但仍处在临界阶段。他的情况依然不乐观，她唯一可以安慰我的是情况没有再恶化。这算不上好消息的消息让我终于有了一丝安心，我从之前飘飘然的思绪中恢复过来，突然意识到史蒂芬此时正独自一人待在家里。究竟哪里更需要我，是医院昏迷不醒的儿子，还是在家孤身一人行动不便的丈夫？我将自己的想法不假思索地脱口而出，护士建议我立即回家照看史蒂芬。我顶着细雨朝家的方向奔去。

感谢上苍，乔治已经去我们家帮助史蒂芬起床并搀扶他去学校了。我找到他们的时候，他俩已在食堂准备吃午饭了，他俩都急切地想知道罗伯特的消息，却又不知道如何联系上我。我短暂地和他们在食堂停留了一会儿就匆匆离去，此刻我们的内心一样焦急。罗伯特的情况并没有明显好转，我们心中都遍布愁云。天色就跟我的心情一样灰暗，我坐在食堂却丝毫没有食欲。如果我失去了罗伯特，我的生命将没有任何意义，我们的生活将从此跌入没有幸福的黑暗之中。

心中急迫地想赶回医院，我将史蒂芬留给了乔治照顾。我带着沉重的心情走进病房，对可能等待着我的事实充满了恐惧。四周一片寂静，我和一名护士悄悄走进婴儿病房，小罗伯特仍然沉睡着，他看上去就像天使。令我吃惊的是，护士满脸笑容地对我说："他现在呼吸平稳了。虽然还在昏睡中，但早已度过了危险期。"泪水如决堤的洪水一样冲出了我的眼眶，那一刻，我找不出任何语言形容自己的心情，我能做的就是站在那里呆呆地哭泣。"等他醒来，你就可以带他回家了。"护士以非常冷静的口气告诉我，显然这只是她日常工作中一个常见的危机。我立刻跑去学校将这个好消息告诉史蒂芬。下午3点左右，罗伯特醒了过来。"你可以带他回家了。"他们告诉我。10分钟后，罗伯特从各种包围他的医疗设施中脱离了出来，我们又回到了之前的正常的生活。回家后，我们告诉了邻居罗伯特安全无恙的消息，并邀请大家来我们家庆祝。大家都参加了，此时的我看到客厅地板上玩耍着的罗伯特和伊尼戈，早晨的恐怖仿佛像噩梦那般遥远。

那天，罗伯特幸存了下来，然而这件事却给我敲响了警钟。我开始意识到，"人的生命是如此脆弱，我们必须时刻做好准备战胜困难。之前，我幻想中的生活只是假象，我的双眼被隐藏着的危险所遮蔽。"从那以后，我对罗伯特的照看变得更加严厉而敏感。

幸运的是，这次事件并未在罗伯特身上留下后遗症。他那充沛的精力也没有受到丝毫的影响，这点在接下来的春天我们的瑞士之旅就得到了充分体现。当史蒂芬繁忙地奔波在图恩湖旁的格瓦特做讲座时，我会带着罗伯特在附近散步。在这里，罗伯特发现了他对大山的热爱，他的活泼本性让他天生适合攀岩。那一周的晚些时候，我们和埃利斯一家在哈斯利贝格的家庭酒店待了几晚。在那儿，罗伯特每天带着我，用他3岁小孩儿的无限精力，不断地朝大山顶上爬去，而我则气喘吁吁地跟在后面（再次，带着几个月的身孕）。

19 宇宙的扩张

20世纪60年代末期,我们又迎来了一些不小的困难。史蒂芬的研究学术奖金虽在之前已成功延期了两年,即在1969年年底前每月都能领取到这笔不小的经费。但实际情况是,史蒂芬的身体状况已越来越不乐观,难以维持持续举行的学术演讲。像其他研究员一样申请一份固定执教工作,期望着学校颁发非研究学术奖金是不现实的。非研究学术奖金和研究学术奖金大不相同,它只给一小部分特定的人,而史蒂芬并不在考虑范围之内。

1968年,史蒂芬成为了剑桥大学新晋成立的天文学学院的一员。学院就设在剑桥大学主校区旁的迈丁利大道(Madingley Road)上的一座一层楼高的建筑里,四周被小树林环绕。这份工作确保他能得到一个与布兰登共享的办公室,有一张属于他自己的办公桌,但却不能确保有他一份固定薪水。原因很简单,当时的学院院长是弗雷德·霍伊尔,他还在为当年史蒂芬在皇家学会上打断他的讲话耿耿于怀。与美国不同,英国为研究员提供固定薪水的人群比例非常少,史蒂芬能找到一份工作已属不易。

黑洞的研究在过去4年里给学术界带来了众多激动人心的话题。史蒂芬也多出了不少支持者,丹尼斯·夏默、赫尔曼·邦迪等人都毅然加入了这个研究领域。当时有传言,国王学院正好空了一个带薪研究员的职位,且学院将第一候选人锁定为史蒂芬。但在国王学院联系我们之前,冈维尔与凯斯学院突然向史蒂芬提出一份长达6年的研究学术奖金计划,那是一个为史蒂芬在科学界的杰出贡献而专门设立的学术奖金。

我们有了一个稍显固定的工作和一份稍显稳定的收入,是时候再次对未来生活进行规划了。我从未考虑过去郊区看房,交通便利是我看待住房的首要问题。如果我们住在郊区,我就不得不长时间接送史蒂芬上下班。一天两天还可以接受,但绝非长久之计,更别提那时我们已经有了2个孩子。思前想后,我认为没有比小圣玛丽街更适合我们的了。在这里,我可以帮助史蒂芬步行前往学校,偶尔,布兰登还会驱车带他去其他地方参加学术研讨会。对于罗伯特来说,附近的贵格会会堂是理想的玩耍场所。我去图书馆学习并借阅书籍也仅需5分钟的自行车车程。这里距离市中心也很近,街角墓地改造而成的花园既能满足小罗伯特的户外活动需要,也能让我偶尔享受一下花园种植的乐趣。唯一的不足是我们的房子稍显破旧和狭小。

我们的朋友乔治·埃利斯和他的妻子休在剑桥外的科特纳姆购置了一套新房,布兰登和吕塞特几乎在结婚的同时就买下了市中心的他们心仪的住房。住在我们小圣玛丽街上的其他邻居们也没闲着,他们也纷纷开始重新装修自己的旧房,自己的动手扩建房屋的使用面积,改变旧房破烂的外貌。住在小圣玛丽街5号的《罗丝·麦考利》(Rose Macaulay)一书的作者康斯坦斯·巴宾顿-史密斯(Constance Barbinton-Smith)就是自己动手翻新了自己的旧房。翻新后的房屋使用面积得到增加,翻新前杂乱无序堆砌一地的图书在翻新后放置得整齐干净。我们略带嫉妒地看着邻居们的房子,并暗暗定下决心,效法他们能翻新旧房。不幸的是难题接踵而至,我们当时的存款仅够支付一套新房的首付款,尚不足以支付旧房翻新的装修费。学校在政策上确有对旧房翻新的贷款支持,可我们的房屋过于老旧,加之此前那份校方房产经纪人的调查报告,校方拒绝为我们的旧房翻新提供贷款。校方认为在我们的旧房上投资是愚蠢的行为。

我们正为这个难题发愁时,小区的建房互助协会得到了一些新政策,新政策将我们的问题一并解决了。他们愿意为一些旧房提供贷款服务,但会收取稍高一点的利息。最终,我们和建房互助协会达成了一份新的抵押贷款合同,我们得到了需要的经费的同时还因为史蒂芬在学校工作的身份享受了适当的降息利好。尽管史蒂芬仍然保持着谨慎态度,我却非常乐观,对未来的生活充满了向往。我拿出纸、笔,计划起我们的装修,这条街上的邻居们的很多好点子都被我借用了过来。我计划将一楼的两个隔间打通并为一间房,在进门时会给人带来开阔明亮的感觉。我们可以将厨房扩建得更大,并可以同时为二楼扩建一个卫生间、一间卧室,甚至还可以增添一个屋顶花园。我们找到了一名前房屋测量员思里夫特先生(Mr Thrift),在他巧妙的构思和慷慨的帮助下,我们拟定出了一套可行的计划。这个计划将我们的旧房重新翻修,空间扩大到了几乎是不可思议的地步。

我和思里夫特先生一块儿研究了翻新装修的经费问题,包括装修的贷款和史蒂芬的残障人士贷款。当我们将完整的翻新计划摆上桌面后,我立刻联系了建房互助协会,与他们商量实际贷款事宜。与学校派来的地产经

Part Two Travelling to Infinity
我和霍金的生活

纪人完全相反，建房互助协会派来的房屋测量员带着笑容审查完我们的计划，说："你们的计划真是了不起。"他的语气已经肯定了我们的贷款计划。接下来，我们找到以前的房东，这次我们与房东协商出了一个现实的价格将房屋一次性购买。正所谓有志者事竟成，我们没太多时间庆祝自己新获得的户主身份。我们必须在最短的时间，将家具搬到前厅，我们也要搬出去暂住几天以为工人腾挪施工环境。这段时间，史蒂芬的父母为我们提供了一笔资金资助，我们的经济情况得到了进一步的改善。

乔治·埃利斯和休·埃利斯带着他们的女儿玛吉（Maggie）以及1岁大的儿子安迪（Andy）去了芝加哥，他们要在那儿待6周时间。他们此行是去拜访著名的印度理论物理学家、诺贝尔奖获得者——苏布拉马尼扬·钱德拉塞卡教授（Subrahmanyan Chandrasekhar）和他的妻子萝拉。钱德拉塞卡教授曾是剑桥大学三一学院的一员，但早在1933年，他曾在英国皇家天文学会上被自己的好友亚瑟·爱丁顿（Arthur Eddington）当众嘲笑，此后，他选择了远渡美国寻找工作。钱德拉塞卡教授曾推测过大质量行星会因为自己巨大的质量而自我坍塌。这也是最早的对黑洞研究的预言，但他的预言遭到了以爱丁顿为首的一批天文学家的强烈抨击。钱德拉塞卡教授在芝加哥的家选择了白色作为主色调，厚厚的白色地毯上摆放着白色的沙发和椅子，他们的窗帘也全是雪白色。这对于带着两个孩子的休·埃利斯来说完全是噩梦，因为她极度担心自己不懂事的小孩弄脏钱德拉塞卡教授的家。

在他们居住在钱德拉塞卡教授那不适合儿童居住的大房子里那段时间，我们搬进了他们位于科特纳姆的大房子，把我们小圣玛丽街6号的旧房交给装修工人们进行翻修作业。这次住在郊区的经历让我更加体会住在城市里的便利。房屋虽有漂亮的装修，但郊区的孤独感却让我感到不适。当然，也许部分原因是我带着身孕每天需要长时间驱车接送史蒂芬上下班所致。只是偶尔的时间，他能碰上同住科特纳姆的同事回家将他一并捎回。罗伯特在这里也不开心，伊尼戈和其他熟悉的玩伴都不在身边。我也想念着小圣玛丽街的邻居们，特别是撒切尔一家。我试着利用在乡下的闲余时间完成自己的学术论文，但效率并不理想。那段时间里，收音机也时常传来令人忧心的消息——埃及和以色列又爆发了新的冲突，世界大国们的关系也绷得非常紧张。那段时间我的情绪变得烦躁不安，无论是面对史蒂芬还是罗伯特，甚至是面对那段时间来拜访我们的外祖母也不例外。直到现在，我还一直内疚于那段时间对外祖母不耐烦的态度。

10月中旬，我们的旧房翻新工程进入尾声，在这之前它被拆卸得不堪入目。不过，装修并未完全结束，每天仍有管道工人、电工等装修人员在家里进出。回到家后，罗伯特和史蒂芬慢慢恢复了之前正常的作息。而我则开始着手布置新家，整理窗帘、摆放家具，为我们即将来临的小宝宝准备新卧室。一楼的那个曾经倾斜的老旧卫生间现在被改建为一间带小卫生间的小卧室。工人们在房间侧面的厨房顶上为我们搭建了一个屋顶花园。一楼的房间也被打通了，现在可以被我们作为饭厅使用。在房屋后面的那堵斑驳的墙壁上，思里夫特先生重新恢复了约翰·克拉克匾的原貌。

房子的顶楼，即罗伯特卧室的阁楼后面，工人们想办法新扩建了一间房间。但由于受到屋顶高度的限制，房间的高度不适合成年人居住，所以我打算将那里设置为杂物储藏室。不过我们的房屋测量员最后一次勘测房屋时，无心地说了一句："这个卧室看起来很不错。"我没有好意思给他指出这间当时装满箱子的房间的真实用途。不过，我们后来发现了这间房间的新功能——孩子们的游乐室。这里很安全，我可以放心地任由孩子们嬉戏。更妙的是，这里远离一楼，所以他们玩耍的吵闹声也不会形成噪声干扰。

10月31号，旧房翻新工程终于完工，我们高兴地邀请了40多个朋友来我们的"新"家庆祝。"装修"的完工和"派对"的喜悦给我们带来了好消息，第二天我感到肚子不适，当天晚上我就要求赶往医院。因为生罗伯特的经验，我早已下定决心一定要去正规医院生产。

11月2日凌晨，我顺利产下了我们的第一个女儿，露西（Lucy）。分配给我的助产护士在体贴照顾了我整晚之后将我们转交给了来交班的护士。或许，这就是凌晨时间生产的弊端，护士交班会给母亲和孩子带来不便的体验。一直照顾你的护士在你生产完毕就换班了，留下我精疲力尽地躺在产床上，新生的小女儿躺在我旁边的小床，但是我却够不着她。她一直哭闹，将小脸涨得通红，我只能无助地躺在那里，想着我的小女儿刚来到这个世界就遭遇到这样的待遇。

两天后，我可以出院了。我迫不及待地穿好衣服，将露西用带花边的毛巾小心翼翼地包裹好。一名医生走来，让我回到床上休息，还需要补充输入点营养液。我闷闷不乐地服从了医生的指令，失望着不能早一点见到史蒂芬和罗伯特。我拿出《布登勃洛克家族：一个家族的衰落》翻阅，这是托马斯·曼撰写的一本关于19世纪末期一个普鲁士家庭的兴衰史。或许

Part Two Travelling to Infinity
我和霍金的生活

是那天的营养液增加了对我身体的补给，第二天出院时，我整个人的气色都好了许多。回到小圣玛丽街的感觉非常美，11月上旬正是花园里最后一批玫瑰绽放的时节，这个时候的玫瑰气味可比夏天更加浓郁。午后，罗伯特和伊尼戈从幼儿园回来，罗伯特一进门就兴奋地呼叫："小宝宝呢，小宝宝在哪儿呢？"当他看见躺在地毯上的露西时，立刻兴奋地跑过去亲吻。尽管小露西学会说话后就再没有给她的哥哥好脸色看，但在维系两兄妹关系方面，我却用不着去书里请教斯波克教授的意见。因为罗伯特丝毫没有展现出一丝嫉妒自己小妹妹的迹象。

　　史蒂芬的父亲和哥哥都去了路易斯安那研究热带医学，他的母亲则在我生产露西期间待在剑桥为我们提供帮助。史蒂芬的日常生活逐渐需要更多人的帮助。他现在虽然还能自己爬楼梯，但前行已变得越来越缓慢。尽管他厌恶轮椅，但还是在我的劝说下购买了一张。我在医院生产的那4天，我需要一个充满耐心的、有毅力的人替代我照顾史蒂芬。乔治本是一个很好的人选，但乔治自己也有家庭，不能在晚上照顾史蒂芬，所以这个担子就落在了史蒂芬的母亲身上。史蒂芬的母亲在我出院回家后还待了几天，与她共处的时间非常愉快。她总是热情而幽默，且充满活力。我每天的生活很相似，总有买不完的生活必需品，总有洗不完的盘子和衣服，然后就是做饭和照顾史蒂芬与罗伯特。我感觉上次史蒂芬有能力拿起抹布帮忙的日子已远得恍如隔世。他的病情已让他无法再在家务上做出任何实质性的帮助。他在体力劳动上的缺陷似乎正好成全了他在脑力劳动上的物理学研究。事实上，我很理解史蒂芬，即便他能够帮忙，也会为繁琐的家务耽误研究物理学的宝贵时间而懊恼。

　　我出院回家后不久，我的母亲就来了，她来接替伊莎贝尔的担子，让她可以赶去美国和家人团聚。史蒂芬的父亲最近在美国的家里发现了一条水腹蛇，他一向讨厌爬行动物，不顾当地的规矩愤然拿起扫帚将毒蛇拍死了，他们不得不面临当地政府的一些不必要的麻烦。史蒂芬正计划着在去得克萨斯开会的旅途中安排时间去路易斯安那拜访自己的家人。他只能在我生产后6周出发，还好乔治答应与他同行，这样我可以留在家中休息，照看两个孩子。

　　等孩子的外婆、婆婆都离开后，我们的日常作息又有了改变。主要围绕着小宝宝露西和史蒂芬进行着各种调整。在照顾露西的问题上，伊尼戈的保姆、特尔玛·撒切尔，以及3岁大的罗伯特都给我提供了无限的帮助。

有两个孩子陪在身边我感到无比幸福,史蒂芬却凸显出对露西的担心。露西白天大部分时间都在睡觉,晚上也很安静,与罗伯特的好动相比相差甚远,以致史蒂芬一直担心她是否患了什么病症。在史蒂芬的印象中,所有小孩都应该像罗伯特那样活泼好动,无时无刻不充满着活力。我却丝毫没有相关担心,相反,我还特别享受安静的露西给我带来的轻松。特别是我刚生产后在医院的那几天,露西的乖巧让我大为省心。那段时间是我的生活长久以来最稳定最安心的一段宁静。

翻新后的房屋显得宽敞了许多,加上重新刷上的油漆,整个房间给我一种欢快的感觉,更别提新成员露西带给我的巨大幸福感。她幼小而可爱,我几乎可以一手握住她。她那么地安静,当卫生随访员来我们家时,她也能安静地熟睡,完全不会意识到打针会给她带来的疼痛。她的作息时间也和大人们相近,从而给了我足够的时间照顾罗伯特和史蒂芬,有足够的时间做家务,还可以找到时间小憩一会儿。晚上,史蒂芬准备入睡时,我还有时间看看小说。史蒂芬一向不喜欢别人提起他的病情,所以,在生活中我会尽量回避。无论他的动作多慢多耽误时间,我都会尽力支持他独立完成并给他以鼓励。我帮他解开鞋带和衣服上的扣子,他就可以自己慢慢地将衣服脱下,然后再艰难地穿上睡衣。而我可以利用这段时间躺在床边看书。长时间疲劳后的我可以将这一小段时间作为一天中最奢侈的享受。

史蒂芬晚上的一系列活动都是缓慢的,不仅是因为他的身体条件限制,还有一个重要原因是他的注意力经常分散。他的思绪常常在不知不觉中就飘向了某些高深的物理学问题上去了。曾经的一个晚上,他花了比平时更多的时间来安顿自己,直到第二天早上我才知道真相。原来在他缓慢穿睡衣的时间里,他的脑袋正破解着一个黑洞研究里的重大难题。他思考了一个问题:"当两个黑洞冲撞在一块儿并组成一个新的黑洞时,这个新的黑洞的表面积将大于相撞之前的两个黑洞的表面积之和。换言之,无论一个黑洞发生了什么改变,它的表面积永远不会减小。"这个杰出的理论让史蒂芬在28岁那年成为了黑洞研究领域一个最具代表性的人物。随着黑洞研究在老百姓讨论的话题中越来越频繁地出现,史蒂芬在非科学界的名声也越来越大。在西雅图的时候我们还在为"黑洞"这一新名词而感到兴奋,现在的我们早已跨过了那样的视界,到达了一个新的领域。就跟黑洞理论一样,一旦被黑洞给吸入,那么,不幸的旅行者将永远回不到从前,只有在无边的未知中像一根无助的面条一样被宇宙拉长、放大。

Part Two　Travelling to Infinity
我和霍金的生活

20　维权运动

露西出生的 1970 年，我们见证了《慢性病人与残疾人法案》的通过。尽管全世界都在为残疾人权益得到伸张而欢呼雀跃，但实际上政府真正全面实施法案里的每一个细节却是许多年之后的事情了。所以各个地方的身处困境的残疾人们还得为争取自己的权利而进行各种运动。不过，法案的通过并非毫无用处，至少，大部分公共场合缺乏辅助残疾人的设施的问题终于得到了社会的重视。

现在我出行时，总是胸前绑着小露西，手推着轮椅上的史蒂芬，罗伯特蹦蹦跳跳地跟在一旁。我自然成为了各种残疾人维权运动的领头人之一。对我们家来说，一个高高的路沿或者一小节台阶都可以让本来愉快的出行变为一场灾难。我独自一人时，完全没办法在胸前系着露西的情况下将史蒂芬和他的轮椅一块儿抬上台阶。碰到这样的情况出现时，我不得不选择等待一个强壮的路人经过，并寻求他的帮助。不仅如此，我还得再找一个好心的路人让他抱着小露西，我才可以和前一个路人、罗伯特一起将轮椅以及轮椅上的史蒂芬给抬上去。我还会担心不了解情况的路人给我们提供帮助时用力不当，导致轮椅扶手之类的物件脱落给史蒂芬带来二次意外伤害。之后还有对伸出援手的路人不厌其烦地道谢。所幸很多时候，在我开口之前就会有好心人主动向我们提供帮助。很多时候，在他们抬起史蒂芬时，他们会吃惊地问我："你都给他吃什么了，他看上去挺小，却那么沉呢！""重量都在他脑袋里了。"我会这样回答他们。

我们给政府的城市勘测员提交的抗议书受到了极其冷淡的对待，那感觉就像是当年和冈维尔与凯斯学院的财务处处长打交道一般。也许是城市勘测员从没听过会有残疾人为了买一条内裤而跑到远如玛莎百货那样远的地方购物。他也不太可能理解其中的感受，就好像残疾人天生就没有去远距离商店购物的权利。我们遭受的冷漠对待让我们不得不采取行动，不能再对眼前的不公视而不见。史蒂芬不应接受那些除了他身体之外带来的更多的困难,不能让那些眼光肤浅的官僚主义给史蒂芬和我的生活再加上一道难题。与那帮典型的自大的20世纪70年代的英国官员不同,史蒂芬是用自己的努力换取生活中的快乐。

在我们的不断抗议下,政府终于同意在艺术剧院和电影院为残疾人安装专用座椅。同时,各个主要的大学和学院也开始思考残疾人在校园内如何获得更便利的活动。取得了这个小阶段的胜利后,我们继续坚持为残疾人争取权利的活动。我们联系了英国国家歌剧院,他们倒是立刻意识到我们作为残疾人群体所需要的帮助。总之,随着史蒂芬的名气慢慢变大,政府也开始越来越关注公共场合残疾人辅助设施的安装。不过等事情真正得到全方面解决的时候,我已经带着两个小孩儿、推着史蒂芬的轮椅坚持了很多年了。

学校在对残疾人的照顾方面则稍显落后,大部分是出于经济原因,或者是出于给历史性建筑新增残疾人辅助设施会破坏《历史建筑保护法》的考虑。大多数情况下,学生们抵达学生食堂都要先穿过学校的厨房,然而学校的厨房往往布满冒着蒸汽的大锅,热得嗞嗞响的烤盘以及各式各样的载货车。这一切对残疾人士来说都是难以翻越的障碍,哪怕是少数安装了电梯的厨房,电梯上也放满了各种陶器和酒瓶之类的物品。有时候,正是因为这些障碍物,我们才会在宴会上迟到,而迟到总是伴随着人们没好气的抱怨。我和史蒂芬关于残疾人权益保护与大学的斗争一直持续着。剑桥有一个学院,那个学院在争夺女性权益的运动上向来是领先者,却对残疾人权益视而不见。我们的维权斗争几乎一直持续到了20世纪80年代。

我和史蒂芬的生活除了台阶和路沿给我们带来的困扰外,日常生活中还存在着很多常人难以想象的困难。一次,我把露西放在史蒂芬大腿上,推着他过马路。由于前方的道路坑洼不平,轮椅的前轮撞上了路面上的小坑,轮椅发生了剧烈摇晃,露西从轮椅上被甩了出去。还有一次,我带着露西、史蒂芬缓慢穿过校园里的重重铁门向校外走去。当我们走进国王学院时,露西看见了路边停靠着的冰激凌车便"哇哇"叫嚷起来,眼神中充满了对冰激凌的渴望。我当时除了家里的钥匙,身上什么也没带,瞬间变得尴尬起来。我拒绝了露西的要求,想不到她竟然从史蒂芬的大腿上爬下地面,顽皮地坐在地上表示抗议。我无法在抱着她的同时推动史蒂芬的轮椅,只能呆呆地困在原地。露西穿着海军蓝条纹的衣服,系着粉红色的头带,气嘟嘟地坐在那里,任凭我如何哄骗也不肯挪动。当时,去教堂唱晚祷的

Part Two Travelling to Infinity
我和霍金的生活

国王唱诗班的学员们正好从我们身边经过，学员们都好奇地驻足望向我们。他们都好奇着那么一个小孩竟然那么大的脾气。我们僵持在那里不知多久，一个学院里史蒂芬的熟人路过帮助了我们，他将露西抱回了家，露西的坚持并未获得成功。

我几乎没有时间阅读报纸，所以我通常依靠自己父母来获取一些新消息。他们在报纸上发现我们可能感兴趣的内容时，会将其裁剪下来邮寄给我们。有关于天体物理学的新闻，有关于残疾人运动的新闻。我在邮寄的信息中看到一条"残疾人可以要求政府补偿自己在驾照上的花费"的新闻。接下来，我们找了史蒂芬的医生帮助开具了史蒂芬的残疾证明。结果政府告知这是以后将要实施的政策。1971 年，还没有一个地方的残疾人可以享受驾照补助。这年，斯旺医生建议史蒂芬申请一辆残疾人用车以更加方便他的外出活动。

这个建议为我们打开了新视界。如果史蒂芬可以坐在残疾人用车上用电子遥感自己控制其行走，我们出行的难题将得到极大的缓解。我们立刻提交了申请，并通过了全部的官方程序。这时，我们还需要解决的问题是电子车的充电问题。因为电子车需要在每天晚上进入室内完成充电，才能为次日的使用提供充足的电量。住在河道另一边的大学中心的区长休·科比特（Hugh Corbett）听说了我们的需求，毫不犹豫地为我们提供了帮助，他为我们提供了一个可以完成室内充电的停车位。

尽管残疾人用车常因其不稳定的表现被人诟病，但它拥有的和快速自行车一样的速度让史蒂芬可以更好地重新规划自己的时间。他可以在学院待一上午，下午又顺利地前往天文学院工作。他每天晚上可以自己驱车回家，在家门口按喇叭，罗伯特就会高兴地跑去为他开门。罗伯特会坐在他身上，跟他一块儿驶向停车位，而我则跟在他们后面，将史蒂芬从停车位接回家。不过，有时也会发生意外，电动车有时会出现故障无法启动，电动车停车位有时还会被小轿车挡住。

夏天，我有时会带着孩子们去天文台享受野餐，顺便探访在天文学院工作的史蒂芬。孩子们欢快的笑声像春风一样吹过学院走廊，将他们到来的消息提前带给他们的父亲。史蒂芬的脸部表情往往比言语更能体现他的心情。每当看到孩子们，史蒂芬的脸上总是挂着幸福的笑容。天文台于 1823 年建成，一个大大的圆顶旁还有供研究人员住宿的地方。天文台里有一个小花园，我们都在那里栽种了一些花草。我曾在小圣玛丽街的花园里栽种了一些百合和玫瑰，不过，我却始终对那样的土壤是否适合种植各种花草存在怀疑（此前那里曾是墓地）。而在天文台这边的土地上，孩子们开心地挖土、播种，并观察它们发芽及成长。我们种的豆芽长得非常迅速，到了晚上的时候就有小苗长出，孩子们会把那些新芽挖出并拿给史蒂芬看，然后我们会一块儿高兴地回家。

那些美好的时光不过是我们搬家到小圣玛丽街后的美好而短暂的插曲。当我们在1965年初到小圣玛丽街时，这里还是一片和谐安宁的景象。到了20世纪70年代早期，这条街因为周遭的校园中心、彼得学院以及河滨的花园酒店搞得乌烟瘴气。为校园中心或花园酒店送货的大卡车时常开错道路误入我们的小街，而小街路面太狭窄以致司机们无法掉头，只能驾驶卡车一直倒车退出小圣玛丽街。卡车时常在我家大门口发生擦挂，并留下一大堆废气浓烟。

白天，来往的大货车让我们非常烦恼，晚上，则不得不面对隔壁彼得学院的音乐室传来的阵阵刺耳的流行音乐声。彼得学院的负责人把他们的音乐室设立在距离主校区较远的地方，这个音乐室正好建设在离小圣玛丽街花园（此前的墓地）很近的一个高处。每晚不停鬼哭狼嚎的声音让人难以忍受。他们虽然晚上举行活动，但下午就会显露出种种迹象。例如，不时传来的吉他拨弦声或者零星的敲鼓声。一天下午，特尔玛·撒切尔向我点点头，指了指那边的彼得学院，说："这是不是很可爱，听上去，他们即将举办一场下午茶舞会。"

事情发展到我们急切地需要一场维权运动，不过这次不再是为了普通残疾人的维权。在给彼得学院的领导写了无数次书信无果后，我们给诸多官员打了无数的投诉电话。这些电话主要打给了学院相关的负责人，有一次甚至是直接拨打给了彼得学院的院长。最终，我们的努力最终取得了回报，彼得学院终于做出妥协。他们同意限制音乐室的工作时间，并且保证午夜之后降低音量以避免出现扰民问题。

罗伯特、露西、伊尼戈三个小孩儿时常骑着自己的小三轮车在大街上玩耍，所以，小圣玛丽街上的大货车才是最大的危险。自然，我们需要对这件事情做更多的维权运动，写更多的维权信件，开更多的相关会议，不过大部分投诉信都没有得到积极的回应。1972年花园酒店的一场让人痛心的大火却彻底改变了事情的发展。

大火持续了24小时，把这个曾经漂亮的酒店烧得一干二净，只留下一

Part Two | Travelling to Infinity
我和霍金的生活

片炭黑的废墟。不过,很快就听说有人决定重建并加大之前酒店的规模。无论他们的建筑施工需要多长的时间,可以想象得到的是,一个更加繁忙吵闹的交通将在不久的将来重新出现在我们的小街旁。街上的居民开始利用这段时间书写联名信提出反对重建酒店的建议。就在冲突双方越来越对立的时候,我们慢慢意识到我们与酒店方的需求并非不能共存。酒店方希望开设一个新的酒店,居民方希望小圣玛丽街恢复以前的安宁。与其互相对立,不如选择合作,共同实现各自目标。特尔玛在他家组织了一次酒店管理者和我们街道代表的会议,顺利地将此事商妥。

在剑桥,我和史蒂芬开始慢慢学会适应这里的环境,但在其他地方情况却没有那么简单。1970年,霍金的家人从路易斯安那回来,他们打算购买一栋乡间别墅。我满怀期待地提出建议,如果在东海岸买一栋别墅,我们家一定会从中受益良多。诺福克和萨福克郡的海滩沙地虽然柔软,但整体地面较为平整,史蒂芬的轮椅可以轻松地在上面行驶。在那里,孩子们可以在沙滩上玩耍,我可以将史蒂芬的轮椅推到海滩的边上休息。我的提议很快遭到了否决,"东海岸太冷了,对父亲身体不利,他不希望在那儿购买房屋。"伊莎贝尔如是回答道。我认为她的说法难以令人信服,弗兰克·霍金无论春夏秋冬都会像《彼得兔》里的麦格雷戈先生一样忙活在自己的花园里。刮风、下雨也不会缺席,在家里,他总会穿着很厚的衣服。因此,即便我们感到寒冷时,他也不会出现太大的问题,很难相信他是家里最讨厌寒冷的人。

伊莎贝尔和在日本学习两年归来的菲利帕一块儿去看房了,他们最终定位在蒙茅斯郡附近的一栋别墅,别墅坐落在威河上一个叫兰度格(Landogo)的小村庄旁边。别墅附近有小溪和小树林可供孩子们游玩,别墅外的风光十分怡人。我虽然从未去过威尔士,但还是被霍金一家的激动心情所感染。这时,史蒂芬的论文在重力奖的评选中获得第一名,我们用奖金换了一辆崭新的轿车,终于淘汰了那辆破旧不堪的小迷你。

1971年的秋天,我们多次前往威尔士游玩。尽管新车空间相较之前的轿车有了三倍水平的提升,但我们的行李还是多得难以装下。一般地,我会将轮椅、婴儿车、婴儿座椅放在轿车后座上,之后将箱子全部叠放在车顶上。每次出行,我都要负责我们一家四口的行李收拾。我慢慢扶史蒂芬到前座坐好,将他的轮椅折叠好放入后座。再将婴儿座椅在后座安装好,把两个孩子安顿在座位上。最后将他们的摇篮和婴儿车弄上车,把四大箱行李挨个儿放到车顶捆绑好。一切弄完后,等待我的还有220英里(352公里）的旅途。这个里程可比驱车前往诺福克或者萨福克郡远得多，此时精疲力尽的我早已没有心情将接下来的车程当作一次激动人心的探索旅行。尽管没过多久，新修的高速公路开始运行，去威尔士的交通会显得更加便利，但整个路途还是远得让人心悸。

我们穿过威尔士的边界，停在路边喝茶休息。看到路旁用外语写成的标语，闻着清新潮湿的空气，我们的士气又都振作了起来。罗伯特从一上车就不断地问我还有多久可以抵达目的地，现在我终于可以告诉他，我们快到了。一段宽敞的山路后是一截铺满落叶的小路，我们终于抵达了目的地。之前我们听说的关于这栋别墅的描述非常准确。别墅建造在威河之上，站在房屋里湍流的河水一览无余，一眼望去甚至能看到河畔的小村庄和河岸对面树林笼盖的群山。当时正值金秋时节，景色美得让人窒息。屋子旁的小溪沿着山坡顺流而下，一旁的小树林里有一条小道一直延伸到山上的瀑布。不远处的黑山和雷肯比肯斯山脉连绵不绝，雄伟的山峰让哪怕是最勇敢的登山者都心存敬畏。房子本身也非常漂亮，一尘不染的石板屋顶在一片片绿油油的山林之间看上去非常显眼，屋顶烟囱冒着炊烟，整个景色充满诗意。

尽管风景非常宜人，但这个别墅最大的缺点是附近山坡非常陡峭，路面颠簸不平，唯一可供史蒂芬轮椅活动的区域是树林旁的一条不足100码（90米）长的灌木丛地。不仅如此，房屋门口的台阶布满青苔，房屋里的卧室和唯一的厕所也要通过一串长长的陡峭的台阶才能抵达。我想，没有比这里更不适合史蒂芬活动的地方了。尽管他的父亲拒绝承认这点，但每天早上史蒂芬都要花十几分钟的时间才能下楼，他在这里的所有户外活动都要靠我们开车来解决。

孩子们很喜爱这里，我内心也局部认同他们的心情。屋外斑斓的秋季颜色和清新的空气让人沉醉。我很喜欢婆婆做的饭，虽然她偶尔会拿花园里难以下咽的荨麻做饭，但大多数时候她做的饭菜还是值得称道的。我特别享受公公酿的酒，特别是他自己酿造的蜂蜜酒，不过史蒂芬却总是对这些佳酿毫无兴趣。吃过晚饭后，我们会去房外的篝火旁坐着玩桌游，直到孩子们来了瞌睡才回屋。有时，我会跟着罗伯特去爬山，那个时候，我会因为将史蒂芬一人留在家里感到不安。整个别墅似乎是对他有限行动能力的最大捉弄。我很气愤于霍金一家似乎从未考虑过史蒂芬的便利，似乎他们根本不想对他负责。我感觉他们根本没将史蒂芬的病放在心上。

Part Two | Travelling to Infinity 我和霍金的生活

21 上 进

  1971年我们在兰度格的史蒂芬父母的别墅里遇到的史蒂芬出行方面的困难偶然地成为了接下来我们出行的一次预演。接下来，我们参加了由塞西尔·威特（Cecile de Witt）和她的丈夫布赖斯（Bryce）共同举办的坐落于法国阿尔卑斯山旁的勃朗峰下的里雾诗（Les Houches）小镇的物理学夏季学校。塞西尔不仅是4个孩子的母亲，还是一名著名的物理学家，这在那个女性物理学家缺乏的时代非常难得。塞西尔和露西·卡文迪许学院的许多杰出女性一样，总是令我感到敬佩。她身在美国就一手安排了在法国本土举办的学术研讨会，还亲自选定了研讨会的参与者。在里雾诗小镇，她着手安排大会的每一个环节，甚至还有足够的时间去爬山。为了让史蒂芬行动更方便，她特地派了大型推土机将我们住宿的地方尽力处理平整，并方便升降梯的安装。她尽了自己的最大努力让我们在里雾诗小镇能够住得安逸。我们唯一可以抱怨的只能是那个夏天法国阿尔卑斯山糟糕的天气。

  史蒂芬和同事们一块儿去了日内瓦，而我和我的父母则带着孩子们一块儿乘坐火车前往里雾诗。我们抵达巴黎时，正值他们的7月狂欢节，巴黎人几乎都拥到了火车站准备他们的度假之旅。尽管车站旅客众多，我们还是幸运地以便宜的价格购买到了从巴黎前往里昂的火车。经历了一整夜糟糕的长途旅行后，第二天早上，我们抵达里雾诗。我们在车站享受着朝阳、咖啡、法式面包。灿烂的阳光一直伴随着我们登上霞慕尼小镇的高山。

  我们终于来到了夏季学校给我们安排的住处。山间的房屋需要用升降梯才能抵达。太阳也渐渐消失了踪影，取而代之的是一层厚厚的浓雾。没过多久，这里下起了小雨，雨水滴落在周遭每一片树叶，每一个乡间小屋的房顶。很快，西塞尔设计的坡道变得泥泞不堪。我和父亲开始不断地往壁炉里加木炭，以此保持室内的温暖。我们将孩子们的尿布拿出来进行烘烤，遍布整个房间。我们亲爱的小露西当时仅12个月大，她已经学会自己如厕了，她聪明且勇敢的行为是对我最大的帮助。

114

尽管我们在那个高山上的很多时候都要面临升降梯的不断上下，史蒂芬却并未感到不适。在这里，他从早到晚地与那些和他一样专注于黑洞研究的来自世界各地的学者共同探讨学术。有时候，他们会组队出游。如果天气允许，他们会攀爬勃朗峰，组队攀爬勃朗峰的行为让他们非常满足并享受其中。他们是一群极具聪明才智的人，也是一群有能力探索宇宙奥秘的人，他们当然乐于并享受于拥有征服一切自然界困难的能力。史蒂芬也不例外，他对疾病所作出的抗争并不亚于那些征服高山的登山者。当男人们出去探险时，我们剩下的跟班——妻子、父母、孩子——则留下来洗衣做饭，或者找寻属于我们自己的娱乐方式。我们会组队前往超市买鸡蛋。山区里的超市物资缺乏，我们唯一能够保证的就是每天早上用煤气灶煎蛋。附近倒是有家餐馆可以提供可口的食物，但消费很高，我们很难承受。群体聚餐时，饭桌上的话题总会有意无意地提到黑洞研究或者男人们的登山活动。尽管讨论的人总是尽量礼貌地提起这些话题，但事实上，我们通常在这些话题上完全插不上嘴。

不下雨的时候，我们会选择外出活动，沿着小屋后面的山路爬山游玩。接下来，我们又遇到了意想不到的挑战。一路上罗伯特总是冲在最前面，而小露西却不爱走路，总是哭闹着让人抱。也许我对罗伯特那活跃的精力早已习惯，反倒对露西的低活跃忧心，就像当年露西刚生下来的嗜睡让史蒂芬担心一样。我们的爬山冒险很快被大雨终止了，我们还未走入种满黑莓和树莓的空旷地带，天空就下起了大雨。

行进中的一段时间，露西难得地和哥哥一块儿开心地行走在我和他们外祖母前方，留下我独自安静无忧地跟在后面。忽然，两个小家伙在前方定住一动不动，他们向我转头示意降低音量。我快步上前发现地上正横躺着一条小蝰蛇。小蝰蛇灰色的皮肤和绿色的草坪形成了鲜明的对比。小蝰蛇一头钻进了旁边的草丛。看到野生动物自然令人兴奋，不过更令我们惊奇的是通过这件事我看到了孩子的本能，孩子们知道在危险面前保持镇静。

不管科学家们在物理学界或者登山项目上展现出了多大的热情和能力，但最令我欣赏的还是他们无忧无虑的气质以及洒脱气息。他们之间的淳朴友谊是那么真诚和牢固。物理学家基普·索恩（Kip Thorne）和他的妻子植物学家琳达（Linda）虽然有着信仰上的差异，但他们在生活中却能放下成见，放下宗教的边界，寻找世间通用的真理。我所见过的最低调的物理学家吉姆·巴丁（Jim Bardeen）正和史蒂芬还有布兰登·卡特一起探讨如何从爱

Part Two　Travelling to Infinity｜我和霍金的生活

因斯坦的广义相对论中写出黑洞的基本定律。新的黑洞定律大概与热力学第二定律有着极高的相似度，这在科学界带来了不小的震撼。也正是这越来越明显的相似之处让这一帮天文学家们越来越希望将黑洞的定律用热力学的语言书写出来，从而更加拉近两者的距离。热力学定律大多涉及的是微观世界，解释的是分子和原子的运动规律，以及他们如何消散变为热量，并将热量传给周遭事物。然而现在天文学家们所面临的一个难题是，热力学定律的很多规则不适用于黑洞，因为从理论上分析，包括热能在内的一切东西，在黑洞里面都是不存在的。

史蒂芬、吉姆、布兰登正为了这个难题绞尽脑汁，而我在这场雨之后决定带着孩子和父母一块儿穿过霞慕尼小镇前往瑞士游玩。我想带着家人去一个充满阳光的地方游玩，不管科学界里热能与衰退有什么样的关系，我想在阳光能够照射到的地方总能让我们感到源源不断的热能。我们一路走到马蒂尼镇，那儿阳光明媚。吉姆的夫人南希（Nancy）也和我们结伴同行，往返的路上她都不厌其烦地给孩子们讲故事、唱歌、吟诗，孩子们不亦乐乎。南希最近刚痛失双亲，她大大的棕色眼睛里透着忧郁。

在里雾诗小镇，我们认识了史蒂芬新招的研究生伯纳德·卡尔（Bernard Carr）。伯纳德不同于一般的科研人员，他健谈、善于社交、不做作。这或许与他6岁就被送到寄宿学校读书有莫大的关系。伯纳德谈论的话题非常广泛，除物理学外他最感兴趣的是诡异心灵学（或称通灵学），这些"偏门"往往被史蒂芬在内的科学家们嗤之以鼻。但对于伯纳德而言，世间的机缘巧合以及可能的心灵感应都是真实存在且值得深究的。就比如，在史蒂芬仅在口头上托人转告伯纳德，请他来做自己的研究生之前，伯纳德就毫无理由地决定从日内瓦旅行到里雾诗小镇，这样的巧合在伯纳德看来并非偶然。伯纳德早期的梦想是成为一名宇航员，他小时候曾花一整天的时间在家里的储物间倒立以模仿宇航员执行任务。他的哥哥则喜欢在室外模仿宇航员的驾驶控制。他的母亲欣慰地看到了他的智慧让他进入了理论科学的世界而不是继续着儿时的"探索"。

不知道过了多长时间，法国也拥有了瑞士一样的温暖阳光。远处的山峰从云层之中露出头角，基普和琳达邀请我和罗伯特一块儿去攀爬位于勃朗峰西面的白昂纳塞（Bionnassay）的冰川。我将史蒂芬和露西交给我的父母照看后，我们出发了。我们乘坐缆车从里雾诗小镇出发，一路向上。当缆车行进至终点站时，我们向下观望自己的住所，仿佛一个玩具小房子一样立在远远的脚下。我们继续前行,茂密的树林慢慢埋没了夏季学校的踪影,我们的右边出现了一条直升向上的小道,弯弯曲曲一直延伸到顶峰的鹰巢。雪白的山峰在蓝天的映照下令人陶醉,我们开始登山了,一路上走走停停,琳达兴奋地表达着对四处可见的杉树和午后阳光下绽放的鲜花的喜爱。我们不断地向上爬着,琳达不断地发现着新奇的植物品种。

  直到我们抵达高峰的一处登山员休息处时,我们才意识到自己已经登上了很高的地方。这里距离缆车的终点站已很远。尽管这里的阳光明媚,但不少除我们以外的登山者都已陆续离开。山峰的天空中有几只老鹰在翱翔,远处的山石间有潺潺的溪流,除此以外再没有其他的动静,周遭的一切都寂静无声。我们似乎忘记了缆车的收班时间,恍然大悟后,我们一行人匆匆朝一个多小时路程外的缆车站赶去。尽管我们都认为大麻烦即将来临,但幸运的是我们赶到缆车站时看到那里还停靠着一列缆车。一名乘务员站在旁边,我们高兴地朝他走去,他却不耐烦地看了我们一眼,告诉我们,最后一班缆车5点30就离开了,而当时已经6点过了。我们再三恳求那名乘务人员通融一下,然而他却铁石心肠不肯通行。我们无奈只好找到一家山间青年旅店,从那儿试着给夏季学校的大本营通话,郁闷的是电话一直无法打通。天色渐渐暗了下来,我们不能继续逗留,只好给了旅社前台一点钱,拜托她继续试着给夏季学校打电话,通知我们的家属。

  那时,我们能做的只有不顾一切地往山下跑。如果能找到山路是最好的,找不到山路就只能在与人齐高的草堆中穿梭前进。罗伯特之前已玩了4个多小时,早已精疲力尽。基普抱起罗伯特,就像是中世纪画像里的圣克里斯多福一样走在前面。我们跟在他们后面一路奔袭,却惊讶地看到头顶上飘过向里雾诗小镇方向驶去的缆车,上面正坐着那名脸色难看的乘务员。太阳渐渐落下,天色越来越暗淡,空气开始变得寒冷,我想唯一可以庆幸的是在夜里我们的目的地不是山顶而是山脚。

  里雾诗小镇并非我们的终点,我们抵达那里后,还得再向西面的山峰走大半个小时才能抵达夏季学校的大本营。等我们艰难地回到学校的时候,已是晚上9点了。校园里的人们似乎都在焦急地等待着我们的消息。山顶的青年旅社的电话始终没有和他们这里接通,史蒂芬和我的父母都惊慌而不知所措,疲惫的大家一见面就拥抱在了一起。

  夏季学校进入尾声,大家开始了最后一轮的社交活动。他们在园子里搭起支架烤全羊,基普趁着这个机会告诉史蒂芬,邀请他去莫斯科做学术

Part Two　Travelling to Infinity
我和霍金的生活

演讲，基普称莫斯科有很多杰出的科学家因为政治管制无法出国进行学术交流。他说他可以为史蒂芬安排好行程，他可以在 1973 年波兰哥白尼峰会结束后就动身。基普的热情邀请让我有点盛情难却。当露西还是个小婴儿的时候，史蒂芬就常和乔治·埃利斯或者他的第一个研究生加里·吉本斯（Gary Gibbons）一起出游，我都同行前往。现在罗伯特 5 岁了，露西 1 岁半了，我已不太喜欢这样的四处飞行。时不时地，史蒂芬会问我是否愿意跟着一块儿飞到很远的地方去做讲座，我经常告诉他放不下孩子们。

对史蒂芬的爱和对孩子们的爱让我产生了巨大的矛盾。史蒂芬在追求自己梦想和事业的道路上一刻不停，去世界各地参加讲座能让他在国际上不断提升自己的名望。我曾下过决心要帮他实现梦想，但现在，我成了两个孩子的母亲。我对两个孩子抱有同样大的责任，尽管史蒂芬的日常起居非常需要我的帮助，但孩子们也是一切都离不开我。他们年纪太小还不能脱离母亲的照顾。如果说，他们父亲的健康已是一个不确定因素，那我就更需要尽可能地多陪在他们身边。当然我相信他们的外祖母外祖父也能很好地照顾他们，但是如果我与孩子们身隔着几百英里，我会非常难受。

这个矛盾逐渐成了我们之间的大问题。史蒂芬会问我是否愿意跟他一块儿去纽约开会，我会拒绝他。几周后，他会再次提起，我再拒绝，如此反复。他指望着我对一次次地拒绝他感到内疚而答应与他同行。但我却为史蒂芬不能理解我的心情而感到烦躁。这样的压力让我在 1967 年就产生的飞行恐惧症进一步加强了。每次一提到飞行，我就感觉天空中乌云密布，飞机就像一只不祥的大鸟。我在那之后就参加过两次飞行，一次是罗伯特生病的那个寒假飞行去马略卡岛，一次是 1970 年 5 月飞行去瑞士。1968 年的 9 月，我们受邀前去格鲁吉亚（Georgia）的第比利斯（Tbilisi），不过让我欣慰的是包括史蒂芬在内的许多英国科学家都拒绝了那次邀请，意在抗议苏联那年 8 月对捷克斯诺伐克的侵略。我对飞行的恐惧并不是没有来由的，20 世纪 60—70 年代，发生过好几次空难，飞机也成了越来越多的国际恐怖分子瞄准的目标。

诸多上述的烦恼和压力相加，构成了我多年以来最大的难题，不愿坐飞机。我不得不选择火车或者汽车，导致了我以最累最绕路的方式参加旅行。1971 年，史蒂芬应邀参加位于的里雅斯特的会议，他坐飞机前往意大利，而我和罗伯特则通过火车前往，我们将 7 个月大的露西留给了英国的父母照看。我和罗伯特不知过了多久才抵达威尼斯，在威尼斯的钟楼上，罗伯特被那里的景色深深吸引，怎么喊也不走。直到正午敲钟的时候他才被钟声吓到，急匆匆地跑去找下楼的电梯。罗伯特固执地要在弗洛里安饭店外的圣马可广场上逗留，弗洛里安饭店可是一个高消费的地方，一小瓶咖啡都要 6 英镑，坐在那里的台阶上还会不断地受到广场上的鸽子的侵扰。

  两年后，我们按照预定好的从华沙前去莫斯科的旅程却发生了较大改变。首先，坐飞机成为了我们的唯一选择。其次，我们必须提前好几个月准备签证。我别无选择，我必须离开我的孩子 1 个月的时间。在那时的苏联，只有我可以得到一份陪同史蒂芬的签证，而孩子们只能留在英国。尽管我心里有一万个不情愿，但不得不接受命运的安排。某个科学机构帮我们购买了机票并顺利地从大使馆办理了签证。想起不久前，尚未为人母时，自己无忧无虑地独自在西班牙游玩。联想起大胆到连破烂的螺旋桨飞机都不怕的少女，不禁黯然神伤起来。1973 年的 8 月，我不舍地看着孩子们在他们外祖母外祖父的家里开心地玩耍，与史蒂芬一起前往莫斯科。

Part Two | Travelling to Infinity
我和霍金的生活

22 智慧和无知

　　1973 年，众多天文学家涌进波兰纪念著名天文学家尼古拉·哥白尼诞辰五百周年。哥白尼曾因为不满于托勒密的地心说而于 1514 年独自创立了一个新的宇宙学体系。我仍然认为自己是一名中世纪历史研究者，而且是那种对天文学抱着非常大兴趣的中世纪历史研究者。哥白尼当时的创新打破陈旧观点的态度让我感到震撼。他是人类历史上首个提出地球以及其他星球是围绕太阳旋转理论的天文学家。虽然托勒密并未将科学的宇宙观与基督教的平面地球理论完美地和谐统一，但在那个时代，他提出的地心说俨然成为了当时的科学界和宗教界的信条。我曾在 1971 年参观了的里雅斯特，从而认识了这个饱受压迫和分离摧残的国家的悲剧本质，感受到了哥白尼理论带来的宗教和科学上的分歧，以及这个天才最终的悲剧下场。

　　哥白尼没能活到 17 世纪见证伽利略如何将他的理论发扬光大，可他一定明白自己的理论的重要性和延展性。不可否认，他是首个打开潘多拉魔盒的科学家。他给人类带来的科学知识一方面普及人类对世界的认知，另一方面则严峻考验当下世人的诚信道德。他提出的理论被世人称为"哥白尼革命"，因为哥白尼的系统否定了地球为宇宙中心的假说。人类并非宇宙的中心，人类和造物主并非如前人认知的那样亲密。这本质上的改变，将人类的认知从中世纪压迫性的神学宗旨中解救出来，让人类能真正开拓自己的智力和体力。这在文艺复兴中也起到了重要作用，文艺复兴时期的建筑师开始关注并建造除教堂以外的其他建筑，画家们逐渐将绘画中的对象由神转换为人以体现人类自身的力量与魅力。从科学的角度分析，哥白尼的研究成果最重要的意义是将科学家的思维从宗教思想中解放出来。正是基于这个前提，成就了 17 世纪英国的牛顿做出了自己的重大科学发现。然而，哥白尼的发现在当时引起了基督教教会的极度反感，招致了一大批反科学行为的出现。

　　或许是意识到自己的发明将会带来巨变，哥白尼直到晚年才将自己的著作《天体运行论》向大众出版。1543年5月24日，哥白尼临死前，人们将《天体运行论》带到了他的床前。哥白尼从未向世人隐瞒他的科学发现，在他去世之前他的科学理论著述在书中已广泛传播。而他本人也在1533年的罗马与红衣主教克莱孟七世深入探讨过书中的内容。或许，当时的红衣主教并未意识到该书的严重影响。或许，哥白尼当时的解释是这只是对托勒密复杂的宇宙论的一个简化。或许，红衣主教当时并未将此放在心上。因为，直到多年后的伽利略提出支持和推广哥白尼的科学观时，教会才表现出它愤怒的一面。

小望远镜的发明可以追溯到曾经在佛兰德镜片制造商商店里玩耍的小朋友。他们发现将两块镜片前后叠加在一块儿可以看到很远的地方。镜片制造商商店的老板从中发现了商机，用镜片叠加的原理制造了小望远镜作为玩具售卖。当伽利略得知小望远镜制造原理后，他仅用了一个晚上的时间就发明了天文望远镜，并在威尼斯的钟楼上向世人展示了这项惊人的发明。他们当时能够清晰地看到距离海港外两个小时航程的海平线上的房屋建筑，伽利略当时已经意识到自己的发明可以运用在天文学上。于是乎，他在帕多瓦建造了一台天文望远镜，一举发现了四颗木星的卫星，并进一步发表了自己描绘的月亮水彩图。伽利略的观察结果证实了哥白尼的日心说理论。1610年，伽利略将自己的发现向大众公布，从而招致地心说的教会向他发出的强烈的抨击。

1600年，著名天文学家焦尔达诺·布鲁诺就因为对传统天文理论发出质疑而被活活烧死。伽利略丝毫不感到畏惧，他认为自己提出的理论由可观测的结果得出，是不争的事实。同时，他弃用拉丁文，使用了普及率更高的意大利语发表了自己的发现，从而一举成为了哥白尼理论的最大支持者。当时的教会正为新教的斗争大为恼火。伽利略的学说严重违背了犹太教和基督教拥护的地心说，这是教会无法容忍的。1616年，教堂勒令伽利略停止任何形式的对哥白尼理论的支持和辩护。

1623年，马费奥·巴尔贝里尼（Maffeo Barberini）竞选为罗马教皇乌尔班八世（Pope Urban Ⅷ）让伽利略的困境稍稍得到缓解。巴尔贝里尼拥有较高的文化修养且热爱艺术。但他也是一个骄奢淫逸、独断专横的人。他曾下令杀光所有梵蒂冈花园的小鸟，仅仅是因为它们的叫声将他吵醒。然而，他却非常欣赏伽利略，他上任教皇伊始便让伽利略以完全中立的角度撰写了一本名为《关于托勒密和哥白尼两大世界体系的对话》的书。该

Part Two | Travelling to Infinity
我和霍金的生活

书探讨哥白尼主张的日心说与教会拥护的地心说这两个宇宙理论各自的优缺点，这才让1616年的教会对伽利略言论的封杀有了适当缓解。事实上，伽利略在书中阐述两个宇宙理论的优缺点时，大力主张哥白尼理论的正确性。该书出版后不久，伽利略就遭到了当局的逮捕及审讯。伽利略被软禁在阿尔切特里的别墅里，且双目全盲。这位无尽宇宙的国王就这样被囚禁在有限的空间里。他研究领域之广和他自身条件的有限形成了强烈反差，或许平凡人完全不能体会他的处境，他却睿智地将其描述为："我广袤的宇宙现已枯萎成一个狭小的罗盘，其所有内容不过剩下我自身的知觉。"

或许判决能够软禁他的身躯，但他的智慧却展开着无限旅行。由伽利略起草的《两种新科学》被悄悄带到了荷兰，并于1638年出版。这本书为现代实验物理学和理论物理学奠定了基础，科学界的中心从此由充满宗教压迫的西欧渐渐转移到了北欧。

尽管伽利略本人是虔诚的天主教徒，但他与梵蒂冈冲突的根本原因是宗教与科学产生巨大矛盾。宗教与科学从此再不能和谐统一，这一冲突甚至延续至今。宗教启示性的教条通常在科学理论面前站不住脚，于是宗教便退到角落不愿与科学有过多接触。科学家们则更多抱着进攻的心态，宣称科学定理才是解释宇宙奥秘的唯一准则。然而，或许双方都没有认清各自角色的本质。科学家理应解答宇宙与生命的机理，去解答世间万物的运作原理，但科学家的思维模式是物质的理性的，他们不应该越界去解释宇宙和人类存在的意义，不应该去试着解释世间万物是为何存在的。如果我们的生命都是由利己的基因序列组成，且这些基因都是以自身生存为演化目的，那么生物学家们就不应该尝试去解释为什么人类有时候会做出慷慨的具有同情心的利他行为。然而事实上，生物学家将这些利他行为用基因学说牵强地解释为一个群体间的互相帮助是对群体生存率的最有效的贡献。同样的，音乐、艺术、诗歌等活动都被强行解释为人类本能的高级演化。

在我与史蒂芬的几十年婚姻中，我时常会因为一篇文章或者一个电视节目而产生与史蒂芬探讨这些类似问题的冲动。早年时，我们的相关讨论总是充满打趣，不那么严肃。然而随着时光流逝，我们的讨论却越来越认真，有时甚至会伤害到彼此的感情。宗教和科学不可磨合的冲突波及范围之广，触及到了我和史蒂芬的日常生活。史蒂芬会态度坚决地强调自己实证主义的身份，而我所认知的宇宙却远不止于此。我相信生命的意义不仅是单调的物理法则，生命的目的不只是幸存下去。史蒂芬拒绝妥协。因为一旦他承认妥协，他就承认了这个宇宙存在不确定性，而对于研究确定的数学理论的他来说，不确定性是万万不能接受的。

伽利略死于1642年的1月8日，同年，牛顿出生。300年后的1月8日则是史蒂芬诞生的日子。这样的巧合，促使史蒂芬将伽利略视为英雄，甚至认为自己是伽利略的延续。1975年，教皇赠与史蒂芬爱丁顿奖章，史蒂芬借此机会以其个人名义展开了为伽利略昭雪的运动。运动开展得很成功，然而该运动最终被世人看作为传统守旧的神学对理性科学的一种让步和妥协，而并非科学与神学的和谐统一。

16世纪的哥白尼诠释了一个真正的文艺复兴学者的形象。哥白尼不同于一个世纪后的伽利略，伽利略从未接受过真正意义上的宗教挑战。哥白尼尽情享受着那个年代科学与文化蓬勃发展带来的便利，他游遍了博洛尼亚、帕多瓦、罗马。除了天文学，他还精通数学和医学。他将许多作品从希腊语翻译为拉丁语，他在外交上也有卓越贡献，他甚至还多次起草文件要求改良当时的波兰货币。

我和史蒂芬参加的这次的波兰纪念大会具有一个重要意义，即大会可以让来自东西方的伟大学者们齐聚一堂，在一定程度上享受学术的自由。苏联的物理学家可以随意往返于波兰，而对于西方学者去波兰远比苏联更便利。从签证时间上看，我们去波兰就远比去苏联迅速和方便。或许当时进入波兰唯一的麻烦就是他们的海关对护照上照片的核实极为仔细。事实上，当时前往波兰的一大批科学家护照上的照片都拍摄于10多年前的学生时代，波兰海关在审视他们照片时颇费了一番力气。为了证明自己和照片上的人物头像相符，科学家们不得不在海关处剃头洁面，以帮助海关更好地识别自己的身份。所以，当这批科学家抵达华沙时，他们看上去就像是一群刚被剪过毛的绵羊一样。史蒂芬是他们当中唯一一名头发比照片上还要短的人，也许这就是他当时能避免在海关临时剃头的原因。

1973年的波兰是一个沉浸在悲伤中的国家，他们被德国摧残之后又遭到了苏联的疯狂打压。所以，当我们看见波兰群众对包括我们在内的外国人持不欢迎态度时，我们丝毫不觉得诧异。或许在他们的思维中，外国人除了德国人就是苏联人。我们即便声明自己的英国国籍也无济于事，因为英国人或者美国人都生活在波兰人民迫切渴望却又无法得到的理想社会之中。波兰街道上商铺的橱窗里或许带有英美式的家居风格，但走近一看，货架上的东西要么残破不堪，要么就是价格高昂。

Part Two | Travelling to infinity
我和霍金的生活

走在波兰，随处可见这个国家的自身矛盾性，一个处于东西方文化激烈碰撞的社会。在德国与苏联两个邻居的夹击下，波兰人民艰难地重建着在第二次世界大战中遭到损毁的华沙。站在巨大的华沙科学文化宫前，我感想颇多。哥白尼纪念大会便在这座建筑中举办。大门前是一串长长的阶梯，从大厅通往举办会议的展厅还有一段长长的阶梯。大会举行的每个早上，我都会与史蒂芬的学生伯纳德·卡尔一起将史蒂芬扶上高高的台阶，让他在入口处的座椅上稍作歇息，再继续向内走去。进入大厅前往展厅的时候，我们需要重复之前的操作。到会议结束的时候，我们又要重复同样的步骤将史蒂芬送回住处。有时因为会议地点的突然更改，我们可能要重复无数次这样的操作。

波兰可能是欧洲最虔诚的天主教国度，波兰教堂早已被人们看做是自由和独立的象征。不同于英国天主教在罗马教皇圣若望二十三世改革影响之下的简化版的教堂，波兰教堂的风格则更加精细。这和我在西班牙看到的教堂颇有相似之处。波兰的教堂往往都是有着昏暗的光线，装饰复杂而别致，教堂里的空气总是弥漫着薰香，教堂里也充满了各种圣人的石膏像，营造出一种神秘的氛围。去教堂朝圣的也总是那些戴着黑面纱的老妇人，她们在圣坛前屈膝下跪、虔诚祷告，就跟佛朗哥时期的西班牙一样。波兰的教堂展示出保守的风格，人们用自己独有的镇静方式来抗衡压迫他们的政治体系。西班牙的教会也同样拥有保守的风格，相反的是，西班牙的教会正是政府压迫体系下的一分子。

纪念大会的第二阶段在波兰城市克拉科夫举行。相比华沙，克拉科夫是一个更有个性化特色的城市。它的标志性建筑——瓦维尔城堡和圣玛丽教堂——在第二次世界大战的战火之中毫发无损地幸存了下来。克拉科夫的不远处就是臭名昭著的奥斯维辛集中营。当时官方并未组织我们去集中营参观，我们中的一些犹太朋友自发前往那里，他们回来后将其看到的各种触目惊心的画面与我们一一分享。

在那个不幸的国家，唯一让我感受到一丝平和的地方是位于华沙城外的一个名为热里亚左瓦沃里亚（Zelazowa Wola）的小镇，肖邦就出生在这里的一座单层茅草屋里。尽管肖邦的家人在他幼年时就搬到了华沙居住，但他仍在小镇度过了许多个暑假。在这里，她母亲的姓氏斯卡尔贝克（Skarbek）算得上当地的贵族。也正是在这里，肖邦完成了自己著名的 E 小调钢琴协奏曲的谱写。肖邦会利用节假日与学校校友结伴去乡下游玩，肖邦曾和他的朋友们一块儿到过城市托伦，在这里他参观了哥白尼的故居。当时的肖邦对哥白尼故居的简陋条件深感震惊，他将这座房子形容为："这是一间被一个老是吃土豆的德国人占据的房间，吃土豆的德国人还不时地放臭屁。"

相较于哥白尼的故居，位于热里亚左瓦沃里亚的肖邦故居既舒适又宽敞。锃亮的地板上摆放着精致的家具，各种乐器应有尽有，甚至还有精雕细琢的家族雕像，房屋完美体现了19世纪早期波兰贵族家庭的生活状态。吸引我的不仅是他家不沾尘世的气息，还有那难以名状的寂静。空气中似乎还飘着当时他们家族派对上奏响的玛祖卡舞曲和华尔兹，花园的芬芳中似乎还能看到当时静谧的夜色。整个环境让我仿佛回到了肖邦生活在这里的年代，耳畔响起他手中谱写的美丽音符。整个房屋都充斥着一种与这个国家不符的安静祥和，一种只有史上最伟大的浪漫主义作曲家才能谱写的祥和。就像肖邦的好友德拉克罗瓦（Delacroix）的描述："天堂在此刻也嫉妒着地球的美妙。"与哥白尼相近，肖邦一生的大部分时光也都在国外度过。他1830年离开波兰，从此再没回过自己的故乡。肖邦在德国城市德累斯顿偶遇了年轻的波兰姑娘玛丽亚·沃津斯卡（Maria Wodzinska），并向其展开了热烈的追求。肖邦的追求遭到了玛丽亚家人的反对，很大一部分原因是肖邦当时的身体状况令人堪忧。如果他当时能和玛丽亚结婚，也许还能返回波兰。事实上，他一直待在了他父亲的故乡法国。在那儿，他与当时出名的放荡女作家乔治·桑有过短暂交集。1849年，年仅39岁的肖邦死于肺结核。

整个波兰行似乎都充斥着悲伤，这令人沉闷的主旋律也似乎映照着我们日常的生活。那种悲伤的感觉一路跟随着我们，特别是我们和智利的物理学家克劳迪奥·泰特尔鲍姆（Claudio Teitelbaum）及他的妻子同行时尤其明显。尽管泰特尔鲍姆夫妇居住在普林斯顿，但他们却和当时智利新上任的阿连德总统熟识，泰特尔鲍姆的父亲正是阿连德总统的一名外交大使。在他们左派革命者的政治圈里还有一名伟大的诗人巴勃罗·聂鲁达，我从大学本科时代就一直钦羡他的文采。聂鲁达曾在1964年来到伦敦的国王学院朗读他的诗歌，我时至今日还记得他的爱情诗带给我的那种懵懂且强劲的力量，就如同肖邦的音乐给我带来的心灵感应。聂鲁达是一名智利共产党人，他在智利具有较强的影响力和号召力。智利总统的头衔对他并非难事，但出于朋友的友谊，他将这一职务拱手让给了他的好友萨尔瓦多·阿

Part Two | Travelling to Infinity
我和霍金的生活

连德。哥白尼纪念大会的最后一天,我们待在克拉科夫的酒店公共休息室聊天。有消息说,在美国中央情报局的支持下,智利右翼武装分子发动政变,推翻了当时的智利政府。阿连德总统本人也在守卫总统府时牺牲。泰特尔鲍姆夫妇得知此消息后悲痛万分,不仅是因为他们失去了挚爱的总统,更因为他们希望智利人民翻身过上好日子的愿望破灭了。和他们一样的成千上万的智利人将开始流亡生活,相比之下,他们夫妇已算非常幸运的了。不知有多少智利无辜百姓能侥幸逃出皮诺切特政权下的武装分子的魔掌。两周后,巴勃罗·聂鲁达就跟随他的前辈洛尔卡的脚步,在智利右翼武装政变中献出了生命。

23 契诃夫的脚步声

如果说波兰给我的印象是矛盾的，那么莫斯科则是完全统一的。他们对本国及外国的政治属性非常确定。大家都知道，苏联是一个统一且独立的国家，但他们的自由度却有别于西方世界。我们抵达莫斯科时，莫斯科人民对我们彬彬有礼。他们虽然意识到我们来自条件更优越的国家，但他们丝毫没有嫉恨心理。从华沙飞往莫斯科的飞机上，基普提前告诫了我们，"莫斯科的酒店可能装有窃听器，这也许是对我们的某种保护，我们说话注意分寸即可。"史蒂芬学生时代曾和一群浸信会教友去过莫斯科，对于史蒂芬这种极端的无神论者来说，真是不可思议的旅行。更令人费解的是，史蒂芬还帮助他们将《圣经》藏在自己的鞋里偷偷带进了苏联。

今时不同往日，此次，我和史蒂芬的苏联之行可谓高规格的正式的学术交流。一路上，我们享受着贵宾待遇。组织方安排我们下榻在俄罗斯酒店，这是一座巨型的立方体建筑，位于莫斯科河畔，比邻红场。进入酒店后，我们首要的事情是检查自己的房间，心里期待着发现角落里隐藏着的窃听器。那时，我们之间流传着这样一个笑话，"一个外交官在酒店掀起了地毯，偶然地发现了隐藏在地毯下的电线。他愤怒地撕扯电线，楼下传来了吊灯砸落在地板上的巨大响声。"

不过，我们的确注意到了酒店一楼四处布满了电线，且在酒店的四面均匀分布。每面的电线长度都超过了半英里（800米），这里的人们给我们的解释是"行政需要"，但我们都明白它们的真实含义。更明显的是，那些拿着鲜花在机场迎接我们的苏联人护送我们到酒店后驻足不前，不愿踏入酒店半步。或许是被路上的见闻惊吓，我们队伍中一位不太出名的年迈教授伊万年科（Ivanenko）特地跑到基普的房间，字正腔圆地描述自己对苏联科学事业所作的贡献。他似乎是希望将这番话通过窃听器传达给苏联窃听员，以博得他们的好感。伊万年科教授常常带着年轻的天体物理学家去西方参加各种学术会议。他为人严谨，并不受年轻人的欢迎。然而，他自

Part Two Travelling to Infinity
我和霍金的生活

己也行事古怪。1970年，我们一同参加了在瑞士格瓦特举办的学术会议，当我们集体去图恩湖游玩时，他却莫名地消失了，后来我们才知道他早已回了莫斯科。

史蒂芬此次莫斯科之行有两个目的。第一个目的是进一步了解实验物理学。虽然史蒂芬是一名理论物理学家，但如今也开始涉足实验物理学，以更好地开展对黑洞领域的研究。在这方面，美国物理学家约瑟夫·韦伯（Joseph Weber）对史蒂芬提供了启迪。韦伯建造了一种探测器，用于探测恒星坍缩成黑洞后释放出的微弱的引力波。为了支持并拓展韦伯的研究，我和史蒂芬曾花了无数个下午的时间在剑桥寻找废旧的真空管，并在里面注入液氮，最后将探测棒泡在液氮中。我们做的实验非常复杂，我们要探测的东西微小难辨，就像希思·鲁宾逊（Heath Robinson）细如发丝的绘画一样。莫斯科大学的弗拉基米尔·布拉金斯基（Vladimir Braginsky）教授也在自己的实验室里开展了类似的研究，他还热情地将自己做实验使用的合成红宝石赠送予我们。布拉金斯基教授活泼的性格或许伪装了他在科学研究上的卓著成就，但却令他玩世不恭的风格暴露无遗。即便是在较为正式的场合下，他也会无所顾忌地讲一些政治笑话。在晚宴时，除了有伏特加和格鲁吉亚香槟，还有布拉金斯基教授的笑话让大家放松。他的笑话并不低俗，大多都与政治相关。我印象中还记得一个与交通相关的笑话："某日，一个美国人、一个英国人、一个苏联人聚在一块儿讨论自己的交通。美国人率先发话，'我们需要三辆车，一辆自己使用，一辆妻子使用，还得准备一辆房车以备节日使用。'英国人谦虚道，'我们需要一辆小型敞篷车以供市区日常使用，还需要一辆稍大点的车可容纳家人周末度假时使用。'苏联人说：'莫斯科的公共交通实在太方便，市区出行完全不需要小轿车，周末度假我们可以开坦克。'"

莫斯科之行的第二个目的是和这里的诸多苏联物理学家进行面对面的交流。他们当中有很大一部分是犹太人，在当时的情况下，他们很难出国进行开放的学术交流。苏联在20世纪40—50年代的原子弹研究领域爆发出了一位领军人物雅可夫·波里索维奇·泽尔多维奇（Yakov Borisovich Zel'dovich），他是位个性火爆的科学家。至20世纪50—60年代，他开始将自己的研究转入天体物理学。这和他的很多美国同行如出一辙，因为星体的内爆过程与氢弹的爆炸过程极为类似。不出意外地，泽尔多维奇又迅速地成为了黑洞理论研究领域的权威。鉴于他之前的核武研究的机密性，他早已养成对研究成果持有高度警惕的保密性。他从未想过走出铁幕，将自己在黑洞领域的研究认知与西方科学家一同分享并探讨。不过，他的卓越发现还是被一位年轻的同事伊戈尔·诺维科夫（Igor Novikov）用广播的方式告知了西方世界。史蒂芬后来和诺维科夫建立了很好的工作关系。

如同泽尔多维奇，犹太物理学家叶大根尼·利夫希茨也受到了严厉的出国限制。同样受到限制的还有他的那些天赋卓越的学生们。很多年轻科学家要等上很多年才能拿到一张出国许可证。这些物理学家有的满腔愤慨，有的缄默不言。无论他们将自己的内心世界如何隐藏，我也能很容易地感受到他们心中的恐惧和不满。他们都为官僚主义对他们的创造力的严重限制而忧心忡忡，同时又害怕过于反抗会遭到克格勃的强硬打击。

基普和他的苏联朋友们关于这个问题总有讨论不完的内容。与此同时，我和史蒂芬总是帮他充当各种不必要社交活动的挡箭牌。我们在酒店里的那段时间，活动主办方给了我们数不清的票去俄罗斯大剧院观看各种演出。有《鲍里斯·戈东诺夫》、《伊戈尔王子》那样的歌剧，还有《睡美人》、《胡桃夹子》那样的芭蕾舞剧。史蒂芬对歌剧总是充满了热情，但对芭蕾舞剧却完全不感兴趣。确实，此前我们唯一一次看芭蕾剧是在剑桥艺术剧院，剧目是《吉赛尔》。芭蕾剧刚上演，史蒂芬就抱怨头痛，我只能在中场休息时将他送回家，回到家里他就莫名地不再头疼了。在莫斯科的日子，我们总是早早地抵达剧院，所以我们总能找到特别好的位置。唯有在看芭蕾舞剧《胡桃夹子》的那次，我们抵达俄罗斯大剧院的时候迟到了。工作人员匆忙将我们领到侧门的过道在一条靠边的座位坐下。此前，我们早去的时候，基普总能趁着剧院关门前，悄悄和自己的苏联同僚弗拉基米尔·布拉金斯基溜出去随心地讨论政治和科学。然而，这次基普没法溜了，他只能乖乖地坐在座位上，布拉金斯基只能在大厅中等着。不过，史蒂芬终于有了一个与他志趣相投的同伴陪他一起煎熬了。

与苏联科学家接触的时候，虽然我们知道存在一些间谍行动在暗中进行着，但我们也开始意识到科学家们还能享受着有限的思想上的自由。基普·索恩在他的《黑洞与时间弯曲——爱因斯坦的幽灵》一书中提到了哈拉特尼科夫、利夫希茨等苏联科学家打算勇敢地纠正此前的研究成果存在的明显漏洞，即当一个星体发生内爆演变为黑洞时并不会产生奇点。基普为他们感到担忧，而这种担忧本来是没有必要的：

Part Two | Travelling to Infinity 我和霍金的生活

"对于一名理论物理学家来说,要承认自己在已发表的文章中犯下了错误是一件非常丢脸的事情。对于美国或英国的学者来说,这样的事情可能会毁掉其名声或前程,但是对于我在苏联的这些同僚来说,这样的错误或许会得到更加严重的后果。名声对于苏联科学家更为重要,因为这和他们的出国限制具有关联性,甚至与他们能否进入科学院都有直接关联。他们的勇敢行为也许意味着,我的同僚们会损失现有的双倍工资,专车及私人司机的优厚待遇也会随之取消……"

当1969年基普访问莫斯科的时候,利夫希茨就拜托他悄悄捎一篇文章带出苏联发表,文章内容是更正利夫希茨之前的申明并纠正自己的错误。苏联政府早在那之前就剥夺了利夫希茨出国的自由。论文最终在西方发表,基普曾满怀感激地说:"值得庆幸的是,苏联官员完全不知道这件事的发生。"

出于史蒂芬对物理学独到的见解,苏联同僚们和史蒂芬交谈甚欢。与史蒂芬类似,他们都关注问题的大方向,讨厌繁琐的细节。他们都采取"舍朽木而览全林"的有效的思维方式,对待物理学或文学上的问题皆如此。他们似乎从过去中走了出来,从屠格涅夫(Turgenev)、托尔斯泰(Tolstoy)和契诃夫(Chekhov)的文字中走了出来。他们谈论苏联以外的文学和艺术,包括:莎士比亚、莫里哀、塞万提斯、洛尔迦。就像我学生时代喜欢佛朗哥时期的西班牙那样,他们也会不时地引用一些文学作品里的经典句子,包括一些史蒂芬个人很喜爱的诗歌。对于这些苏联学者来说,统治阶级并不是他们关心的话题,他们更多地沉浸在文学、艺术与音乐中。

这些苏联同僚们不但在谈论科学时充满干劲,他们还乐于带领进行各种文化参观。文化与科学总是相伴在一起:在参观文化景点的同时,他们不时地讨论着科学问题。我们参观了金色圆顶的克里姆林宫,这座曾经的天主教堂已失去了宗教用途,但她昔日的圣洁却丝毫没有褪去。我们站在镶嵌着宝石的地板上瞻仰了特列季亚科夫画廊和普希金画廊。怀着敬畏的心情参观了托尔斯泰的故居,小木屋的正门前立着一个巨大的棕熊标本,托尔斯泰曾在屋后的一个小房间里从事过他的第二爱好:皮鞋制作。在托尔斯泰的花园里,我拾了一些落下的树叶,有浓郁的棕色、橙色和黄色。

我向当地人询问了哪里有尚在使用的教堂,他们把我带到了装饰华丽的位于莫斯科的圣尼古拉大教堂,还带我参观了位于莫斯科郊区的新圣女修道院。尽管年长的教徒在低声吟唱圣歌,喃喃地亲吻神像,但这里没有给我带来圣洁的感觉。我们住宿的酒店附近还有两座小教堂，相形之下矮小而破败。这两座教堂已不再行使宗教功能，空荡无人。其中一座全由砖瓦筑成，房顶挂着金色的十字架，另一座拥有一个金色的穹隆顶。政府似乎镇压了这里的宗教活动，但实际上似乎又反助了人们的宗教信仰精神。那些持有宗教信仰的人似乎内心更加坚持，那些缺乏宗教信仰的人却全然不知。

通过与这些身份尊贵、洋溢着诗意的科学家们的交流，我们感到似乎穿越时空回到了过去。莫斯科的大街上几乎看不到汽车，他们的物质资源颇为贫乏，这里的人们衣着朴素。尽管这里的医疗是公费的，但根据我们的观察，这里的医院和医生都在尽可能地逃避诊视病人。在剑桥的时候，查尔莫斯修女每两周会来我们家给史蒂芬打一剂维生素 B_{12}，以增强他的体质。到了这里的第二周，史蒂芬便需要注射针剂了。几经周折后，一位同僚说服了一个医生前来酒店为史蒂芬注射药物。她进门的那一刻，我还以为看到了圣奥尔本斯凶神恶煞的体育老师米克尔约翰（Meiklejohn）小姐。她走进房间，从黑色的手提包中拿出她的医疗器具：一个肾形的铁碗、一个金属注射器、一堆可重复利用的针头。看到她的这一系列动作，我和史蒂芬倒抽了一口冷气。史蒂芬似乎被惊吓了，他一言不发地看着她将那愚钝的针头刺进自己的皮肤，我不适地扭过了头。

食品店门前，身穿灰色雨衣的人们排起了长队，一眼望不到尽头，这一幕让我感觉仿佛回到了第二次世界大战后的伦敦。无论是红场上的国营商店，还是街边的杂货小店，让我丝毫提不起购物兴趣。首先，每人都必须排队询问货架上是否有自己需要的商品。然后，他们需要去另一处地方排队付款。拿到收据后，他们需要回到之前的队伍中，凭手里的小票换取商品。好在作为游客，我们可以享受一些外国人才拥有的特权。我们可以去一家仅对外国游客开放的称为小白桦商店的地方自由购物，尽管那里的商品价格昂贵得不可理喻。我原以为那里的商品都是苏联制造，不过，我惊喜地发现了一双皮手套，标签上印制着"英国布莱克本制造"的字样。

商店还为外国游客提供了新鲜的进口葡萄、橘子、番茄。这些商品对苏联人民来说是不可求的奢侈品。如果用我们住宿的"头等"套房的饮食标准来衡量，苏联人民每天食用的酸奶、冰激凌、鸡蛋、黑面包和黄瓜就显得非常廉价了。肉类在这里是稀有食物，偶尔，酒店特地为我们外国人提供油炸肉丸。但肉丸的口感极差，硬得像皮鞋上的橡胶。几年前，我曾

Part Two Travelling to Infinity
我和霍金的生活

学过一点俄语,然而这对于我们点菜来说几乎没有帮助。就算我好不容易找到几个认识的菜名,服务员也会告知我那些菜品暂不供应。

在初到莫斯科的前几日,我们为饮食问题焦头烂额,直到一个晚上我们误撞进了位于酒店顶层的餐厅。餐厅的窗外可以清晰地看到克里姆林宫上鲜红色的五星。我们旁边坐着一个法国人,他桌上的食品把我们震惊了,就如同一个举止优雅的法国绅士在自己故乡的高级餐厅进食一样。服务员首先为他端来了开胃菜,一小碟鱼子酱、熏鱼、一块儿冷肉和一小杯伏特加。当我们正在我们的鸡汤里捞那几片薄薄的鸡肉时,他的主菜也上来了。那是一条烤鲟鱼,被烤得金黄酥脆的土豆包裹着。我们嫉妒地看着他进食,他盘中的香味直直地对着我们扑鼻而来。我一直呆呆地盯着他的饭桌,直到他就餐结束。他满意地靠在椅背上,优雅地朝服务员招手时,我才意识到我可以上前和他打个招呼。我走上前去,用法语问他菜单上哪里是鲟鱼和鱼子酱。法国人友好地告诉我,它们分别是菜单上的第32项和第54项。多亏了他,我们那天才得以美餐了一顿。倒霉的是第二天那家餐厅就关门了,我们此后再也没有找到能提供那般美味的餐馆。

我们对饮食质量越来越感到绝望,但也有例外,我们对去城郊的奥斯坦金诺电视塔顶楼的旋转餐厅(第七天堂餐厅)就餐充满了期待。理论上,那将是我们这次苏联行程的重要闪光点之一。这座电视塔是太空时代的象征,由重兵把守,大概是出于战略要地的重要性,只有特殊客人才能被邀请至那里就餐。直接进入电视塔是被严令禁止的,警卫在距离大门50米的地方对我们进行搜身检查,之后将我们带入一条通向电梯的地下通道。进入旋转餐厅,我们被告知在这里不能拍照,因为电视塔顶楼的旋转餐厅可以看到附近的一家牛奶工厂。基普后来告诉我们,"牛奶"在这里代指"武器"。不出我们所料,那顿饭是我们几周来吃得最丰盛的一餐。然而,整个旋转餐厅似乎设计得有些不完美,餐厅旋转的频率时慢时快,令我们不太适应。回到酒店后,我和史蒂芬一直闹肚子。

苏联科学家们不能随意邀请我们去家中做客,对于这点我并不感到惊讶,但也有一次例外。我们在莫斯科的最后一天,伊萨克·哈拉特尼科夫教授邀请我们去他家共进晚餐。我和史蒂芬第一次认识热情的哈拉特尼科夫教授是在伦敦的重力学大会上,那是在1965年我们的婚礼之前。出租车带着我们穿过莫斯科的大街小巷,来到城中心河边的一排建筑旁。我们对苏联人当时的居住情况略有耳闻,这里的民居非常缺乏,想拥有一套住房通常会由你在党内的职务决定。这里的新婚夫妇们通常需要和自己的父母一起居住。年轻的夫妻甚至会收留家里老一辈的还在世的亲戚。通常有老人住在家里对他们是很有帮助的,因为妻子和丈夫出门工作时,老人就可以留在家里帮忙照看孩子。然而哈拉特尼科夫教授的家却让我们大吃一惊,他的公寓比我们想象中的大多了,有电视和家庭影院。他给我们桌上端来的食物也非常精美,丝毫不逊色于任何西方国家桌上的大餐。鱼子酱、肉、沙拉、水果,非常可口。我和史蒂芬都很纳闷,在这个大力宣称人民平等且物资贫乏的国家,哈拉特尼科夫教授家却可以享受如此奢华的生活条件。这次又是基普给出了答案,他告诉我们,这当然不是因为哈拉特尼科夫教授卓越的科学成就所致,主要得益于他的妻子瓦莲京娜·尼古拉耶芙娜(Valentina Nikolaevna)。尼古拉耶芙娜是一名身材健壮的金发女士,她的形象让我觉得自己送她的精心挑选的珠宝极不合适。尼古拉耶芙娜是当年的一名革命英雄的女儿,因此享受了较高级别的待遇。从出生的那一刻起,尼古拉耶芙娜就像贵族一样享有众多寻常百姓无法享受的权利,优先的住房权以及在小白桦商店购物的权利。

我在托尔斯泰的花园里捡的那些树叶完美地代表了那几周我们对莫斯科的印象。9月中旬,我们带着由衷的宽慰,和一群欢呼雀跃的乘客一起踏上了飞往伦敦的航班,在风雪中离开了莫斯科。秋日的落叶预示着冬季的来临。在这个国家,人们的言论、思想和行动都在某种程度上受到了制约,很多我们认为理所当然的事情在这里都被冰封了。但这里也有活生生的色彩在歌唱,我们的科学家朋友是不屈服且勇敢的一群人。回到剑桥已临近冬天。我们除了将莫斯科的纪念品(树叶、木雕熊、手绘瓷器)带回了家,也同时带回了那里的交流障碍。回家后,我们很长一段时间没法正常交流,时刻担心着隔墙有耳。我越来越敬佩我们的那些苏联朋友,他们日常的生活需要承受如何大的心理压力。我们虽然还有害怕的感觉,但一见到孩子,就高兴得抛开了一切烦恼。我们不禁自问,如果我们身处那样的环境应该怎么办?

那年圣诞节,我和母亲带着孩子们去皇家节日音乐厅看芭蕾舞剧《胡桃夹子》。露西立刻被舞剧深深吸引,走出剧院时,她坚持要我们称呼她为克拉拉(Clara),克拉拉正是剧中女主人公的名字。接下来的几天,她借着我们家一盘老唱片的旋律,在家里的客厅里跳来跳去,享受着她自编的哥萨克舞蹈。而罗伯特更像史蒂芬,对芭蕾舞剧丝毫没有兴趣,他对父

Part Two | Travelling to Infinity
我和霍金的生活

亲喜爱的哑剧倒是颇感兴趣。真是有其父必有其子。整个芭蕾舞剧的上半场他都显出无奈的表情，下半场刚开始他就以喝了太多橘子汽水为由让外婆带他出了剧院。他们出去后就不能再回到座位上了，所以我母亲只能在闭路电视上看了这场芭蕾舞剧的下半场，而罗伯特则望着泰晤士河上穿梭不停的货船很是满意。

第二部分

24 冷 风

那个剑桥的冬天，我们需要面对自己的压力，与政治无关。波兰会议、莫斯科之旅以及去年在里雾诗的发现，给黑洞研究带来了新的发展机遇，也带来了新的难题。所有物理学家都希望破解"魔法石"之谜，探索这个未成系统的理论。这个难题的解开从理论上可以让物理学的所有分支结合起来。史蒂芬和乔治·埃利斯正在出版一本关于宇宙结构的书，如果能形成宇宙学的完整体系，将会把宏观的宇宙与微观的量子力学、基本粒子物理学、电磁学完美结合起来。黑洞研究具有如此充满诱惑力的前景，可能是回答广义相对论和热力学两者为何具有相似性这个问题的关键所在。

史蒂芬的最大目标便在于此。无论是莫斯科还是世界各地任何相关的学术研讨会，他都会积极参加，积极地和其他杰出的科学家们探讨。就算是自己的空闲时间，他也不停地思考着这些问题。也正因如此，他出国旅行的次数越来越多，几乎到了恼人的地步。我总是找各种理由推辞与他同行，但与揭开物理世界最大难题这一伟大目标相比，我的"舍不得孩子"的辩词显得软弱无力。

同样让我不能够理解的是，即便是周末的晚上，史蒂芬也会花无数的时间思考自己的问题。他就像罗丹雕出的《思想者》一般，右手托腮，在自己的思绪中迷失了一切现实。既察觉不到我的存在也听不到孩子们在一旁吵闹地玩耍。即便黑洞研究的挑战具有引人入胜的吸引力，但史蒂芬的那种痴迷程度我无法体会和理解。很多时候，当看到他陷入沉思很长时间不说话时，我会假设他在思考一个数学难题，我会关切地问他进展如何了。但他几乎听不见我的问话，从不回答。结果使我变得更加担心，不停地发问，"是不是他坐的轮椅不舒服？是不是我拒绝陪他出行而不高兴？"通常情况下，他不会回答我的问题，只是莫名地摇头。这一来，我更着急了，我会觉得自己的猜测都是对的，说不定还有其他原因。我担心他因为自己不断恶化的身体而沮丧抑郁，毕竟他的种种表现与医生对"抑郁症"的描

Part Two　Travelling to Infinity
我和霍金的生活

述完全相符。

不可否认的是，因为他的肌肉严重萎缩导致他讲座时吐词越来越模糊。到后来，人们不得不设置一个专员对他的说辞进行解读翻译。当然，还是有不少人提出无法听明白史蒂芬的演讲。对于这些人，我觉得他们不是耳聋就是太笨，思想上难以达到史蒂芬的高度。生活上，从穿衣洗澡到剧烈活动，几乎每一个生活细节史蒂芬都离不开我的帮助。上下车、进出浴盆、上下楼梯，任何轮椅无法抵达的地方，他都需要我的帮助。我会将他从轮椅上抱起或者抱回轮椅。史蒂芬只能咽下小块的食物，进餐的时间变得越来越长。我们家的楼梯现在成了他生活中的最大挑战，他仍然可以靠着楼梯的扶手将自己拉上楼去，这也是医生为他建议的一种健身方式。每次他拉扶手的时候都需要我站在一旁看着，他才安心。自然地，在外面他也同样需要我的陪伴。我一方面因为孩子问题拒绝与史蒂芬的出游，一方面又叹息失去了放眼看世界的机会。加之与史蒂芬的交流越来越少让我开始变得焦躁不安。我感觉自己就像一个掉进黑洞中的旅行者，被无数未知的力量拉扯挤压，不知所措。

史蒂芬有时会突然地从神游中清醒过来，脸上带着胜利的笑容，他会宣称自己又解决了一个物理学界的大难题。只有等到这一系列神游结束后，我们才能正常交流。而每当新一轮沉思到来的时候，我又会变得跟之前一样躁动不安。在我看来，每次他的表现都略有不同，我总担心史蒂芬生病了。每当他从连续几日的沉思中苏醒过来的时候，我都会骄傲地称赞他。但我知道，物理学正在抢夺我的丈夫和我们的孩子。我不禁又想起爱因斯坦的夫人在和她的丈夫离婚时，将物理学视为他们婚姻失败的最主要原因。

对史蒂芬来说，这些无尽的沉思无疑是有益的，它们能够帮助他在不同的维度中不受干扰地思考深奥的难题。我不知道他是否意识到"我对与他交流的渴望"，还是他意识到了却并不在乎。他陷入沉思的时刻，对我而言就是煎熬。有时，他还会在沉思的时候将收音机里播放的瓦格纳的《尼伯龙根的指环》开到最大声，这更是让我坐立不安。我从此更加厌恶瓦格纳了。瓦格纳的音乐强劲有力，响亮的音乐声常常让我心神不定无法集中注意力。但现实生活却容不得我半点儿松懈，我必须时刻保持劳作，洗衣、做饭、打扫清洁都是我的责任。我得不停地在楼上楼下、客厅、厨房、厕所来回穿梭，照看孩子照看史蒂芬。我必须时刻不停地警醒自己，不要被那吵闹的音乐声带走了思绪，我必须集中精神干好手头的活。地中海开阔舒坦的文化才是我的归宿，我不能被瓦格纳所描述的北欧神话的黑暗扰乱了心智，他的故事里全是早逝的英雄和邪恶的胜利。史蒂芬对瓦格纳的音乐的痴迷仅次于物理学，或许这两样东西对他来说早就汇成了一种信仰。我却非常坚定自己的立场，如果我被瓦格纳的音乐世界带走，我的世界观也将彻底消失。瓦格纳在我的眼中就像一个邪恶的天才、一个伟大种族的魔法师、奥斯维辛背后的恶魔，他是一股完全陌生的力量，而过于年轻的我无法对抗这样强大的精神压力。

幸好我们的娱乐生活并非仅仅局限于瓦格纳，而是包含广泛艺术家和风格。除了烦人的瓦格纳外，我们还会时常去剧院听威尔第和莫扎特的歌剧，去国王学院的教堂听埃尔加的清唱剧，去圣奥尔本斯听蒙特威尔第的晚祷歌，在艺术剧院看《爱尔达公主》歌剧。史蒂芬具有广泛的爱好，他不仅喜爱瓦格纳，还是吉尔伯特与沙利文的追捧者。除了欣赏瓦格纳的音乐外，史蒂芬最喜爱的娱乐活动是学校的戏剧俱乐部"剑桥灯脚"在夏季演出的时事讽刺剧和冬季演出的哑剧。对它们，史蒂芬总会收起平日的尖酸挑剔的评价。我总觉得"剑桥灯脚"的演出无趣且乏味，因为他们表现的幽默与《边缘之外》无法媲美，哑剧里的笑话也显得平庸且猥琐下流。

在那些史蒂芬独自沉思且不播放瓦格纳音乐的时段，我忙完了一切家务，将孩子送到卧房，开始寻思着如何打发属于自己的时光。我以罗伯特需要学音乐为由为自己买了一台小钢琴。身边的人都才华横溢，而我却忙碌于繁重的家务，所以我内心非常希望学会钢琴弹奏。我找到一个艺术学校退休的老教师教授我钢琴知识。他或许是被我的激情打动，将音律的基本理论传授给我。他不忍心告诉我，我这个年纪已不适合新乐器的学习了。他让我自己选择希望弹奏的曲目。罗伯特也跟着一起学习，他跟着一个年轻老师，年轻老师还帮他绘制了一些插画以帮助罗伯特史形象化地学习。插画在巨大音符上绘制了跳舞的小仙女，在低音部绘制了跺脚的巨人。

罗伯特原本是个好动的孩子，但自从他上学后，开始变得安静起来。当时的他仅4岁半，按照当地的教育政策，这个年纪应该上学了。我一直深信这样早地入学对罗伯特并非好事。我后来在书中查阅到，4—5岁的儿童与7—11岁的儿童在心理上还是存在差异的。如此小的年纪就开始上学对他的身心发展并无益处。罗伯特变成了一个害羞腼腆的小男孩。当问及午餐时间都做了什么的时候，他的回答让我颇为难过。"噢，"他不在意地耸耸肩，说道："我就坐在楼梯上。"罗伯特就读的小学以接受学术家

Part Two Travelling to Infinity
我和霍金的生活

庭的孩子并培养他们快速学习的能力著称，充分挖掘他们的学习能力。事实上，那些拥有快速阅读能力的小孩在这里能够获得很快的提高。几年后，对文字颇有灵性的露西就在这所学校轻松地成为了佼佼者。然而罗伯特却显得很笨拙，我曾一度怀疑是当年误食药物导致他智力上产生了缺陷。婆婆的一番话慢慢让我放下心来，她认为这也许和遗传有关系，史蒂芬也是7—8岁才开始正常阅读。我那时才突然明白史蒂芬曾诉苦自己幼年时在马略卡岛上与格雷夫斯（Graves）一家度过的那个难熬的冬天的惨状。一个刚学会识字的小男孩，每天在罗伯特·格雷夫斯（Robert Graves）眼皮下阅读《创世纪》是一件多么悲惨的事情。史蒂芬提出，无论罗伯特想读什么，只要可以起到学习文字和练习阅读都给予最大支持。此后的一段时间，我给他买了很多本《贝安诺》（Beano）以及丰富多样的笑话书，以至于我们晚餐时饭桌上总是充满了多样的笑话。罗伯特的阅读能力在这样的环境下得到了显著提高。

读写困难症在20世纪70年代还未引起教育界的普遍重视。现今的大多数人都知道，里昂纳多·达·芬奇和爱因斯坦幼年时都曾深受读写困难症的困扰。我们怀疑史蒂芬和罗伯特都有这样的问题，但遗憾的是在当时的体制下，政府并未针对这一问题建立专门的治疗机构。相反，当时社会的人们认为这样的学生，要么是不好学，要么是天资愚笨，难有出息。但我对罗伯特充满了信心。他4岁时，跟着我在花园劳作并提问："母亲，上帝是谁？"；5岁时，他坐在钢琴旁边说："看，母亲，这些在C调以上的都是升调，C调以下的音符都是降调。"

我认为学校对阅读的重视和对数学的忽视是对罗伯特的不公。6岁那年，学校一名新来的老师准备筹办一个数学学习小组。我恳请老师让罗伯特加入，她忍不住笑道，"罗伯特识字都那么困难，怎么能学数学呢？"我再三请求道："求您了，让他试一下吧。"带着怀疑的态度，老师最终同意让罗伯特在数学小组里试学三周。在这段时间，小组里那些困难的数学题目对罗伯特而言丝毫没有障碍。三周后，罗伯特回家告诉我，他的老师希望和我见面。我在学校大门口碰到了她。"霍金夫人，我需要向你道歉，"她的语气夸张得难以置信，"最初，我并不看好你的孩子。然而，三周过去了，罗伯特的表现是小组中最优异的，其他孩子在数学学习上和他存在更大的差距。"不幸的是，数学学习小组在开展了2个学期后迎来了尾声，因为数学老师请了一段时间的长假回家生育孩子。罗伯特不得不回到了以前的班级继续学习阅读，他忽然从一个佼佼者又变回以前那个笨拙的小男孩。出于我们对英国社会民主党的认同，我和史蒂芬认为我们的小孩一定要在公立学校接受教育。然而事实上，如今的公立学校的风格完全不适合罗伯特学习现状，我们的立场开始发生动摇。公立学校的教育体制对罗伯特并无好处，他需要在自己擅长的领域——数学——得到发展和鼓励，而不是在他不擅长的领域——阅读和写作——不停地得到批评和打击。只有私立学校才适合罗伯特的发展，在这个相对较小的群体中，罗伯特的学习才会受到重视。史蒂芬获得了"杰出科学家奖学金"，这名字听上去响亮，却不足以支撑罗伯特上私立学校的学费。1972年，霍伊尔离开天文学院后，史蒂芬获得了一笔学院发放的研究经费。1973年，他又在应用数学学院获得研究经费，但仍不足以支持私立学校的学费。但命运的巧合让我们有机会拥有足够的资金来满足罗伯特的教育需求，尽管这次机会来得并不那么让人开心。

　　1970年，露西出生后不久，史蒂芬的姑妈梅里埃尔就去世了。梅里埃尔的母亲去世后，她本有机会享受来之不易的自由生活，但她选择了郁郁寡欢，快速走到了生命尽头。她母亲留给她的遗产被她储存了下来，她希望将这笔钱存放好以备不时之需。她的担心还没到来就离开了我们，这笔财产也随着她的去世将分配给她的侄儿侄女们，而我们家的小罗伯特一向是她的最爱。这笔财产本不足以支付罗伯特成长路上的全部教育费用，但通过协商，我们与史蒂芬父亲达成了共识。我们利用这笔财产加上史蒂芬父亲提供的部分资金购买了一处房产，并将其出租。出租房产所得的费用由我们与史蒂芬父母平分。我们所得的那部分租金正好可以弥补罗伯特上私立学校就读的学费。剑桥是当时最适合买房出租的地方，这里的房价相对便宜，租房需求却高得离谱。我此前对房屋装修的经验在这时发挥了作用，我被推举为这套房屋的管理负责人。这可是个大工程，我将家务以外的全部时间都用在了这里。每当有人退房，我都要将房屋重新粉刷一次。尽管这让我感到精疲力尽，但面对孩子们不断升高的学费，我不得不亲力亲为。一般情况下，房子在一年时间内会换两次租客。但到了夏天，来访的学者会频繁更替，我的工作量也跟随增加。

　　如此繁重的劳动和堆积如山的家务让我的论文一拖再拖，仿佛永无处理时间。我在空闲时间收集了部分材料，也梳理出了部分独到认识和观点。我发现"雅歌"和"所罗门之歌"在用词上具有相近性，"雅歌"与"莫

Part Two | Travelling to Infinity
我和霍金的生活

扎拉布素歌"（Mozarabic hymns）也存在惊人的相似性。不出意外的情况下，每天早上我先送史蒂芬去学校再送露西去幼儿园，回家后我还能抽出1小时的空余时间，我将这些时间都献给了我的论文。能完成这篇论文已是我的极限，我已无力接触更多的其他中世纪文学，更不可能在卡文迪许晚宴上讨论新的学习心得。我难以抽出时间关心国际大事，甚至阅读的时间也极为有限。无论是卡文迪许晚宴还是德龙克的学术聚会，我都感觉自己和大家的差距渐渐拉大。我很难学到新东西，更别说将自己的新认识与其他人分享。当我偶尔抽出时间参加这些集会时，只有在众人的谈话中勉强敷衍或者是陷入尴尬的沉默。每当这时我都会感到沮丧，埋怨自己奢望在学术和生活上两手抓却什么都没抓住。

汉娜·斯柯尼可夫（Hanna Scolnicov）是我在露西·卡文迪许学院里唯一的朋友。只有在她身边，我才会真正感到放松。来自耶路撒冷来的汉娜研究的是伊丽莎白时期的文学。只有在剑桥，汉娜才能享受这边来之不易的安宁，她的故土饱受战争的摧残。汉娜和我有很多共性。尽管我们的境遇并不相同，但我们都在尽力过上正常人的生活。我们尽管需要面对诸多压力，但都在努力抚养着3岁的孩子[我的罗伯特，她的阿纳特（Anat）]。我们初识的时候，我刚生育了露西，汉娜也怀上了二胎。那个夏天，当汉娜的阿里埃勒（Ariel）出生时，我们已成了无话不谈的好友。值得庆幸的是，史蒂芬和汉娜的丈夫理论哲学家什穆埃尔（Shmuel）也找到了共鸣。汉娜和什穆埃尔与我们相识并不久，但我们相处得非常开心和愉悦，就像相处多年的老友那样亲密。当什穆埃尔带着家人离开剑桥回往以色列后，卡文迪许学院对我来说显得更加陌生和疏远了。

或许这并不重要，史蒂芬的职业生涯才是我们家最重要的事情。他注定将在物理界的池塘中引起轩然大波，而我哪怕是能在文学的海洋里造成一丝波澜也会备感欣慰。我时常安慰自己，我还有两个聪明活泼的孩子陪伴。当那些曾对史蒂芬有缺陷的身体投以异样目光的人们看到他身边的孩子的时候，都无一不流露出惊讶的神态。史蒂芬也在孩子身上找到了自信。当他看到路人异样的眼神时，他会说："是的，这是我的孩子们。"孩子们天真无邪和快乐的存在也给我们带来了巨大的幸福和满足感。在那些温馨的时刻，我们的家庭会变得更加亲密，我的家庭成为了我生活中最大的骄傲。

我总是安慰自己，从家庭中获得的幸福感会远超于学术研究给我带来的快乐。有时候，照顾孩子需要花费非常多的时间。我给他们念书，学着他们的口气讲话，令我欣慰的是，我可以从他们带有童真的眼睛里对这个世界进行重新审视。更让我感到幸福的是，我的父母也沉浸在我和孩子们的快乐中。他们和外祖父母的感情远超越了常规家庭。我母亲的身体状况开始变得糟糕，而我父亲则从孩子们身上找到了快乐。我的父母正为我的外祖母担忧，外祖母的身体健康情况越来越糟糕，不得不搬到圣奥尔本斯和我父母一起居住。因为对新环境的焦虑，她摔断了一只手，她的记忆也在快速衰退。1973年12月的一个周日的下午，我向她挥手告别时就预感到或许我们见面的机会不多了。12月7日星期五凌晨，我接到母亲打来的电话，告知我外祖母去世的消息。我虽已有了心理准备但却仍然悲痛万分。

Part Two | Travelling to Infinity
我和霍金的生活

25 协 调

　　除了生活上日益压迫的心情，我曾经的好友也逐渐淡出了我的社交圈。我与高中、大学时的好友们渐渐疏远，他们有的去了国外生活，有的在别的城市建立了家庭。过去几年结交的朋友们也陆续离开了剑桥，他们根据工作的需要而奔走于世界各地。史蒂芬婚礼上的伴郎罗布·多诺万也带着他的小女儿简和妻子玛丽安（Marian）去了爱丁堡，所以我们见面的机会也变得稀少起来。还好早年结下的友谊让我们在偶尔的见面中完全不会感到陌生。1973年夏天，在我们动身前往莫斯科之前，我们还绕道爱丁堡拜访了他们。与往常一样，和老友的聊天总是天南海北无话不谈。我们回忆了刚结婚那会儿每个星期天下午的出游活动，我们谈论了剑桥的一切回忆，谈论了冈维尔与凯斯学院发生的各种趣事，谈论了大学经费申请困难的现状，谈论了我们那些散落在天涯海角的其他朋友们。

　　当谈到我们的莫斯科之行时，罗布坚定地说："不能因为媒体鲜有报道，就误以为在古巴导弹危机之后，两大阵营的军备竞赛已在历史中束之高阁。东西方两个大国都在武装着自己的军事储备，它们就像是两头纠缠着的巨龙。而事实上，两方都在不断扩充自己的军火库，核威胁的阴影仍然在我们百姓的头上挥之不去。"罗布的这些言论让我担忧且愤怒，作为两个孩子的母亲，我不能容忍这种可怕的世界末日带走我家人的生命。但我们又能做什么呢？我认识不少20世纪40—50年代研发核武器的两国科学家，但向他们申诉没有任何意义，因为决定权掌握在不可信任的政治家——美国的尼克松和苏联的勃列日涅夫手中。我们站在苏格兰美丽的群山和温暖的阳光下，很难想象这些恐怖的事情就潜伏在我们的生活中。

　　曾和我们一起度过了那么多周末时光的布兰登·卡特和他的妻子吕塞特以及女儿卡瑟琳也离开了剑桥，他们搬到了法国。布兰登现在在默东的巴黎天文台做研究。与剑桥的天文台不同，巴黎天文台坐落在一座城堡之上，那里可以将整个巴黎的美景尽收眼底。我十分想念吕塞特，不仅是因为她是剑桥唯一可以和我说法语的人。作为一个卓有成就的数学家，她优雅、聪明，丝毫不做作。她对人的真诚和对家庭的热爱与很多剑桥的同僚们大相径庭。她爱好音乐，对诗歌有独到的见解。吕塞特疯狂地喜好小圣玛丽街花园里的花草，包括它们的颜色和香味，也是她将我带进了普鲁斯特的世界。

在与众多朋友的分别中，最让我们震惊的是埃利斯一家。他们离开剑桥不仅是因为工作，还因为他们的婚姻走到了尽头。当乔治和休分手的时候，我伤心得就像自己的家庭破碎了一般。我们两个家庭都养育了一对儿女，我们互相间分享了太多的生活经历，部分程度上成为了彼此家庭的精神依靠。休还是露西的教母，我们一块儿装修过房屋，一块儿参加过学术会议。史蒂芬和乔治还一块儿写过论文《时间与空间的宏观结构》。此外，休和我曾有过无数共鸣，我们在如何做母亲的问题上以及面对物理学对我们爱情带来的冲击时如何面对的问题上进行过深入讨论且互相安慰。乔治与史蒂芬相似，他们都可以超脱现实生活，进入自己的物理学世界，完全不需要理会自己的家庭。家庭上的相似处使我们的婚姻建立了某种依靠，他们婚姻的破裂也许正预示着我们婚姻的未来，我为此而感到痛苦。

我之所以能和这些朋友相识，主要源自于史蒂芬在学院或其他各个大学做研究讲座时的偶遇。当男人们对他们喜爱的物理学展开激烈讨论的时候，我总能和他们的妻子们保持良好的沟通。当埃利斯的婚姻走到尽头时，我们最珍贵的四人友谊也就烟消云散了。尽管我们和冈维尔与凯斯学院的新来的研究人员以及他们的妻子们也保持着良好的关系，也不断有新朋友的涌入，但却和此前的意味大不相同。我通过孩子的玩伴也认识了很多其他家庭的父母，但即便我和那些女主人能聊得上话题，史蒂芬也很难和男主人产生共鸣。这或许就是最大的区别。当然史蒂芬不断恶化的身体状况也使他与其他人交流产生了障碍。我喜欢和有同情心的人打交道，他们通常经历过艰难的生活，或者是对残疾人的日常需求有多于常人的见解。在这样的友谊中，有两个人和我们的友谊甚为长久和坚定，他们都和史蒂芬有莫大的关联。

在康斯坦斯·威利斯给史蒂芬派来的医疗队伍中有一位金色头发年纪和我相仿的瘦女孩儿卡罗琳·张伯伦（Caroline Chamberlain），罗伯特将她称作"父亲的训练员"。1970 年的夏天，当我正怀着露西的时候，卡罗琳也怀孕了，她选择了一边待产一边学习如何成为理疗师。她的丈夫在当

Part Two Travelling to Infinity
我和霍金的生活

地一家叫做利斯小学（the leys school）的男子学校教地理。他们的家就在利斯小学附近，离我们不远，于是我们常常保持着联系。两个孩子出生后，我们的友谊更是得到了升华。那些日子我渐渐对残疾问题重视，因为史蒂芬的病情就像一个巨大的黑洞，我们全家人都深陷其中。我对残疾人理疗方面的知识非常匮乏，在这方面卡罗琳为我提供了很多帮助。卡罗琳热情、细心，她总能意识到常人意识不到的问题。他告诉我，史蒂芬作为残疾人在生活上可能会遇到的诸多困难，并告诉我解决办法。小到轮椅坐垫，大到残疾人相关机构的联系方式，无不对我们帮助巨大。

学校大门外总是各位母亲最好的集会地点。我在那儿认识了另一个好朋友乔伊·卡德伯里（Joy Cadbury）。她也育有一对儿女，托马斯（Thomas）和露西，他们的年龄也与我们家的罗伯特和露西相仿。乔伊彬彬有礼的形象和我印象中对牛津研究生的固有印象大不相同。她谦虚谨慎，透露出平易近人的生活态度。乔伊出身于德文郡的一个医生家庭，早年就实现了自己的人生目标，从牛津毕业后成为了一名儿科护士。乔伊对我们家的帮助可谓体贴入微，每当我们家有危机的时候她总能在第一时间挺身而出，帮我照顾孩子。当生活的压力让我喘不过气的时候，她也总能向我伸出援助之手。不同于常人，她对运动神经元病甚为了解，因为住在250英里（400公里）外的她的生父就是这个病症的晚期患者。

我的弟弟克里斯和他的妻子佩内洛普（Penelope）也住在德文郡，离乔伊父母家不远。克里斯的第一份临时工是在布莱顿，他之后又在蒂弗顿的一个牙医诊所找到了工作，于是他们一家搬到了德文郡。佩内洛普与我很投缘，她常和我聊起身边人的品格、情绪以及交流方式等话题。这些话题对霍金家而言是不能放上桌的。克里斯和他的妻子在精神上给我带来了一种强烈的依靠感，唯一的遗憾是他们的住家和我们相隔太远。

并非所有新认识的朋友都能像卡罗琳、乔伊和我弟媳一样给我提供帮助。一些朋友和我一样情绪不稳定、生活压力大，虽然我们都有各自不同的生活压力。所以，她们常常反向寻求我的帮助。我自己的家庭因史蒂芬身患不治之症而生活艰难，我很少去关注别的不幸的家庭。随着年龄的增长，我也逐渐意识到困难的多元性。有的家庭会因为贫穷带来多样的困难，有的家庭会遇到处事关系不和谐的难题，有的家庭会因为政治原因遭遇远离故乡的困难。我要保持中立的心态去看待这些问题，并尽我所能给这些身处困境中的人们一些鼓励和安慰。具有讽刺意味的是，我自己也正深陷在一个无法摆脱的困境之中。

　　一些好心的朋友介绍我认识了一名护士，那位护士的丈夫就深受各种硬化症的折磨。我当时非常期待与这位护士的见面，心中期望着能与她共享一些这方面的经验，以更好地帮助我的丈夫。这些都是难以启齿的话题——压倒一切的责任、精神负担、独立照顾孩子的劳累、照顾日渐消瘦且身患重病的丈夫。提及这些问题时又难免忍受负罪感给我带来的折磨。史蒂芬从不谈论自己的病，也从不抱怨。相比他那英雄般的坚毅，我为自己的软弱而感到内疚。但他选择的这种零交流方式却让我最为难受。对我来说，相较于其他困难，与爱人交流带来的压力是伤害最大的。我曾一度认为，我将和他一块儿肩并肩携手对抗病魔，但现在，由于缺乏病情上的交流，我对史蒂芬的病状越来越不了解。我和剑桥学术圈里的其他那些家庭主妇们已没有太大区别，主要任务是带孩子与做家务。事实上，我不仅需要体力上的支持，也需要情感上的支柱。

　　一次，我将我自己的这些想法小心翼翼地倾诉给了特尔玛·撒切尔。她的回应坚决到几乎是在批评我。"简，"她说道，"就像我往常和你说的，当事情无法改变的时候，你应该懂得珍惜眼前所有。"她的说话真诚而正确，生活中仍然有许多值得我去感恩的东西——我的家庭、史蒂芬的工作，以及他那令人敬佩的勇气。我们家不算贫穷，我应该接受现实，努力工作，尽可能地为家庭出力。特尔玛曾经痛失了自己襁褓中的两个孩子，但她仍然坚强快乐地面对生活。相比之下，我的全家人都在我的身边，我是幸福的。我拥有顶着一头浅银色短发、圆脸大眼睛的罗伯特，我拥有皮肤粉嫩、头发红红的露西，他们是上天给予我的珍宝，他们是世间最美丽的天使。我从他们身上得到了无与伦比的幸福。我也许是太累了，我的家务从未停过，精神上的压力使我喘不过气来。对于那片刻的想要摆脱放弃的念头令我感到羞耻。

　　特尔玛还是一如既往的体贴周到，她第二天便打来电话："我想了想，亲爱的，你需要更多的帮助。我现在就给康斯坦斯·巴宾顿-史密斯（Constance Babington-smith）通电话，让她派一些清洁工去你们家帮忙打扫家务。"康斯坦斯·巴宾顿-史密斯的清洁工——特弗沙姆夫人及一年后的后继者温妮·布朗（Winnie Brown）——很快为我们提供了帮助。每过几周，特尔玛叫来的清洁工就可以将我们的屋子收拾得干干净净。然而，家务只是我所面临问题的一小部分，事实上，我需要一个富有同情心的听众，我需要一个人

Part Two Travelling to Infinity | 我和霍金的生活

能够耐心地倾听我的各种抱怨。我并不指望生活中的所有困难都会被某个魔杖神奇地解决，但我的确渴望着能够与一名残疾人丈夫的妻子（护士）见面，渴望着一个身临其境且懂我的朋友，渴望着她能给我更多的建议，教会我如何面对日常纷繁的事物和不可避免的病魔。但世事难料，等到我们见面时，才得知她早已放弃了自己病榻上的丈夫，与新结识的伴侣一块儿移居到了美国，他的前夫被留在了专为残疾人设置的管理处。

特尔玛·撒切尔对我"珍惜眼前所有"的教育成为了我唯一可以依赖的教导。我早就决定将自己奉献给史蒂芬，我许下誓言，我会尽己所能地让他的生活变得舒适，让他尽可能少地经受病痛折磨。如今，这样的誓言意味着我要保持表面上的一切正常，将一切困难隐藏到角落里。我从未想过放弃誓言，但偶尔瞥见的他人的生活，如我刚认识的那对护士夫妻的生活，我内心的孤立感会激活燃烧。但我会尝试将它们都隐藏起来。很早以前，我就知道不会有任何组织或医学权威告诉我该怎么做或者为我提供帮助。现今，我更是下定了决心，我不依靠任何人，远离纷繁的人事，假装我们是个再正常不过的家庭，将所有困难都隐藏在别人看不见的地方。

26 地平线

  1974 年 2 月 14 日的晚上，天空异常昏暗，街上刮着大风，我开车送史蒂芬去位于哈威尔的牛津原子能量研究中心的拉塞福－阿普顿实验室。晚上，我们住宿在阿宾登的科森纳旅馆（Cozener's House），这是一间坐落于泰晤士河畔的老式旅馆。那个冬天，泰晤士河闹洪水，天空中不断飘落的大雨并没有减灭我们的热情，与我们同行的还有许多史蒂芬的学生，大家都兴致勃勃，因为史蒂芬即将向世人公布一项重大的新理论。他终于解开了黑洞理论中存在的热力学悖论，这一难题从里雾诗时就一直困扰着他。来自普林斯顿的约翰·惠勒的学生曾向史蒂芬提出过质疑，他认为史蒂芬在 1971 年公布的对黑洞的研究存在漏洞。他指责史蒂芬提出的黑洞理论与热力学理论相似的说法，而提出这两种理论在本质上就是同一理论的观点。史蒂芬自那以后，为了解开这个难题陷入了无边际的疯狂演算中。在史蒂芬看来，那名学生的观点是荒唐的，如果黑洞完全遵从热力学定律，那么便意味着黑洞具有确切的温度且会向外辐射能量。当然，史蒂芬也认为黑洞与热力学具有共性，且能相互补充。于是乎，史蒂芬详尽地对这个问题进行了解释，其在学术上的创新程度超出所有人的想象。

  那些令我和孩子们不愉快的史蒂芬的沉思，终于在这时体现了它们的价值。史蒂芬提出了一个新理论，且不同于此前所有学者的认识。他认为黑洞自身会向外扩散能量，在向外扩散能量的过程中，黑洞会不断地损失自身的质量和能量。与此同时，黑洞的温度与表面引力会增加，直到整个黑洞缩小为一个原子核的大小。然而这个原子核却拥有巨大的能量。当温度升高到无限大时，黑洞在大爆炸中消失。于是乎，黑洞将不再是无法穿越的黑暗，黑洞的演变过程也遵守热力学理论。这个崭新的理论是史蒂芬花费了无数时间构思而成，我自然很期待亲眼看到它的诞生。伯纳德·卡尔将担任这次生产的"助产婆"，他负责将史蒂芬的演讲稿用投影仪给观众们展示。

Part Two | Travelling to Infinity
我和霍金的生活

讲座的当天早上，我在讲堂外的休息室喝茶并翻阅报纸，等待着史蒂芬上午11点上台演讲。然而休息室的另一个角落里聚集着几个打杂女佣，她们在角落里大声说话，让我难以集中心神。她们手中的勺子在咖啡杯不停摇晃，发出清脆响亮的噪声。她们抽着烟，致使整个休息室乌烟瘴气。我不禁好奇地听着她们的言语，从大会到大会代表她们无所不谈。突然间，我听到一人说道："今天会场上的小伙子，应该时日不多了吧？"我一刻间竟未反应过来。"是的。"另一人笑着回答，"你看他的样子，就像快散架了，他想把将自己的头扶正都很困难。"她刻薄的笑声或许因为抽烟听起来特别沙哑。我当时想到了史蒂芬的父亲，70多岁满头银发的弗兰克·霍金，他曾半开玩笑地说史蒂芬也许会先他之前离世，我当时就大为恼怒并出言阻止。如今，面对着这些在我丈夫背后碎嘴的闲言闲语，我思索着自己暗淡的未来，我选择了保持沉默。

不一会，史蒂芬摇着自己的轮椅进了休息室，准备先喝杯咖啡再开始自己的演讲。我仔细审视着我的丈夫，我了解他，我知道他的生活情况。在我的眼里，他是生机勃勃的，充满了对新事物的期待和兴奋。但客观地说，在外人眼里，他确实如时日不多的病人，我不得不悲哀地承认。在外人的观察下，他的状况确实糟糕。所幸史蒂芬并不会为这些奇怪的女人的想法而烦恼，他的大脑属于物理世界。他就像堂吉诃德那样根本不在乎外人对自己异样的评价，他最大的幸福就是沉浸在自己的世界里。伯纳德·卡尔就是他的桑丘·潘沙，他们正对自己世界的挑战充满期待，跃跃欲试。我跟着他进了讲堂，内心充满了失落。我安慰自己，那些女佣只是肤浅地看待史蒂芬的外表，她们根本无法洞察史蒂芬天才的大脑和智慧的双眼。不过，这次遭遇让我对史蒂芬的真实的健康状况又有了新的认识。

具有讽刺意味的是，尽管当时的众多与会者都认为史蒂芬的身体条件早就应该辞职回家了，尽管我也担心史蒂芬会不久于人世，但那次讲座，史蒂芬向世人证明了他的存在是多么重要与不可代替。我坐在会场里认真听完了整个讲座，史蒂芬在讲台的聚光灯下深陷在自己的椅子里，一旁的伯纳德将讲稿放置到幻灯片下耐心地切换，以帮助听众理解史蒂芬那含糊不清的发音。事实上，史蒂芬的演讲分为两个阶段，第一阶段由他自己陈述，第二阶段由伯纳德以幻灯片的形式给与会者展示。所以他们向与会者完整而清晰地表达了他们的思想——黑洞并没有世人之前想象的那么"黑"。

尽管演讲的内容清楚而明确，但演讲结束，整个会堂却陷入了安静的沉思。这个简单的讯息似乎让听众们暂时还难以消化。大会主持人，来自伦敦国王学院的约翰·G. 泰勒（John G. Tyler）成为首个发言者。史蒂芬的黑洞研究对传统理论的抨击令他吃惊，他说道：“这太可笑了，我除了能宣布嘉宾演讲结束外，没有任何说的。”在我看来，他当时的这席话才是真的可笑。就像1933年在皇家天文学会上，艾丁顿对钱德拉塞卡尔的攻击一样。唯一的区别是艾丁顿评价钱德拉塞卡尔的用词是"荒唐"而不是"可笑"。按正常逻辑，演讲结束后，通常主持人都会给予听众提问时间，并感谢演讲者的辛勤工作。约翰·G. 泰勒教授（J. G. 泰勒教授并非J. C. 泰勒教授，后者是粒子物理学家，他和他的妻子玛丽在几年后成为了我们的好友）不但没有做出任何礼貌的举动，相反，他看起来似乎正想将史蒂芬处以火刑。他对史蒂芬的正面抨击与休息室里的女佣们对史蒂芬的背后闲语一样恶毒。泰勒的言语暗示着对史蒂芬的严厉打压，这不仅是对史蒂芬身体缺陷的打压，更是对学术贡献上的打压。

与演讲结束后的寂静形成强烈反差，演讲结束后的宴会上，大家激烈的讨论声几乎能将房顶掀翻。就像黑洞中散发出的能量四处溅射。伯纳德帮忙将史蒂芬带到角落的一张桌子旁安顿好，我排队领食物。在我身后排队的正是约翰·G. 泰勒，他仍然在我背后与他的学生们大声抨击史蒂芬的演讲，完全不知道站在他前面的正是史蒂芬的妻子。我静静地听，甄别着他抨击史蒂芬的那些观点。他说："我们必须将我们的那篇论文提前发表！"这引起了我的极大兴趣，我决定将这个事告知史蒂芬。史蒂芬得知后仅是略微笑了笑，但回到剑桥后，史蒂芬立刻就将自己的论文投给了《自然》杂志。但是《自然》杂志的审稿人之一正是约翰·G. 泰勒，不出意外地，史蒂芬的论文被拒稿了。史蒂芬申请更换第三方审稿人，当然，他的第二次投稿被成功接受。约翰·G. 泰勒的论文也在同一时间被《自然》杂志收录，但并未引起什么学术界的重视，最终不了了之。而史蒂芬的这篇论文却引起了学术界的强烈反应，这意味着史蒂芬对统一物理学的各个分支走出了第一步。以黑洞作为媒介，宏观的宇宙结构与微观的原子物理终于看到了结合的希望。毫无疑问，卢瑟福的实验也在支持着史蒂芬继续奋斗，无论是物理学还是疾病，史蒂芬都需要大步迈过困难。史蒂芬在科学上的成就让我感到骄傲，但我也为史蒂芬的身体健康忧虑而担心。史蒂芬提出的黑洞蒸发理论让他在接下来的春天成功入选了皇家学会，那年他32岁，他成为了历史上最年轻的皇家学会会员。当然，17世纪时，曾有人12岁就

Part Two Travelling to Infinity
我和霍金的生活

入选了皇家学会,但那时决定入会的关键要素是特权和关系,远非现今的真才实学。近年来,成为皇家学会院士是学者们渴望的最终荣誉,并非学术生涯的起点。入选者大多获得过多个荣誉博士头衔,并在一些权威科学机构担任顾问。这是科学生涯的最高荣誉,是仅次于诺贝尔奖的最高殊荣。

3月中旬的时候,皇家学会通知了我们这个消息。他们会在几周后向世人宣布这个消息,我们也得以抽出时间筹办一次庆祝活动。我在冈维尔与凯斯学院的高级客厅安排了一次香槟宴,邀请了史蒂芬的家人和他的众多同僚以及学生们。宴会结束后,我邀请了许多亲密的朋友和家人去家里共进晚餐。为了这顿晚餐,我拿出了几年前以高昂的45先令1瓶的价格购买的拉菲托(Lafitte)酒庄1945年酿制的红酒与朋友们分享。或许,再没有任何事情值得以这样的方式庆祝了。因此,晚饭所邀请的客人的数量不能以我们家的空间或餐盘的数量决定,而是根据两瓶名贵的红酒的分量决定。我要确保每一个朋友都能品尝到一口名酒。

1974年3月22日的晚上,史蒂芬在学生们的引导下来到了学院,朋友、家人、学生和同事们像欢迎凯旋的英雄一般向他欢呼。孩子们尽力给大家传递食物——烟熏三文鱼、抹有鱼子酱的烤面包、脆皮馅饼、芦笋卷等。这些小点心都是冈维尔与凯斯学院的厨师们的拿手佳肴。丹尼斯·夏默宣读了我听过的最棒的祝酒词,他列数了所有史蒂芬过往的科学成就,并表示就算没有皇家学会的殊荣,仅凭史蒂芬之前的科学成就就足以让世人钦佩。我和孩子们站在人群中,自豪得无与伦比。

接下来,轮到史蒂芬发言了。自我们结婚后,史蒂芬逐渐习惯在公共场合发表讲话。不过,这次的派对是我为他安排的一次惊喜,他并未预先准备演讲稿。他进行了一段长长的演讲,很轻、很慢,却非常清晰。他提到了自己的研究,提到了剑桥十年时间发生的令人难以预料的发展。他感谢了丹尼斯·夏默长久以来对他的支持,感谢了朋友们来参加这个晚会,他讲话的时候总是喜欢用"我"而不是"我们"。我牵着孩子们站在人群中,等待着史蒂芬看向我们,期待着他会朝我们微笑,期待着他能提及我们对他提供的生活上的照顾。然而,或许是因为他的演讲完全出自即兴,或许是激动中的忘却,直到发言结束也没有提及我和孩子。在众人的掌声中,我只能咬住嘴唇掩饰自己的失望。

就在皇家学会公布新入选学者名单的那周,基普·索恩发来信件,邀请史蒂芬在下一个学年前往帕萨迪纳的加州理工大学研究教学。基普给出的条件非常优厚，首先为我们提供了一份在美国都算高薪的工资，其次为我们提供了一套免费的住房、一辆新车，以及一系列史蒂芬所需的医疗设施。还为我们提供了一个全自动的电动轮椅，以确保史蒂芬行动的更高自由度。史蒂芬的所有医疗保健都得到了解决，甚至孩子们上学的问题都得到了妥善安排。史蒂芬的两个学生，伯纳德·卡尔和彼得·迪阿思（Peter De'Ath）也接到邀请与史蒂芬同去。我认为我们的生活正好需要某些改变，我们需要一些新东西充实自己的生活，而现在正迎来了一个好时机。这时，露西还没到上学的年纪，罗伯特正在公立学校向私立学校转入的中间阶段。美国发来的邀请非常具有诱惑力，在时间上也非常完美。很多年后我们才知道，那时史蒂芬在剑桥的地位并不如我们想象中那么牢固，多年后的一位老朋友跟我们提到他曾在剑桥的一次晚宴上听到了部分领导对史蒂芬问题的相关谈话。当时学院的一个高级主管曾说过这样一段话："史蒂芬如能保持良好的健康状态，他可以待在学校继续研究。但如果情况继续恶化，我们应该要求他离开。"幸运的是，当初我们在不清楚情况的条件下，仍然做出了正确的选择。当然，这个小插曲的结局是，一年后，剑桥仍然发出了对史蒂芬的邀请，希望他回到之前的岗位上工作。

  能够离开这里冰冷潮湿的寒风，去往美国南加州温暖干燥的阳光正合我们的意愿。但随之而来的困难也不容忽视。我接下来的主要工作便是衡量这件事情的利弊。或许史蒂芬只关注如何破解宇宙15亿年的历史，而我关注的却是接下来几年我们应如何生活。曾经的经历告诉我，时间规划不能太长久，5年、10年、20年计划会充满太多变数以致可执行性降低。但接下来的18个月我可得静心筹划，安排好我们的生活。尤其是考虑到我之前在美国西海岸的混乱经历，更加不敢掉以轻心。我首先需要坚强地面对飞行恐惧问题，至少这次我不用为孩子们担心，他们会与我同去。另一个大麻烦是我要如何照顾好体弱的史蒂芬的同时看护好孩子，并保证大家都平稳地航行到美国。我还需要考虑在异国他乡，没有亲人的帮助下如何处理生活上遇到的麻烦。曾经在剑桥，当我遇到感冒发烧或身体不适时，我能邀请到自己的母亲或者特尔玛为我分担家务。加利福尼亚可没人能为我分担这些重任。

  还有一件麻烦事是，史蒂芬有时会突然拒绝别人对他的帮助。或许这与他父亲经常挂在嘴边的言语有分不开的关系。他父亲不时提醒他认清自己的身体状况，就是强调史蒂芬的病情依然在持续恶化。这也是史蒂芬有

Part Two | Travelling to Infinity
我和霍金的生活

时讨厌别人帮助，有时对外界非常抵触的原因之一。我很明白史蒂芬的心情，他如果在心理上承认了自己严重病情，从某种意义上看，他一只脚已踏入了缴械投降的红线。我非常理解，如果史蒂芬将自己的关注点都放在病情上，或许连早上起床的勇气都会失去。我由衷地希望，他能体会并理解我的心情，接受我的帮助而不是拒之于外，这将是对我就紧绷的神经得到恢复的最好帮助。

我的医生听了我的诉苦后，也与史蒂芬的医生进行过简单会面。他们决定派出一名男护士间歇地上门帮助史蒂芬处理洗浴等事情，以尽力分担我们家庭所遇到的困难。这个计划还未执行就被推翻了，因为这名护士只能在每天下午 5 点上门为我们服务，而那个时间的史蒂芬根本不在家里，要让史蒂芬打断自己的工作节奏显然是不现实的事情。也许只有奇迹才能解决我们将要面对的种种困难。然而，那个复活节，一个绝妙的点子悄无声息地飘进了我的脑袋。美国发来的邀请所带来的诸多现实困难顷刻间出现了解决方案，如果让同行的史蒂芬的学生搬来与我们一同居住，很多事情便可迎刃而解。我们可以免去这些学生们的房租，他们可以帮助史蒂芬洗漱、吃饭、上下楼梯，这样的交换非常完美。这对史蒂芬来说非常重要，因为他已不能独立进食，无时不需要有人照顾。如果是他的学生为他提供帮助，他在情绪上也不会产生太大的抵触。他一直认为，接纳护士为他提供帮助就是对自己病情恶化事实的认可。这也是他抵触护士为他提供帮助的根本原因。我将这个想法告诉了史蒂芬，他一口回绝。但他明白加利福尼亚之行是否顺利与他在这件事上的抉择有莫大关系。他仔细思考了一段时间后答应了我的提议。于是，我转告了他的学生伯纳德·卡尔和彼得·迪阿思，他们在短暂的思虑后答应了我的提议，他们也认为这是最好的处理方式。

那年的夏天还有一件大事需要完成：5 月 2 日星期四，史蒂芬将正式成为皇家学会院士。我们早早地从剑桥出发，计划于午饭时间抵达卡尔顿公寓，这座设计精细的带有 18 世纪风格的建筑正是皇家学会总部。我们驱车靠近北伦敦时，汽车出现了故障并不停地颤抖，方向盘的操控也变得越来越困难。但我们除了继续前行，别无他法，只能在心里祈祷尽快顺利抵达目的地。不知经历了多长时间，我终于驶入了卡尔顿公寓的停车场，我下车组装好史蒂芬的轮椅，将史蒂芬从座位上抱了下来。与停车场前来迎接我们的人一起将史蒂芬送到大楼入口处。这时，我才发现我们的汽车前轮胎严重漏气，难怪一路上发生了剧烈颠簸。

　　每当我们不知所措时，总能遇到意外的帮助，皇家学会秘书长为我们提供了帮助。他的工作非常繁忙，他一边需要在众多高贵的宾客间奔走以确保大会顺利举行，一边需要尽量满足来访客人的需要。他穿着精致的黑灰色礼服，亲自跪在地上帮助我们更换轮胎。而与此同时，我们却在大厅里像国王一样享受着同样来自剑桥的皇家学会会长艾伦·霍奇金爵士（Sir Alan Hodgkin）为我们精心安排的宴会。入会仪式在下午正式举行，主持人会叫到每一名新成员的名字，被叫到的成员走上讲台并在入会书上签字。轮到史蒂芬的时候，会场似乎更加安静了。主持人将入会书拿下讲台带到史蒂芬跟前让他签字。史蒂芬困难地、缓慢地、坚定地写下了自己的名字，会场爆发出热烈的掌声。看到他脸上的微笑，我的眼眶湿润了。

　　史蒂芬并非那年剑桥唯一入选皇家学会的学者，在物理系中也并非唯一入选者。粒子物理学教授约翰·波金霍尔也于同年被选入皇家学会。有趣的是，已走上职业生涯顶峰的约翰·波金霍尔在那段时间决心放弃物理学，投身神学。很快，他将变身为一名本科生，开始神职学习的漫漫征程。他需要了解牧师职责并选择自己的教区，他这么做的目的是希望消除自伽利略时代以来宗教与科学界之间的巨大鸿沟。在他看来，科学与宗教并不相悖，两者仅是同一个事物不同的两面。这也是他作为牧师兼科学家将要重点研发的论文题材。尽管我对他并不了解，但得知他的这一举动时，仍然产生了敬佩之情。他正在尝试证明无神论并非科学家的必要前提，我发现并非所有的杰出科学家都像史蒂芬那样完全否定上帝的存在。

Part Three

第三部分

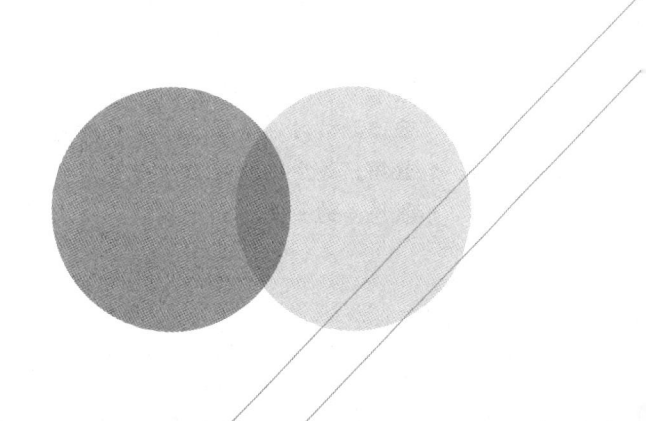

Part Three | Travelling to Infinity
我和霍金的生活

27 美国来信

"你好，我的名字叫玛丽·娄（Mary Lou），我住在马德雷，你们叫什么名字，你们来自哪里？"说话的人皮肤略带棕色，这是我们在一个英裔美国人举办的派对上听到的第一句话。我们到洛杉矶还不到一周时间，完全没有适应美国人如此直接的交流。我们惊讶得说不出话来，等回过神来才意识到对方正期待着我们的回答。曾经在剑桥，许多相识了10年的人在派对上才开始腼腆地对话，远没有玛丽来得直截了当。虽然越来越多的资深学者和他们的妻子在派对上找我们闲聊，但我们早已习惯了自己的方式，通常坐在角落中独处，期盼着能碰到熟悉的面孔。学校的负责人曾告诉我，在宴会上给我们安排座位是很困难的，很少有人真正愿意和我们坐一起。所以当玛丽·娄如此和我们对话时，我们显露出了吃惊的样子。玛丽的热情充满了感染力，我们到美国后不久，我便给家人写了一封信，透露了我们对整个加利福尼亚之旅的兴奋之情。

1974年8月30日

南威尔逊大街535号
美国，加利福尼亚，帕萨迪纳
91006

亲爱的父母：

一切安好。我们飞行了很长时间，但相比此前罗伯特幼年时期的波兰之行还是更加轻松。一路上，罗伯特都展现了他的冒险家精神。他兴奋地看着雪地上高耸的群山、山间偶尔出现的碧绿湖水。当飞机航行到哈德逊湾时，他惊呼于窗外的风景。接下来是美国的沙漠以及那巨大的盐湖，最后的风景自然是美国西海岸沿岸连绵的群山。与罗伯特形成强烈反差的是露西，当我们飞越大西洋时，她就显得百无聊赖。

飞机刚降落，我们全家人就从疲惫的状态中复活过来，尽管当时的英国时间已是凌晨2点。我们被眼前新奇的景象深深吸引，有加州著名的棕榈树、数不清的大车，还有基普开来接我们的小型面包车。城市与城市之间有无数的高速公路相连，一路上都是高楼大厦，不知过了多久，我们终于抵达了学校为我们安排的住处。房屋比照片上看到的更漂亮。我们抵达目的地时已是黄昏时分，昏暗的天色下，房间里的每一个窗户都透出温暖的灯光，就像是迪士尼的童话一般。房屋内部更加漂亮和舒适，客房里摆着巨大的沙发，浴室都用色彩鲜艳的瓷砖装饰而成。这里的一切都是新的，包括复古的家具、毛巾、瓷器，甚至餐盘都是新的。或许这个学校的人以为我们在剑桥过着奢华的生活，他们对我们真是太不了解了。从洗碗槽上的窗户一眼望去，能看见远处的高山。史蒂芬上班的地方就在街道对面，比我们在剑桥生活时还近。史蒂芬就像小男孩儿玩他的新玩具一样把弄着自己的新轮椅，这个新的电子轮椅可比以前的快多了。电子轮椅的确给了他多年来不曾拥有的巨大的自由活动空间。电子轮椅唯一的缺点是在上台阶时，还是需要人工抬动。美国的台阶普遍设计得比较高，这给史蒂芬带来了点小麻烦，电子轮椅相比我们在剑桥时的轮椅显得更沉了。我感觉单是轮椅两旁附加的电池就很重了，别说搭载上人后的重量。刚来的第一天还有工程师上门为我们的电子轮椅作调试，他们花了一整天时间工作以确保电子轮椅可以正常运行。

我们有一个小花园，不过现在花园缺乏人的打理显得荒芜。我们本有一个园丁团队负责照看花园，但他们只是偶尔来一次修剪草坪，丝毫不会注意杂草这样的细节。草坪需要长时间的浇水，他们这里有一种地底灌溉系统，所以不需要我们用水管或者水壶之类的物品。周围的一切都与英国大不相同！来到这里的第一天早晨，我走到阳台上，看到一只小蜂鸟围绕着一株不知名的植物飞舞。植物是橘黄色的，却开着美丽的蓝色小花。我们房屋外四处可见与树木一样高的山茶花灌木丛，从窗户眺望，还能看见巨大的加州橡树。我们的花园旁有一株正在结果的橘子树，还有两棵牛油果树，一棵小杉树。这里的天气炎热，我们几乎都选择在阳台进餐。事实上，房间里的饭厅装饰华丽，有着漂亮的地毯和红木餐桌，我总担心将它弄脏，更别提在里面吃饭了。

今天下午，我和孩子们去了加州理工大学的游泳池游泳。露西不太擅长游泳，但罗伯特却十分开心，他很快就学会了潜水和独自游玩。现

Part Three Travelling to Infinity 我和霍金的生活

在，我们都回家了。露西躺在电视机前睡着了，我们从未真正意义上看过电视，因为这里的电视广告总是没完没了。罗伯特看上去也疲惫得稍显睡意，我也有点倦了，今天就写到这里吧。

爱你们的，简

1974 年的 12 月，我父亲迎来了 60 岁生日，在农业部度过了自己漫长而勤劳的职业生涯后，他终于要退休了。为了庆祝他的退休，我父母决定到加州度假，并和我们待上一段时间。我们家不时也会有到访的客人，比如史蒂芬的学生彼得·迪阿思。刚来美国时，他和伯纳德住在我们家帮忙照料史蒂芬，后来他找到住处后就独自搬了出去，不过还是会在周末来我们家为史蒂芬提供帮助。家里来往的人多了，我自然要担当起购物的重任，还好我现在开车已很自信了。这里的超市服务员总是热情地将你购买的商品包装好，并挨个送到你的汽车上。罗伯特是个出色的导航员，这里的道路都速记在他的脑海中。与他父亲不同的是，每当快到高速路下道口时，他总能提前通知我。

到了孩子们第一天去帕萨迪纳城镇乡村学校上学的日子，我忧心忡忡地开车将他们送到学校大门口。中午幼儿园就放学了，我还得急着开车回去接露西，接送孩子的汽车在学校门外排起了长队，我也只能顺着车流，缓慢靠近学校大门。大门口站着他们的老师，我报上露西的名字，老师便拿起扬声器喊道："露西·霍金！露西·霍金！你家人来接你了！"他的大声通告没有得到任何回应，我看到校门内等待的小朋友中也没有"露西·霍金"的影子。我一下子就慌了，难道我的"露西·霍金"第一天上学就遭绑架了？学校门口一片混乱，我找了地方停好车，走进学校。校长也急匆匆地冲了出来，很快，学校里一大帮管事的中年妇女们开始全校范围内寻找失踪的露西。"露西·霍金"并不难找，她一定是太喜欢这个学校了，她决定在这里待到下午两点半才回家，于是她独自跑出校园吃午饭去了。

孩子们和我们隔壁的日本邻居仲间坚和仲间宽子的 8 岁儿子仲间秀成了好朋友。仲间坚是一名生物学家，他当时的主要研究课题是鲶鱼的眼睛实验，据说鲶鱼的眼睛和人类的眼睛有着极高的相似度。他们一家人很快就承担了带小罗伯特和露西上学的任务，他们还经常为孩子们组织一些有趣的郊游活动。我下午接孩子们回家，无意间听到仲间秀谈论一些比较专业的计算机术语。虽然露西不知所云地胡言乱语着，但她的哥哥罗伯特却总是对仲间秀提到的东西充满了兴趣。这应该是罗伯特第一次展现出对信息科学的热爱，当然，最终这也成了他一生的职业。史蒂芬也对新环境感到兴奋。他拥有了新轮椅，学校四周和我们自家的车道旁都有可供轮椅攀爬的斜坡，他可以自主活动的地方相比以前得到了大大增强。学校里的人们将史蒂芬像明星一样捧着，他每天只需要坐在有冷气的办公室办公就行了。学校为他安排了一个秘书——波莉·格朗蒙塔涅（Polly Grandmontagne），理疗师西尔维·特施克（Sylvie Teschke）也会定期上门为他做检查。我记得西尔维的丈夫是一名瑞士钟表匠，他当时正因石英钟的流行可能会影响自己的前程而担心。史蒂芬的学生伯纳德·卡尔也逐渐适应了我们家的生活节奏。他每天都会帮我将史蒂芬抬上床并安顿好，他还经常参加各种聚会，回家后独自一人观看恐怖片。每天，他都会睡到正午才起来。我叫他起床时，经常能看到他躺在床上头却垂到了床下。

那年秋天，玛丽·撒切尔来到了美国，为她新发行的关于"英国人在印度"的电影做宣传。与我们所有的其他来访的客人一样，玛丽被我们带到了著名的汉庭顿花园画廊。花园的主人汉庭顿先生靠铁路生意发家，后来为了财产不流失，他甚至娶了自己的姑妈为妻。仅从画廊就能看出汉庭顿花了多少钱在这些艺术品上，也正因为自己数不尽的财产，他为自己的画廊买来了康斯特布尔的油画《喧嚣上的景色》。这里有许多杰弗里·乔叟的亲笔手稿，还有古腾堡圣经，更别提他还修建了一个如此美丽的花园。整个花园按照地理位置和植物的不同风格进行了分类：一个摆放着千奇百怪的仙人掌的沙漠区、一个长满桉树却没有袋鼠的澳大利亚区、一个开满山茶花的雨林区、一个精美的莎士比亚时期风格的小园、一个拥有小桥流水和茶室的日式小园，还有一个神秘的富有哲学意义的"禅"花园。事实上，我们总能在加州轻易找到一些精美的欧洲艺术。除了汉庭顿花园，还有帕萨迪纳博物馆，马里布的 J. 保罗·格蒂博物馆，或者是前往旧金山路上的赫斯特城堡。每逢看到这些欧洲艺术，特别是康斯特布尔的作品，乡愁便油然而生。毕竟在这阳光沐浴的加州，和我们的家乡完全不同。这里没有英国的灰色天空，也没有亲切而破旧的建筑。从天空、建筑风格到人们说话的语气，加州都有她独有的特点。这里的水果个头挺大，但大多喷洒了生长素，所以我们宁可选择自己在花园种植果树。10 月的周末我们举家前往圣巴巴拉游玩，回来后发现牛油果树上前后掉了 52 个果子。趁园丁们还

Part Three Travelling to Infinity | 我和霍金的生活

没来我们家做大清扫，我赶紧将果子收集起来放进了冰箱底层。

11月，我父母就快过来了，在他们到来之前，我又给他们写了一封信。

亲爱的父母：

我们已迫不及待地希望见到你们，希望你们到来后能适应这里的生活，加利福尼亚的生活节奏很快。因为我们家房子较大，离学校也近，所以成了史蒂芬那些相对论学者们的娱乐聚集地。基普和琳达在阿尔塔迪纳有一处小别墅，但那里太偏僻，治安也不好，他们买的好多新物品都遭到了小偷的袭击，就连在那儿停车也是很危险的事情。之后，大家决定还是在我们家聚会比较安全。我们开过鸡尾酒派对、晚宴派对、露西的生日派对。露西的生日派对上，她坚持邀请了班上的所有同学以及老师一同参加……很快我们又要为感恩节准备火鸡了。我目前也不知道会有多少人来我们家一同过感恩节，不过我下定决心不弄甜点，我要把南瓜饼之类的食物留给美国客人自己做，做南瓜饼是他们拿手的事情。况且每人都有自己的口味，上周我做了烘牛肉，有的客人竟然拿了一碗草莓来当配菜！

你们来了还能见见我们的新朋友们，特别是史蒂芬的同僚迪克（Dick）一家和伊斯雷尔斯（Israels）一家。普林斯顿来的鲍勃·迪克（Bob Dick）和安妮·迪克（Annie Dick）和你俩挺像。鲍勃人很聪明，还弹得一手好钢琴；安妮特别热心，总是给人一种慈祥的祖母感觉。孩子们常常和我去他们家做客喝茶，偶尔，我们也会到他们那个片区的游泳池游泳。伊斯雷尔斯一家来自埃德蒙顿，1971年的时候，他们曾带着10岁大的儿子马克（Mark）去过剑桥，不知道你们当时是否见过。他们一家人都穿着高雅、睿智幽默。

记得替我转告克里斯：尽管来美国之前我才带罗伯特检查了牙齿，但最近几周他又开始牙疼了。所以上周我带他去看了这里的医生。典型的加州风格，一进门就是摆放精美的盆栽、舒适松软的地毯和广播里放出的舒缓音乐。医生给罗伯特做了一些检查，并给我介绍了检查结果："'是这样的，霍金夫人。'他停顿了下，似乎想让自己显得更有权威，'罗伯特那些小白齿可得花不少钱，他需要接受矫正治疗，还得戴上不锈钢牙套，预计需要180美元。'"写到这里，我已能够想象克里斯的表情了，但除了付款我还能有什么选择呢？

我和孩子们在当地图书馆作了登记。罗伯特借了一本关于大英帝国的图书，这让我吃惊不小。不仅是因为这个表现太爱国了，还因为罗伯特去年还在英国学校因识字迟钝被很多人歧视。由于另一位加州理工大学学者的太太特里西娅·霍姆斯（Tricia Holmes）的推荐，我还多了一项新的爱好。来自爱尔兰的特里西娅带我参加了帕萨迪纳城市学院的合唱班，每周，我们都会聚在一起视唱。我此前从未有过视唱经历，不过，整个过程依然让人激动。上周，我们练习了布拉姆斯的《德意志安魂曲》，这个星期则是莫扎特的曲子。今年年底的时候，我们还计划在两周内完成《马太受难曲》，这个曲子总让我联想到美国人在欧洲旅游时的场景：一天在巴黎，一天在伦敦，或许还要在威尼斯待上两天。

　　同样因为特里西娅·霍姆斯，露西也多了一项爱好。特里西娅的小女儿莉齐（Lizzie）的年纪与露西相仿。莉齐和露西一块儿上芭蕾舞班，这样我们的芭蕾舞鞋又能派上用场了。这还是一次非常正式教育，芭蕾舞班教的都是很严谨的芭蕾舞技术。这里的老师很年轻，是典型的严肃认真型美国教师。不过，她的教学方式似乎不那么适合露西。自从我上次给你们写信后，我们家又多了一名房客，安娜·祖特阔夫（Anna Zytkov）。安娜来自波兰，是一名天体物理学家，在她最终找到属于自己的出租房之前，她都将暂住在我们家。在她搬来后没几天，我们一块儿打了网球，不幸的是她的脚踝受伤了。接下来在她养伤的日子里，她用纸箱子为露西搭建了一个玩具房子作为她的生日礼物。玩具房子非常精美，甚至称得上艺术品。尽管只是纸盒子制成，但它让其他玩具店里的玩具都相形见绌。

　　等到圣诞节的时候，我们家应该就能空出来了。我想，安娜那时应能顺利地找到新住处。除了我们一家六口人和伯纳德外，我认为乔治·埃利斯也会来我们家待一段时间。21日，他和史蒂芬要同去达拉斯参加一个会议。还有菲利帕·霍金也会从纽约赶来，她现在在纽约上班。16日那天，我们会在下午5点去机场接你们。那段时间临近期末，你们要做好迎接一切学校期末活动的准备。另外，罗伯特会给你们背诵"邦克山战役"里的典故。对了，21日晚上我们会举办一次盛大的派对。

12月16日见
爱你们的，简

Part Three Travelling to Infinity
我和霍金的生活

12月初,史蒂芬和他的随行们一块儿去了达拉斯开会,留下我和孩子们独自待在加州的房子里。一天晚上,我突然惊醒,感觉整个房间都在摇晃。我曾学过应对地震的方法,应该离开卧室向走廊靠拢。但当时情况太突然,我呆在那里一动不动,整个人都蒙了。地震很快过去了,我也慢慢找回了感觉,我这才意识到孩子们的安危。我跑上楼却看到两个孩子依然还在梦乡中熟睡。我回到自己的房间关灯准备入睡,结果地震又发生了,接下来的余震也给我留下了深刻的印象。我想起1962年的时候,史蒂芬在伊朗也经历过一次较为严重的地震,地震发生时他正在公交车上,并深受痢疾的痛苦,所以他并未感到地震给他带来的恐惧。史蒂芬和乔治·埃利斯从达拉斯回来的第二天晚上,菲利帕和我的父母都赶到了家中。我们齐力为史蒂芬的40多个同事朋友举办了一场无比成功的派对。客人们都流连忘返,直到深夜也不舍得离去。我们有一张物理学家威廉·福勒凌晨2点在我们家客厅练瑜伽的照片为证。

圣诞节的当晚,一共有16人在我们家聚餐,孩子们甚至还进行了各种才艺表演。罗伯特和他的小伙伴给我们展示了他们新学的魔术,其他孩子们也表演着笑话和猜谜的游戏,整个晚宴充斥着欢声笑语。罗伯特一本正经地说:"请各位观众将你们的问题留到表演之后。"但他盒子里的道具确是一团混乱。当他成功表演完一个魔术后,立即眉飞色舞。助手在一旁偷看,他就假装压抑怒色,加上他没有门牙的大笑,可爱极了。

圣诞节之后便是帕萨迪纳的新年游行。这一切都结束后,我们全家又抽出了一天时间去迪士尼。迪士尼的人实在太多了,每一项游乐设施外都排起了长龙。一天下来,孩子们只玩两个项目。好在我们赶上了他们最出名的动画人物游行。在"白雪公主"景点,"邪恶女巫"在游行队伍中看到了露西,并给她塞了一个"毒苹果",露西吓得躲在我身后不敢说话。此后,我们又朝东北方向开了300英里(482公里)的车程到死亡峡谷国家公园游玩。一路上有父母陪伴真是一件让人省心的事情,他们可以帮忙开车,帮忙搬东西,帮忙照看史蒂芬和我的孩子们。死亡峡谷原始的地貌令人生畏,游乐场上零散分布着沙丘和死火山口。海平面下的那一大片盐地曾是冰河世纪的一个大湖。峡谷四周围绕着连绵的群山,山顶都是一片雪白。威严的山峰见证了大自然的无数岁月变迁。据说夏天的死亡峡谷有世界上最炎热的沙漠,仙人掌和冬青树只能在这里勉强生存,而峡谷内为数不多的水源也由于含盐量高的问题致使几乎没有可以生存的鱼类。随着太阳位置的变化，峡谷里的色彩也呈现着万千变幻。这景色毫无疑问是宏伟壮丽的，但却称不上美丽。1849年，曾有一些拓荒者试图穿过死亡峡谷却以悲剧告终。淘金者的美梦破碎，却留下了荒无人烟的鬼镇，置身其中令人感到压抑和恐惧。听母亲说，这些探险家具有吃苦耐劳的精神，也正是这些精神造就了加州人，特别是加州的女人，她们都是伟大探险家们的后裔。

回到家，我们收到了好消息，史蒂芬和罗杰·彭罗斯获得了当年英国皇家天文学会颁发的艾丁顿奖章。我们正打算给父母举办一个欢送派对，现在可谓双喜临门了。事发突然，我们也不曾想过这次获奖会对史蒂芬带来什么长远的意义和影响。不论以后会发生什么，能够赢得这个奖毕竟是一件荣幸的事情，史蒂芬还因为这次获奖缴纳了长期拖欠天文学会的会费。露西叫嚷着要跟外公外婆回英国，她还独自收拾好了自己的行李。当前往英国的飞机起飞后，我们不得不立即带她前往最近的肯德基让她饱吃一顿消消气。

马丁·里斯（Martin Rees）是现任皇家学会会长，剑桥大学三一学院院长。他是我们过去在剑桥最谦逊且最要好的朋友，他在那年春天帮远在美国的史蒂芬和我为英国重返欧洲共同市场的决议做了投票。不过，或许让他帮我们投票完全是浪费他的时间，因为史蒂芬总与我持有相反意见，我们的投票通常都会相互抵消。在我看来，英国当时至少在加州人眼里就是海岸对面欧洲大陆的一个小国。与其纠缠于过去的荣耀与遗失的伟大，不如在共同市场里找到自己的正确位置并安定下来。然而，史蒂芬却始终持有与我相反的意见，值得庆幸的是，最终的投票结果正如我所愿。

史蒂芬在学校过得也很开心，他和朋友们进行着各样的小闹剧。他和基普打赌，如果天鹅座X-1被证实存在黑洞，那么他会订阅4年的《私家侦探》杂志。如果基普输了，便要订阅1年的《阁楼》杂志。事实证明，天鹅座确有黑洞，基普输得心服口服。另一方面，史蒂芬在积极地和一些粒子物理学家取得联系，他的兴趣已逐渐延伸到了黑洞的中心。他还参加了理查德·费曼和默里·盖尔曼两个粒子物理学中的佼佼者创办的讲座。他们彼此间彬彬有礼，私下里却拼命较劲。史蒂芬告诉我，"一次，他聆听盖尔曼的讲课。当盖尔曼发现费曼也在听众之列。他拿起教材，用单调的语气念书，直到费曼离开。盖尔曼见费曼离开后变得激动起来：'太好了，这下我们可以讲点儿真正激动人心的话题了。'然后他开始大谈自己的研究和在粒子物理学领域非常前沿的发现。"

Part Three Travelling to Infinity
我和霍金的生活

这里的冬天并不寒冷。虽然有时也会连续下雨，但太阳总会很快回到湛蓝的天空。待云朵完全散去，远方积雪的山峰开始变得清晰可见。几场雨之后，这里竟然更加生机勃勃起来。我们刚到这里时的棕色山丘现在也披上了一层绿衣，海滩旁的峭壁上长满了五颜六色的鲜花。有橘黄色的花菱草、羽扇豆、向日葵和雏菊。我们没有让阴雨天气打乱自己的计划。在 2 月华盛顿日那天，我们开车外出玩耍，那天，我总计行驶了 350 英里（563 公里）的车程。那是我记忆中一天开车最长距离的一次。我们去了帕洛玛山的天文台观看世界上最大的天文望远镜，又去了鲜花盛开的安萨玻里哥沙漠公园漫步。3 月的时候，史蒂芬的母亲和姨妈珍妮特也来美国探望我们。我们去了约书亚树国家公园，那是一个海拔 3 000 英尺（914 米）高的荒地。那儿开满了形似百合的鲜花，还有茂密的仙人掌。那是一种特殊的仙人掌品种，当地人称它为"跳仙人掌"。其中一个仙人掌的确朝我"跳"了过来，它的刺扎到了我的腿上。那天是我的生日，孩子们又恰巧将车后座上放着的生日蛋糕不小心坐平了。我想，这也许是我最倒霉的一个生日。珍妮特姨妈的医学常识这时发挥了作用，可惜压扁的蛋糕却没法复原了。

4 月，史蒂芬又在梵蒂冈的宗座科学院获得了庇护十一世科学奖章。大爆炸理论提出的宇宙起源假说似乎受到了梵蒂冈的认同，伽利略一定想不到在自己逝世 330 年后，自己的心血竟然能在史蒂芬的身上复苏。

史蒂芬在欧洲的这段时间，我将安妮·迪克和自己的两个孩子带到圣卡塔利娜岛游玩。那时，这个岛屿还是一颗闪亮耀眼的明珠，没多少人知道这个美丽的地方，所以岛上并不拥挤，交通非常通畅。不过我印象最深的还是来时我们乘坐的玻璃底的船。透过船底，我们看到海水清澈而透明，看到海水中的长长的海草，还有水藻丛中游乐的鱼儿。它们对上方路过的我们视而不见，在海草中穿梭，我们在上面看得入迷。我在想，我们对近在咫尺的海底世界到底有多少认知。1996 年的时候，我有机会重返此地，但第二次来的时候，无论是岛上还是海岛四周的海域都已污染得不成样子。这个海岛的变迁似乎就是这个时代变迁的现实写照。

随着在加州的日子越来越少，虽然从很多方面来说我们在这里的生活是积极而愉快的，但我感觉光鲜的公众形象与暗淡的私人生活之间的鸿沟越来越清晰。每天的生活几乎达到了我的极限。3 岁的露西在游泳方面落后于同龄人，但很明显，我才是个落后的母亲。美国当时正处于女权主义运动启蒙时期，如果一个两岁孩子的母亲没有一份像样的工作，则会被这个社会视作为没有前途的"失败者"。所以,我尽可能地找事做。我和史蒂芬不同,我不是国际知名学者。作为一个普通人,在加州理工大学这个纷繁嘈杂的大环境中想要实现自我价值是非常困难的。还好我们家有源源不绝的客人,他们带来了没完没了的社交以及图书馆里无数的书籍。当然还有我的孩子们,他们让我忙个不停,自然也就没有时间让那些负面情绪影响自己的生活。这个地方是所有物理学家前来礼拜的圣坛,对他们来说,科学以外的任何东西都不重要。因此,其他任何事情都自然地落到了太太们的身上。加州理工大学的太太俱乐部尽自己最大的可能让自己的先生们在闲暇时光可以放松身心。她们时常安排自己的家庭去剧院听戏,或者去保罗·盖蒂博物馆之类的地方活动。然而,苦恼和不幸仍然在这一切表象之下潜伏,一旦涉及科学讨论,太太们大多都会立刻被自己的丈夫"抛弃"。

我努力地避免被大学的深渊吞噬,但我依然不得不考虑自身的处境。在圣巴巴拉的一个周末,史蒂芬如同往常一样和他的同僚吉姆·哈妥(Jim Hartle)陷入了无边无际地关于物理学的争论。我站在沙滩上,四周刮着冰冷的海风,孩子们在不远处玩耍。我看着细沙在脚趾间流淌,思绪也越来越远。我想,自己人生的前30年究竟完成了什么。我有孩子和史蒂芬,按特尔玛·撒切尔的话说,他们就是我的"幸运"。我对史蒂芬事业上获得的成就无比自豪,但从某种角度上说,我感觉不到自己在他的成功中占有的地位。然而,他生活中的一举一动又对我如此重要。我爱他的勇气、才能、独到的风格,以及那风格带来的独特魅力。直到今日,他还可以轻易用这样的魅力让包括我在内的很多人倾倒。所以从这个角度看,我是成功的。我完成了当初将自己奉献给史蒂芬取得成就的诺言,我帮助他在个人事业上取得了巨大成功。但在这个过程中,我逐渐失去了自我。我是一个名存实亡的西班牙语言学家,我甚至开始怀疑自己是否与语言学家这个称号匹配。我在任何地方都感受不到尊重,无论是剑桥还是加利福尼亚,或许那些没完没了的社交活动便是我用一种弗洛伊德的方式在向世人呐喊求助,请求他们的关注。

也正是在加州,我第一次遇到了和我们家庭情况极为相似的另一个家庭。来自爱尔兰的戴维(David)、乔伊丝(Joyce)和约翰(John)。他们住在离帕萨迪纳仅几英里远的亚凯迪亚。和史蒂芬一样,戴维也是一名科学家,他在学校执教数学。戴维也饱受残疾的困扰,他也因为某种神经上的疾病只能待在轮椅上度日,生活几乎不能自理。乔伊丝是一个生活上井

Part Three Travelling to Infinity
我和霍金的生活

井有条,充满能量的活泼女孩。她了解戴维身体存在残疾状况,却仍然决定嫁给了他。我们两家初次见面时,史蒂芬十分紧张,我能体会史蒂芬的心情。当看到戴维时,史蒂芬被他的健康状况震惊了,但还是在面子上显得镇静。我很好奇他们是如何看待我们一家的,不知是他们的表面镇静之是否也有和我们一样的震惊心情。因为我们有相似的经历,使得我们彼此更加明白其他人所不能理解的难言苦楚。

他们的生活在很多方面都与我们相似,但又从根本上有着巨大的差别。那就是他们对他们的情况抱有非常开明的心态,无论是对外人还是自己。他们心里没有隐藏,没有那种在困难和痛苦面前逞强的强忍欢笑。戴维还将这种直面病魔的心态写在了书中,他将自己的种种经历都记录了下来。他最初的想法是,如果自己在儿子约翰出生之前就离开人世,那么总要给儿子留下点什么成为记忆。这本名叫《一封寄给我未出生孩子的信》的图书详细记录了戴维和乔伊斯如何共同面对艰难的困境而勇敢地生活下去。戴维在书中描述了自己的成功与失败,自己活泼外表下的不安与恐惧,整本书都是戴维自我认识的重述。最终,戴维在上帝的关怀中重新找到了信念,上帝给了他超越时空的,亲密且无条件的爱。他从而开始正视未来,不再畏惧。通过戴维的书,我明白了我的所有的负面情绪都实实在在地存在着:没来由的沮丧、得不到关心而产生的失落、精疲力尽时找不到人倾诉的难过。正如戴维书中所述,它们"都在慢慢地毒害和杀死我们"。戴维提出如果强行压抑自己的负面情绪,束缚自己,不允许发泄,对自身是百害而无一利的。很难想象,一个比史蒂芬健康状况更差的人,还能透过自己的病情去引导他人帮助他人。

露丝·休斯(Ruth Hughes)也是和戴维一样伸出自己双手帮助他人的人。露丝是加州理工大学来访者中心的志愿者,她还是一名第二次世界大战的幸存者。露丝对我和孩子们十分关照。初次见面时,她告诉我她第一次在图书馆见到史蒂芬时就在想,眼前这个被众多加州理工大学的学者簇拥的伟大科学家背后一定有一个跟他同样充满勇气的伟大妻子,否则他不会有今天的成就。我听到她这样的话,备感欣慰。从没有人对我说过类似的话,我站在那儿甚至有点不知所措。后来,当史蒂芬在接受庇护十一世科学奖章时,露丝给了我一个珍珠做成的胸针。她说,我也应该得到奖励。

第三部分

28 成 就

　　1974年的夏天，在我们前往美国加利福尼亚之前，我就预感回英国时不会再回到小圣玛丽街居住。对我们来说，那儿的空间确实太小了，那里的楼梯对史蒂芬来说也是一项艰巨的挑战。剑桥的房屋资源有限，要去市中心交通便利的地方寻找新的房源则更加困难，这也成为了我们回英国后的第一道难题。我们将旧房卖掉换来的资金尚不足以购置一套更大的房产，即便是在史蒂芬婚前居住的格兰奇路也很难找到合适的房源。我再次找到冈维尔与凯斯学院帮忙，由于史蒂芬近年来取得的巨大成功，我并未心慌。他们不会再用当年目中无人的态度对待我们。

　　负责贷款事宜的财务主管早就换人了，约翰·斯特迪（John Sturdy）牧师现在负责这里的工作。早在1965年，史蒂芬正式成为学院的研究员时，约翰便上任了。我和他的妻子一直是好朋友，他们家对我们也一直较为关照。约翰研究的是希伯来语，他总是一副不入尘世的高深学者模样。而他的妻子吉尔（Jill）则完全相反，一股雷厉风行的女强人作风。在我们认识他们的时候，他们家就有两个小孩儿了，当我怀上罗伯特的时候，吉尔也怀上了他们的第三个孩子。接下来的15年，他们家前后一共收养了来自不同地方，不同肤色的9个孩子。吉尔是英文文学专业毕业，她还接受过专业的教师培训，并成立了自己的学校辅导小孩。每到圣诞节，约翰一家就会在学院举办派对，邀请学院的孩子们玩耍。无论是研究员还是清洁工，每个人的孩子都会受到邀请。约翰·斯特迪和他的大儿子约翰·克里斯蒂安（John Christian）会装扮成圣诞老人，每个到场的孩子都会玩得特别开心。

　　我很确信约翰会在借贷这个事情上给我们提供适当关照。事实上，他回应我请求的速度之快还是令我震惊。1974年6月，我们的一次简短会面上，他问我："你们想好了要去哪里住了吗？"那口气就像英国随处的房子都可供我们挑选似的。我是抱着试一试的态度问道："在格兰奇路附近有合适的吗？""这样吧。"他冷静地回答，"我们一块儿去看看，看是否有

Part Three Travelling to Infinity
我和霍金的生活

适合你们居住的房子。"我们一块儿在那条街附近进行了考察,有学区房,有靠近剑桥西面的房子,还有纽纳姆旁的维多利亚村。有的离史蒂芬的工作地点太远,有的离喧闹的街道太近,有的是一楼过道太窄难以容下史蒂芬的轮椅。西街有一套房子倒吸引了我的注意,它坐落在剑桥著名的哈维法院旁边,距离它的不远处还有一个巨大的花园。我们对这个花园非常熟悉,以前罗伯特的生日派对都会在这里举行。每年他生日,我母亲都会带来制作精美的蛋糕,不是做成小汽车形状就是做成城堡形状。而我和父亲则负责安排一系列的娱乐活动好让罗伯特和他的朋友们开心地玩乐。要照顾好一大群小孩,并安排好他们的活动,可算是我当时社交活动中最累的事情。此外,露西的生日在冬季,所以她的生日更是令我忙得焦头烂额。

西街 5 号上的这座房子只需要在一楼做点小改动就适合我们居住了。它的空间较大,不但可以满足我们家庭成员的居住,还拥有数量较多的储物间以及能够举办聚会的大客厅。相比小圣玛丽街的老屋,这里到史蒂芬的办公室稍远,但还能承受,露西上的小学也在这附近。旁边的花园是我的最爱,不但是我们最理想的派对地点,也是最适合举办板球比赛的地方。我在圣奥尔本斯的时候特别讨厌玩板球,但现在,为了锻炼我们的儿子,我也加入了这项运动。我记得,早在 20 世纪 70 年代初期,学校本打算将罗宾逊学院建在此处,所以,当时这套房子差点被拆除。后来由于用地面积达不到学校的要求,计划被放弃了。这套房子在前期还曾被人用来经营家庭旅馆——"西区住宅旅馆",当房屋产权到后学校便将它收回,用作本科生的宿舍。当年的学生们在这里拥有自由装修房屋的权利,所以这原本带有维多利亚风格的房子现在却拥有一个黑色的屋顶和紫色墙壁。不过,这倒不会成为我们的负担,我已精通于房屋的粉刷与装修。房子宽广的面积让我印象深刻,所以在考察完后,我便下定决心要搬到这里居住。我们与学校达成共识,待 1975 年我们从加利福尼亚回剑桥后就搬到这里的一楼居住,我们将拥有一楼的全部使用权。作为贷款条件之一,学校将拥有我们小圣玛丽街老屋的使用权,学校可以将它租借给其他研究员居住。

我们在美国的那段时间,学校派人帮忙修理了房屋的外墙,将我们在一楼的区域和楼上的本科生寝室分离开来。他们还将整个一楼重新装修了一番,在前门和通往花园的侧门外都修建了可供轮椅通行的斜坡。

我在加州的时候也操心着剑桥的装修事宜,在考虑如何从装修上给史蒂芬提供便利的方面,我从一个无畏的年轻人托比·丘奇(Toby Church)那里得来了诸多灵感。托比在学生时代就因为神经上的疾病而失去了语言能力，终日只能坐在轮椅上。但拥有建筑工程背景的托比将自己的专业知识应用到了装修上，从而让家里的设施尽可能地给为自己提供便利。在护士的轻微帮助下，他就能实现自我照料。他的轮椅上还有一个小型的键盘和一个显示器。他在键盘上敲打按键，想说的话就能在显示器上呈现。然而这个伟大的点子并没能帮上史蒂芬，因为敲打键盘对史蒂芬来说是一份非常精细的工作。托比并未研究过电动轮椅，他坚持使用普通轮椅以达到锻炼自己上肢的作用。为了给我提供帮助，托比在 1975 年的那段时间常常驾驶着轮椅来到我们的西街 5 号。这里整个社区的人们都非常友好，我们刚从加利福尼亚回来就爱上了这里。我们在这里一住就是 16 年，我认为这是我们的一件非常幸运的事情。这里的房间特别宽敞，在高高的天花板的四周雕琢着石膏檐板，石膏檐板上有精美的玫瑰浮雕。透过巨大的窗户可以直接看到外面充满英国风情的草坪，草坪上有巨大的紫杉和低矮的柳树，还屹立着有一棵美国加州特产的红杉树。红杉树应该是这座房子初建时栽种的。巨大的红杉树底下有一间已被人废弃的温室。在草坪的另一面，有一棵同样来自北美的乔柏（也称西部红雪松）与这边的红杉树遥相呼应。还有一棵苹果树，每两年结果。10—12 月，待苹果成熟后整个树底将铺满红色的果实。每到那种时候，饭桌上的孩子们最多的抱怨就是："又吃炖苹果呀！"史蒂芬不会碰这些东西，他说他对所有炖的水果都过敏，但那并不能阻止我给孩子们吃。

夏天的时候，我们会在大树间挂起吊床，在那儿享受阳光，倾听树上的鸟鸣。苹果树的左边便是我们厨房的窗户，从厨房的窗户向往望去，苹果树的周遭还有诸多其他植物：丁香花丛、杏仁树、山楂树。待到开花季节，厨房外的景色美得让人陶醉。哪怕是深冬，花园里的景象也一样别致。我记得一个大雪纷飞的晚上，我从厨房的窗户望去，在晴朗的夜空下，整个花园银装素裹，给人一种不可言喻的圣洁感。

尽管花园因缺乏工人照料而长满了杂草和羊角芹，我仍然不难想象它最美丽时候的样子。我想，一个世纪以前，在这座房子初建时这里的这些大树就栽种于此。它们一定是为了打造一种特定的花园风格。我曾尝试和学校的园丁们取得联系，希望清理这里的杂草以恢复它昔日的面貌。史蒂芬的同事杰里米·普林（Jeremy Prynne）在听说了我对花园做出的各种改进后对我进行了大加赞赏，并认为我应该加入学校园艺工程部。按他的说法，

Part Three　Travelling to Infinity 我和霍金的生活

园艺工程部里的那些人连蒲公英和水仙花都难以分辨。不过他的提议并未成为现实，原因很简单，一个研究员的妻子不具有任何头衔，是不可能被选为学院正式职工的。

自从我们在 1975 年的秋天搬到新家后，这座大房子及它旁边的花园就成了我们举办派对的常用地点。有传统的家庭聚会、圣诞节晚宴、生日派对，除此之外，还包括一些比较重要的社交聚会。随着我对慈善事业越来越热衷，我们举办了更多的慈善晚宴，每学期开学和期末的时候都会举办相应的派对。到了夏天，我们会在花园里举办茶话会（主要是招待来访的学者，他们大多数来自美国和苏联）。我会用黄瓜三明治招待来客，与他们在草坪上玩槌球。有时，我们会在草坪上举办舞会，或者弄烧烤与烟火派对。这些活动给我们带来了很多快乐，深受大家的欢迎。不过准备过程却异常艰辛，在那时，通常情况下都是由我一人负责这些宴会的筹办。最让我不悦的是，偶尔会有参会的朋友因为与我不相识，将我误认为穿着围裙的大学里的服务员。他们不客气地对我提出各种要求，完全没意识到站在他们面前的是这里的女主人。

我们居住的小区看上去得天独厚，但它也存在很多不足。客观原因是我们的房子因年久失修，总会隐隐透着一股即将散架的感觉。主观原因是自我们搬家之前的那次学校组织的装修外，学校再未派人进行过大的房屋维护工作。每到冬天，北面的窗户总挡不住呼啸而来的寒风，家里的老式的维多利亚风格的中央供暖系统也不能提供足够的温暖。煤气取暖炉散发出的浓烟不能完全从烟囱排出，部分烟雾漫布在家中。家里的电路也是新老结合，如果你想维修电路，奇怪的线路铺设总会让你摸不着头脑。

更要紧的是，老旧的天花板总给人带来快塌下来的感觉。即便是曾经多次因为翻修家庭而时常弄坏天花板的我的父亲也不会搞成现在这个样子。1978 年 7 月的一个晚上，伴随着轰天巨响，客厅的天花板突然坍塌，将家里的音响砸得粉碎。整个房间顿时被石灰的烟尘弥漫，原本挂在天花板上的吊灯也在房屋中不住打转。万幸的是我和史蒂芬正在卧室，孩子们也早在自己的房间睡着了。之后还有一次，厕所的天花板也发生了同样的坍塌事件，万幸没有人受到伤害。

在房屋的外面，屋顶的砖瓦经常脱落。不过在后来的 1982 年 6 月，剑桥校长爱丁堡公爵来我们家拜访史蒂芬时，这个问题便得到了解决。因为我向校方提出担心家里的屋顶掉落的瓦片会砸伤即将到访的校长大人。我申请校方给我们的房顶装备防护网，接住不时掉落的瓦片。学校立刻便采纳了我们的意见，几个月后还帮我们重新翻修了整个屋顶。同样得益于校长的到访，我们还让人将厕所也进行了翻新。

房子一楼是我们的居住空间，其他楼层还有别的学生居住，他们从房子的另一个门进去。当然居住在这里的还有楼顶储物室的老鼠们。不过，自从露西养猫后，老鼠们就再没出现过。和学生们的交涉远比与老鼠的矛盾更复杂。我们有时候会邀请他们来我们家喝茶，有时因为老旧的防火警报系统在半夜莫名响起将整栋楼的人们赶到草坪上，我们也和他们有过聊天。他们都非常的友好，是合适的聊天对象。但学生这个群体的生活方式和我们的作息时间难免产生冲突。一年中，总有那么几次，有的学生会忘记关浴池的水，他们的浴池下面正好对应我们的厨房。最近的一次正好是午饭时间，史蒂芬的一个在新西兰的亲戚下午会拜访我们，我提前回家准备饭菜。我刚打开门就听到了潺潺的水流声，空气中弥漫着潮湿的铁锈味。我赶到厨房，漏水已在地板上积起了小池塘，台子上摆放着的盘子都已经装满了充斥着铁锈的污水。地上的生菜、番茄、土豆什么的也在污水中漂来漂去。

不过这都是后话，1975年回到剑桥后，我和母亲一块儿将小圣玛丽街的房子收拾干净，将我们的个人用品都一一搬到了新房。那时，我们还没意识到前面提到的新房子的毛病。我们刚回来就搬上了新家，史蒂芬也刚在学校获得了一个比较正式稳定的高级讲师职位。因为我们在加州的那段时间，剑桥这边不知从哪儿传我们将永久待在美国的谣言。剑桥这边倒是一改往常对我们的冷漠态度，不但急切盼望着我们的归来，还给了史蒂芬这个高级讲师的职位，很快又给了他教授的头衔。

高级讲师的职位为我们带来了诸多便利，其中之一便是给史蒂芬专门安排了秘书朱迪·费拉（Judy Fella）。朱迪的到来给沉闷的应用数学及理论物理学院带来了一股清新。至少现在，史蒂芬工作上的事情有人管了。与他在加州时的助理波莉·格朗蒙塔涅（Polly Grandmontagne）一样，朱迪会帮史蒂芬打印他需要的文件，甚至包括史蒂芬绘制的那些图像。她会帮史蒂芬管理通讯，帮忙安排研讨会的时间表，帮忙购买机票和打理签证事宜。随着史蒂芬近年来在国际上知名度的迅速提高，他的这些事情也越来越多，学校不得不安排一位全职秘书协助史蒂芬的工作。

对成功的崇拜和谄媚并非美国独有，这在英国也非常盛行，只是多了一层独有的伪装罢了。也许是害怕在竞争中落了下风，诸多学术机构争先恐

Part Three　Travelling to Infinity
我和霍金的生活

后地将各种炫耀的头衔和奖项颁给史蒂芬这个学术界闪耀的新星。接下来的好几年，我的父母时常到我们家帮忙照看孩子，因为我经常需要带着史蒂芬和他的轮椅驱车前往伦敦某处的高档餐厅参加某项科学颁奖。有时，颁奖主办方甚至会好心地给我们安排过夜的住处，这大大减轻了我的压力。毕竟我已经身兼司机、护士、仆人、酒保、翻译以及妻子等多职。夜幕下，我们常常身着晚礼服出席在富丽堂皇的舞厅与交际场。史蒂芬戴着他坚持用手系的蝴蝶结，招呼着各位科学界的名流和知识界的权贵。剑桥世俗的生活情调与英国浮华的社交气息也在这一刻达到顶峰。社交场上的先生们都充满绅士风度，妻子们也慈祥且彬彬有礼。他们都较为年长，在我看来，大多数人比我的父母年纪还要大。我认为他们不是那种我可以在街头、校门口随意结交的朋友。同样是这帮科学家，加上一帮伦敦上层人士，他们的身影还常常出现在科学界其他一些重要的集会上。皇家学会的夏季座谈会就是个很好的例子，在这里，权贵们尽情地大快朵颐，享受佳酿与美食。留下一旁的演讲者小心翼翼地守护着自己的作品，等待着某位贵人的驻足，从而得以将自己的研究展示一番。

　　夜晚社交场的光环让我既享受也恼怒。在享受华丽宴会的同时我会提醒自己接下来的现实。参加各种晚会致使我通常要在午夜后才能离开伦敦。这个时候，我可找不到人帮我开车，回家后，我还要服侍史蒂芬上床。更别提第二天早上我们又要回到枯燥繁重的日常生活中，我给史蒂芬穿衣、喂早饭、吃药、喝茶，送他上班，回家后还得清洗衣物并做饭。街道的对面便是学校图书馆的高塔，它静静地耸立在那儿，无声地提醒着我那早已被忽视的毕业论文。我的世界没有水晶鞋，却有史蒂芬那摆在黑色天鹅绒上的金闪闪的奖章，提示着我昨夜的繁华并非梦境。不过，奖章也在一段时间后被我们挪走了——我们这里经常有小偷光顾。大厅的手提包、走廊上的自行车经常被小偷掠走，像奖章这类宝贵的物品自然是放在银行的保险柜中才能安全了。

29 埋藏的宝藏

每天艰辛生活的现实总是在头一天晚上就开始展现。给史蒂芬喂药并搀扶他上床后，我还需要准备孩子们第二天早餐的食材。罗伯特喜爱早起，他能自主进食，还能督促露西吃饭，这为我减轻了不少负担。早上起床后，我第一件事是帮史蒂芬穿好衣服，吃维生素片并送上热茶，最后是骑车带露西上学。露西上学后，我通常会顺路在超市购物。回家后给史蒂芬做早饭，服侍他直到他的上班时间。在加州享受惯了电动轮椅的便利后，史蒂芬再也不想坐从前的轮椅了。于是乎，他向学校卫生部提交希望学校为其提供一部可快速移动的电子轮椅的申请。根据学校之前的宣称，这不用花费我们一分钱。然而，现实和承诺却存在很大差距，无论史蒂芬如何申请，校方也未批准。他们的理由是如果开了这个先河，接下来或许会有源源不断的类似申请接踵而至。他们告诉史蒂芬，他可以申请一辆装电池的三轮轮椅或者一辆行驶速度慢点的电子轮椅。史蒂芬已没有足够的力气操纵前者，而后者他已拥有了一辆了，这得益于一个慈善机构的赠送。我们花费了无数时间希望帮史蒂芬争取到他心仪的美国时期使用的快速电动轮椅，然而皆是徒劳。这个国家的福利系统简直是个笑话，就好像他们是存心阻止残疾人工作一样。同样身为纳税人，残疾人工作便利得不到保障，到头来损害的还不是国家金库。除了那些维生素药片，国家福利并没有为我们提供任何实际的经济上的帮助。

为了维持家庭的正常运作，我们越来越依靠家人、朋友和史蒂芬的学生们的帮忙。几经波折后，史蒂芬终于得到了期望中的轮椅。这并非英国国家健康体系（也称英国国民医疗服务体系）所提供，而是来自慈善机构的帮助。此后，在学生的陪同下，史蒂芬可以自己驾驶轮椅上下班。史蒂芬上班的必经之路会通过国王学院，道路的两旁在冬天会开满附子和雪花莲，春天会长满蒲公英。然后，他要穿过一座拱桥，从位于银街对面的学院侧门进去便可到达他的办公室。史蒂芬终于可以享受自由活动带来的便利。

Part Three Travelling to Infinity
我和霍金的生活

靠着新轮椅，他的移动几乎不会遇到困难，这并非仰仗了政府的帮助，全是史蒂芬自己的努力和在物理学上的成果所致。

接送孩子又是另一个棘手的问题。每天早上，我可以骑车送露西去上学。罗伯特的学校则很远，多亏了剑桥新来的学者约翰·史塔克（John Stark），帮助我们解决了罗伯特的上学问题。20世纪70年代早期，约翰来到阿登布鲁克医院（Addenbrooke's Hospital）出任胸腔科顾问。他的妻子简·史塔克（Jane）与他们的两个孩子便一起从伦敦搬来了剑桥。他们搬进了弗雷德·霍伊尔十几年前亲手建造的房子里。每天的上班路上，约翰总是好心地带上罗伯特，将他和自己的小儿子丹（Dan）一块儿送到佩尔斯预备学校（The Perse Preparatory School）。他负责送孩子们上学，我负责接他们放学并将丹送回家。偶尔，我会在他家逗留一会与简聊天，孩子们也可以一起玩耍。作为伦敦政治经济学院的研究生，她认为剑桥大男子主义的盛行以及校园里的整体生活方式都压抑得令人沮丧。我和她在这方面充满了共同话题，这个社会体系教导我们从小就要需要和男人们平等竞争。到了21—22岁的年纪，我们又被同样的体系催促着嫁人生子，女性的地位一到这个年龄似乎就低于男人一等。我们丝毫不后悔扮演妻子和母亲的角色，我们痛恨的只是这个社会对待妻子和母亲地位的态度，尤其是剑桥这个小社会的态度。

简坚持鼓励我完成自己的论文。尽管当时我甚至自己都对此不再抱有希望。这件事已纠缠了我快10年时间，关于自己事业的梦想有时让我充满期待，有时又令我苦恼不堪。我用了10年的时间才完成了论文的三分之一。我收集了海量的材料，却没有勇气正式地将这些材料整理分析。史蒂芬每天上班后是我可以获得两个半小时的闲暇时间，下午3点15分，我要去学校接露西放学，然后是超市买菜。尽管如此，我父亲的一位公务员老友亨利·巴顿（Henry Button）在这方面和我有类似的经历，他从1934年开始着手研究德国爱情诗歌，直到40年后退休时才完成自己的论文。有了他的先例，再加上简的不懈督促，我这看似遥不可及的梦想似乎又开始有了着落。

我所研究的东西主要分为三个地域时期，由于它们之间的定义与区别非常明确，重新开始我的项目比我想象中的要简单。论文进度上，我已完成了对第一个研究时期最早的莫扎拉布诗歌的描述，我的重心开始向第二个重要领域转移——伊利比亚半岛东北角的加利西亚（Galicia）。那里的语言比卡斯蒂利亚语（Castilian）更接近葡萄牙语。加利西亚坐落着世界闻名的朝圣地——圣地亚哥－德孔波斯特拉（Santiago de Compostela）。西庇太的儿子詹姆斯（James）的遗骨便埋葬于此，当地相传他的棺材从公元824年就在加利西亚的海岸线上被海水冲刷。13世纪，加利西亚的吟游诗人们的作品已取缔了渐渐衰弱的普罗旺斯诗歌，成为了加利西亚圣堂上人们新的最爱。这些作品大多都与他们的国王阿方索十世相关。在众多不同流派中，有这么一大部分都属于"爱人短诗"派(Cantiga de amigo)。这一派的作品往往由女性歌手吟唱，作品内容和风格与我之前研究的莫扎拉布诗有着许多相似处——情侣们总是在黎明相聚，女主角会向自己的母亲或者姐妹倾诉自己的苦恼，她们的心上人总是因为不同原因需要远行。另外，在这些诗歌的风格与语言里总是充满着他们自己的民俗气息，这和莫扎拉布诗歌也是十分相似的。在我每日的闲暇时光里，我的任务便是从520多首"爱人短诗"中筛选出那些在风格和语言上与莫扎拉布诗歌有着显著相似处的章节。再将它们的用语放在当时整个欧洲大背景下进行对比。

我认为它们之间之所以存在这么多共性，起因是莫扎拉布人为逃避阿拉伯民族压迫而进行的大规模北迁。但同时，我也发现两者的显著不同，"爱人短诗"里没有莫扎拉布诗歌想要描述的那种清晰可见的画面，扎拉布诗歌也没有"爱人短诗"中那种爱人间急切期盼相见的场面。"爱人短诗"对风景的描写较多，北大西洋的劲风随主角的心情变换而变换。稍有学识的诗人也能轻易从这些描写山川、树木、河流与海浪的字里行间中看出其常见的隐喻手法。不过，关于这类诗歌的起源更加有力的证据是其中隐约透出的异教思想。尽管年代久远导致踪迹难寻，但只需简单阅读，就能体会到其与莫扎拉布诗歌中坚定的基督信仰的截然不同。

比如，"爱人短诗"总以符合女主角形象的静谧美丽的黎明景象展开描写。女主角走到小溪旁，清洗自己的束腰外衣。或许在这里，小溪暗指加利西亚凯尔特文化中象征生育的诸神。

美丽的女孩苏醒过来，
拂晓来临，
女孩儿来到湖边，
弯腰洗衣，
沐浴在晨曦之中。

在这样的诗歌中，女主角不时会受到大风的干扰（在异教徒的词典里，怪风正是邪恶精神的现实体现）。接下来，会有山鹿的突然出现，山鹿搅浑溪水代表着女主角心上人的出现。这一写法生动表现了主人公们充满激情的互动，又不用直抒胸臆地把情爱的场面描写出来。

她的爱人在此路过，
他们的爱如此深沉；
那雄伟的山鹿，
踏浑了这溪水，
快乐地恋爱，
快乐地恋爱。

当然，鹿的出现也有人认为是基督经典《雅歌》的一种体现，还有人认为是公元 4—5 世纪备受主教谴责的异教徒的生育方式。

这些诗歌大多透露着一股忧伤哀怨的情怀，这点足以将它们和欢快的莫扎拉布诗歌区分开来。在这些诗歌中，真爱的敌人除了残酷战乱外，还有浮躁的心情、情侣间的猜疑，以及心灰意冷地回绝。这些情怀通过对街道、小鸟、花草的描写得以表达。女主角回顾自己贫瘠的感情，只得向自己狠心的情人诉苦。告诉他，鸟儿们过去是如何歌唱它们之间的感情。她指责他狠心地摧毁了他们之间本有的美好风景。诗歌中反复出现的"leda m' and' eu"，就是在描述她对失去情感的渴望。

你夺走了它们（鸟儿）栖息的枝头，
你让它们饮水的溪流干涸，
何时我才获重新快乐。

重拾毕业论文也让我重新拾起了对知识的激情，不过这是一项孤单的工作，我总是一个人坐在图书馆，桌上摆着卷卷沉重的书籍，我要在字里行间中寻找自己需要的信息。这么多年，史蒂芬对中世纪时期文学研究的态度始终保持如一。在他看来，研究这些诗歌就跟在海滩上捡石子一样没有意义。曾经给我带来无限动力的中世纪文学研讨会也早已淡出我的生活，我和剑桥西班牙语部门的联系从未像现在这样薄弱。尽管我的母亲依然在每个周末来我家帮忙照看孩子，我和伦敦的联系也仅限于此。

在我独自工作的时候，"爱人短诗"里透露出的凄切情感也萦绕在我的心头。在我做家务的时候，在我给史蒂芬喂食的时候，我总是回想到诗歌里的场景。给史蒂芬喂饭总是很慢，他一次只能吃很少的食物，我得将食物分成一小勺一小勺地喂他。哪怕只是一小会儿，只要一有时间，我就会冲到客厅，在我位于窗户旁的小桌上写下笔记或者当时突然浮现的灵感。然而，学习、注释、分析这些诗歌还不够，我想通过它们去表达自己的情感。自从在加利福尼亚参加了合唱班，我对唱歌的渴望越来越强。相比于钢琴，唱歌是我更有时间做的事情，哪怕是在厨房刷碗的时候也可以自己练习。

尽管史蒂芬对中世纪诗歌的冷漠依然持续，对在家播放瓦格纳大歌剧的热忱依然不减，但他却对我的兴趣爱好充满了支持。每周总有一次，他会和学生们提前回家帮忙照看孩子。从而让我有1个小时的空余时间参加声乐班，课程是由男中音奈杰尔·威肯斯（Nigel Wickens）举办的，他本人既是音乐老师又是歌唱家。他光秃的头顶让他的身材显得更为瘦高。尽管用语犀利，但他并不会给人带来压迫感。然而用语犀利只是他鲜明人格的一小部分，或许是因为长期作为表演家所带来的才能，他对课堂气氛拿捏自如。上一分钟，他能让全班严肃敬畏地聆听；下一分钟，他能让大家爆发出哄堂的笑声。每周上课，他就像一个魔术师一般，将自己的音乐技巧从收藏箱中拿出展示给我们，告诉我们如何神奇地靠声音去传递自己的不同情感，去抓紧伟人们留下的音乐遗产。舒伯特、舒曼、布拉姆斯、福尔、莫扎特……这些天才们的音乐曾经震撼人心、触碰听者的灵魂、展露他们的恐惧与希望，欢乐与悲伤，以无法用任何语言来表达他们的感情。正是在威肯斯的课堂上，我下定决心要好好练习唱歌，将我的嗓子练成最好的乐器。

30 棋牌游戏

史蒂芬在学校的地位已越发牢固，他也在新环境中越发自如。他在物理学上的研究重点渐渐从宏观相对论转到了量子力学上。量子力学是微观世界里的基本粒子法则，量子物理是世间万物的基础材料。这研究重心的转变得益于他对黑洞的深入研究，也得益于他在加利福尼亚和众多量子物理学家的交流。在这样的转变下，史蒂芬逐渐踏上了物理学上一个更宏大的目标，他想要找到能够用量子机制来解释爱因斯坦宏观相对论法则的量子力学理论。自从19世纪20年代物理学家维尔纳·海森堡和尼尔斯·玻尔一块儿提出量子力学理论以来，爱因斯坦就一直对该理论表示高度怀疑。其根本原因在于海森堡和玻尔的这一在科学界上的重大突破暗示了宇宙的不确定性与随机性，这与爱因斯坦构建的有条不紊的宇宙是有本质区别的。也正是在与玻尔的对质中，爱因斯坦说出了那句"上帝不会掷骰子"。

宇宙起源一直是我婚姻生活中最能抓住我想象力的话题，哪怕是在结婚前，它对我的影响也不小。克里斯和我还是小孩的时候，母亲就常带我们在诺福克郊区的夜晚清澈的天空中指认不同的星座。到20世纪70年代早期，虽然污染逐渐严重，但城市之光还不算太刺眼，我和罗伯特、露西仍能在夜晚仰望星辰，感慨宇宙的神奇。我们会猜想星球和我们之间的距离，猜想它们会发出多强亮度的光。我感叹自己的丈夫、孩子们的父亲是何等的天才，才能将这无尽的宇宙全用数学公式表达，并放置于自己脑海中。就像物理学家维尔纳·伊斯雷尔（Werner Israel）自称能够将整个莫扎特的交响乐在自己的脑袋里演奏出来一样。这些复杂的公式隐藏着许多未解之谜的答案：我们的起源、我们在宇宙中扮演的角色。我们只是地球上渺小的栖息者，而地球仅是太阳系中平常的一员，太阳系仅是银河系中平常的一员，银河系仅是浩瀚宇宙中稀松平常的一粒尘埃。尽管我只学过最基础的物理和数学知识，但这些庞大而复杂的问题依然深深吸引着我。我对这些动辄长达亿万光年的宏观宇宙旅行更感兴趣，而史蒂芬转向的那些微观的不可见的甚至只存在于理论中的微小粒子却让完全不能吸引我的注意。我不得不承认，现在跟史蒂芬打交道的这帮科学家同样让我提不起任何兴趣。和过去我们熟识的那帮友好悠闲的相对论学者比起来，这帮人的好胜心和竞争的态度则更强。他们也会参加一些论坛和峰会，但除了少数的活泼的苏联物理学家外，大多数人没给我留下太深印象。跟他们相处久了，会让自己感觉深陷物理泥沼之中，我只能奢望再次见到当年那些彬彬有礼又文绉绉的相对论学家们——伊斯雷尔斯一家、哈妥一家、基普·索恩、乔治·埃利斯、卡特夫妇以及巴丁一家。

所幸这帮学者中最出名的那位量子力学专家具有鲜明而有趣的人格。他就是沉默寡言的保罗·狄拉克（Paul Dirac），他是来自剑桥的物理学家，他在20世纪早期就利用量子力学成功解释了爱因斯坦的狭义相对论并于1933年获得诺贝尔奖，成为物理界的传奇。因为史蒂芬的导师丹尼斯·夏默正是狄拉克的直系学生，史蒂芬一直将其视为自己科学界上的师祖。1971年在的里雅斯特，我曾见过狄拉克和他的妻子。他的妻子是著名匈牙利物理学家威格纳的妹妹玛吉特·威格纳（Margit Wigner）。据说，在他们刚结婚那阵，狄拉克会用"这是威格纳的妹妹"而非"这是我的妻子"向他人介绍自己的新婚夫人。当保罗·狄拉克从鼎鼎有名的卢卡斯数学教授席位退位后，狄拉克一家便从剑桥搬到了佛罗里达，他成为了佛罗里达州立大学的一名荣誉教授。我听说过关于他们的小故事。说狄拉克有一天看着自己的妻子织毛衣，待妻子细心地织完一行后，狄拉克已运用自己的数学知识运算出最简洁有效的毛衣织法，并指导了自己的妻子。

在剑桥的一个下午，狄拉克一家曾拜访过我们。玛吉特·威格纳在妆容上和特尔玛·撒切尔一样充满了贵妇的感觉。如果一定要说出区别，长着一头赤褐色长发的玛吉特的个性更加随和，与她交谈会感觉到更加轻松。她的这种天分与她丈夫的沉默寡言形成鲜明对比。我们坐在草坪上饮茶，她给我们聊这次的旅行，聊他们在佛罗里达的家庭生活。她和孩子们也很合拍，他们之间的谈话显得自然而和谐，她丈夫在一旁静静地听着。保罗·狄拉克的父亲是一名来自瑞士的教师，家教严格的他从小要求保罗哪怕是在英国的布里斯托尔也要讲标准的法语，可能这是致使他如今沉默寡言的原因。然而玛吉特却在他们的婚姻中用自己活泼的性格弥补了保罗的这一性格缺陷。事实上，她经常替丈夫说话，就像很多时候，我会帮史蒂芬说他想说的话一样，尤其是谈及与物理无关的话题时。在这一点上，史

Part Three Travelling to Infinity
我和霍金的生活

蒂芬和保罗很相似，两人都是少言寡语的性格，只有谈到重要的物理问题时，他们才会将自己严谨思考后的语言流露出来。尽管如此，他们在性格上还是存在许多差异。

在剑桥游玩的这周，玛吉特邀请我们家去艺术剧院看芭蕾舞剧《葛蓓莉亚》（Coppélia）。收到邀请后我犹豫了，我知道，哪怕是这个世界上最杰出的物理学家在场，史蒂芬对芭蕾舞剧的态度也绝不会改变。"不，亲爱的，我不是在邀请史蒂芬。"当听到我的顾虑时，玛吉特反复强调道，"保罗希望你和我们一同前往！"既然是我，保罗的这一愿望毫无困难地得以实现。几天后，我在剧院门口与他们夫妇俩碰面，我最初还怀疑保罗是否真的会去，我一直认为与史蒂芬性格相似的物理学家保罗应该和史蒂芬一样讨厌芭蕾舞。我错了，看上去保罗对演出的喜爱不输于我们。尽管他话语不多，但他和玛吉特的在场却让我感到非常放松，和他们一起看演出与和史蒂芬完全不同，我不用整晚都担心自己的同伴是否开心。

史蒂芬有了一名新的博士研究生，他是来自普林斯顿的艾伦·拉佩迪斯（Alan Lapedes），现住在我们家空出来的客房。就跟伯纳德在加利福尼亚做的工作一样，他能够帮我分担很多繁重的家务。艾伦也是一副沉默寡言的性格，让他帮忙做事他也毫无怨言。但我却有点不好意思，毕竟除了在家里，在学校的时候他也要和其他同事一起照看史蒂芬的日常生活。

史蒂芬的健康状况越来越令人堪忧，他一如往常地拒绝使用任何舒缓性药物。他的病让我们绝大多数人的周末都不得不待在家中。尽管我们的理疗师康斯坦斯·威利斯派来的助手苏·史密斯（Sue Smith）竭尽所能地帮助我们，尽可能地让史蒂芬每周多进行常规运动，史蒂芬的病情依然还是充满焦虑和失望。苏来的时候会帮助史蒂芬做拉伸，扶着他在大厅里散步，活动四肢。她会用自己的幽默与他交谈，跟他讲自己身边的趣事。但除了她每周来的那两个小时，史蒂芬绝不会在其他任何时间独自运动。苏常说："就当是为了我，你自己没事的时候也锻炼锻炼吧，好吗？"她听上去几乎像是在乞求，史蒂芬对她的回应总是他标志性的充满深意的微笑。

受限于自己的身体状况，史蒂芬永远是坐立的。病痛的折磨加上锻炼的缺乏导致了史蒂芬的四肢几乎报废了。因为有便捷的电子轮椅的帮助，他四处行动的自由度得到了大大提升，这也让外人难以意识到运动神经元疾病在他身上造成的创伤有多么巨大。即便在平地上这先进的轮椅灵活自如，但当它遇到台阶时也不得不寻求他人的帮助。而一个健壮成年人要抬起重达120公斤的史蒂芬和轮椅也是非常困难的。每当我和史蒂芬两人外出时，一旦遇到类似台阶问题，就预示着我们迎来了大麻烦。

孩子们有时会在学校带回不太严重但令人苦恼的流行病，而我也常常成为直接受害者。史蒂芬倒很少受到这些小病的侵扰。他饮食规律，几乎从不会因为发烧感冒而缺席工作。所以外人真的很难想象他发病时的模样。他的病情发作一般是在家庭聚餐时或者晚上睡觉时，一旦发作，我就会紧紧地抱住他，期盼着那恐怖的喘息平静下去。我们试着从饮食上做出改变以降低发病概率。我首先尝试了减少他对糖的摄入量，然后是乳制品，最后是不给他吃任何蛋糕或面包里的麸质（即面粉中的蛋白质）。这些食物据说容易刺激呼吸道内的过敏性内皮。我和孩子们则不必刻意避开这些食物。一开始，不加糖的制作工序并不复杂，但制作不带麸质的烘烤食品就比较麻烦了。20世纪70年代，超市还没有不带麸质的烘烤食品，使用不带麸质的淀粉是个巨大的挑战，我需要在烹饪工序上作出重大调整。不管具有多大挑战，我想，这总比应对死亡窒息要好得多。

我们以为冬天过完，一切病痛都会得到缓解，却没想到1976年的春天也为我们埋下了重重陷阱。那感觉就像在玩蛇梯棋，棋盘上没有多少梯子却到处都是毒蛇，骰子总会偏向蛇的那边。3月20日，棋盘上的第一条蛇露出了尖牙：露西患上了水痘。我曾经在巴伦西亚患过这种恼人的病，但我明白这个病并不严重。露西在这个年纪染上水痘，也就意味着她以后不用再为此病发愁了。从那天一直到接下来的一周，露西全身红肿，到处冒痘痘。浑身不舒服的她不断哭闹，我日夜守在她身边。所幸露西恢复得非常迅速。在水痘这方面，每一个有小孩儿的家庭都会经历。然而我们和普通家庭的相似之处也就最多到这里就要打住了。因为接下来的一周，生活再一次用它神奇的骰子将我们扔向了一条更凶恶的毒蛇。

周六起床，我感觉嗓子酸痛。或许是受到了我的感冒传染，史蒂芬和艾伦也在抱怨自己身体不适。除了嗓子发炎，高烧也接踵而至。史蒂芬的病情最严重，他不吃不喝，没完没了地咳嗽。或许是因为1963年在医院遭受到的不悦经历，史蒂芬对医院的厌恶甚至不亚于我对飞行的恐惧，所以他拒绝医生的帮助。一天过去了，他的病情依然不见好转，我不顾史蒂芬的阻拦，将值班医生叫了过来。但史蒂芬态度坚决，对医生提出的任何药物的建议全部否决。史蒂芬的理由是，那些舒缓性药物对自己神经的损伤比咳嗽和发烧对自己带来的危害更严重。史蒂芬担当起了自己的医生的角

Part Three | Travelling to Infinity
我和霍金的生活

色,他似乎认为自己对医学的认识远高于专业人士。史蒂芬的母亲周日下午来我们家喝茶,看到史蒂芬的情况后,决定留下来和我一起轮流照顾他。度过了一个令人精疲力竭的夜晚,接下来的那天正好是我的生日,史蒂芬的情况更加恶化了。他脸色苍白,咳嗽非常严重,但他仍然拒绝接受医生的帮助。直到那天晚些时候,在我的再三劝服下,看在我生日的分上,他终于答应了我们请医生的要求。斯旺医生在晚上7点半的时候到来,简单看了史蒂芬的状况后,他要求史蒂芬马上住院。斯旺告知史蒂芬不用担心,他应该能够很快回家。

史蒂芬心情很糟,他对病房充满了恐惧,而我也不知所措,只能搀扶着陪他一同去了医院。幸运的是,当我们抵达医院时,接待我们的医生竟是每天接送小罗伯特上学的胸腔科主任约翰·史塔克。作为朋友,史蒂芬十分尊重史塔克,这也让接下来的治疗过程变得简单。我也庆幸有一位熟悉的医生为史蒂芬看病,这样会省掉许多细致又尴尬的询问。能和史蒂芬正常交流的医生不多,史蒂芬对任何可能给他身体带来伤害的药物和食品都充满了顾虑。处于这些顾虑,我决定在医院陪史蒂芬过夜。史蒂芬被诊断为急性胸部感染,病情来得快去得也快。在史塔克的帮助下,他的病情第二天就有了好转,第三天就出院了。

与此同时,家中的生活逐渐恢复了往常的模样。在史蒂芬住院期间,我的父母赶来帮忙照看孩子,露西也从水痘中恢复过来并回到学校上课,罗伯特跟着学校组织的团队参加了约克郡的春游。4月1日,我和艾伦一块儿去医院将史蒂芬接回家。我们盲目乐观地以为生活将从此恢复平静。然而我们刚到家,史蒂芬呼吸困难的病情就发作了,他不住地颤抖,大口张嘴呼吸,模样痛苦不堪。我们赶紧叫来了医生,然而专家们也手足无措,史蒂芬无论平躺或者坐立都无法正常呼吸。他身体虚弱到进食和饮水都非常困难,更别提接受物理疗法了。我和我的母亲、伯纳德·卡尔和艾伦,只好不间歇地守在他身边。我们两人一组轮班照看着他。史蒂芬那次发病特别严重,我意识到当时的情况特别紧急,我也做好了最坏的打算。

在那医学宣告失败的时刻,朋友的关怀却给我们带来了意想不到的希望。时任冈维尔与凯斯学院院长约翰·斯特迪和他的夫人吉尔一天晚上突然来访,作为牧师的他为我们祷告。史蒂芬的学生和同僚们也给我们带来了支持,他们时常来家里探望并照看史蒂芬至深夜。在大家的关心和照顾下,史蒂芬的病情开始慢慢好转。4月4日星期天,史蒂芬可以食用流质食物了。

◆ 圣奥尔本斯高中的照片。后排右起第二个是我，站在我左边的是吉莲·菲利普斯，右边的是黛安娜·金。

◆ 1965年7月15日，我们在剑桥大学三一学堂举办婚礼的场景。从左至右分别是：我的外婆、史蒂芬的父亲、我的母亲、我的弟弟克里斯、史蒂芬、我、罗布·多诺万、史蒂芬的母亲、史蒂芬的外婆、我的父亲。

◆ 小圣玛丽街

◆ 9个月大的罗伯特坐在史蒂芬和我的父亲之间。

◆ 1967年5月29日，史蒂芬与罗伯特。

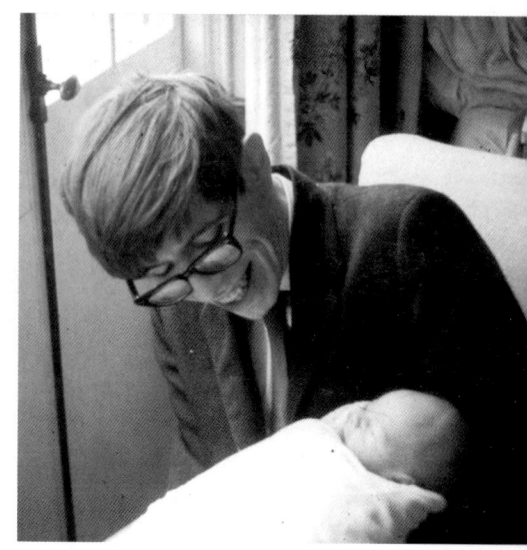

◆ 1970年12月，露西的洗礼仪式。

◆ 1971年夏天，史蒂芬在海边玩水。

◆ 1971年，小圣玛丽街，家庭出游。

3

◆ 在剑桥郡举办的野餐。图中有我的父母、基普·索恩、布兰登·卡特、吕塞特·卡特、凯瑟琳·卡特、约翰·麦克林汉、苏珊·麦克林汉,背对镜头的科学家身份不明。

◆ 1972年,罗伯特、露西和伊尼戈·谢弗在小圣玛丽街的院子里玩耍。

◆ 1974年5月,皇家学会会员典礼。

◆ 1975年圣诞节，照片拍摄于玛丽和特尔玛·撒切尔位于西街的家中。照片中有我的父母、埃菲伯母和杰克叔叔。

◆ 1980年夏天，在西街5号举行的槌球聚会。图中人物：艾伦·拉佩迪斯与其女友在后二排靠左的位置，在他旁边的是加里·吉本斯，罗伯特站在前排，罗伯特右边的是唐·佩奇，罗伯特左边的是尼克·沃纳，沃纳旁边的是伯纳德·卡尔，露西后面站着的是伯纳德·怀廷，坐在我前面的是玛丽·怀廷。

◆ 1978年3月，大卫·霍克尼为史蒂芬作肖像画，一旁的露西则为霍克尼作肖像画。

◆ 1981年6月10日，史蒂芬访问爱丁堡公爵。

◆ 1981年3月，在阿尔伯特音乐厅举行的博士学位颁奖仪式。

◆ 1986年，教皇在罗马接见史蒂芬、我和蒂姆。

◆ 1986年,有乔纳森(图中拿酒瓶者)参与的一次家庭聚会。杰克叔叔坐在我的父母与唐·佩奇之间。

◆ 1987年10月,马德里。从左至右(围绕着桌子)分别是:帕姆·本森(护士)、史蒂芬、佩德罗·冈萨雷斯·迪亚兹、伊莱恩·梅森(护士)、雷蒙德·拉弗拉姆(学生)、蒂姆、我、卡门·西根萨·冈萨雷斯。

◆ 第一次见到我们的法国乡间别墅。

◆ 1989年7月,白金汉宫。

◆ 1994年11月，我与父母和孩子们在新家聚餐。

◆ 1997年7月4日，温博庄园。

◆ 1997年7月4日,罗伯特、露西、蒂姆和我。

◆ 1997年7月4日,我、乔纳森、比尔·洛夫莱斯。

◆ 露西洗礼仪式上的罗伯特，他手中抱着的正是露西。

◆ 蒂姆，两岁半。

◆ 我的弟弟克里斯，他的妻子佩内洛普以及他的孩子们：卡伦杜拉、塞莱斯特、皮特和威廉。

◆ 2006年11月30日，蒂姆、露西、我和史蒂芬参加"科普利奖章"颁奖。

然而，当天晚上又陷入了危局。更糟糕的是，罗伯特也开始发烧并冒水痘，他只能卧床休息，高烧严重的时候他甚至有点神志不清。

此前一天，当看到史蒂芬的情况有好转时，我的父母便动身回了圣奥尔本斯，因为我父亲也将去圣奥尔本斯医院接受一项手术。不想第二天竟然出现这样的乱子，在走投无路之际我只能依靠好友们，尤其是乔伊·卡德伯里。多年以来，她总是默默地为我们提供帮助。1973年，当我和史蒂芬曾远在苏联的时候，罗伯特便住在乔伊家。罗伯特、露西与乔伊的两个孩子托马斯、露西·格雷丝（Lucy Grace）也是非常要好的玩伴。他们在乔伊家玩耍完全不会拘谨。几天前，当我和史蒂芬还在医院时，孩子们便委托在乔伊家居住。现在家里突然面临危局，我照顾史蒂芬难以分身，不得不将孩子们再委托给乔伊家。在当时的情况下，将浑身水痘的小罗伯特带回家会给乔伊家的孩子带来患病风险，但乔伊依然慷慨地伸出援手，这其中的情谊已不能用普通朋友来描述了。

在乔伊的细心照料下，罗伯特很快痊愈了，但她的孩子也接踵染上了水痘。我父亲的手术很成功，我曾抽空去了趟圣奥尔本斯看望他。史蒂芬的病情恢复缓慢，而且更严重的是，他拒绝服用医生开给他的青霉素。他无言地坐在轮椅上，用手托着头休息，他从20世纪60年代就养成了这样的休息姿势。他几乎不说话，呼吸非常困难，进食和饮水量都很小。他太虚弱了，没办法操纵轮椅上班。如果系里要开研讨会，大家会聚集到我们家的客厅进行。这种情况一直持续到那年的复活节，他慢慢恢复了一些力气，直到那时，我才能稍微放松一下持续绷紧的神经。我将孩子们接回家。到了学校假期前的最后一周，我希望能安排一些有趣味的家庭活动。

史蒂芬却不这么想。就在复活节那周的星期一，他召集了自己的一帮学生，搭车前往牛津开展了一次为期5天的会议。我记得那天，我站在门口看着他们离开，史蒂芬的轻率让我诧异。当时的我曾涌现出一种永远离开这里的想法，我想逃离这令人沮丧的现实。受到内在的想要逃离的欲望的驱使，我决定独自带孩子们出行。丹尼斯·夏默和莉迪娅·夏默（Lydia Sciama）也对史蒂芬的莽撞感到不解，并提议我带着孩子去康沃尔郡的圣艾夫斯，他们推荐了一个适合我和孩子们的酒店。于是，我带上孩子去了伦敦，在帕丁顿搭上南去的火车，在铁轨上我们离家越来越远。过了埃克塞特，火车的速度慢了下来。孩子们在我身旁欢快地玩着游戏。我迷茫地望着窗外，看着康沃尔宽阔的农田里星星点点的报春花丛，陷入精疲力竭的麻木和沮丧。

Part Three Travelling to Infinity 我和霍金的生活

31 凯尔特森林

显然，我们确实生活在悬崖的边缘。但即便是在峭壁上，树木也能将树根蜿蜒缠绕进岩石狭缝中，顽强地生根发芽。4月迎来尾声，我从康沃尔带着孩子回到家中，史蒂芬也结束了他的牛津之行。孩子们重返校园，复活节我们家曾经历的一切灾难仿佛从未发生过。由于史蒂芬行动上的局限性，罗伯特在体育方面的发展也滞后于别的孩子。现在他去了学校，有更多机会接触到各样的和父亲不能玩耍的体育活动。小露西和她哥哥都不会因为自己有一个残疾的父亲而感到难堪，也不会因为自己有一个杰出科学家的父亲而感到骄傲。日常生活慢慢地恢复往日的情调。随着家里的规划慢慢步入正轨，我将零碎时间用在了论文上。我抽时间重新装修了房屋，我会抽空去参加唱歌培训，我还为史蒂芬学院里夏季访问学者们的派对准备食物。

仲夏时节，BBC电视台的一个栏目组来到我们家。他们希望找史蒂芬配合拍摄一部讲述宇宙起源的长达两小时的纪录片。制片人薇薇恩·金（Vivienne King）毕业于韦斯特菲尔德学院，和我还是同级。薇薇恩是数学背景出身，但在这个影片的制作过程中，她却不打算走科学叙述的路线。相反，她想用这部纪录片突出史蒂芬作为一个科学家是如何在事业与家庭中寻找平衡并获得成功的。我很喜欢这个点子，我原本还在担心如果整个影片太过科学化，史蒂芬的形象或许会被不经意地描写成一个奇怪的科学狂人。或许会成为像斯坦利·库布里克刻画的奇爱博士一样的形象。成品出来后，我甚是喜爱，整个影片都带着诗意。影片中的史蒂芬在自己的学院工作，在学生的环绕下授课、举办研讨会，在黑板和实验室间思索自己最新提出的理论假说。当然也有他在家中接受采访的镜头，背景是两个孩子在花园里打闹嬉戏，夏日的阳光将鲜花照耀得异常艳丽。接下来的冬天，影片作为BBC系列节目《宇宙之匙》的一部分在全世界范围内播出。露西在学校有一名来自日本的朋友，她的父母当时在剑桥做访问学者。他告诉露西，他们在日本的亲戚也看到了这个节目。她母亲告诉我，当节目播出时，有一个史蒂芬接受采访的镜头让她记忆深刻。她的小女儿站在电视机前，看到了电视机中正在荡秋千的露西，她一边哭一边喊"露西，露西……"

这显然是我一直追求的画面，但成功的美好愿景总是短暂的。从牛津回来后，艾伦·拉佩迪斯就请了几周的假，因为他自己也患上了胸部感染。在此之前那段时间，史蒂芬的情况危急，我们也急需他的帮忙，所以他本人的健康状况被暂时忽略了。他对我们家提供的慷慨帮助已超过了言语能够表述的范围。尽管自己也深陷病痛，但当史蒂芬提出去牛津的提议时，他依然一同前往。

在办公室里，史蒂芬竭尽所能地让自己看上去健康强壮。但到了家里，他就会显露出疲惫虚弱的真实一面。他在家里经常处于低落状态，很少言语，只有在需要帮忙的时候才会开口。他在生活上的很多事情都需要我的帮助，让我疲惫不堪。我们急需帮手，但除了我们的医生建议的英国国家健康体系以外，没有任何人可能帮助我们。史蒂芬依然顽固地拒绝不熟悉的医护人员的帮助。我们的医生帮我们向当地政府申请了家佣，希望能解决我们家的日常家务问题。我和史蒂芬将钱都投入到了孩子的教育经费中，自然没有余钱自己请家佣。然而，这个申请并未得到批准，政府委派的检察员在审视了我们的家庭环境后给出了不利于我们的报告。事实上，他只看到了表象，我们艰辛生活的一面他并未看到。

我渴望的宝贵的帮助来临了，它虽然减轻了我身体上的负担，却让我在精神上备感压力——年仅9岁的罗伯特主动承担了帮手工作。我责备这都是自己的无能所致。在我被家务琐事缠身或者累得精疲力尽的时候，罗伯特会帮忙将自己的父亲抬上楼，喂他吃饭，搀扶着他上厕所。

史蒂芬抗拒外人对自己的帮助，但能接受儿子对自己的关心和帮助。而我却产生了一丝忧虑，罗伯特的童年时代或许就因此而产生缺陷。

5月中旬的假期，我安排了一次期待已久的家庭旅行。我订了位于沃尔伯斯威克的船锚酒店，这是我们比较喜欢的一家酒店。酒店距离剑桥市区只有2小时的车程。尽管酒店的工作人员倾尽全力为我们服务，整个旅行还是成了一场灾难。史蒂芬从旅程刚一开始就发病了，且情绪非常暴躁。结果是我们的每一顿饭都变得很糟糕，他时常哮喘引起了大厅所有人的注意。整个行程史蒂芬的心情也很糟糕，他拒绝跟任何人说话，哪怕是需要帮助的时候，他像跟别人打哑谜似的只使用肢体语言。罗伯特的帮助此时

Part Three Travelling to Infinity
我和霍金的生活

显得比以往更加重要，现实对我精力和勇气的挑战比我预想的更大。

我时常思索可能的解决办法。我们的朋友们都非常慷慨，都会无私地伸出援助之手，然而他们的帮助总是短期的，他们都有自己的家庭和生活。他们无法从源头上帮我们解决困难，因此我们牺牲了罗伯特的童真，让他承受了这个年纪的孩子不应承受的压力。万般无奈中，我只能找到史蒂芬的父母，毕竟他们是我唯一可以想到的能为我们提供帮助的人。我的父母已在我与史蒂芬的婚姻提供了诸多帮助，他们也是孩子们最爱的亲人，但照顾史蒂芬通常需要具备一定的医疗背景，我认为没有比史蒂芬的父母更合适的人选了。早在1965年，我与史蒂芬结婚之前，他的父亲就承诺过给我们最大限度的辅助。的确，当我们第一次搬到小圣玛丽街的时候，弗兰克·霍金帮我们粉刷了浴室。他和伊莎贝尔在我生罗伯特的时候帮我付清了疗养院的费用。在罗伯特还是个小宝宝的时候，他们出钱帮我们请了一个清洁工，每周来家里打扫一次家务。在购买房屋的问题上，他们也从经济上给了我们巨大的支持，我们家的客厅里也陈列着诸多他们家拿来的古董装饰。在孩子们特别小的时候，伊莎贝尔常来帮忙照看，也曾替我们陪同史蒂芬参加过各地的学术研讨会。在霍金家每年的威尔士别墅旅行期间，伊莎贝尔和弗兰克总是帮忙照顾。尽管他们家的宅子不太适合坐轮椅的残疾人生活，但霍金家人却会细心地在我们到来之前就安排好最适合我们的登山路线，带我们观看最美的风景。

然而，史蒂芬的父母每次到访剑桥与我们的相处都显得比我的父母更加正式。我的父母在对待孩子们时总是充满了热情，对他们嘘寒问暖、和蔼可亲。史蒂芬的父母来总给人一种居高临下的感觉，坐在家里，他们更像是上门拜访之人而并非亲密的祖父母。近来，我越发有了这种体会，似乎他们对这样的相处方式非常满意。从瓦尔伯斯维克（Walberswick）回来后，我迫于现实给他们写了封信，恳请他们在这个艰难的关头运用他们的劳力和医疗知识给我和史蒂芬提供帮助。我结婚时对史蒂芬许的诺言并未改变，但就算是世界上最坚定的信念，在日复一日毫不停歇的巨压下也很难岿然不动。雪上加霜的是，我们生活的节奏自史蒂芬胸部感染后变得更加紧凑了。剑桥有众多的学术研讨会、讲座以及晚宴，我已处于崩溃的边缘。不管出现何种情况，史蒂芬从未动摇过他不希望外人介入帮忙的态度，哪怕这意味着可以将我和罗伯特从极端的疲惫状态中解放出来也不例外。他的这种行为渐渐冲淡了我自他生病以来对他的同情心。弗兰克·霍金给我回信了，他表示愿意与史蒂芬的医生商讨他病情的具体情况，并告诉我，他们会在接下来的暑假的蒙茅斯郡的兰多戈镇（Landogo）的旅行中商讨更多的细节。

事实上，在威尔士之旅中，我们并未展开如霍金父亲所说的商讨，因为霍金一家人天性就不喜欢谈论私事。那段时间，弗兰克恪守承诺，每天早上会帮我们照顾史蒂芬。下午，他就穿着雨衣和雨靴，戴着防水帽，消失在背面山坡的野草中。他在陡峭的东向的山坡上种植蔬菜。不过当地气候并不利于种植，最终他的努力变为徒劳。伊莎贝尔积极地帮我们寻找适合史蒂芬游玩的路线，安排我们参观古德里奇城堡，组织野餐。她让所有的活动看上去都像是一家人开心地出游，表面上完全看不出潜在的紧张和压力。一天早上，她态度生硬地来到我面前，略带轻蔑地说："你想找父亲谈话对吧，他现在有时间见你了。"她指了指外面，弗兰克正站在雨中的大树下等着我。我披上雨衣，出门来到他身边。他带着我向别处走去，我们都没开口，大雨让身旁的小溪流得更急了。如同身旁湍急的水流，我内心的情绪也在翻滚搅动着。我不想让自己显得对史蒂芬不负责任，但我也要让他们明白我已尽到了自己所能，无论他们是否高兴，我们家都急需要他们的帮助。不说别的，至少不能再让罗伯特一个小孩子操心这些大人才该操心的事。

然而，我的所有想法通通落空了。哪怕是最细微的对史蒂芬现在态度不满的暗示都被他认为是对史蒂芬的不负责任。而我的疲惫在他看来只是我自己能力不够的体现。弗兰克唯独答应他可以帮忙劝说史蒂芬，但就连他自己也说他的话可能在史蒂芬那儿没什么作用。弗兰克还再三强调，我们无论如何不能强迫史蒂芬接受他不愿做的事情。在他眼中，史蒂芬一直充满决心和勇气，他所做的一切都是将家庭放在首位的。他认为正是史蒂芬给家里带来的收入才让我们拥有了两个孩子，他认为我们家的每一个成员都很满意我们现在的状况。我并不完全否定他的意见，我甚至告诉他，我明白相比于很多其他残疾人家庭我们还算条件不错。但即便这样的自知之明也没有换来他的同情。他说的很多关于史蒂芬的言论我并非没有思考过。从他生病的第一天起，我就明白是史蒂芬自己的勇气和决心在支撑着他对抗病魔，但我不明白的是为什么他现在也在用同样的方法对抗着他自己的家庭。关于罗伯特，弗兰克也表示了对他的关心。但他完全转换了话题的方向，他担心的是罗伯特太内向，他认为我们应该多带罗伯特出去见世面，他不想让罗伯特在社交上的不足损害了他以后的职业发展。在这点上，

Part Three Travelling to Infinity
我和霍金的生活

他认为自己就是因为不够外向才导致了自己在热带医学上的重要工作没有得到更广泛的认可。

与他的争论没有任何结果。弗兰克比我的父亲大 10 岁，他身板硬朗且健康状况良好。也许是因为他上了年纪，所以无法理解我的感受。他对史蒂芬的关心是毋庸置疑的，但他却对眼前的现实视而不见。关于罗伯特的情况，我早已在信中作了解释，他性格内向大部分原因来自家庭，如今再重复解释亦为徒劳。

更可气的是，由于家里的出租房频繁更换房客，我们不得不对自己的出租房时常重新装修和粉刷。当我提出在这方面希望弗兰克和伊莎贝尔可以为我们提供帮助的时候，他也以距离太远为由拒绝。圣奥尔本斯到剑桥才 50 英里（80 公里）距离。谈话就这么不和谐地结束了，我闷闷不乐地回到了家。

那天早上晚些时候，雨渐渐停了，我坐在阳台剥豆子准备午餐。伊莎贝尔来到我身旁坐下，说："你和弗兰克谈妥了，对吧？"她气势凌人地看着我。"谈了和没谈差不多。"我回答道。她表情严肃，眼神充满蔑视地说："你应该很清楚，弗兰克是绝对不会允许将史蒂芬送到疗养院让外人照看的。"她说完就站起身，愤然离去。我坐在那里感到非常震惊。我怎么可能提出"将史蒂芬送到疗养院"的建议，在我心里，从未如此想过。我告诉弗兰克的不过是我们希望寻求他们的帮助从而将我的儿子罗伯特从繁重的家务劳动中解放出来，这对他的心理健康成长无疑是非常重要的。我感到羞愧和愤怒。我放下已装了接近一半豆子的平底锅，起身出了他们家的住宅。我漫无目的地缓缓走进旁边的克莱登森林。我走到一块儿大石头旁坐下，身旁潺潺的溪水声听上去那么遥远。我从没感到过那么孤独，而在那个静谧的森林，大自然似乎也在同情着我。只可惜大自然没办法影响现实人们的想法，没办法让一些人看到摆在眼前的事实，无论对方多么苦苦地乞求。

在威尔士的第二个星期，天气已经放晴，太阳挂在高空中。史蒂芬的母亲让我对她有了新的看法。她带我们去了海边的一家酒店，在这里她花了绝大多数的私人时间帮忙照看史蒂芬，给他喂食，陪他坐在海滩远处，从而让我有机会陪孩子们去海滩上玩海沙和游泳。得到了一些休息，让我的精神状态也逐渐恢复。尽管伊莎贝尔态度生硬，但好像她是能体会我苦衷的，她开始更主动地在史蒂芬的问题上提供帮助。我很感激她的这些行为，不过她的一些言论却让我不知所言。"你知道吗，其实照看史蒂芬并不麻烦，"

她有意无意地说，"罗伯特完全不介意对他父亲提供的帮助，或许这还能极大地增强他们父子间的情谊。"她为我们安排的假期充满了乐趣，我从中得到了难得的放松，所以我决定将她的这些奇怪的言论当作善心。事实上，在接下来的时间里，她总是不断地重复自己的言论——强调照看史蒂芬并不困难，谴责我四处寻求帮助是完全不必要的。渐渐地，这些没休止的评论浇灭了我刚刚建立的对她的好感。她根本不理解，罗伯特在不满10岁的年龄便因为沉重的家庭负担而失去童真，这是多么的不公平。"说真话，史蒂芬的轮椅并没有你想象的那么重。"那周末的时候她又这么说道，"露西和我两人合力，就能顺利地就将轮椅放到车里，我们并未遇到什么太大的困难。"这话实在太夸张，我的露西才5岁的年纪，而很多史蒂芬的身材魁梧的年轻学生在搬起史蒂芬的轮椅时都会脸色惨白，这点我非常明确。

回到剑桥，8月又给我们带来了坏消息。我们不在剑桥的这段时间，特尔玛·撒切尔进医院做了手术，然而她没能从手术中醒来。我们与她相识10年，这10年对她来说或许是很小的一部分，但对我们来说却是一大部分。在这10年中，她如同家人一样善待我们。她总是那么和蔼可亲，总是在我们最需要帮助的时候站出来，无私地将自己的时间奉献给我们，她用她的幽默开朗帮助身边的人们。罗伯特和露西十分喜爱她，他们都把她当做是自己的另一个外婆，而她也像爱自己的亲孙一样喜爱着两个孩子。对我而言，她是我的挚友，也是我最坚强的盟军。她总能在我最需要指引的时候给出最坚决最正确的意见。我在去威尔士之前和她有过一次见面。她是那么地充满爱心，就像圣人一样。尽管自己也身患严重的疾病，但她却总能乐观面对，反倒是更关心我们家的事情。分别的时候，我们互相拥抱，撒切尔说："我多么希望我这个老太太能够更健康强壮一点，这样就能帮我们的小姑娘多分担一点儿啦。"

Part Three Travelling to Infinity
我和霍金的生活

32 回眸

　　转眼秋天到了，生活还是那么忙碌：照顾孩子、接送孩子上学、课余活动、照顾史蒂芬。在漫长的一天接近尾声时，有不少科学家拜访我们，参加我们的家庭晚餐。我们家庭的情况并未得到好转，罗伯特还是需要不时地帮助他的父亲。在威尔士海边的那周时间，让我适当恢复了体力和精神，又可以重新面对生活的挑战了。史蒂芬的健康状况稍微有所缓解，他从春天的那场肺炎中刚刚恢复过来，但这并不意味着运动神经元疾病的好转。它依然会不停地给史蒂芬带来肌肉萎缩、吞咽困难、剧烈咳嗽、呼吸问题等。

　　物理系越来越频繁地举行学术专题研讨，即加长版的学术讨论会。有的专题研讨会甚至能持续长达1年时间。史蒂芬对此大有兴趣，因为他如今有了越来越多的研究经费支配权，他可以将全世界的科学家都邀请来剑桥，开展大项目的合作，比如撰写论文和出版专著。这些都是为期4~5天的学术讨论会无法做到的。尽管史蒂芬本人既涉足宏观相对论又涉足微观量子力学，但当年上半年来的科学家大多是宏观相对论研究者，他们很多都是我和史蒂芬的来自北美的老熟人。

　　我最怕见到的是谦逊友好的钱德拉塞卡（Chandrasekhar）一家，并不是因为与他们合不来，而是因为直到他们要来吃晚饭前我才知道他们是素食主义者。曾经的一次茶会，我给他们做过鱼肉三明治被婉拒，我就有过这方面的疑虑，但并未思虑太多。得知这个消息后，我不得不手忙脚乱地重新制定晚餐食谱。为了达到他们的饮食需求，我必须采用没有肉、鱼、乳制品的材料，为了照顾史蒂芬，我还要采用没有麸质没有糖分的材料。最终我做了一份西班牙凉菜汤，加入了蘑菇和洋葱。对于如此尊贵的客人，让他们在晚宴上吃这样的类似星期日早餐的食物，真是不好意思。

　　到了期中，我在剑桥的圈子似乎突然都和牛津扯上了关系。丹尼斯·夏默去了牛津万灵学院，因为牛津为他提供了一份优厚的学术奖金。罗杰·彭罗斯也去了牛津出任数学教授。他和丹尼斯在那边常常一同举行为期2~4

天的学术研讨会。史蒂芬和他的同僚们也常去那里办讲座。我趁着这个机会在牛津溜达游览，参观他们的图书馆和那些著名的纪念碑。从孩子们小的时候算起到现在，我们去牛津的时间加在一起差不多快6个月时间了，我逐渐开始喜欢这个地方。比起她的对手剑桥来说，牛津显得更充满人文气息。史蒂芬回到牛津也很高兴，他对这里很熟悉，总是准确无误地给我导航，每条小路和背街都被他记在脑海里。这里有许多他曾经的回忆，他会告诉我他曾经顽皮地翻过哪座院墙，接下来又是如何面对院墙那边警察的盘问。他指着一座桥给我介绍，他和朋友曾在半夜跑到这座桥上涂鸦"核裁军运动"的标志，他的朋友被路过的警察抓住，他却躲在桥下逃过一劫。他诉说的过去的故事也许并不完全真实，不过，我确实见过不少关于他恶作剧的照片。毫无疑问，年轻的史蒂芬是个不安分的人，他会跟别人比拼喝酒，做一些突出自己胆大的蠢事。史蒂芬回想起这些往事总是令他兴奋，也让我感到温馨，他让我想起了当年那个让我坠入爱河的充满冒险精神的年轻人。在被诊断出运动神经元疾病之前，年轻的史蒂芬无忧无虑，被人认为是剑桥的明日之星。

如果史蒂芬需要去很远的地方开会，他的学生们会非常乐意与他同行并为他提供帮助，因为他们认为这是他们与物理学界知名人士见面的一个大好机会。这让我省心不少。我仍然十分惧怕飞行，也不想和孩子们分离太久。我教导我的孩子要尊重爱戴他们的父亲，不过同时，我不希望他们因为自己父亲的残疾而缺少其他孩子应有的父爱。所以在家长角色中我尽量充当了父母的双重角色。或许史蒂芬并不知道这事，但我曾和孩子们的老师表示过我对孩子在学校活动时缺少父亲支持的担心。比如，1967年的12月，当史蒂芬和他的学生们在波士顿开会时，我便充当起父亲的角色，带孩子们参加圣诞晚会，出席孩子们的芭蕾舞表演等等。

那年12月，曾默默给予我们无数帮助的艾伦·拉佩迪斯离开剑桥回到了自己的家乡普林斯顿。我给他住的那间房子做了大扫除，准备迎接下一个入住我们家的物理学家：唐·佩奇。我们在加利福尼亚的时候认识了他，他当时在基普·索恩门下做研究。他和他的母亲来剑桥参观，也同时考察了他们即将居住的环境。作为女房东，我自然要将家里打扮一番。显然我们的房屋让他很满意，他入住的时候显得非常兴奋，那模样让我想起了艾伦·亚历山大·米恩笔下的跳跳虎。12月18日，他和史蒂芬一块儿从波士顿赶来，之后很愉快地加入了我们的各种圣诞节活动。

Part Three | Travelling to Infinity
我和霍金的生活

我认识许多物理学家,我明白他们中的大多数人都有着不寻常的背景。然而唐·佩奇的身世更是离奇,他的父母都是宣教老师。他从小在阿拉斯加一个与世隔绝的小镇上长大,早期教育完全由父母承担,之后他去了他父母家乡密苏里的一所宗教大学。此后,他去了加州理工大学,在那里他加入了基普的科研团队,成为基普实验室里的一名博士后。他的宗教背景深厚,或许在外人看来他所从事的对宇宙起源的研究与他的信仰完全背离。事实上,他做事非常严谨,知道如何划分界限,所以这些冲突并没有太过影响他的决策和生活。一方面,他对自己的信仰非常虔诚,教会制定的价值观和道德体系并没有因为他本人的工作而受到挑战。另一方面,新教教义促使他对自己一切的活动都抱有无比的热情。

唐在每周日会去两次教堂,周中也会参与《圣经》的学习。我对他的信仰充满了敬佩,他给我们的生活带来了一些宗教的影响,这对我是一种支持。但在拒绝接受传道这个问题上,我和史蒂芬保持着高度的一致,我们尤其拒绝在早餐的时候接受福音。唐会在每个早上阅读《圣经》并祈祷,他希望说服他人皈依基督教,就像扫罗在去大马士革的路上所做的那样。但我可以负责任地告诉他,这一切在史蒂芬面前毫无意义,基督教在史蒂芬的世界里是不被认可的。别说是他这样活跃激进的做法,就连我低调的细水长流也改变不了史蒂芬的世界观。史蒂芬在这些时候通常躲在自己的报纸后面。史蒂芬的报纸挂在一个木架上,木架非常结实,遗憾的是没有电子翻页器。给史蒂芬喂早餐、药片、煮鸡蛋、肉、米饭和茶水时,报纸阻隔了盛满了物品的勺子,同时也阻隔了他与外界的交流。

刚来我们家的时候,唐每天早上会拿出《圣经》诵读,或许充满着期待,他绝不会想到史蒂芬还有那么个木架将他和外面的世界隔离开来。我并未多说什么,我希望他可以通过自己的摸索建立与史蒂芬的相处之道。深埋在自己的《泰晤士报》里,史蒂芬总会抽早饭时间了解时事。无论是英国在美国的贷款还是最新的宇宙飞船的研究进展,他总有自己独到的见解,并因此引以为豪。这点我和他完全不同,我大部分时候只看标题,而他却看得非常仔细,并仔细思考新闻中的细节,或许他正为了在学校中的闲谈进行着准备。

唐的传教意图没有得到任何进展。我邀请他和我一同准备早餐,在他准备玉米片、牛奶、面包的时候,我问他是否尝过马麦酱。他拿起棕色的罐子看了看回答,"没有,我在美国的时候从未见过,这或许是英国的特产吧。"

他一边说一边拧开黄色的盖子，从里面舀了一大勺深色的酱，涂到自己的面包上。"嗯嗯，你试试感觉如何。"我鼓励道。他咬了一大口，脸上立即露出后悔的表情，马麦酱刺鼻的气味让他像小孩一样皱起了眉头。就连史蒂芬也从他的报纸中抬起头来，眼前的景象让他脸上露出了调皮的笑容。坐在那儿困惑了一阵之后，唐也笑了。从那以后，他再也没有把自己的《圣经》故事带上早餐桌子。

家里住着一个美国人对我们还是有好处的。史蒂芬时常因工作需要参加美国的学术研讨会，无论目的地是洛杉矶还是美国其他地方，唐都非常乐意同往。接下来的那个暑假，史蒂芬试图说服我与他同去美国参加为期3个月的会议。好在唐坚持与他同往，成就了我希望待在家里的愿望。这解决了我多年来一直苦恼的难题，更令我感到高兴的是，我因此有了多余的时间完成自己的心愿。距离我上次去西班牙已经13年了，我非常渴望再去那里看看，感受他们的文化。在我还对自己的事业充满憧憬的时候，西班牙文化对于年轻的我来说具有极其重大的引导意义。曾经和冈维尔与凯斯学院的西班牙籍管理员不时的交流还能让我的西班牙口语保持流利，这么多年过去，我的西班牙语退步非常严重。此外，我的论文进度也非常缓慢，根本原因是我缺乏足够的动力。我之前不时地记下的零碎笔记堆积如山，然而我却从未将它们分类整理。还有一个重要原因是论文涉及的深度很广，要挖掘出独到的见解确实非常困难。

和往常一样，我的父母听到能和孩子们一起旅行，便迫不及待地加入了。我和父亲开始计划起我们的异国之旅。我们决定从西班牙北部开始，沿着去圣地亚哥－德孔波斯特拉的朝圣路线一直行走，途中还能经过葡萄牙。仅是和父亲一块儿制订旅行计划便让我想起了许多美好往事，父亲当年就凭着自己深厚的历史文化知识为我们家挑选最棒的旅游路线，如今依旧，他仍能找到许多连导游都不认识的具有历史意味的旅游风光。

夏日到来，常规的夏日活动也纷纷开始进行——晚宴、午宴、烧烤、孩子们的茶会、学校的运动会、校园日常活动。还有沉闷的家务事——汽车保养、打扫房屋清洁、出租房屋。学期末，露西还因为一场风疹病倒了。一切过去之后，暑假到来，史蒂芬去了加利福尼亚，我们则准备动身前往毕尔巴鄂。尽管西班牙北部的这个重工业港口城市污染严重，但一想到可以重新踏上西班牙的土地让我的心情异常愉悦。这样的心情一直伴随着我的整个旅程。不仅是因为我看到了褪去战争痕迹的美丽的西班牙，还因为

Part Three | Travelling to Infinity 我和霍金的生活

这里的民主正生根发芽、茁壮成长。更重要的是，我在这里看到了过去的自己，看到了当时那个充满冒险精神的少女，如今那个少女被众多现实的负担和烦恼隐藏得无隐无踪。同样被我重新发现的还有西班牙语，我又重新开始对它的语法和用词慢慢熟悉了起来。这唤醒了我内心沉睡的对文学的热爱，这份热爱在理性至上的剑桥早已被隐没。

布尔戈斯、萨拉曼卡、圣地亚哥、莱昂、科英布拉和波尔图，这些拥有响亮名字的城市。华丽的大教堂、中世纪的修道院、莫扎拉布礼拜堂、阳光明媚的国土和繁茂的橄榄树林给我们这些生活沉闷的英国人带来了清爽的活力。通过这次旅行，在那大山和树林中，我深刻体会了我所研究的爱情诗歌的作者们的生活创作环境。在英国的时候，我的论文完全是纸上谈兵，在这里，我所研究的文学找到了现实的落脚点。在这里，对中世纪文学的研究并不再是海边捡石头，它变成了一项更实际更有现实意义的工作，我从中找到了继续工作的巨大动力。我暗暗向自己许诺，一定要坚持完成自己的论文。尽管它不太可能引起任何学术界的轰动，尽管它不会对文学历史作出什么巨大的贡献。我迫不及待想要把我在西班牙重新见证的这一切用文字表达出来，但在回到剑桥之前，我更迫切地想抓紧这几周中的时间去享受西班牙和葡萄牙的旅程。我们从到达西班牙后便一直驱车行驶，孩子们毫无怨言地坐在后座，想象力无比丰富的露西总能把大家逗得哈哈大笑。我们行驶到海边做了短暂停歇，如此长时间的行程，孩子们也需要适当补充休息。在当地，贝壳是圣地亚哥朝圣者的象征，露西被这些贝壳吸引。每次在建筑物、雕塑上发现贝壳，她都会发出胜利的欢呼。在浏览过许多宗教遗址后，露西和罗伯特对宗教和圣人产生了兴趣。当我们抵达葡萄牙的奥菲尔海滩时，两个孩子还玩起了角色扮演。露西扮演施洗者圣约翰，她用海水将哥哥的头发打湿，而罗伯特裹着一条浴巾，扮演着虔诚的朝圣者。当然，孩子们都是嬉戏娱乐，并未真正意义上理解宗教含义。当孩子们玩得不亦乐乎时，我父亲在酒店差点出了意外。他无意地将自己反锁在了房里，那里没有电话，他唯一可以想到的办法是通过他那个房间的阳台跳到隔壁的我们那个房间的阳台才能顺利出去，两个阳台之间间隔70英尺（21米）。他成功地跳了出来，并在海滩上找到我们，给我们描述自己的"英勇成就"。我们既吃惊又佩服，毕竟他已63岁的高龄。

第三部分

33 僵 局

　　1977年秋天，从西班牙回来的我再次对伊比利亚半岛的故事燃起了激情，我从旅行中得到了新的灵感和见解。虽然之前留下的笔记依然繁琐，整理起来依然费劲，我的空闲时间也极为有限，但我已下定决心要攻克自己的论文。史蒂芬从加利福尼亚回来后便获得了晋升，他获得了引力物理学首席终身教授席位。这次晋升带来的不仅是工资上的提升，还能得到更多的尊重和更广的影响力。不过他们自己的物理系似乎并未意识到这些变化。他晋升的这段时间，系里正在准备重新装修办公楼。按照规定，所有的教授办公室都有资格获得新的地毯。史蒂芬在自己的办公室里等待着，然而几个月过去了却全无音讯，他不得已只好去系里探寻情况。办公室的负责人听到他的要求后，不屑一顾地说："只有教授才能换新地毯！""可我就是教授呀！"史蒂芬回复道。经历了这次小插曲，他们似乎再三确认了史蒂芬的晋升教授的事情，一切证实之后为史蒂芬的办公室添置了新地毯。

　　地毯送来了，史蒂芬又担心晋升教授会拉开他和他学生之间的距离。好在因病需要学生在生活上给他提供帮助，学生们似乎也没太害怕和史蒂芬接触。凭他自己的实力和智慧，他完全可以成为这个学院的领导人。但他拒绝把自己想象成一个高高在上的领导形象，相反，一个与学生和同僚打成一团，一块儿开领导玩笑的形象却是现在已晋升为教授的史蒂芬更倾向的做法。

　　我为史蒂芬的晋升而感到高兴，但这也为我们的生活带来了细微的变化。随着他在国际上的名声越来越大，只有我的最亲密的挚友才明白我们家庭生活中困难并未减少。运动神经元的疾病仍然在无情地侵蚀史蒂芬的身体，但他确实成了英国家喻户晓的人物，是皇家学会最年轻的学者，无数奖项的获奖者，被学术界誉为爱因斯坦的接班人，并且是剑桥大学的教授。因为他获得的学术成就与伴随着他的严重疾病，他成为了大众媒体的宠儿。在媒体的眼里，甚至他家人的眼里，似乎他逐年取得的数不清的成就已完

Part Three Travelling to Infinity | 我和霍金的生活

全战胜了那恐怖的疾病。我们家是如此的成功，以至于完全不需要任何他人的帮助。这种我们已经战胜疾病，我们不需要任何帮助的想法因媒体的渲染而变得透明化。我们讽刺性地竟然成为了自己成功的受害者。公众眼中我们的形象和现实生活中我们的形象完全不同，且相互对立。不可否认，公众形象的提升给我们带来了无数好处，1978年的夏天，史蒂芬还获得了牛津大学荣誉博士学位，这件事让人难忘。我们受到的关注却让最要紧的运动神经元疾病受到了忽视。我们仍然急需任何可能的帮助，这个疾病仍然存在，并且以缓慢却不停歇的脚步在威胁着我们的家庭。对于我身边的亲人来说，这个疾病愈发让我们的压力增重，它占据了我和孩子们生命中的大部分时间，想要维持表面上的正常将变得越来越困难。

罗伯特变得越来越内向和沉默，他小时候的开朗完全不见了踪影。我甚至担心他有抑郁的倾向，我的医生说抑郁症在小孩子里发生的概率极低。罗伯特最喜欢的娱乐方式便是沉浸在电脑中。史蒂芬给他买来电动火车玩具，然而电路板过于复杂，罗伯特还不能完全弄懂。即便是比罗伯特大一点的且具有更丰富电子知识的伊尼戈和他一起玩耍，也没能让电动火车跑起来。罗伯特很快失去了兴趣。伊尼戈和罗伯特并非就读于同一所学校，除了伊尼戈外，罗伯特几乎没有其他朋友。他看上去甚至没有结交新朋友的心思。很显然，我认为罗伯特的生活中需要一个男性榜样，一个可以和他玩耍打闹同时又不需回报的人。而不是史蒂芬那样反而需要罗伯特为他提供帮助。

女儿露西充满了活力，她变得越来越独立，朋友圈也越来越广泛。这或许在一定程度上能弥补她家庭生活的不足。她很小的时候就乐于参加各种社交活动：游泳比赛、郊游、露宿、学校的话剧表演、音乐剧以及朋友举办的派对。毋庸置疑，她和露西·格雷丝以及她的毛绒玩具一块儿扮家家所建立起来的幻想世界能帮助她处理现实世界的诸多烦恼。好在限于她的年龄和性别，这个家庭给她施加的压力远不能和罗伯特相比。

我的父母在孩子的培养方面倾尽全力，常常带着他们去伦敦游玩、去餐馆喝茶、去剧院看戏。但我自己的生活里却有一个深深的窟窿，无法对他人言明。1976年夏天，特尔玛·撒切尔去世前，聪慧敏锐的她曾给我直接指了出来。"亲爱的，"她朝我靠过来，直视着我的眼睛，"我无法想象你这么多年没有正常的夫妻生活是怎么熬下来的。"我被眼前这个老人对我的关心和直白彻底感动了。我对史蒂芬的忠诚不允许自己公开谈论这个话题，在这被疾病缠绕的史蒂芬的眼中是绝对的禁忌。我那次并未向特尔玛吐露太多，之后便再没机会了。特尔玛走后，我急需一个值得信任并能对其倾诉的朋友。不仅是生理上的需求，两人之间的感情联系也是我多年来不曾获得满足的。在脑力方面，史蒂芬毫无疑问是当代巨人；在身体活动方面，他却与新生儿无异。我扮演的角色不仅是妻子，更像史蒂芬的母亲或者护士。除了打针注射，我做的一切事情和日常料理与护士几乎没有区别。史蒂芬对自己疾病话题的讨论向来回避，这把本来就很难解决的问题弄得更加复杂了。他始终选择逃避的方式对待自己的病痛。原本我们可以一起协商、互相帮助、共同抵抗病魔，然而，事件最终发展为了我们两人的孤军奋战。我和他之间被他的沉默建起的高墙隔离。

我不止一次地希望有人可以倾听我的烦恼，希望有人能给我安慰。在一次去露西·卡文迪许学院的拜访时，我这方面的期望得到了一些回应。那是在老院长凯特·伯特伦退休后不久，学院安排了一次晚宴，以此举行新院长的就职仪式。虽然我在学术上多年并未进步，但这样的活动是我非常珍惜的。晚宴后，新院长站上讲台发表讲话，她谈到了自己的生活和学术经历。她的丈夫同样患有不治之症，她的演说让我热泪盈眶。我觉得或许她就是我可以倾诉的对象，她或许能够真正理解站在那个角度的我们的苦衷。很快，我就发现事情并非我的想象，她提到了她在职业生涯中面临的抉择，她必须在学术事业和丈夫之间做出选择。最终，她选择了前者。

我找到斯旺医生，略带难为情地跟他诉说了自己的烦恼。他看上去对我的烦恼并不感兴趣，不过，他和特尔玛一样直白："简，你面临的问题就和许多老年人面临的问题类似，唯一的不同是你还不是老年人，你还有自己的期望和需要。"他停顿了一下。"我现在可以给你提出的建议是，"他深邃的眼睛透过厚厚的眼镜片直视着我，"你应该找到属于你自己的新生活。"

同一年秋天，菲利帕也给我流露了离开史蒂芬的暗示。"说真的，没人会怪你。"她说话的口气非常平和，仿佛我只要做出这样的选择所有问题就能迎刃而解一样。我不知道她说这话的动机是什么，但我认为他们对此缺乏全面的认识。我承认，这样的做法肯定能让我脱离霍金给我带来的家庭烦恼。对于远离史蒂芬的家人我乐于接受，但对于离开史蒂芬让我和孩子们的健康的家庭破裂我却万不能接受。这是我亲手建立的家庭，摧毁它意味着摧毁我最伟大的成就，我的生命也会失去意义。

Part Three | Travelling to Infinity
我和霍金的生活

如果说我从未被其他男人吸引那是假话，但我从未做出任何出轨的事情，我唯一的恋人就是史蒂芬。我与其他男人最暧昧的交集也就停留在偶尔的短暂眼神交流。是的，这么多年过去，我早就不再把自己当做一个受人追捧的年轻女性，我也没有任何对新感情的渴望。我认为自己就是婚姻中的一部分，我的婚姻将我和史蒂芬联系起来，如今已发展得复杂而庞大。我们的爱情就像花园草坪上长出的一棵小树，现在早已枝繁叶茂，充满着各种奇花异果。这里不但有我、他，还有我们的孩子、父母亲以及共同的挚友，甚至还有熟识的学生和同僚。在花园的中心，那棵小树已经参天，那是我多年来精心培养的家庭。无论是小圣玛丽街，帕萨迪纳还是现在的西街。现在我们的关系已和当初有了区别，它已超出了我们两人的需求，它有了更深层的含义。尽管如今它受到了威胁变得不稳定，但我不能因为自己自私的想法便纵身离去。我还有我的孩子们，他们需要一个完整的家庭，我祈祷着能够在不损害家庭的前提下得到应有的帮助。我想，也许上帝在面临我的难题时，也会困惑任何抉择。我希望他能听到我的祈祷，保佑史蒂芬的健康和工作顺利，保佑我尽到母亲的责任，保佑我们家庭的完整。

这时候，一位特别的朋友站了出来，给我提供了帮助。她就是史蒂芬的前理疗师卡罗琳·张伯伦。她是个细心而实际的人，她建议我参加一些社会活动，以此转移一下注意力以舒缓自己的压力。她提议我去参加一个教堂的唱诗班。"来圣马可教堂吧！"她提议道，"我们正需要一个女高音。"12月中旬的一个下午，我把孩子们带到她家让她丈夫帮忙照看，我和她便一同起身前往教堂参加排练。与在帕萨迪纳的经历不同，这是我第一次在唱诗班真正意义上的唱歌，虽然我的歌唱技术有所进步，但对于严格神圣的唱诗中的很多规定我还不能准确把握。我当时的感觉就像年轻时当秘书时那样无助。另外一个女高音耐心地为我提供指导，用她的声音带着我吟唱。而一旁的指挥苍白的脸上写满了焦躁，他显然对卡罗琳给合唱班带来的大麻烦感到不满。经过不断努力，我渐渐跟上了节奏，能与唱诗班其他人合拍了。在卡罗琳的努力下，我成功地加入了他们，我们将在那周的晚些时候进行公开演出。

露西也来了，当我们挨家挨户沿着唱圣歌的时候，她便小跑着跟在旁边玩耍。我略带惊讶地发现那条街上的群众似乎不但熟识我们的唱诗班，还非常欢迎他们的到来。那是在露西上学的那个片区，然而除了露西的学校和商场，我对这里一无所知。不论这里的人们是否定期去教堂，那座红墙砌成的爱德华时代的教堂俨然成为了他们社交的中心。

在那个寒冬的傍晚，唱诗班的主持乔纳森·赫利尔·琼斯（Jonathan Hellyer Jones）、我、露西一同行走在大街上。他会在路沿上行走，为我和露西挡住来往的车辆。和他的交谈非常愉快，我们就像熟识多年的老友一样谈唱诗班、谈音乐、谈共同认识的好友、谈我们过去的旅行。特别波兰之行，他曾随着大学唱诗班在 1976 年的夏天去往波兰。他给我提到了圣马可教堂以及教堂的比尔·洛夫莱斯（Bill loveless）牧师，告诉我比尔如何在他人生中最艰难的时刻对他提供过帮助。他并未具体细说那是发生在什么时间的事情，但卡罗琳曾告诉过我，他的妻子珍妮特（Janet）在 1 年半以前病逝于白血病。

接下来的几周，我和乔纳森都未见面，我们的再次相遇竟是偶然。1978 年的 1 月，史蒂芬和他的同行去美国开会，他们会在那边待上 3 周。我和奈杰尔·威肯斯（Nigel Wickens）以及他歌唱班的朋友们一块儿去了一场由男中音独唱本杰明·卢森（Benjamin Luxon）在市政厅举办的维多利亚风格晚会。在拥挤的人群中，我立刻注意到了大厅另外一侧的身材瘦高的乔纳森，乔纳森的一头卷发在人群中尤显突出。我和他都惊讶于能在这里相见，我将奈杰尔引荐给他认识。事后，奈杰尔对我说道："乔纳森真是个令人印象深刻的人！"我点头表示同意，将话题引向了奈杰尔的未婚妻，美国歌手埃米·克洛尔（Amy Klohr）。

正是那次偶遇，我和乔纳森达成共识，请他周末抽一天时间来我们家教露西弹钢琴。露西很快喜欢上了他，而他最初的略带严肃的拘谨也在露西的活泼好动下变得开朗起来。最初，他只是来我们家给小露西上钢琴课，课程一结束便离开。后来，他愿意留下来多待一会陪我练习我喜欢的舒伯特的作品。史蒂芬给罗伯特准备的小火车玩具并不能提起罗伯特的兴趣，但他会偶尔听我弹奏舒伯特。几周后，乔纳森甚至愿意提前来我们家共进午餐，或者晚走一会和我们一起用晚餐。他会用这个时间帮我照顾史蒂芬，罗伯特也可以趁这些时候自己玩耍。随着我们对乔纳森的熟识，罗伯特也渐渐喜欢上了他。每次乔纳森上门之前，罗伯特都会站在门口等着他的到来。当看到他的身影时，罗伯特会兴奋地告诉我们。乔纳森进门时会和罗伯特疯闹一会儿，乔纳森似乎很乐意放下架子陪罗伯特玩耍。

当然，在周中的时候，我们也会时不时地偶遇。每次我们都会惊讶于巧合的相逢。我们会站在路旁长长地聊天，甚至进入忘我状态。我们总有聊

Part Three　Travelling to Infinity
我和霍金的生活

不完的话题。他给我提到他去世的妻子，以及妻子去世后自己如何适应新的生活。他和我探讨音乐上的追求和想法，而我会跟他讲述自己的生活、史蒂芬、孩子们以及压在我身上的重担。乔纳森比我年幼，但他却充满了智慧，他广阔的眼界和鲜明的人格也打开了我之前局限的视野。就像奥斯卡·王尔德所描写的，"哪里有悲伤，哪里就有圣地"。他是真正懂得在死亡面前生活都充满着何种艰辛和困苦。

还有许多奇怪的事情让乔纳森在我的生活中出现。我每学期总会去参加一到两次露西·卡文迪许学院的晚宴。我并非有多么喜欢那个晚宴，只是不想失去那里的人际关系。一天晚上，我坐在晚宴席上，无所事事地听着其他人的闲谈。隔壁桌的一段对话传入我的耳里，学院的一位有名的老学者艾丽斯·海姆（Alice Heim）正在赞扬一名常去她家指导她弹钢琴的年轻人。她描述的这名年轻人热爱音乐，对他人友好且热情，是一个名副其实的绅士。和她对话的一桌老太太都充满了好奇地问道："这个迷人的年轻人是谁？"她回答道："乔纳森，乔纳森·赫利尔·琼斯。"那时，我心里也一阵温暖，仿佛在场的只有我们俩人能真正理解这个踏入我们生活的陌生人给我们带来了多大的快乐。当然，也不可能所有人都像我那样震惊。我震惊于自己竟然会对听到乔纳森的名字而感到兴奋。我知道心头的那种感觉一半出自愉悦，一半出自愧疚，它就像我心里埋藏着的一个秘密。我反思着，我和他之间仅是好朋友的关系，这样的友谊又有什么值得愧疚的呢？我们的关系只是建立在共同的兴趣爱好上，建立在我们对彼此境况的关心上，建立在我们可以给予对方的支持以及建立在音乐上的。我们彼此的关系并没有什么其他发展，我们的关系也将继续这样维持下去。但我知道那份愧疚的感觉正是潜在的亲密关系的真实体现。我想，我们之间的互相吸引是双方心知肚明的。"通奸"是个丑陋的词，它与我们建立家庭的道德基础是完全背离的。难道为了重燃我心中的激情，我要付出道德的代价？或者是让乔纳森来支付代价吗？如果我试图从19世纪那些通奸的女人身上找寻慰藉，代价会更大。后果可能是福楼拜笔下敲打破铁锅的噪声，而不是感动星星的音乐。

第三部分

34 援助之手

　　接下来的那个学期，乔纳森邀请我继续留在教堂唱诗班，他们当时正为即将来临的复活节准备一首歌唱"弥赛亚"的颂歌。罗伯特和露西都成熟多了，只要打开电视机，他们就能安静地待上一段时间。星期四的早晨，我来到教堂，加入了由教区邻居组成的唱诗班。对初学者来说，汉德尔的复杂谱曲是一个巨大挑战，我们就像迷路的羊群那样慌乱，各唱各的。虽然我的歌唱技巧还不成熟，但我对攻克这个难题充满了热情。除了加入唱诗班外，我还养成了来这里的教堂祷告的习惯，教堂的一切习俗和我小时候熟悉的英国风格教堂雷同。但这是国教，他们没有假装圣洁的各项教条，没有沉闷的迂腐，教堂的风格都要归功于牧师比尔·洛夫莱斯的努力和热情。他的名字在英文里的字面意思是"毫无感情"，但这与他的真实人格恰恰相反。比尔曾在《邮报》担任记者，他当过军人、演员、商人，人过中年的他开始了这份新的神职工作。精力充沛的他把过去在其他各行各业的经验和人脉都带到了现在的教会工作中。每月，他会定期举办论坛，邀请他的各界的朋友前来做演讲，有医生、警察、社区工作者和政治家等。

　　对比尔来说，真正的基督精神并非主张绝对的道理，并非与上帝讨价还价。它的真正主旨是对人性的热爱，是上帝对每一个人的平等的爱，这和人们的身份地位没有关系。这一教义对人的唯一要求是要学会爱自己身边的人。在这样的价值体系下，我的困苦和负担终于找到了慰藉。回到教堂让我的精神生活得到了重生，同时也给我带来了新的问题。我思考着自己接下来的生活，我需要为此作出多大程度的牺牲。在我即将崩溃之际，乔纳森进入了我的生活，这是一件既寻常又不寻常的事情。我不禁认为这是冥冥之中天意的安排，我们都孤独且不快乐，我们都迫切地需要他人的帮助。我熟读莫里哀的作品《伪君子》，我不能让自己或乔纳森成为《伪君子》中的答尔丢夫的形象。

　　或许有人认为，我生活中的苦恼和压力以及近期发生的事情只是一次巧妙的意外。但我觉得在这种临近崩溃的节点发生这样的事情，似乎都是上天的授意。当然那时，1978年的春天，我和乔纳森还没有真正向对方吐露自己的心思，所以一切都是空谈。真正重要的问题是，我该如何接受上帝的这份恩赐。如若处理不当，结果是毁灭性的，必定会有人受到伤害。如果我和乔纳森组建新的家庭，迎接我的将是我对现在心爱家庭的破裂，天知道我为之注入了多少心血。这不足以成为我离开史蒂芬的理由，我会被认为是违背了当初对他许下的诺言，这也是教堂的旨意所不能接受的。我和乔纳森都认同比尔宣扬的精神是人类生命的精神本源。那么，我们只能另选途径，一条可以让我、史蒂芬、孩子们以及乔纳森共同相处的途径。这样我既能接受上帝的恩赐，史蒂芬也能得到他需要的日常生活上的照料，孩子们也不会遭受家庭破裂的危机。但是，这条路需要我们具有极高的自控力。为了爱护和照料史蒂芬，我和乔纳森必须保持距离，我们必须分别居住在各自的房里，在外界面前不能透露我们对彼此的心思。理论上，我们在交往时必须带上史蒂芬和两个孩子。我不能过多地思考我和乔纳森的未来，史蒂芬的健康状况和孩子们的幸福才是我的首要考虑。事实上，任何和我有关系的人都不可能有未来。如果有人说，我如此操纵着一个承受了巨大痛苦的年轻男子的生活有多么自私。我会回答：有他的帮助，或许我们能成为一个大家庭而长久地生活下去；没有他的帮助，我们注定劫数难逃。

渐渐地，我们开始对彼此表达互相间的感情，我也将我的担心告诉了他。乔纳森安慰我，他并未觉得我们一家人融入到我与他的关系中有什么不妥。他告诉我，他来我们家的这段经历可以让他忘记自己曾经悲痛的经历。在我们去西敏寺的一次旅行中，在教堂的一个安静的角落，他告诉了我一个决定。他决定将自己托付给我，托付给我的家庭。他对我的保证和无私的爱让我原本黑暗的生活瞬间照亮了。我们的关系是高贵而神圣的，在接下来的很长一段时间里，它都会以柏拉图式的爱存在于我们的精神上。我们相互间的倾慕以及这份倾慕可能触发的危险关系都在我们共同热爱的音乐的表演中得到抑制。通常周末或某个周中的晚上，他会来我们家教我和孩子弹钢琴，史蒂芬也在场。有个男人可以进入我的生活，让我无所顾忌地完全依靠，让我感到久违的幸福。

史蒂芬最初对待乔纳森的态度是典型的霍金式的，即一定要确保自己在智慧上的主导地位，就像他对待他所有的学生那样。后来，他渐渐卸下了防备，因为他发现他的这些手段在乔纳森那里丝毫没有反应。乔纳森天性并非史蒂芬那样争强好胜的人。乔纳森对待史蒂芬的态度依然是他惯有的热情，他向来体贴人，所以对史蒂芬的各种生活上的需求他都一一照顾。因为他，史蒂芬也有了显著的改变，他的脾气变好了，整个人也变得放松了许多，甚至在某些夜里我还能和他平静地交流自己的想法，这在之前几乎是奢望。慢慢地，史蒂芬开始承认我们需要外人的帮助，尤其是他本人。他告诉我，如果我会继续爱他，如果有外人愿意为我们的生活提供帮助，他不会拒绝。史蒂芬即便表现出一丝能够体谅我的心思，愿意和我进行这样的交流，我又如何会不爱他。乔纳森有时也会因为自己的低沉情绪而变得沉默寡言，史蒂芬还会安慰我，说乔纳森不会让我们家失望的。我们家与乔纳森之间的这种微妙关系建立起来后，我们再未谈论过这些事情。让我感到无比宽慰的是，史蒂芬让我感受到，他是值得信任的。

此后，我们三人一起经历了一段我生命中非常奇特的新阶段。当然，并非所有矛盾都迎刃而解，史蒂芬依然会因病痛陷入之前的状态，这也会让我再次陷入精神崩溃的边缘。但总体来说，一切都在向好的方向发展，我们的生活比以往更加稳定。对于史蒂芬，他的皇家学会会员身份以及教皇奖章给他营造了学术界的尊重，他从此以后的荣誉也越来越多。他在理解宇宙奥秘的道路上越走越远，学术界热切地将一切可能的奖状徽章全都颁给了他。包括他的母校牛津大学颁给他的荣誉博士学位，他每年还会回到自己在牛津的学院进行讲座，那里的人对他友善又充满敬佩。在牛津，人们特别乐于谈论史蒂芬当年在这里读本科时期的顽皮。每次我们前往牛津，校方都会将我们安排在史蒂芬之前住过的本科生公寓，这也许是校方的刻意安排。

1978年3月，冈维尔与凯斯学院邀请了大卫·霍克尼（David Hockney）为史蒂芬画肖像。史蒂芬坐在客厅角落的座椅上，大卫对着他作画，一旁的露西在地毯上玩耍。画像完成了，大卫将背景里的露西也画了进去，这无疑出乎学院方面的意料。大卫利用这次官方肖像画的机会把我们家庭的气氛也融入了进去。第二天，露西便以她自己的方式向霍克尼表示感谢。我们正坐在草坪上喝咖啡，享受着短暂的春日阳光，露西从屋里冲了出来，一路跳跃到草坪。她手里拿着一个大大的气球，将裤角卷到膝盖高，故意露出和霍克尼一样的老式袜子，一只白色的，一只棕色的。

那年2月的一个寒冷的夜晚，我和史蒂芬随着其他学者一起乘坐巴士前往皇家学会，参加查尔斯王子成为荣誉会员的仪式。今天英国的巴士都安装了专为轮椅设计的起重机，但在当时是没有的，我和巴士司机得合力将史蒂芬抬上车。我们将要出席的活动有很多值得史蒂芬兴奋的理由。当年的他就只是个不懂规矩敢于挑战权威的学生，或者说史蒂芬向来对这些事情嗤之以鼻。入会仪式上，新晋学会主席发表致辞，感谢查尔斯王子对社会作出的杰出贡献。他在谈话中提到了和王子同名的查理二世，陈述了他以及他的儿子詹姆斯二世的丰功伟绩。史蒂芬当场笑出了声，他用几乎所有人都能听清的声音说："他搞错了，詹姆斯二世是查理二世的兄弟，不是他的儿子！"在仪式结束后的宴会上，史蒂芬更是玩得开心，他把他的轮椅转来转去，差点儿压到了查尔斯王子的鞋上。不久后，在一次剑桥大学圣约翰学院举办的晚宴上，他又以同样的方式差点压到坎特伯雷大主教的脚。

乔纳森的事业与史蒂芬完全不具有可比性。事实上，乔纳森几乎没有事业。除了失去妻子给他带来的灾难，在音乐道路上的挣扎和不得志也造成了他间歇性的抑郁。乔纳森曾是前唱诗班总指挥，在圣约翰学院学习期间曾多次荣获各种奖项，乔纳森的志向并非只是教钢琴弹奏。他天性内敛谦虚也许恰巧抑制了演奏管风琴和大键琴的才华。他强烈地爱着巴洛克音乐，但他的才华得不到施展的空间。他认为，自己有责任让大众的注意力从响亮的现代乐器中脱离出来，以纯正而非浪漫的方式来诠释巴洛克音乐演奏技巧的精妙。但他却不知从何开始。表演的纯正性是我们在饭桌上经常讨论的话题。史蒂芬常戏弄乔纳森的大键琴使用难度太大，史蒂芬认为在大键琴上增加一个钢架子就能解决费时费力的调音问题。但乔纳森认为如果这样处理，就不能表现纯正的巴洛克音乐了。事实上，如按史蒂芬的建议，改良后的大键琴已变为钢琴了。

在这些友好的争论中，史蒂芬和我对音乐的关注越来越深，我们开始劝说乔纳森放手一搏。让他放弃现在的教师工作，去争取更多表演的机会。但乔纳森也有自己的苦衷，想要正经地从事演奏工作，不但意味着每天需要有大量的练习时间，还意味着需要放弃现在的工作，即放弃现有的收入来源。演奏能给他带来的收入还是难以预料的数字。演奏对他唯一有利的条件就是他的狭窄的小房子里拥有属于自己的乐器：一架直立钢琴、一台大键琴。只要他愿意，随时都可以练习演奏。狭窄的小房子让我回想起了很多在小圣玛丽街6号的往事。

我们三人多次谈论这个两难的问题。我们逐渐认识到，乔纳森如果想排练一场音乐会，在竞争激烈的环境中成为一个有名气的演奏家，并且同时依靠授课维持生计，他就必须自己去创造机会。他可以毛遂自荐，从义演开始。他曾在白血病和其他癌症的慈善机构注册过，渐渐地与他们建立了双重联系，实现了互利双赢。他免费演出，不仅训练了自己表演音乐的技巧，而且克服了紧张的心理，锻炼了自己设计和呈现作品的能力。而慈善机构也成为了获利者，他们省去了一大笔费用。

与此同时，我似乎也看到了自己学术生涯的胜利曙光。虽然不愿承认，但自己的学术论文已经拖滞了12年，这期间我还抚育了两个孩子。我的导师艾伦·德蒙德一直坚持让我每个学期都在伦敦大学注册。他这么做是正确的，换为其他大学早就将我扫地出门了。在这条路上，我走了太久，以至于我都对自己能否走完这条道路产生了质疑，或许这是一篇永远也写不完的论文。现在，乔纳森的出现让我有了希望。首先，他对我研究的话题很感兴趣；其次，他会监督我的进度。每天晚上他会问我都写了些什么，他会听我读诗，帮我整理纷繁复杂的笔记。有人在一旁饶有兴趣地看你工作，还能不时地给你提供帮助，那就是我需要的所有支持。我已经进入论文的最后阶段，研究中世纪末期西班牙北部王国卡斯蒂利亚的诗歌。

卡斯蒂利亚诗歌主题鲜明活泼，诗歌里总是伴随着花园、鸟儿、植物、水果插画，这些元素在诗歌中都是爱情的不同表现形式。诗歌有不少涉及宗教，这一点在那个年代的欧洲文学中并不少见。花园不但代表了爱人的钦慕，同时也象征着圣母玛利亚的贞洁。花园中的喷泉既象征生命的延续，也意味着繁殖力的旺盛。苹果是秋季的食物，梨是神的救赎的象征，然而在非宗教的语境中两者均是性的隐喻。玫瑰花象征着殉道者和圣母，也是美丽的爱人最动人的形象。西班牙人利用浮华炫丽的风景描写出了鲜明生动的诗歌。不快乐的修女吃的水果是苦柠檬，快乐的情人总是走在甜蜜的橘子树下。同样，橄榄树林也成了爱人们聚会的场所。在1942年被西班牙驱逐出境的犹太教徒流传的诗歌中，在新大陆时期的诗歌中，这些意象也不断出现，暗示了早期民歌的特征。这便是他们相同文学起源的最好证据。主题上，卡斯蒂利亚诗与其前身加利西亚和莫扎拉布诗歌并无太大区别。诗歌都由女主角吟唱，讲述的都是不能与爱人相见的愁苦，爱人们会在黄昏之时相见。诗歌里母亲的形象总是威严而坚定。

周中的日子里，我会抽时间对论文进行整改，写作进度史无前例的顺畅。

Part Three Travelling to Infinity | 我和霍金的生活

双休日的下午是属于音乐的。不管是舒伯特、舒曼、勃拉姆斯、莫扎特、布里顿、巴赫还是铂赛尔,我都拼命地练习着奈杰尔给我布置的乐曲。我现在也有了属于自己的音乐收藏,这还得多谢史蒂芬,每到生日或重要节日,他总会送我音乐唱片。有时,我还会被叫到教堂唱圣歌。最初在那样的舞台上表演让我备感紧张,后来那种紧张渐渐消散了,我也越来越得心应手,多亏了奈杰尔为我提供的帮助。我的声音越来越适合这样的场合,甚至我自己都为我的进步感到吃惊。从我嗓子里迸发出的声音雄厚且充满自信,和我过去孱弱不稳定的声音完全不同,就好像一个陌生人在我体内唱歌那样。

那个春天的一个周末,我弟弟克里斯和他的妻子佩内洛普以及他们的女儿来我家做客。我将乔纳森当做新朋友介绍给了他们。他们并未多问我们之间的关系,如果他们详问,我会乐于为他们解释清楚。我给他们展示了我最近练习的歌曲。星期天下午,佩内洛普大大赞扬了我们家客厅的装修风格。她说整个客厅给人一种宁静的氛围。他们的积极态度让我对乔纳森这个新成员被家人接纳的信心大增。克里斯和乔纳森很合拍,他走之前还刻意将我拉至角落,告诉我乔纳森很不错,还提到了他那双有神的眼睛。之后,他从德文郡打来电话,我们聊了很久。我跟他讲述了我们家里的情况,他给我提出的种种建议我也铭记在心。他对我说:"你已经独自驾驶这条小船在暴风骤雨的大海上行驶了很多年,如果现在有一个人,愿意坐上船,将船引入一个安全的港湾,那么你应该接受他能给予的所有帮助。"

那年夏天,我曾经的圣奥尔本斯的老校长希拉里·金特(Hilary Gent)来看我。她每年都会到全国各地走亲访友,包括在漫长的教学生涯中认识的同事和学生,而她也总能将我们家作为其中一站。金特女士对姓名、长相和往事的记忆惊人。她建立起自己的社交网络,她会把自己认识的人相互介绍,把自己生命不同时期的朋友、教师联系起来。她观察力非常敏锐,近年来,她察觉到了我的日渐疲惫。为了给我提供帮助,她写了很多语言温馨的信件,寄给她过去熟识的那些在圣奥尔本斯读书现今居住在剑桥的朋友,希望他们能在生活上尽可能多地给我帮助。但这些信件并未取得实质性进展,一是我自己的生活太过繁忙,二是她给我引荐的朋友大多为同龄人,而我却希望有一个年纪稍大点的人可以听我的倾诉。虽然我当时才33岁,但我的生活方式却与老年人相近,我需要一个长者或有智慧的人给我提供精神上的支持。

我大概每半个月就会去拜访我认识的最年长者:多萝西·伍拉德。她是一位头发斑白的身材矮小的艺术家。我去她家陪她聊天，听她述说旧事，听她抱怨现在生活的烦恼。与她的交谈总能给我本要歇斯底里崩溃的神经带来一丝祥和。我简称多萝西为DW，她曾在布里斯托尔艺术学院接受艺术入门教育，她幼年时期就见过我们的维多利亚女王，当时女王正和皇室的家人们一块儿去学校参观。DW在温莎城堡里为女王的玩具房子画画。第一次世界大战时期，她还在海军部帮忙画过图纸。她终身未嫁，但却陪伴了她心爱的一名老师许多年。那位老师在自己年老之际坐上了轮椅，DW便从此服侍在他身边。她为他作画，他的画像就摆在她卧室，是她多年来各项作品中最宝贵的一件。到了大家都该退休的年纪，她仍然不停地从事着翻译工作，她将许多书籍都翻译为了盲文。哪怕已经到了上寿之年，她还身体矫健。有一次在饭桌上他还起身给我父母展示自己仍能摸到自己的脚尖，把我们惊呆了。谈到她长寿以及快乐生活的秘密，她总会说，这有一部分原因要归功于巴拉圭的冬青茶。冬青茶是一种南美洲的饮品，每次去她家她都会用冬青茶热情地款待我们。在我所有认识的老一辈人中，恐怕只有比DW年轻10岁的金特女士在机敏和睿智上能与她相比。她们不但观察敏锐且见解独到，我认为她们的这些特质在年轻一代人的身上非常缺乏。

一个星期六的下午，金特女士到我家喝茶，当时乔纳森也在。他们很快愉快地聊开了。他们几乎聊了一个下午，我和史蒂芬就一直在那儿听着。显然，年近三十的乔纳森与年近八十的金特有许多共同认识的熟人，因为音乐是金特女士众多熟知领域中的最重要之一。当我起身去厨房端茶时，金特暂停了她和乔纳森的谈话，跟我一块儿进了厨房。毫不犹豫地，她说："你的生命里有了乔纳森，我真替你高兴。"作为一个充满智慧的老人，还是我的前校长，她直接的话语让我不知所措。她略带试探地看着我，似乎在决定是否可以说得更直白。"你一个人承担了太多，承担了太久了。"她继续说道，"我不知道你是怎么做到的，你现在需要一个人来支持你，乔纳森是一个杰出的小伙子。"那一刻我仿佛在她身上看到了特尔玛·撒切尔的影子，仿佛她也在跟我说，这是命运的安排，你应该欣然接受。

接下来，我将乔纳森引荐给了我的父母。我的父母通常不善于用言辞表达自己的想法，而惯于用行动来体现。他们与乔纳森相见时，交谈甚欢，相处非常融洽，就像是十几年未见的老友。我的父母从不拘泥于形式上的小节，也没有对乔纳森常住我们家的事情发表看法。乔纳森还让我父亲弹奏了他的钢琴，我父亲向来喜爱贝多芬，也正是因此才激发了我对音乐的

Part Three | Travelling to Infinity 我和霍金的生活

热情。于是,我父亲就用乔纳森的钢琴弹奏了贝多芬的《热情》奏鸣曲,我母亲坐在旁边编织毛衣,帮忙把裂开的袖口缝好。乔纳森在一旁和我母亲聊天,谈论早期乐器的独到之处以及他在正统表演风格上的孜孜不倦的追求。后来,我也见了乔纳森的父母,他们给我留下了深刻的印象。每次和我母亲提到乔纳森的家人,我都赞不绝口,乔纳森的父母真是让人愉悦的一对夫妇。"你傻呀,"我母亲笑着说,"能教出乔纳森那样的孩子,他的父母如何能不优秀呢。"

夏末时分,是我和乔纳森暂别的时候,刚分开我就迫不及待期盼着和他的重逢。乔纳森需要暂时离开英国去奥地利的一所夏季学校教巴洛克音乐。我们家则在唐·佩奇的陪同下一块儿去了法国科西嘉。如今我的孩子们渐渐长大,我的自信心也在逐年增加,我对飞行的恐惧感正日渐降低。曾经的空中旅行总让我感觉具有某种潜在的威胁,我总担心会和嗷嗷待哺的孩子永远分离。而现在,眼前的飞行意味着我们将在地中海上这片说法语的海岛上经过一段难得的假期。当然,史蒂芬正好需要在此地出席一场学术研讨会,不过这并不影响我的好心情。事实上,我曾暗自庆幸,史蒂芬可以和他的同僚们一块儿去干他们喜欢的事情,而我可以和他们在距离不远的地方享受海滩生活。我特别想见到卡特一家,尤其是吕塞特,我迫不及待地想给他讲述乔纳森的事情。她非常感性且细腻,她一定能给我很多很好的建议。

35 意料之外

科西嘉的学术研讨会在一座名为卡吉斯的小岛上举办。这对于专心致志的物理学家和他们年轻的家庭成员来说，确实是两全其美的安排。史蒂芬开会，我和孩子们在金色的沙滩上沐浴阳光。当年的炸弹危机和现今高昂的物价还未让这个岛屿成为旅游的热门。与当年的马略卡岛一样，这里的一切都是干净美丽的，并未遭到大量游客的破坏。18世纪希腊的一群难民为逃离土耳其的政治迫害来到这里，建立起了属于他们的家园。这里无论是原住民的姓氏还是街道名字都遗留着他们祖先的影子，就连我们的酒店也是以希腊神话中的大海女神而命名——塔拉萨。在海岛的海角处可以俯瞰整个小镇的全貌，那儿屹立着两座教堂，一座拉丁式的、一座希腊式的。有趣的是两座教堂共享一名牧师，每到星期天，他会来回穿梭于两座教堂之间。吕塞特带我参观过希腊式教堂的礼拜，这里的朝拜者拥有各自不同的社会背景，但他们之间的和谐让我感到震惊。两座教堂都有施洗者约翰的画像，希腊式教堂里的画像更具拜占庭风格，施洗者那细长的眼睛被刻画得栩栩如生。尽管看了圣人的画像，我依然没有勇气告诉吕塞特我和乔纳森的事情。每次刚想开口，不论是英语还是法语，都梗在了喉咙处。我不愿表露出对史蒂芬哪怕一点的不忠，这样的自责感让我难以启齿。这段美好的关系包含了沉甸甸的承诺，但也暗含了越来越多的疑问。难道我从此就要生活在双重生活中？或是我将从此生活在谎言中？如果真是那样，相对以前，我的压力只会有增无减。克里斯以及金特女士对我的忠告让我心中感到温暖。但卡特他们毕竟是一个健康的物理学家家庭，而且他们还把史蒂芬视作他们的英雄，在这种情况下我又如何能开口呢。

我找到一个海湾，暂时远离了孩子们的喧闹，我静下心来给乔纳森写了一封长信。信中提到了我现在的想法，我告诉他我对他的思念，感激他给我的生活带来了明媚的阳光，就像这座科西嘉海岛上时刻照耀着绿色海水的阳光那般明媚。我提到自己对他给予我们家庭的帮助是多么感激，他给

Part Three Travelling to infinity
我和霍金的生活

我们家紧张的氛围带来了轻松。但我也告诉他，我不能破坏自己的家庭，我的首要职责是照顾史蒂芬和孩子。我和史蒂芬共患难了这么多年，如今的他身体状况更不及以前，他就像个不能自理的小孩。我不能在他最需要帮助的时候背叛他。我坐在那块温暖的石头上，海浪拍打着海岸，溅到我的脚边。我心中充满了悲伤，我能想象远在奥地利的乔纳森收到这封信后的感受，他或许会选择退出这份感情。如果他有这样的想法，我完全能够理解。他年轻、自由，有大好的前程摆在眼前，完全没有必要陷入我们的黑暗生活中，面对这些无法解决的感情纠缠。

我们回到家后，科西嘉的这段记忆就渐渐消散了，但这封信却留下了印记。回到剑桥，我们很快恢复了以往的生活。我更加明确地意识到乔纳森很难接受这样的生活。临近9月，随着时间流逝，我越来越确信自己的猜想具有合理性。白天开始变短，天气逐渐变凉，我又有了新的苦恼。我开始每日翻阅日历，不敢相信地怀疑自己是否又怀孕了。过去的这几年，我没有再在避孕上花过心思，因为这种事情和我的生活关联太少了。但在那个秋天，我的这种想法被证明是错误的。我对我两个孩子的爱胜于一切，如果再添加一个孩子我会备感压力。史蒂芬无法在孩子的照顾上为我提供帮助，乔纳森或许也不会为我提供帮助。我将面临巨大的挑战，只是想想就让我束手无策。乔纳森过去这一年里为我们家付出了很多，但如果要求他再带一个我和史蒂芬的孩子既不公平也不现实。一想到可能会失去他，我心中便充满悲痛。失去了他，我的生活将回到老样子或许更糟，我将失去一切未来的希望。

我的怀孕得到医院的确切证实时，史蒂芬正准备前往莫斯科开会。我孕吐很严重，他的母亲答应代我前往莫斯科照顾史蒂芬。这段时间唐也请假回家陪伴他的父亲了，他在我们家任劳任怨地提供了很多帮助，有个假期回家看看父亲也在情理之中。剑桥的天气越来越冷，我人生的冬天似乎也随之卷土重来。我给乔纳森又写了一封信，告诉了他我怀孕的事实。我是怀着写诀别信的沉重心情书写的，我知道这封信一旦邮寄出去，此前几个月短暂的幸福的柏拉图式的爱情或许会离我而去。我也许又会回到此前的黑暗世界。我不知道他从奥地利启程回剑桥的确切时间，所以我也不能确定他是否能收到我的信件，更未期待过能够收到他的回信。令我意外的是，一段时间后，我收到了乔纳森的回信。他首先为自己不及时的回信道歉，他解释说这些新的信息需要时间消化。然后告诉我，他对我们家庭的心态并未发生任何变化。虽然他对照顾小孩的事情一窍不通，但他认为现在的我比任何时候都需要帮助，而他愿意为我提供帮助。

我的感激之情已无法用言语来表达。或许是他早年的痛苦经历，唤醒了他对我的同情，从而使他具有了宽广的胸襟。他的慷慨是寻常人无法做到的，甚至是无法理解的。遇到乔纳森之前，我的生活就像一片深不见底的水池，水面上甚至还压着巨大的浮冰，让我喘不过气来。乔纳森用自己的双手将我从垂死的边缘拉了上来。正是乔纳森的回信，让我改变了自己对怀孕的看法。之前，我为即将来临的困难充满了苦恼，现在，它又变为了我的期待和喜悦——我们家庭又将迎来一位新成员。乔纳森对我的支持给了我最大限度的鼓励，让我做回了以前那个乐观的自己。我明白，这次我不是一个人在战斗。

还有一点是可以肯定的，怀孕给我的论文截稿日加上了一个非常严格期限。如果我不能在孩子出生前完成自己的论文写作，那么，论文将变为永恒的幻想。我开始了积极的筹备工作。一如往常，我必须在众多家务事中抽出时间完成自己的写作。诸如：照看史蒂芬、照看孩子、参加孩子们的聚会、参加学院的聚餐、参加史蒂芬的学术会议。很快，我接到通知，需要陪同史蒂芬去都柏林开会。这是我们第一次去爱尔兰，我们将露西也带在了身边。在当地政府给史蒂芬举办的欢迎仪式上，露西躲在一扇门背后独自看书，当时这一幕正好被一个摄影师拍下，那张照片还登上了《都柏林时报》的头版。

正是因为乔纳森在家务事上对我提供的大量帮助，我的论文才获得了实质性的进展。同时，也让我有空余时间安排在医院检查和享受音乐上。11月，我去当地医院进行了一次孕检，医生准备用超声波扫描技术为我进行检查，这在当时还是非常前沿的技术。医生们做了例行检查后给我套上了超声波耳机，问我是否愿意自己听听孩子的心跳。这样，在还未与孩子见面之前，我就透过超声波听到了他平稳而均匀的心跳。在我更慢更大声的心跳背景下，他的心跳就像一段动人的音乐，我对他的爱在那一刻完全不输于罗伯特和露西。

整个冬天，我肚里的孩子时刻没有离开过音乐的陪伴。乔纳森自命为我们家的娱乐向导，常常从外面带回一些音乐会的门票，这些音乐会大多都在附近才开的大学音乐厅举行，离我们家也就5分钟的步行距离。音乐厅没有专为轮椅准备的空间，我们只能坐在舞台上观看节目，台下的观众我

Part Three | Travelling to Infinity
我和霍金的生活

们也能一览无余。一般来说,来表演的音乐家都负有盛名,如耶胡迪·梅纽因、施瓦茨科夫。他们在演出结束后,都会走来和史蒂芬打招呼。在家的时候,我时常练习唱歌,练习自己的演唱技术。这时,肚中的孩子也会给出积极的回应,听到音乐的时候,他会在肚中踢来踢去。我们当时正为了两场演出而进行着排练。一场是3月的剑桥竞技音乐节,一场是2月我和乔纳森的一帮朋友将在家中举办的慈善演唱。我们将能想到的人都邀请了过来,我们为这次演出准备了丰盛的食物和饮料。大家就餐完毕后,我站上台,挺着肚子鼓起勇气进行了我第一次真正意义上的独立的公众演出,这与在教堂里的独唱完全不同。我演唱了本杰明·布里顿的两首民谣,还有加布里埃尔·佛瑞的几首歌曲。观众们非常友好,对我的表演反应也非常积极。他们离开前,对我们这次活动提供帮助的慈善机构也做了相应的捐赠——白血病研究协会、运动神经元疾病协会(新成立的)。史蒂芬还被运动神经元疾病协会选为患者代表。当年,他刚被诊断患有这个疾病时,医生告诉我们这个病种极为罕见。由于患者较少,所以相关的资助或研究组织也非常缺乏。但是那并不完全准确,通过这个机构我们了解到这个疾病在美国被称为洛格里奇病。因为一个著名运动员患上了这个疾病,所以大众对这个疾病还是略有所知,并未像我们最初认为的那样罕见。这个疾病在医疗界并不陌生。几乎所有患硬化症的病人都患有不同程度的运动神经元疾病,只是后者的关注度相比前者较低。运动神经元疾病发病更加迅猛,通常2~3年时间就会给患者带来巨大影响甚至死亡,家庭也会因此遭受重创。如此短的患病时间难以组织起有效的慈善协会,从而无法引起社会更广泛的重视。随着运动神经元疾病协会的成立,至少为大众提供了知晓这个病种的更多讯息的途径。我也从中学到了运动神经元疾病有两种发病模式。第一种是迅猛的,直接攻击患者咽喉,使患者喉部肌肉萎缩瘫痪,从而导致患者窒息,该模式死亡率高、发病快。第二种是缓慢的,即史蒂芬患上的这种模式,相对罕见。疾病将慢慢使患者横纹肌萎缩瘫痪,最终蔓延到喉部。这种模式发病缓慢,往往会拖上5~10年。史蒂芬从1963年1月患病,到当时已有16年了。这使他成为了运动神经元医学界的一个奇迹,他能幸存如此长时间的原因与这个疾病本身一样神秘而不可预测。

接下来的几年时间,乔纳森和我为运动神经元疾病协会在英国东盎格利亚地区举办了好几次慈善演出,为协会募捐到了不少善款。因为史蒂芬经常出席我们组织的活动,协会也逐渐进入了公众的眼球。作为协会里的志愿者代表，我常常去拜访同样患有这个疾病的家庭。面对这样的诊断，他们都和我们当年一样绝望而不知所措。我觉得我有义务向这些家庭传递我们家的经验，告诉他们我们这么多年来用了哪些方法理疗和控制疾病发展。同时，我会安慰他们说史蒂芬就是一个最好的例子，可以证明罹患这种疾病并非宣判了死刑，每人都应有与病魔斗争的毅力和决心。或许遇到这种问题的人大多比我们年长，似乎没有太多家庭想像那样激烈地与病魔对抗。他们得到病情诊断书时总是沉默抑郁，但年长的他们比我们当年应该更加平静沉稳，对现实的接受能力也应该比当年的我们成熟。一直以来对病魔的抗争给我们的生活奠定下基调，然而他们却缺乏战胜病魔的信心。相反，他们祥和地感谢亲戚朋友给予他们的关心和爱护，同时也带着一份平静的心态安然地接受了命运的安排。在不反对他们态度的前提下，我小心谨慎地给他们提出一些增强体质的方法。我告诉他们食用什么样的维生素，做哪些运动对病人更有好处。他们对待生命的态度除了消极外，也夹杂着一种安宁。他们平静的心态令我羡慕。

史蒂芬是这个机构的代言人，我是这个机构的志愿者和募捐者。这样的情况让我们再次陷入讽刺的处境。我们被世人当作楷模一样捧得高高的，但事实上，我们和其他病人一样需要帮助。但我们不能在公众面前懈怠，我们需要在公众面前做好乐观的形象。因为很多人都将我们家看作模范，很多家庭都将我们当成精神支柱。

孩子快临产时，我认识了一对善解人意的好友。他们是史蒂芬的澳大利亚同事伯纳德·怀廷（Bernard Whiting）和他的妻子玛丽。我和他们是在家里举办的音乐会上相识的。伯纳德是个平和随性的人，他时常在学校里为史蒂芬提供帮助，就跟乔治·埃利斯做的事情差不多。他的妻子玛丽是一名考古学家，她当时正在帮菲茨威廉博物馆整理一份博物馆馆藏珠宝的名册。和她的专业领域听上去相反，玛丽绝不是一个沉闷死板的人，她早早变白的头发梳得整整齐齐，勾勒出她年轻精干的形象。她的性格和她的外表一样出众，她的兴趣远不止于考古，她还涉足艺术、文学和音乐，尤其是巴洛克音乐。所以，她和乔纳森的交谈非常愉快。

1979年的3月底，正在博斯私立学校读中学一年级的罗伯特跟着学校参加了一次露营。这件事弄得我很不开心。记得当时刚入春，天气尚未转暖，让一群11~12岁的小朋友去北诺福克的郊区并非一个理想的选择。露营地很潮湿，其间还下了一场雪，罗伯特回来后就显得精疲力尽、咳嗽不停。

Part Three　Travelling to Infinity　我和霍金的生活

性格坚强的他坚持声称露营"还算过得去"。回来后，在床上养了几天病，他慢慢好了起来，之后还和露西一块儿去了威尔士的霍金别墅和他们的爷爷奶奶过复活节。与此同时，我在剑桥竞技音乐节演出，在乔纳森精彩的钢琴伴奏下，我演唱了佛瑞和布里顿的乐曲。史蒂芬坐在观众席上露出了鼓励的笑容。评委对我的音质作了高度评价，然后指出我的呼吸还不够均匀，表演较为拘束。比赛结束后，我的重心又回到了圣马可教堂，我将在那里为即将举办的耶稣受难日和复活节仪式上表演独唱"绿叶此刻升起"作准备。乔纳森的好友艾伦·哈迪（Alan Hardy）将用长笛为我伴奏。

接下来的一周我们都在排练，等待着星期天复活节的正式演出。我的论文几乎完工了，剩下的只是繁琐的参考文献索引，还有一些我导师提出的细节上的纠错。他非常认真，甚至对标点符号的使用都有严格的要求，有一个地方不满意他就会阻止我提交。濯足节那天，我咬牙将论文中的全部内容整理完毕。13年的写作、各种学术会议整理的笔记、详尽的索引编辑，以及各种细小的脚注，终于汇集成文。

第二天是耶稣受难日，我参加了教堂的仪式。仪式上的我突然一阵失落，不觉中掉下了眼泪。或许是因为仪式太过庄重，唯美的音乐让人感动。也或许是因为多年的学术征途终于画上了句号，也或许是我对孩子们的思念。这两周我准备着自己的孕产，两个孩子暂居于他们的祖父母家中。次日，我失落的心情得到了好转，那天我的身体出现了比较剧烈的反应，毫无疑问孩子就要出生了。史蒂芬和我几乎整个下午都待在花园里。我们在阳光下散步，随手摘下盛开的紫罗兰。傍晚时分，唐开车将我们送到医院，但例行检查结果显示我尚未进入产期，唐又将我们送回到家中。在回家路上，我跟乔纳森通了电话，告知他我们将要去他家吃饭，并点了咖喱外卖。我和史蒂芬在乔纳森被乐器挤满的客厅找了个空地坐下。一般情况下，我们家在星期天晚上大多只剩煎蛋可吃了。每到这种时候，史蒂芬和乔纳森都喜欢点印度外卖，不过那天是个星期六，而且那天的咖喱味道很美。

回家后，我睡了有史以来最难受的一觉。第二天拂晓，我就醒了，我再次请唐带我去医院。史蒂芬坚持要在场亲眼见证自己的第三个孩子的诞生。于是医院还专门为他在产房作了改装。产科医院的坐诊大夫乔伊·卡德伯里（Joy Cadbury）专门帮我们要来了轮椅。还好产房足够大，能容下史蒂芬、史蒂芬的理疗师苏·史密斯，当然还有我自己。我一到医院就被送进了产房，我躺在产房坚硬的床上，静静等待着生产的来临。唐待在过道上，偶尔会在产房门口出现，探探情况。乔纳森聪明地选择了在那个炎热的复活节拜访住在乡下的他的父母。等待很枯燥，我躺了很长时间，丝毫没有进展。我告诉唐，他可以去教堂参加活动，不必一直等着我们。我在床上不舒服地翻滚着，心里后悔着来到医院的时间太早了。牧师比尔·洛夫莱斯负责通知教堂的其他成员，当天的音乐仪式被迫取消。

我们在医院从上午等到下午，下午等到晚上。医生们尝试了各种催产的方法，成效甚微。唐在中途回过一次医院，之后去教堂晚祷了。唐走后不久，情况就发生了，我肚中婴儿的心跳出现衰弱的征兆，医生们开始准备各种工具准备帮我剖腹。在这情急之下，我使出了浑身解数一口气将孩子顺产了下来。我在复活节的最后时刻生下了一个小男孩儿。他们把他包裹在毛毯里递给我。由于生产时的挤压，他的头还有点发紫，他立刻便成为了我在这个世界上的最爱。他比露西和罗伯特刚出生时更大，但没有他们那么多的活力，只是安静地躺在我的怀里。他的小手晃动着。虽然刚来到这个世界，他却让我感到熟悉。我静静地看着他，周遭的一切都难以再吸引我的注意。不久后，唐冲进产房，脸上带着胜利的笑容。他将成为我的新生宝宝的教父，他兴奋地向我唱了一首他在路上编的小曲。让我感到难为情的是接下来的几周他不停地向熟人表演这首曲子：

复活节那天，
信徒们去了墓地，
棺材是空的；
而我去了医院，
子宫也是空的。

Part Three　Travelling to Infinity / 我和霍金的生活

36　不和谐音

　　孩子的全名是蒂莫西·史蒂芬（Timothy Stephen），接下来的一周我和他都待在医院。露西回到剑桥看望她的弟弟，小罗伯特则留在了圣奥尔本斯。孩子们在威尔士的时候经常光脚在小溪边玩耍，罗伯特染上了感冒并伴有较为严重的咳嗽。孩子们在威尔士打电话通知了我的父母，我母亲立即赶了过去看望他们，母亲让罗伯特再休息一周才能回剑桥，所以露西才先于罗伯特回家。圣奥尔本斯那边直到史蒂芬的姐姐当医生的玛丽认为罗伯特身体状况恢复得足够健康后，他才被允许回到剑桥。罗伯特回来的那天正好是我们出院回家当日。他一回来就担任起了弟弟的保姆身份，他坐在客厅的手扶椅上将蒂莫西抱在怀中。由于生病，罗伯特的脸色非常不好。露西的一个小伙伴的母亲，著名的儿科医生瓦莱丽·布罗德本特－基布尔（Valerie Broadbent-Keeble）来我们家看望新生的蒂莫西。她来的那天碰巧遇上了我们的家庭理疗师威尔逊医生（Dr. Wilson）。小家伙出生后慢慢适应了这个新世界，两位医生对他做了简短的例行检查，他们更关心的是罗伯特。他们都很担心罗伯特的健康状况，他们认为罗伯特可能患上了病毒性肺炎。瓦莱丽回去后立即给罗伯特办理了住院手续，威尔逊医生为我们开了一些青霉素药物。

　　或许是漫长的生产过程使新生宝宝也感到疲惫，他每天睡觉的时间特别多，早上晚上都睡得很安稳。这已是不幸中的万幸了，如果他每天哭闹不停，我就要烦恼了。家里的人都需要我的帮助：史蒂芬、新成员蒂莫西、露西，还有医院里的罗伯特。在医院待了一天后，罗伯特的健康状况更加恶化了，他要么是染上了严重的传染病，要么是对青霉素过敏。医生们一时半会儿也找不出问题的关键。医生们还担心如果是传染病，他会传染给其他病人。罗伯特很快被送到了医院顶楼的隔离病房。在那里，他的食物都是通过门上的小窗送进去，医生们进去的时候都会穿上防护服并戴上面罩。我们的探望也被限制了次数，每次去看望罗伯特也要像医生一样全副武装。可怜的他在病房里孤单又难受，只能一个人躺在那里。

我只能抽蒂莫西吃完饭的间隔时间去医院探望罗伯特。我给蒂莫西喂完食物并换好干净衣服，将他安顿好后我才能动身前往医院。我会给罗伯特读书讲故事，陪他下棋玩游戏。在医院逗留几小时后，我得抓紧时间赶回家里照顾蒂莫西。这成为了我那段时间的主要生活。史蒂芬的母亲也赶来尽全力为我们提供帮助，在家里帮忙做饭、打扫清洁。但她一个人应付起来也非常费劲。这时，乔纳森的帮忙比以往任何时候都更加重要。他负责照顾史蒂芬、去超市购物提东西、送露西去学校、去医院陪罗伯特。有了他，我才得以在让人喘不过气的日程里有了短暂的休息时间。我们刚把他引荐给史蒂芬的母亲认识不久，就引发了这样的忙乱，这颇让我感到不安。不同于我的父母，史蒂芬的父母很少来我们家，能够介绍他们相识的机会也不多。我从未指望他们能像我的父母或我的好友那样感恩乔纳森在我家的存在。我想，我照顾他们的儿子这么长的时间，他们应该会相信我会全力地照顾好史蒂芬和我们的孩子。

我希望他们能有一点同情心，对我更多的心理上的支持。总的来说，我希望他们知道，我没有破坏这个家庭的想法，乔纳森也从未在这方面鼓动我。

事实上，我一直没有找到合适的机会给伊莎贝尔详谈乔纳森的问题。直到一天下午，我和她独自守在新生儿旁，她突然毫无征兆地质问起我来。"简，"她看着我的眼睛，声音严肃地问道，"你给我说实话，蒂莫西是谁的孩子，是史蒂芬的，还是乔纳森的？我有权利知道。"我看着她，为她持有的武断的想法而感到失落。我和乔纳森一直压抑着自己，努力将我们的关系保留在精神层面。我们的努力和良苦用心在伊莎贝尔的心里被彻底无视。蒂莫西怎会是别人的孩子。伊莎贝尔态度非常坚定，她继续说道："你也明白，我们从未真正喜欢过你，你和我们家向来格格不入。"虽然事后她就这次突然的暴脾气跟我道歉，但她和我的这次谈话让我印象深刻。

第二天，弗兰克·霍金在妻子的要求下也来到了剑桥。我站在窗户前，看到他们走进院子旁的灌木丛里，低声商量着什么。这件事情之后没多久，他们便匆匆离开了我们家，没对我打任何招呼。这一系列的变故发生得太快，它们对我的打击实在太大了。这件事使得我心力交瘁，甚至影响到我给蒂莫西喂奶了。史蒂芬尽了最大努力帮我解决问题，他带着8岁的露西去了药店，他买回来几个空瓶子、奶嘴、灭菌液和奶粉。于是，我可以暂时休息一会儿，不用给我的第三个孩子喂奶了。不过，这也让乔纳森又多了一项工作。每天晚上在他回到自己位于西街的家中之前,他都会帮我们兑好奶粉,将奶瓶放在冰箱里供我们第二天使用。

几周后,我开始为蒂莫西在6月初的教堂洗礼做准备,史蒂芬收到了自己父亲的一封来信。信中,史蒂芬的父亲提到他与位于美国得克萨斯州的达拉斯的一个医生团队取得了联系,他们正在试用一种新的药物治疗运动神经元疾病。那个团队打算邀请史蒂芬,让他成为这种药物的第一批试用者。史蒂芬、罗伯特、露西、蒂莫西和我都可以一同去达拉斯,他将在那里接受长期的治疗。我们在那儿至少会待上几个月的时间,甚至更长。史蒂芬将这封信交到我的手里,并未作任何解释,显然是在暗示我,决定权在我的手上。

我心情沉重,脑袋里思绪不断,突然被授予这个责任意义非凡。首先,如果真的可以治愈史蒂芬的病,我会丝毫不犹豫地双手赞成。但我比任何人都清楚,如果去了美国,压在我身上的担子将无法想象。首先,我的孩子们要从自己喜爱的已适应了的学校退学,然后去往一个陌生的庞大的异国城市。这跟当年去帕萨迪纳的情况完全不同。我们不知道自己在经济上是否有承受能力,我们不知道那里的交通和住宿情况。其次,我是6周大的蒂莫西的母亲,我带着3个孩子及1个身患残疾的丈夫前往一个完全陌生的国度,甚至不知道准确的归期。未来都充满着变数,我不知道自己能否应对这样的重担。到了美国唯一能为我提供帮助的只有罗伯特,而那里的药物是否真对史蒂芬有效还是未知数。1967年西雅图的痛苦记忆又浮现在我的眼前,鉴于过去这几年的沉重教训,我认为,这次美国之行必定会承受更多的痛苦。

蒂莫西的洗礼越来越近,我无法一人处理这件大事。我将事情告诉了我的父母。在洗礼仪式上,来宾分成了两拨。霍金一家人聚集在客厅的角落里,把其余的来宾——我的朋友、我的父母、蒂姆(Tim,蒂莫西的小名)的教父教母以及他们的家人——统统抛在一旁。房间里气氛凝重得让人喘不过气来。我找了个借口溜了出去,我父亲跟在我的后面也走了出来,他深深明白我承受的压力。父亲在敏锐程度上完全不输给霍金家人,但他全没有霍金一家人的欺凌态度和矫揉造作。他从口袋中拿出一封信,说道:"简,你看看这个,要是你觉得没问题的话,我就把这封信寄给弗兰克·霍金。"于是,我拿起信件阅读起来,我一边读一边对父亲的感激之情溢满而出。信中他提出了绝妙的解决方法,同时完全没有显示出我对史蒂芬不忠。信的主旨意思很明确，首先提到我们所有人都希望史蒂芬身体健康，但从家里的目前情况看尚不具备去得克萨斯治病的条件。简·霍金在异国他乡照顾三个子女的同时照顾好史蒂芬会非常困难。他提出，如果霍金家人确信美国的医生团队的药物具有疗效，可考虑再派一人与家人一同前往，协同照顾史蒂芬。我父亲用这封信展现了他是多么的睿智和彬彬有礼。信件寄出去后，我们再未收到任何回音。

这么多年，霍金家对我一向态度冷淡。现在，我刚刚生完小儿子，大儿子还因重病住在医院。在我人生的最低潮，他们对我的厌恶终于以这种最直率的方式暴露了出来。这样的厌恶已经变为了直接的敌意。我一直没有看穿也算是自己的愚蠢，也只有像我这样愚蠢的人才会寄予扭转关系的愿望。他们是史蒂芬最亲的人，我从内心希望和他们搞好关系。也正因为他们是史蒂芬最亲的人，虽然之前有过不愉快的交往，我依然还得继续维持表面上的礼貌。无论我是否承认，他们之间的血缘关系是我现在还愿意维持和他们交流的唯一原因。

冬天的时候，得克萨斯的团队送来消息，说他们愿意将药物寄到剑桥。然而，阿登布鲁克医院的精神科医生态度坚决，说这种药物没有经过测试，没有经过相关机构批准，用它来治疗运动神经元疾病是非常不适当的。他认为这群医生只是将史蒂芬当做他们药物的测试对象，并趁机利用史蒂芬的名气来为自己挣名声，提高自己获得经费的可能性。医院将对这种药物进行测试，然而测试结果需要时间，短期内很难看见成效。运动神经元疾病已将史蒂芬的绝大部分身体摧毁，而事实上，医学常识告诉我们，人类身体已受损了的神经组织是无法修复的。对史蒂芬来说，目前最大的威胁还不是运动神经元疾病本身，而是由其引发的肺炎。这种新药物或许只是浪费史蒂芬宝贵的时间，其本质与20世纪60年代涌现出的那些偏方疗法并无区别。而当初，弗兰克·霍金本人就曾对这些偏方嗤之以鼻。

Part Three Travelling to Infinity
我和霍金的生活

37 动 乱

霍金的家人给我带来了巨大的阻力，乔纳森及他家人的存在成为了我最坚强的后盾。他们的伟大和慷慨难以用言语表达，他们从不计较他人的背景和出身。无论是亲戚、朋友，还是陌生人，他们总是时刻准备着伸出援助之手。无论贫富贵贱，任何人遇到困难，他们都会奉上自己的关心，拿出食物招待这些需要的人们。很难想象有任何家庭会像乔纳森的父母一样理解自己儿子现在陷入的这种奇怪的家庭圈子。每当我带着史蒂芬和孩子们去他们家做客时，他们就像对待最珍贵的客人一样对待我们。和他们相处，我感觉不到一丝不快。

与圣马可教堂的牧师比尔·洛夫莱斯一样，乔纳森的父亲约翰·琼斯（John Jones）也在自己快退休时成为了神职候选人。在华威郡当牙医的他选择了来剑桥接受自己的神职训练。人到中年，当面临人生转折点的时候，约翰的妻子艾琳（Irene）坚定地建议他进入牧师行业。她坚定地支持自己丈夫的态度和我的母亲几乎一样。他们家就住在剑桥附近的一座山顶，他们对周遭的教民兢兢业业地传教。约翰创下的功绩对于一名年轻的牧师来说都可谓异常卓著，更别说他还上了年纪。琼斯在妻子艾琳的支持下，不但把自己负责的洛尔沃思及周边郊区的教民照顾得体贴周到，他还翻修了他负责的那座中世纪时期的教堂。20世纪80年代早期，洛尔沃思的教堂早已年久失修。由于经费问题，这个事情迟迟得不到解决。约翰和艾琳索性戴上安全帽，穿上工作服，自己动手对教堂的结构进行了加固和翻修。

我们两个家庭本无交集，但他们对我们的家庭却如此欢迎，态度热情到让人难以置信。我想不出原因。他们的仁慈、同情心和慷慨给我黑暗的生活中投入了温暖的光。实际上，如此开放地接受我们的不只是乔纳森的父母，还有他的叔叔阿姨们，他的表兄弟们，他的弟弟蒂姆和他的妹妹萨拉（Sara）。或许是当过理疗师的缘故，萨拉跟卡罗琳·张伯伦一样，对有严重残疾的病人及家属都持有一种非常友善的态度。她完全明白残疾给病人及病人家属会带来怎样的痛苦。萨拉和我很快成为了最亲近的朋友。我们差不多同岁，也差不多在同一时间生育过小孩。萨拉的第一个孩子米丽娅姆（Miriam）出生在1979年2月，仅比蒂莫西早2个月。

于是，我不用向霍金家寻求帮助了，我开始学着接受他们这么多年来表现出的冷漠。令人感到意外的是，一旦史蒂芬最亲的家人从我生活中淡出后，他的一些远房亲戚却逐渐走入了我们的世界。史蒂芬的表弟迈克尔·梅尔（Michael Mair）曾经在20世纪60年代在剑桥读书。那时，罗伯特还是个小婴儿，他现在回到了阿登布鲁克医院的眼科工作。他南非来的未婚妻索洛缅（Solome）在医院当放射师，他们两人都对烹饪充满了热情。他们家会不时做一些好吃的给我们拿来，让我们全家人饱餐一顿。每次他们要来的时候，罗伯特和露西总会站在走廊上，透过玻璃门对他们翘首以盼。他们还在门前停车的时候，两个小家伙就口水直流了。蒂莫西刚出生的那几个月，我们的生活简直是一团乱，能正经做饭的时间越来越少，他们送来的食物便更加大受欢迎了。

我们家的情况是，任何一个生活不能完全自理的人都需要另外一个成年人的全天关照。史蒂芬的残疾使他只能操纵轮椅上的摇杆以及那台为了庆祝蒂莫西出生而新买的电脑，他需要一个他信得过的人每时每刻都陪在身边。即我、唐、乔纳森。蒂莫西刚出生时非常安静，然而现在却越来越活跃，当受到我们的关注时他会兴奋地露出微笑。他可爱的笑容能将我们的心融化，然而当发现我们对他的关注不够时，他的抗议也会非常大声。这时，我母亲会开玩笑地说，这点主要是遗传了他的父亲。长相上，他的小酒窝和史蒂芬几乎一模一样，他表达自己的不满时嘴角会滑稽地下垂也与史蒂芬几乎相同。蒂莫西尽管比当初罗伯特的体形大，但他和罗伯特在长相上也较为相似。我时常戏称他们为双胞胎——一对分隔了12年的双胞胎。事实上和我们多年熟识的朋友也这么认为，在街上相遇时，熟人们会开玩笑地对着蒂莫西喊道："你好呀，罗伯特！"

幸运的是，现在我们有条件请保姆了，我有了更多空闲时间去打理自己论文发表方面的问题（总有许多官僚主义的事需要打理）。我们的第一个保姆是克里斯蒂娜·伊金（Chrstine Ikin），她也是三个孩子的母亲，我们的小蒂姆时常称呼她为克里斯蒂娜·吉吉（Chrstine Kikki）。只要公共交通允许，她都会从乡下赶来帮忙。她总是非常积极地打扫房间，帮忙照看孩子，留下我在一旁联系打字员校对自己的文章。我会对上百页的文稿进

Part Three | Travelling to Infinity
我和霍金的生活

行整理并联系装订商。我对西班牙诗歌的研究总算迎来了大结局。我的论文和史蒂芬的不同，它不会成为行业的领跑预言，也不会开拓一个新领域，仅是一篇论文而已。毕竟，我从来不对它有过指望，我生活的99%的精力都集中在家庭上。我将大部分精力都奉献给了我的孩子和丈夫，在这样的前提下还能完成自己的论文也算奇迹了。

小蒂姆出生后，罗伯特和露西都需要重新适应我们家的新环境。露西需要适应自己的新角色，即既非长子也非幼子的现实。直到那年夏天，罗伯特又一次参加夏令营之前，露西也并未接受这个现实，对小蒂姆丝毫没有兴趣。罗伯特参加夏令营后，露西要学会为蒂姆拿奶瓶、尿布、奶粉，而这些都是曾经罗伯特做的工作。一开始，她非常不情愿，哭着拒绝我们的请求。也是那时，我才意识到小蒂姆的出生给露西带来了不小的心理负担。露西还很小，还需要别人的照顾，但在我们这样特殊的家庭里她不得不承担起原本不属于她这个年龄应该承受的生理和心理上的压力。我抱着露西，告诉她我们家庭只是多了一个新成员，但这并不表示我们会忽视对你的关爱，我们还是会像以前那样爱你。听完我的话语，她很快放下了顾虑并展现出了对弟弟的关心。就仿佛过去这几周她早就想对弟弟表示一点什么但又不知道该如何相处。就跟当年的罗伯特一样，露西毫无怨言地做起家务事来，她对小蒂姆的喜爱也超过旁人。

罗伯特自上次病倒后状态就一直不好。虽然他现在已痊愈并回到了学校上课，但总显得精神不足。他在学校依然面临着读写困难症的困扰。学校专门为他安排了一个心理医生，意图探究一种能和读写困难症协作的教学方式，然而医生并未意识到罗伯特这个病症的严重程度。多年之后我才意识到罗伯特这个病症的根源——罗伯特具有较为严重自卑情结。罗伯特年幼时，他就意识到自己的父亲是一名科学家，还是一名杰出的科学家。他明白长辈和老师们对自己的期望很高，担心自己辜负他们对自己的期望。于是他开始自卑起来，对自己充满怀疑，他选择沉默，因为他认定自己终究会让大家失望。早在7岁时，他就意识到自己父亲的卓越，从而认定自己的无能，我对此伤心不已。后来的事实证明，罗伯特是一个非常聪明的小孩儿，他多年之后也在科学领域找到了自己的归属，虽然不能和他父亲在科学界的地位相比。而蒂莫西和露西根本没有涉足科学。当他们知道自己难以达到老师对他们要求的高度时，他们是多么的沮丧。事实上，我的三个孩子在这方面都受到了不同程度的影响。尽管老师们的普遍看法给三个孩子的教育带来了阴影，但罗伯特是受到影响最重的一个，周遭社会从他出生的那天开始就给他施加了过高的期望和压力。

1979年秋天，史蒂芬荣获卢卡斯数学教授席位，他再次在剑桥名声大噪。1663年亨利·卢卡斯创办的这个席位可以说是剑桥这个世界上最好大学之一的最有声望的教授席位。牛顿就曾荣获过卢卡斯数学教授席位。从这个角度看，史蒂芬已达到了牛顿的高度。当学术界最高荣誉降临的时候，史蒂芬被请去做就职演讲。就职典礼在巴贝奇讲堂举行，一名学生陪同史蒂芬上台，帮忙翻译他的讲话。史蒂芬现在说话已越来越模糊，只有少数同僚、学生、亲戚才能勉强听懂。讲堂里坐满了热情的听众，大多都是年轻的科学家，大家都专心地听着史蒂芬的演讲。然而，史蒂芬的讲话却没有给他们对未来增加信心，事实上他在讲台上大胆地预测，物理学的尽头就在眼前了。史蒂芬说，随着更精细更先进的电子计算机的开发，在本世纪末，不到20年的时间里，物理学包括统一场论在内的所有难题都将迎刃而解。到时候，物理学家将无事可做。他说他自己非常接受这个现实，他开玩笑似的告诉大家，他将在2009年退休。这一说法将听众们彻底逗笑了，我却并不认为这有什么好笑……

史蒂芬自己也并不觉得这番言论有什么好笑。在这次预测物理将迎来终结的讲话中，史蒂芬让自己成为了命运的人质。他终生为之奋斗的物理女神很快让史蒂芬为这次不成熟的预测付出了代价。1979年底，史蒂芬的情况变得非常糟糕。圣诞节后，我们全家包括小蒂姆都染上了风寒。到了新年的时候，风寒已进入史蒂芬的肺中，让他哮喘不停，无论是喝水、吃饭，甚至呼吸都变得异常艰难且随时伴有生命危险。这种喘不过气的状态往往从太阳下山时开始发作并持续延续到深夜。从瑜伽中得到经验，我建议他在发病时跟我一块儿重复做一些平静的运动放松喉部肌肉。这有时会对他起到帮助作用，他会从窒息似的喘息中恢复平静，呼吸开始转向平静。有时，我会因为这无聊的重复动作而变得昏昏欲睡，而他却始终紧绷着肌肉，一直咳嗽到天亮。第二天早上我们都会精疲力尽，然而，坚毅的史蒂芬仍然会照常上班，他拒绝让任何头一天晚上的异常情况影响自己的正常时间表。我们都很害怕这次又会演变成1976年的肺炎，但史蒂芬拒绝让我请医生，他拒绝吃任何药物。因为他不能摄入咳嗽药里的糖浆，哪怕是无糖的止咳糖浆也会损害他喉咙的内膜，而药物中的止咳成分会让他大脑感到疲惫，影响他的思考。所以他只是咳嗽喘气、喘气咳嗽，昼夜不停。我和孩子们

Part Three | Travelling to Infinity 我和霍金的生活

成天流着鼻涕，大家都病怏怏的。

和往常一样，在这个时候，我的母亲主动从圣奥尔本斯过来帮我们打理家务。乔纳森、唐和我一块儿照料家里的各个病号。母亲坚持让我抽空睡一会儿。比尔·洛夫莱斯牧师在接下来的一个周六的下午来我们家看望了我。当时我正躺在床上，精疲力尽，而真正的病号史蒂芬却坚持坐在轮椅上看报纸。我将我的烦恼倾泻而出，全部诉说给了比尔。我说，我想要史蒂芬得到最好的照顾，我想合乎情理的前提下给史蒂芬提供一切他想要的。我告诉他，但有的时候（比如现在）史蒂芬的固执让家人的生活变得难以忍受。结果就是我只能从乔纳森那里得到依靠并保持理智。我能与他分享自己的苦恼，他能让我感到自己还是受人爱护的。但这种对乔纳森逐渐升高的依赖又会让我感到深深的内疚。

比尔握着我的手。"简，"他慈祥又坚定地说，"我希望你能明白一些事情。"他继续温柔地讲道："在上帝面前，所有的灵魂都是平等的。对于上帝来说，你和史蒂芬一样重要。"说完，他便起身去看望史蒂芬，留下我细细品味着他的语言。同一天晚些时候，斯旺医生打来电话，建议史蒂芬去附近的疗养院住一阵。史蒂芬虽然对这种事情一向厌恶，但在无奈之下还是答应了。从某种角度来说，我能够理解史蒂芬，毕竟疗养院的护士们和他并不熟识，她们没有听过他的讲座，也不懂得如何照看史蒂芬。当大家知道卢卡斯数学教授被送到疗养院的时候，很快帮助就从四面八方涌来。史蒂芬忠实的学生和同僚，特别是他之前的博士生加里·吉本斯再次前来帮忙。他做了一个轮班表，大家轮流过来照看史蒂芬。现在，史蒂芬不用和疗养院的那些不熟悉的护士有过多交流。罗伯特的校长安东尼·梅尔维尔（Anthony Melville）有过和我们家类似的经历，富有同情心的他提出只要我们愿意，他可以帮忙将罗伯特带回家照看。冈维尔与凯斯学院的约翰·凯西（John Casey），一个外表硬朗内心却富有爱心的同僚，他提出学院应该帮史蒂芬支付这一笔疗养院的费用。于是，他自发地向学院相关人员和财务主管发出了申请。现在的情况和当年大不相同了，这样的诉求已不再像多年前那么困难，而且现在的财务主管是前空军少将雷吉·布伦（Reggie Bullen），他可是学院有史以来最通人情的财务主管。

接下来的那一周，当史蒂芬在疗养院的时候，我接到了来自马丁·里斯教授的邀请。他从1973年开始任天文与实验哲学系的教授。他是一个沉稳而冷静的科学家，他让我在他的办公室坐下，斩钉截铁地对我说："简，无论发生什么,你都不能被击倒。"他语气里无意的讽刺意味让我感到困惑。我当时很疲惫,也没有心思去分析他的话语,我未作任何评论任凭他继续说下去。他又将刚才的话重复了一遍,然后暗示我,现在是时候将史蒂芬从疗养院带回家了。他说,如果我能找到合适的护士,他很愿意找慈善机构帮忙垫付这笔资金。他后来的这番话让我深受感动,他细心地想到了我们在请帮手的问题上也需要帮助。

请一个护士到家里为我们提供帮助这件事,需要考虑三个因素。第一个因素是经济问题,这点好心的马丁已帮我们想到,并提出了解决办法。第二个因素是去什么地方找一个什么样的护士。第三个因素是如何让史蒂芬接受家庭护士对他提供的帮助。回想起史蒂芬在疗养院的时候,因为感到自己被软禁而天天生闷气。当我和孩子们看望他时,他总是盯着电视机,发泄着对我们的不满。我没有安慰他的良招,相反,我倒成了他发脾气的对象。我还不能因此不去疗养院,如果那样,我就会被戴上不负责任的帽子。

每天两次,我都会背着我沉重的蒂姆走过长长的走廊去看望史蒂芬,给他讲外面发生的新闻和身边发生的趣事。然而我们收到的回应总是冷淡的,史蒂芬总是爱理不理,好像我们讲的事情都没有意义。这期间,史蒂芬的父母来看望过他,他们甚至都没提前通知我。

一个周末,我和母亲正等着父亲前来剑桥和我们一起吃午饭。门铃响了,车道上停着的是一辆陌生的轿车,一个陌生的中年女子站在我们门口。她的丈夫正从停车处扶着我父亲走来。在距离剑桥6~7英里(9.6~11.2公里)的地方,我父亲驾驶的汽车打滑失控,冲到了马路对面。他们正好目睹了事情的经过,他们向父亲伸出了援手。父亲的汽车彻底报废了,但他却毫发无损,奇迹般地活了下来,只是受到了轻微惊吓。尽管如此,我们还是请来了医生为父亲做了一个必要的检查。12年前为我接生罗伯特的约翰·欧文斯(John Owens)医生被我们叫到了家里(他曾经也照顾过乔纳森的妻子珍妮特)。他做了一些检查后,告诉我们,父亲的身体状态良好,并未受到车祸的影响。

仅仅几天之后,我们家又将医生请上了门。露西没有征兆地流鼻血,把我们吓个不轻。这次来的医生我们并不熟悉,尽管已经是中年,他告诉我们,他尚在实习阶段。切斯特·怀特(Chester White)医生在接近中年的时候才开始转行进入医学界,也是在最近才获得了医师执照。他给露西做了全面的检查,安慰我们孩子没有什么大问题,我们不需太过担心。

Part Three Travelling to Infinity
我和霍金的生活

他快要离开的时候，突然转身问我："你呢？身体还好吧？"他的这一突然举动让我吃惊。他补充道："你看上去，精神状态不佳。"于是，他坐下来询问情况，我将家里的困难和自己的苦恼给他作了倾诉。史蒂芬的病情我几乎没有提及，史蒂芬现在已略有名气，怀特医生就住在我们家附近，对他的情况也早有耳闻。但他不清楚的是，我们家几乎没有受到过英国国家健康体系给我们提供的任何帮助。当他听说我们家为史蒂芬为打针、洗浴的家庭护理一周只来两次的时候，显得非常震惊。事实上，也只有在我怀孕的后期，在浴室里活动不便的时候，史蒂芬才同意让社区护士为他洗澡。

和我给其他人讲述我们的故事时一样，我将自己的陈年生活以及遇到的生活困难悉数讲给了怀特医生。我只是将他当作平凡的听客，我知道无论他抱有多大的同情心，也无法真正意义上为我们提供什么实质性的帮助。换言之，又有谁能帮解决这些困难呢？好心的马丁·里斯提供的善款也不会对我们有太大的实际帮助。我知道他也会像我以前那些朋友一样说："这真是太不幸了，但我也没有什么太好的建议。"出乎我意外的是，他倒是提出了两点比较有建设性的意见。首先，他说他可以给我开一些适合我的药物帮助我进行生理调节。其次，他会联系他熟识的一些男护士，也许他们中有合适的人选可以为我们提供帮助。

他的提议固然很好，但我知道要让这个提议变为现实仍存在诸多困难，所以我并未抱有太大希望。首先，男护士并非那么好找。其次，想找到一个能够满足我们时间表的男护士则更加困难了。再次，即便找到了这样的合适人选，如何让史蒂芬接受也是一个巨大难题。一旦史蒂芬抗拒，那之前的努力都将成为徒劳。如果是不熟悉的医生帮忙联系护士，史蒂芬妥协的可能性会更低。这些种种艰难让我明白，此事的可执行性太低。马丁·里斯那边很快找到了为史蒂芬的疗养费提供支持的机构，和我的预料相同，怀特医生那边需要更多的时间来联系适合我们条件的护士。看起来，怀特医生的建议与过去的那些好心人提出的且无法实现的建议无异，只能给人带来短暂的不实际的希望。

1月末的一天，怀特医生为我介绍了他为我们找来的男护士尼基·马纳图加（Nikki Manatunga）。来自斯里兰卡的他现居住在剑桥外的郊区，他和妻子养育了两个孩子。在听完我对家庭和史蒂芬的情况的介绍后，沉默寡言但工作勤奋的他并未发表任何不悦的意见。他认为自己完全能够胜任这项工作。他说，他可以和自己在富尔伯恩医院的同事们组建一个护理小组以更好地为我们提供帮助。一周后，他来到我们家里工作。史蒂芬如往常一样漠视，也拒绝和他说话，还开着自己的轮椅压到了尼基的脚。我不停地给尼基道歉，他笑了笑说："没关系，我们经常遇到比较难对付的病人，这很正常。"一周后，他又带来了一个新的护士，并将日常需要做的事情全部交代给了那个护士。再下一周，他又继续重复之前的工作。他们通过熟人带新人的方式，让整个护理小组的成员都熟悉了自己的工作。史蒂芬的态度终于缓和了下来，他开始接受这些态度谦和耐心的护士，他意识到自己有很多事情需要他们的帮助。最终，他甚至能带着某个护士陪他出远门开会，而不需要总麻烦自己的同事、学生，或者家人陪同。这一切似乎标志着一个新时代的来临，这也将彻底改变我们的生活。

Part Three Travelling to Infinity 我和霍金的生活

38 向星辰前进

尼基和他的团队终于将照看史蒂芬的重任从我的肩头卸了下来，我从而有机会真正享受生活，而不是在生活的泥潭中挣扎。和以前相比，现在照顾史蒂芬变得简单多了。每到周末，乔纳森还会整天待在我们家里，他会负责帮史蒂芬抬动轮椅，将史蒂芬抱到浴室。他同样也见证了史蒂芬在就餐时常常发作的恐怖喘息，面对着眼前垂危的史蒂芬，他和我一样手足无措。我们能做的只是默默等待着史蒂芬自己恢复过来，随时准备着叫救护车。每次发病都是史蒂芬生命中最重要的挑战，只有他坚强的意志才能助他脱离险境。当呼吸平稳后，史蒂芬会喝一点儿热水缓和身体，他不会喝任何他认为对自己咽喉有害的东西。但通常我们还未放松下来，他的下一阵发病又继续开始了。

乔纳森天性对这些生活的苦难有独到的体会。他不需要提醒就知道自己应该在什么地方出现，知道自己应该干什么事情。我过去一个人干的家务活现在得到了他的大力支持和帮助。他会帮我扛大包大包的土豆，帮忙倒垃圾、换灯泡、给汽车加油、检查轮胎气压等。每当我在超市或者森宝利买了沉重的家用品，他会和我一起搬运回来。此前，我通常出去购物必须带一个小推车，或者想尽办法将商品塞入婴儿车里推着走。现在，这个问题得到了极大改善。我们两人共同照看着孩子，但事实上，乔纳森负担了更多的责任。乔纳森充当起了露西和罗伯特的司机，还要负责陪伴蒂姆玩耍。蒂姆最喜欢乔纳森抱着他，将他抛向天空。他在空中的时候总是兴奋地睁大眼睛，嘴巴张得老大，然后再掉下来落入乔纳森安全的怀里。

20世纪80年代，史蒂芬的成功和名声依然高歌猛进，没受到任何阻碍。各个科学机构、大学、学术组织都会拿出不菲的奖金砸在史蒂芬的头上。例如艾伯特·爱因斯坦奖、爱因斯坦奖章、富兰克林奖章、詹姆斯·克拉克·麦克斯韦奖章以及其他殊荣。还有随之而来的各种学位，数量之多，可与莫扎特的《唐璜》中列波来洛列出的唐·乔瓦尼的异性追求者的数量媲美。

事实上，史蒂芬还要更胜一筹，全世界都在追逐史蒂芬。如果颁奖的地点是在我们家附近，我会开车送史蒂芬前往。我记得有一次，我们开车去莱斯特，参加那里的一个学位颁布仪式。当时的司仪正是三一学院主持艾伦·劳埃德·霍奇金爵士。1974年，史蒂芬成为三一学院的研究员的时候他正在皇家学会担任主席。谦逊又真挚的爵士站在讲台上恭喜了史蒂芬，并牢牢地按住他的手，欢迎他成为学院最新的荣誉学员。那是史蒂芬操纵轮椅的手，艾伦爵士意外地触发了史蒂芬的轮椅，轮椅突然向前驶去，撞倒了站在其面前的艾伦爵士。爵士摔倒在轮椅上，和史蒂芬一起冲了出去。情急之下，我快步上前按下了轮椅上的关闭按钮，才避免了一起严重事故的发生。

然而，绝大多数的颁奖典礼都在美国举行，所幸尼基和他的团队都愿意陪同史蒂芬前往。也多亏了他们，只要大西洋彼岸有什么仪式，史蒂芬总能及时参加，且不需要我们承担任何出行费用。除了参加颁奖仪式，他还会在世界各地游走参加学术研讨，和自己的同僚们谈物理。当时，他正与维尔纳·伊斯雷尔一同撰写论文，意在解释相对论和量子物理之间的关系。为了完成这些论文，自然少不了各种会议，这些遍布世界的会议逐渐成为史蒂芬的新兴趣。他逐渐意识到自己逐年增长的名声和卢卡斯数学教授的地位让他很容易便能获得研究经费。此前，经费缺乏一直是他长期抱怨的问题。过去，受限于资金问题，我们参加的大多是一些规模较小的学术会议。现在，史蒂芬有能力邀请自己的同僚，甚至是在科学界与他持对立观点的学者前来剑桥开会。作为主持者的史蒂芬有机会好好研究整个领域的发展趋势。随着史蒂芬的名气渐增，学术会议的规模也越来越大，他们的经费也越来越多。史蒂芬不但有能力邀请最有名气的演讲人，还有足够的钱筹办宴席和娱乐项目。随着学术会议规模的扩张，我也渐渐退出了宴会女主人的角色。过去那些我们因为缺乏经费总在家里举办宴会的历史一去不复返了。现在晚宴一般就在学院进行。我现在在这些场合充当的角色仅仅是招待一下来访的客人，在草坪上举办一些简单的饮茶会。然而，就算是这些场合，盘子里的黄瓜三明治也是学院食堂为我们供应的。在家中举办的宴会往往只是邀请我们过去熟识的一些朋友。

规模庞大的学术会议意味着众多的行政事务需要处理：与会代表的行程安排、住宿安排、会议举办场地安排，付款方式以及各种书面文件。这些事情全都落在了史蒂芬的秘书朱迪·费拉身上。事实上，她担任史蒂芬的秘书仅是兼职，她还是学校整个相对论小组的秘书。她的孩子和我的露西、

Part Three Travelling to Infinity
我和霍金的生活

罗伯特年纪相仿，但她却不得不时常工作到深夜。好在楼下的流体物理学家们为她准备了很多打印好了的插图，当她帮助史蒂芬整理文件的时候，遇到复杂的物理图示可以直接将这些插图用上节省时间。我知道史蒂芬也很感激朱迪在这方面对他做出的支持，不过朱迪的许多其他秘书朋友都表示这样的工作强度实在太大了。

新一轮的压力再次降临，这次不是在家里而是学院。压力的源头是来自世界各地的媒体。之前一段时间，史蒂芬在美国和英国的工作都留下了大量的记录，媒体大部分是以严谨的科学口吻谈论史蒂芬的工作，很少有人提到他的疾病。但到了20世纪80年代早期，媒体开始逐渐将注意力从史蒂芬的研究成果转向他本人。一边是身陷残疾、行动不便的虚弱的科学家；一边是拥有强劲的大脑，其能力能洞穿宇宙奥秘的科学巨人。对媒体来说，这种鲜明的对比自然能吸引不少眼球，创造出有趣的话题。恰巧史蒂芬本人也乐于接受外界对他的采访，尽管自己在科学方面的研究已非常疲惫，但他对媒体的采访向来比较开明。由此，朱迪的工作又增添了应对很多记者和电视台的工作人员。不只是英国的媒体，世界各地的新闻工作者都对史蒂芬产生了浓厚的兴趣，现在的学院休息室常被用作电视台演播室，引来了学院不少学者的不满。

史蒂芬喜欢将记者弄得头晕目眩。比如他会向记者们表示歉意，称自己没办法拿一个四维宇宙的模型给他们展示自己的理论。当被问到无限这个话题时，他会告诉记者们无限即代表着遥远，如此遥远的东西很难给记者们作细细的解释。不过他常常在公开场合表示，时至今日，人们还未观察到真实的黑洞令他沮丧。因为，如果能确切地发现黑洞的存在，那么他将轻松获得诺贝尔物理学奖。记者们拿着史蒂芬故意说得很复杂的采访记录回报社整理为文章并在媒体上发表，语气中充满了敬佩。只有少数人在报道中写得足够客观和符合现实。通常他们描述史蒂芬的身体状况时，笔触缺乏细腻；他们描述史蒂芬的科学成就时，大多基于史蒂芬的同事和学生们的解释。

众多来访者中，最为极端的是一位来自英国广播公司旗下"视野"栏目组的一名电视制片人。之前我的大学校友薇薇恩·金在6年前拍摄的那部短片获得了巨大的成功。她将史蒂芬的现实生活展现了出来，同时又成功避免了将他描述成"奇爱博士"。我一直担心如果拍摄技术不好、手法不成熟的制片人会将史蒂芬描述为恶病缠身、坐在轮椅上，为达到科学目标而不择手段的怪物科学家。然而,这部6年后的第二部"视野"完全将史蒂芬刻画成了我担心的样子。我问那个制片人可否将我们的家庭生活为互动情节更多地添加进去,但他语气里透露出对我们的蔑视,与史蒂芬相比我们就像他背后的墙纸。6个月后,这个节目在电视上播出了,节目里仅有一处提到了我们的家庭。他是这样展示的,一次,我、史蒂芬和蒂莫西在大学中心吃午饭。旁白是由史蒂芬的一位学生念的,他说"霍金太太和他的小儿子蒂莫西都对数学不怎么感兴趣,所以当他们和我们吃午饭时,我们尽量不讨论工作"。事后,我才知道这位学生当时是在制片人的要求下阅读的这段话,他当时自己也感到非常难堪。我之前的导师艾伦·德蒙德义愤填膺地给英国广播公司写了一封信,抗议他们这种直白的侮辱。更具讽刺意味的是,《霍金教授的宇宙》这部纪录片的开场画面是我们的一张结婚照片。唯一能从中感受到幽默的是我的父母,他们也出现在了这张婚礼照片上。瞬间,两个老人就成了圣奥尔本斯的名人。

史蒂芬早在"视野"栏目之前就已成为了家喻户晓的人物。1981年夏天,当时剑桥大学的校长菲利普亲王就曾表示希望与史蒂芬见面。我认为,应该邀请亲王到家里,这样他能与史蒂芬在没有旁人干扰下进行好好的交谈。6月10日,亲王应邀到我们家拜访史蒂芬,那天正好是他的60岁寿辰。当亲王在我们家和史蒂芬谈黑洞本质和宇宙寿命的议题时,我们14岁的儿子罗伯特甚至勇敢地打断了他们的谈话以发表自己的见解。我做了一个水果蛋糕,插上了6根蜡烛作为装饰,蒂莫西和亲王一同吹灭了蜡烛。然后,他匆匆离开,向他的下一个会议地点奔去。

1982年的新年,荣誉手册将史蒂芬列为大英帝国司令勋章获得者。鉴于史蒂芬独自操纵轮椅存在一定困难,不能让他独自去见女王,于是,我们决定让罗伯特陪同父亲前往。授勋仪式将于2月23日在白金汉宫举行。为了这个特殊的场合,我们所有人都不得不准备新衣服。蒂姆年纪太小不能受邀参加,他只能和我的父母待在一起。罗伯特人生中第一次穿上了西装,而这套西装也只有在这次与女王的见面中使用过。因为罗伯特下一次穿西装的时候,早已穿不下此前的这套了。露西正进入喜欢玩假小子风格的年龄,我们让她穿上礼裙的时候她特别不满,抗议道:"除了这一次,以后只穿自己的牛仔裤和T恤。"

我和罗伯特商量着出行当天的计划。我们知道,如果早上从剑桥出发,要在10点抵达白金汉宫会非常困难。于是,我们提前一天抵达了伦敦。我

Part Three | Travelling to Infinity
我和霍金的生活

们晚上就在皇家学会给学员们提供的宿舍顶楼居住，从那里的窗户向外望去，林荫路上的树木、皇家骑兵卫队阅兵场，以及阅兵场旁边的塔楼都能尽收眼底。深夜时分，我整理大家第二天需要穿戴的新衣服时发现给露西新买的皮鞋不见了。她穿着自己那双磨损不堪的小鞋在那里休息。看门人的妻子告诉我，摄政街的另一头还有一家鞋店，只是不知道是否售卖童鞋。于是，第二天早上，我们比原计划提前了起床。罗伯特帮忙给史蒂芬喂饭，而我和露西则冲上摄政街去找鞋店。鞋店里正好只剩下唯一一双适合露西的码子的鞋。这双棕色皮鞋看上去很朴素，虽然没有那双留在家里的鞋精美，但也是没有办法的办法。事后，那双精美的小皮鞋也没派上什么用场，多年后被我们送给了朋友。

尽管最后时刻经历了一点小插曲，我们还是按时顺利地抵达了白金汉宫。我们没料到的是，摄政街街头水泄不通，似乎所有人都纷纷想要涌向白金汉宫。空气中弥漫着的紧张气氛让我觉得仿佛回到了当年在伦敦希斯路机场赶飞机的场景。就像那次伦敦机场的体验一样，我们只能不停地赶路，但其他路人却不紧不慢地走向属于自己的登机口。摄政街亦是如此。在这个大家都视时间为金钱的时代，除了我们，大街上没人慌乱，他们在街头相遇之际仍然彬彬有礼地互相打着招呼。

我们的车好不容易驶进了白金汉宫的停车场，我停好车后审视四周，突然发现自己的车竟如此老旧。我们被带到了一个入口，从那儿，一座老旧的电梯将我们送到了几层楼高的地方。男仆们优雅地带着我们走过迷宫一般的走廊。一路上，四处摆放着精美的家具、画作、中国瓷器，墙上还挂着装饰精心的象牙，然而我们只能匆匆一瞥就要跟着继续前进。我们来到主厅走廊，在这里，我们被分成两波。史蒂芬和罗伯特被带去加入等待授勋的国家英雄队列之中，我和露西则被带到一个华丽的展厅，在那儿，他们为我们安排了豪华的粉色座椅。

在等待仪式开始的那段时间，我们的注意力被周围的一切吸引住了。整个会场的装扮以白色和金色为主题，会场上方有一个巨大的水晶吊灯。在巨大展厅的一角是一个被红色天鹅绒包裹的讲台，柔和的灯光照在讲台上。女王会站在这里发言。讲台的四周站着好几个皇室警卫。在另一边的阳台上，军乐队正演奏着一些例行的节日曲目。待女王进来时，他们将演奏国歌。很快，仪式开始了，整个授勋仪式带有典型的英国传统学位颁发仪式的风格，且配有高贵的皇室气息。排队的授勋者逐个走上讲台，与伟大的女王站在一起。露西碰了碰我，指着女王背后的一个年老的警卫。他看上去累坏了，巨大的帽子一定让他感到不适，他向后倒了下去。悄无声息地，立刻有人将他带了下去，整个过程丝毫未打扰正在进行的仪式，似乎此事从未发生过。

仪式大概进行了一半，我看到史蒂芬和罗伯特出现在了队伍的前面，我心中充满了爱怜和骄傲。他们慢慢地向中央处女王的方向走去，那个场景令人难忘。面对病魔不屈服的科学家，坐在轮椅上露出笑容，旁边是我们身材高大、面带羞涩的儿子。史蒂芬完全有理由为自己的成就而感到快乐，或许他还觉得这一幕略带讽刺意味。他年轻时曾是坚定的社会党支持者，对保守党的政策嗤之以鼻，如今却接受着保守党把持的政府授予给他的最高荣誉。

仪式结束后，我们被邀请前往伦敦中心的一家奢华酒店用餐。我仔细地欣赏着那枚十字形勋章，由精美的红色和蓝色珐琅雕成，悬挂在镶着灰边的红色丝带上。勋章上刻着"为了上帝和帝国"的字样。就与白金汉宫一样，它们都属于上个世纪。随同勋章一块儿授予给我们的还有一个小册子，册子上记录有勋章的相关信息。阅读了和勋章配套的说明文字后，我们发现的唯一与我们有关的特权是，露西作为勋章获得者的家属，将来可以在圣保罗大教堂举行婚礼。"希望到时候她别把自己的鞋子忘掉，"罗伯特开玩笑地说道。

急切地想将史蒂芬招揽麾下的不只有英国王室。史蒂芬在1975年就获得了教皇比奥十一世奖章。1981年底，他获得邀请去梵蒂冈的宗座科学院参加耶稣会组织的一次学术会议。宗座科学院里都是一帮和主教有着密切联系的杰出科学家，他们的任务主要是给主教讲解科学知识。主教通过教皇令通知大学被邀请参会的人员。那时，我们家的护士们还没有开始陪同史蒂芬进行世界各地的旅行。史蒂芬的学生澳大利亚博士伯纳德·怀廷答应陪同我们一同前往，以帮我照看史蒂芬。自从蒂姆出生后，我对远行的恐惧又复苏了。史蒂芬希望我一同去罗马，我的条件是至少要带上一个孩子，最好是都能带上。不过罗伯特现在的学业越来越繁重，不能轻易从学校请假。伯纳德的妻子玛丽·怀廷（Mary Whiting）对罗马非常熟悉，她也决定一同前往。庆幸的是这趟旅行有了他们的参与，如果离开了他们，那趟旅行将会非常糟糕。我们住在米开朗基罗酒店，据说是距离梵蒂冈最近的酒店，但这里距离学术主会场仍有20分钟的距离，这对于我们家来说可不算近，更糟的是酒店不提供食物，甚至不提供早饭。酒店有一个电梯，但想

Part Three Travelling to Infinity
我和霍金的生活

要走到电梯处必须得先爬一段楼梯。更倒霉的是，罗马当时正经历着灾难性的降雨。这天早上的天气还算晴朗，我们和史蒂芬一块儿开心地前往阳光明媚的梵蒂冈。路过大门口的瑞士卫兵，路过庭院，来到庇护四世的宅邸。那是一座美丽的具有文艺复兴风格的建筑，这座建筑是16世纪的主教修建的。这座建筑刚建成那会儿，女性是不能被允许接近这栋大楼的。从1936年开始，这座建筑被正式当作宗座科学院的总部使用。史蒂芬将在这里为伽利略而战，向教皇的天文学家们解释他对宇宙的全新认识：宇宙没有源头，也没有终点，也没有造物主的任何位置。

每天在科学院里吃得最好的一顿饭就是午餐。但在那之前，我会带着孩子们散步，溪水从附近的山坡上流下，孩子们就在溪边玩耍。不过一过中午，天气就会发生变化。无边的乌云聚集而来，几乎一瞬间，天色就变得黑暗下来，伴随着震耳欲聋的轰雷和明亮的闪电。暴雨将一直持续到深夜。玛丽曾来过罗马，她成为了我们的向导，带我们去她熟悉的地方游玩。比如斗兽场、古罗马广场、卡拉卡拉浴场、圣卡利克斯图斯地下墓穴。可惜我们出来的时间有限，如果我们不能在下午4点以前赶回酒店，就有可能遭遇暴雨的袭击。我们总是希望在晚饭时间大雨能够稍微停歇一下，可以一块儿出去吃晚饭。罗马糟糕的交通总让我们的计划耽搁，一般在靠近下午4点的时候，天空便开始密布乌云。大街上的人们都急匆匆地赶着回家，路道的拥挤程度不难想象。这时，我们通常正在火车站附近，等待巴士带我们穿过台伯河。

蒂姆像过节一样：他喜欢坐巴士。巴士慢悠悠地行驶着，车厢内摩肩接踵，大人们觉得空气混浊不堪，蒂姆却觉得热闹非凡。意大利的乘客们都非常喜欢蒂姆，他们总会说："多么漂亮的孩子。"然后给我和蒂姆让座。"小宝宝、小宝宝"，他们微笑着，抚摸着他的金发，不时地捏捏他的脸颊。蒂姆刚开始学说话，他正极力探索语言的魅力，巴士上的陌生人成了他最好的老师。"你们有房子吗？"他会一字一句地问周遭那些听不懂英语的外国人。他们当中有秘书、学生、商人，或者是上了年纪的老人。"你们有车吗？"他问完后会抢先回答，"我有一个房子，我们有汽车，我们还有个小花园。"车窗外的天色越来越暗，雨下个不停，交通堵塞使车子移动极为缓慢，但车内的乘客都会围着蒂姆快乐地大笑。

玛丽的向导做得到位，她坚持要带我和孩子走遍所有的教堂，特别是她最爱的中世纪教堂拉特朗圣格肋孟圣殿。这座教堂最出名的莫过于那幅鲜艳的 11 世纪马赛克饰画，画中讲述的是十字军在阿尔卑斯取得的光辉胜利的故事。这座教堂是在另一座更为古老的教堂基础上修砌而成。老教堂里的壁画最早可追溯到 6 世纪，那里还有古罗马建筑的遗骸。欣赏了新教堂美丽的马赛克饰画，我们跟着玛丽小心翼翼地走入了点着火把的地下教堂，那里空空荡荡的，走廊里回荡着水声。"噢，"玛丽欢快地说，"那是马克西姆下水道，那是古罗马人建立的最早的下水道，它正好从这座教堂下面经过。"我相信玛丽的讲解，不过从水声来看，淌在我们脚下的并非一条下水道，更像一条奔腾的大河。

去看教堂的那天晚上，巴士比以往到得更晚。当天，整个罗马的交通仿佛停滞了一般。玛丽说听其他乘客和司机的对话，应该是暴发了洪水影响了交通。马克西姆下水道的管道破裂了，正将汹涌的流水喷到罗马的大街小巷。

梵蒂冈是世界上最具权威、最正统、最富裕的城邦国家之一。它的唯一统治者是教皇，他对宗教的贡献和勇气是毋庸置疑的。不过，他们对自由思想的打压态度就跟那些不允许我们询问宇宙存在意义的严格的无神论科学家一样顽固。宇宙"为什么"存在的问题，也正是梵蒂冈的教皇应该告诉我们的问题。然而它的统治者不但规避了这个问题，甚至拒绝人们谈论造物主"如何"创造宇宙的问题。这次学术研讨会结束的时候，教皇表示，科学家可以研究宇宙是如何进化的，但他们不能问宇宙大爆炸的时刻究竟发生了什么，当然更不能探究这之前的事。因为那是上帝管辖的范围。我和史蒂芬都没有因为这样的禁令感到震惊，也没太把它当一回事，毕竟这一切做法就和 300 年前囚禁伽利略是一个性质。一个伟大科学家的伟大发现被禁锢了这么长时间，可以说是悲剧的。伽利略的思想一直被教会打压，直到多年后才被公之于众，教会后来对待这件事情的态度也只是假惺惺地表示他们当初忘了对大众公开此事。对教会的这种说法史蒂芬非常不屑。不论如何，这次会议中教皇仍持着思想限制的态度。300 年后的今天，他们的思想依然没有太大改变。

Part Three　Travelling to Infinity　我和霍金的生活

39 · 恢复和谐

结束罗马之行后回到英国，我在自己的教堂里透过音乐寻找灵魂的重生。多亏了玛丽·怀廷，我才能在生产了蒂莫西后又回到了音乐课堂。因为玛丽不断地要求，让她每周有一次机会带蒂莫西出去散步，她希望和孩子建立良好的关系。同时，她也非常希望能拥有一个自己的孩子。于是在每周三的下午，尽管疲惫，我还是会坚持去奈杰尔·威肯斯的家上音乐课。奈杰尔刚有了自己的女儿劳拉，他很能体会做父母的心情。乔纳森会利用空余的时间陪我。在他和奈杰尔的陪同下，舒曼、舒伯特、勃拉姆斯、莫扎特又回到了我的身边。当我享受着他们的音乐并梳理着自己的心绪时，玛丽会带着蒂莫西去公园散步、荡秋千、喂鸭子、吃冰激凌。

在我和史蒂芬举办的慈善募捐活动中，我有表演独唱的机会。除此之外，还有很多其他的活动偶尔会邀请我去表演。1982年夏天，乔纳森在国王学院礼拜堂给一个医学会议表演管风琴独奏，作为他的搭档，我被邀请前去唱歌，那也是我歌唱生涯的巅峰。我对自己的声音以及自己对音乐的学习能力信心剧增，我决定试着加入一个唱诗班。这样的想法也只有现在才具有可行性，和以前相比，我拥有了更多的自由时间。20世纪80年代早期的史蒂芬沐浴在荣誉之下，我也在同一时期迎来了自己的变化。一方面，我们的护士团队彻底挑起了照看史蒂芬的重任。另一方面，通过乔纳森对我的坚定支持以及他对我们整个家庭作出的奉献，我暗藏心灵深处的自我意识和个人需求慢慢复苏。如今，我正在重新感受完整的生活。我意识到生活的美好和人生志向并非像多年以前的圣巴巴拉海滩的细沙那样从我指尖溜走。

我在大圣玛利亚教堂举办的一次音乐会上遇到了我心仪的唱诗班。一群不同年龄不同职业背景的成员，以多样的风格表演着质量上乘的音乐。充满干劲的年轻的指挥家史蒂芬·阿姆斯特朗（Stephen Armstrong）将我收纳入团。我们每周集会一次，每次集会两小时。我逐渐发现在这紧张的两小时里我能学到不少东西。一般表演会被安排在星期六，那天的行程也会非常紧张。无论演出规模大小，总会有到来的家属，他们需要吃饭需要有人照顾，而临近演出前的排练任务又异常繁重。音乐会的正式表演时间非常短暂，我们连续7~8周的训练很快在正式演出中谢幕。精彩的演绎让我们感到自豪；反之，我们会苦恼而失落。演出节目一个接一个地进行，不同节目的表演内容也各不相同，音乐风格也从巴洛克风格延续到现代风格，从古典主义到浪漫主义，从巴赫到本杰明·布里顿。有机会演出总让我感到欣喜。无论是哪一种风格的乐曲，无论是来自哪一个作曲家的作品，只要是需要排演的内容，我都会非常喜爱。在我长期压抑的生活中，这段经历带给了我难得的幸福。音乐让我们感受到永恒，脆弱的心灵得到净化，为生活所苦所累的精神得到抚慰。

在我生命逐渐变得美好的这段时间，我母亲病倒了。我母亲和她唯一剩下的表兄杰克（Jack）常年操劳地照顾着年过90的埃菲伯母（Aunttie Effie）。这种多年积累的忧虑终会导致身体状态的下滑，不说别人，我就是一个最好的例子。如今，我的生活得到了缓解，史蒂芬也有了尼基护士团队的全力协助，我得以抽出时间照看母亲了。这也是我能为这么多年来他们对我们嘘寒问暖所做的唯一报答。现在，家庭生活条件的转变还意味着我可以花更多的时间陪孩子们。蒂姆已经长成了一个人见人爱的小孩。他天性活泼，充满好奇心，总是顽皮地跳来跳去。仿佛昨天还在意大利的车上逗笑公交司机，今天突然就18个月大了。这段时间，他展露出对天文学强烈的兴趣。傍晚，他会坐在自己的高脚椅上，透过厨房的窗户望向窗外的月亮和星空，沉浸于美丽的天象中时常忘记自己的食物。月亮慢慢滑过天际，滑过窗前，滑出他的视界之外，他会变得越来越不耐烦，希望我们把他从自己的高脚椅上解放出来。离开高脚椅，他会立刻冲到客厅，在那儿的小窗户旁等待着月亮的重新出现。这成了他每天晚上的例行工作，只要看到月亮他就兴奋，当月亮落下去后他会显得失落。到了22个月大的时候，他开始对其他自然现象有了一种虽不够科学但充满诗意的认识。1980年2月一个寒冷的下午，天空中飘起了雪花，小蒂姆站在窗前开心地喊："我看到了星，我看到了星！""星"在他的词典里就是天空中的繁星。他在房屋里跳来跳去，口中反复念着这句话。

蒂姆生性活泼，十分讨人喜欢。但如果一刻不保护好他，就可能和他的哥哥姐姐一样，变成危险的"独行侠"。在他两岁生日前几周，正在厨房做饭的我突然觉得整个房间异常的安静。孩子玩耍的声音消失了——没有玩具车在地上推动的声音,没有铁皮鼓被敲击的声音,没有打闹欢笑的声音。这样的寂静让我充满了不安。我走出厨房一探究竟,发现大门敞开,蒂姆已不见了身影。

罗伯特小时候也喜欢乱跑,他速度很快,我和史蒂芬很难追上,但我们总能容易地找到他躲藏的地方。我们住在小圣玛丽街时,露西也发生过一次类似情况。当时正值仲夏,我和特尔玛·撒切尔找遍了小圣玛丽街也没能看到她的身影。当我们沿着街道挨家挨户找的时候,几个过路的美国人告诉我们在米尔桥处有一个推着玩具娃娃车的小女孩儿。我们匆忙赶到,发现露西穿着短裤站在那里,一只手放在玩具娃娃车上,一只手拿着透明的绿色雨伞。她身边站着一堆大学生,他们明显很喜爱眼前这个可爱的小宝宝,但却不知如何与她玩耍。

在西街,我们已经住了快10年了。这里没有像特尔玛·撒切尔那样的邻居可以帮忙,这里的社区也没有栅栏或者大门可以将我们与外界隔离。我站在大门口不知所措,不知道该往哪儿找。蒂姆是去了河边,还是去了房子后面的花园?我沿街叫着他的名字,当时街上的店铺正准备打烊,工作人员听到我的叫声也加入了进来,帮我一起寻找孩子。最终有个叫帕特(Pat)的维修员明智地建议我打电话报警。他站在我旁边陪着我。我拨通了999,拿着电话筒的手不住地颤抖,心跳快得我自己都能听到。接电话的警官无动于衷的态度让我感到愤怒。他似乎并不着急。"等一下,女士。"他的语气听上去很欢快,过了好一会儿他才回到电话边。"你能再把小孩的穿着和样貌描述一次吗?"依然是那种令人生气的轻快语气。"金发、蓝眼睛、绿色的裤子。"我着急得都快哭出来了。"那就对了。"他回答道,"有一个小朋友站在我们警车前,但他说不出自己的住处,我们的警官正带着他找回家的路。"一段时间后,一个女警官开着警车将蒂姆送了回来。原来蒂姆独自前往拜访自己的教母乔伊·卡德伯里,在他踏上马路的那一刻,好心的警察将他拦了下来,陪着他玩耍。

罗伯特和露西或许不需要我形影不离的陪伴,但和他们的沟通交流仍然很重要。罗伯特似乎注定要成为一个沉默的小孩,他的社交圈很窄。露西那边,我们需要为她选择初中就读的学校。鉴于罗伯特的经验,我认为露西也应进私立中学学习。于是,她成为了他们学校该学年唯一一个升入彭斯中学的人,这也意味着她即将和自己曾经的小伙伴们分离。我们给她买了只小猫，希望她能从中找到慰藉。史蒂芬这个时候开始着手写书，即用通俗易懂的语言将他探索宇宙起源之旅记录下来。我一直鼓励他做这方面的事情，这样我也能更了解他的思想。更重要的是，为他提供捐款并一直支持着他的那些纳税人能更加了解他最新的科学研究。

圣马可教堂的比尔·洛夫莱斯总能组织出很有趣的活动，吸引各方面人士的踊跃参加。因此，罗伯特和露西经常随我一同去教堂。教堂每个月都会举办一次讨论时事的小组，纳纳姆地区的教民们从中受益不浅。洛夫莱斯还举办了一些家庭可以参与的活动，从而吸纳更多的家庭到教会中来。这些活动生动有趣，我认为通过这些活动可以让孩子从世俗的年代领略更多有价值的思考。露西非常积极，她会点燃/吹灭圣坛蜡烛、朗读文章，参加问答、参与表演，非常享受其中的乐趣。一个星期天的下午，我将孩子们留在家里休息，独自去了教堂。比尔在那天宣布了一个信息，教堂将成立一个新的青少年俱乐部。一些当地神学院的神职候选人将成为俱乐部的组织者。俱乐部将把游戏、娱乐、讨论小组结合在一起。当我把这个消息告诉罗伯特时，他虽未表露出兴奋，但最终还是答应了。晚上7点，我开车将他送到了牧师家。我告诉他，我会在门外等他10分钟，如果他感觉不快可以随时出来跟我回家。事实是，他爱上了那个活动，10分钟后我离开了那里。在这之后的每次活动，罗伯特都会出席。他在那儿遇到了过去的小学同学，也在那儿结识了许多新朋友。他们逐渐形成了一个团体，罗伯特在其中逐渐培养起了自信和社交能力。两周后，罗伯特在骑车回家的路上碰到了比尔，他告诉比尔，希望加入教会。这样，比尔成了露西和罗伯特两人值得信赖的朋友和导师。当我们家庭特殊的背景——史蒂芬的疾病、乔纳森的特殊存在——影响到他们的思维时，比尔总是耐心地解释并开导孩子们学会适应生活了解生活真谛。

这几年来，我生活的气氛终于变得缓和，我也得以有了多余的时间联系旧时的学校老友。她们通常情况下每年会带着自己的丈夫和家庭拜访我们家一两次。我们会一起共进午餐，餐桌上的话题广泛，包括政治、环境、科学、文学、音乐。饭后，大人们会漫步花园，孩子们则群聚在林间空地捉迷藏。这种生活习惯慢慢演变为了我们家的习俗，我们和孩子都尽情享受着生活为我们带来的快乐。

那段悠闲的时光让我和史蒂芬的关系进入了一个新阶段。过去那种我累得像奴隶一样的日子已成为历史，我们又恢复了20世纪60—70年代那样

Part Three　Travelling to Infinity 我和霍金的生活

的平等伴侣的生活。比如，他上电视节目前总喜欢在自己翻领上别上和平符号徽章，就是我俩共同倡导的事情之一。正如70年代初罗布·多诺万给我们的警示，现在，不可阻挡的核武器的增加已发展为东西方世界疯狂的军备竞赛。军备竞赛的终点会令这个地球生灵涂炭。核裁军运动再次成为了大家热议的话题，全国各地纷纷迸发出相关的志愿者组织。

我们的组织名为"纽纳姆抗核小组"。我们每个月会在一位名叫艾丽斯·拉夫顿（Alice Roughton）的退休医生家里集会。艾丽斯是一个充满活力，信念坚定且不同寻常的女人。传说她曾在晚宴上给客人做了烧烤松鼠和荨麻。她的丈夫喜爱园艺。纽纳姆抗核小组聚会时，他们会在花园中心点燃篝火。我们围绕篝火席地而坐，手中捧着热葡萄酒，小组中知识渊博但又悲观的组员会进行演讲。我们讨论政策，探讨如何通过民间力量阻止军备竞赛。事实上，讨论的结果都不理想，我们毕竟只是平民百姓，面对的却是两个超级大国间的军事较量。不过值得安慰的是，至少我们正在努力。不管在什么情况下，史蒂芬和我早已习惯扮演大卫的角色，即使面对巨人歌利亚也毫无畏惧。

我和史蒂芬共同写了一份信件，我们将信件寄给了遍布世界的好友们，特别是那些住在美国和苏联的朋友。我们告诉他们，核战争将摧毁整个北半球，核辐射将使得那些有幸逃过核爆炸的生命也消失殆尽。我们鼓励他们去抗议。我们在信中指出，目前地球上现存的高爆物已达4吨重，而决定导弹发射的计算机出现的计算错误的概率非常高，这是非常危险的。在给富兰克林研究所的邮件中，史蒂芬提到哺乳动物已存在于地球40亿年，人类也经历了400万年的进化，最近400年科学技术发展迅猛才有了如今的文明。在过去的40年里，物理学家们对物理学界四大难题的研究也迎来突破，现在我们希望可以证实统一场的存在，宇宙的奥秘也即将揭开。然而核战争可以用不到40分钟的时间将这一切完全摧毁，事实上，无论是否有意，核战争爆发的概率都非常高。他总结道，这是当今人类面临的最大危机，任何意识形态或领土上的争端都无法与其相比。

当我们在牛津大学的一次宴会中与前欧洲盟军最高指挥官，罗德奖学金获得者伯纳德·罗杰斯（Bernard Rogers）上将会面时，我们也提到了同样的问题。晚宴快结束的时候，上将仔细地听完了坐在轮椅上的史蒂芬的讲述，我也略微不好意思地把我们纽纳姆抗核小组的讨论话题给他进行了简约陈述。他很礼貌地表示，他自己也很关心这个问题，他也确与自己熟识的苏联朋友交换过意见。接下来的几年时间，铁幕统治下的经济和政治环境风云变幻，我们这些民间组织的种种努力纷纷化为乌有。我不知道这些平民组织的抗议是否在最卑微的程度上引导改变了历史走向，也不知道我们寄出的信件是否起到了作用，甚至不知道我们向政府传达的信息是否真的送达了政治体系的中心。

相较于抗核运动，关于残疾人的维权运动更贴近我们的生活。它们两者对我们来说都非常重要。剑桥大学实行《残疾人保障法》的动作实在慢得惊人。该法案早在1970年就被录入了法令全书，然而，直到1980年，学校还在修建老旧的缺乏辅助残疾人行动的建筑。比如，距离我们家不到100码（90米）的克莱尔学院正在申请经费修建一处建筑，包括图书馆和演奏室，但这座建筑丝毫没有任何辅助残疾人行动的设施。我们为这种直白的不公平进行了多次抗议维权，得到的答复却是"如果史蒂芬想要一个电梯，他必须得自己付钱修建"。最后，前来为史蒂芬拍摄杂志照片的斯诺登（Snowdon）在电视台的节目中讲述了这个事情，学校才被迫应允。

自1979年运动神经元疾病协会成立以来，史蒂芬、我、乔纳森就是他们最积极的募捐倡导者。史蒂芬一直是他们的病人代表，我则常常出席他们举办的各种讲座。伦纳德·切希尔基金会（Leonard Cheshire Foundation）在20世纪80年代早期还邀请过史蒂芬担任他们的副会长。1982年10月，我也应邀加入了他们的申诉委员会，目的是申请经费将亨廷登附近布兰普顿的一座维多利亚风格建筑重修为可供残疾人使用的切希尔疗养院。我每月都会去亨廷登开会，我很快发现最好的募捐地就在剑桥大学。捐赠者可以是学校的每个学院以及学院里的每个学员。我拿着大学登记表，从学员名单上逐个筛选，找出可能的捐赠者，然后再向他们单独邮寄募捐信。这一切都是为了1984年夏天我们的公众募捐做准备。基金会在欣琴布鲁克楼（Hinchingbrooke House）举办的发布会非常顺利，我们的申诉也很成功。不幸的是，当时正好碰上邮政罢工，整个国家的注意力都被电视上天天报道的非洲难民们吸引。给当地慈善机构募捐的事情在当时的环境下稍微淡出了公众的视野。直到几年后，我们才筹集足够的善款修建切希尔疗养院。不过，这些活动让史蒂芬和我在物理学之外找到了一个共同的目标。为此，我们怀着乐观的信念并肩战斗。

Part Three　Travelling to infinity
我和霍金的生活

40　未完成的事业

　　20世纪80年代初，我需要完成两件大事。第一件大事是我的论文，这也是最重要的一件。1980年6月，我被叫到韦斯特菲尔德，在国王学院西班牙语教授史蒂芬·哈维（Stephen Harvey）和我的导师艾伦·德蒙德面前参加论文答辩。前往韦斯特菲尔德的前一天晚上，我和史蒂芬观看了冈维尔与凯斯学院的一场演出《里纳尔多》。那场演出非常精彩，然而，当时的我却因为第二天的答辩而变得异常紧张。哪怕是有名的咏叹调《让我哭泣》（*Lascia ch'io pianga*）也没给我留下多深的印象，我就像当年看芭蕾舞剧时的史蒂芬一样坐如针毡，不停地想着论文答辩的问题。我这样的焦虑一直持续到了第二天下午2点。我的毕业论文总计336页，涉及的论点、时间、参考文献实在太多，我担心自己不能完全记住。

　　第二天，我去伦敦作论文答辩时紧张得忘记了戴自己的隐形眼镜，一切都处于慌乱之中。史蒂芬·哈维略带坏笑地问我是否看过大卫·洛奇（David Lodge）的书。我被他问得茫然而不知所措，我仔细观察着他的神色，猜想着他的想法。他应该不是说的《换位》，那本书讲述了一个虚构的鲁梅奇大学（Rummidge University）（暗指伯明翰大学）的学生菲利普·斯沃洛（Philip Swallow）和欣快州立大学（Euphoric State University）（暗指伯克利大学）的学生莫里斯·察普（Maurice Zapp）交换学校的故事。我想不到那本略带喜剧风格的书和中世纪西班牙文学有什么联系。慌乱之下，我鼓起勇气回答，是否指的《换位》。"不，"他回答道，"我说的是《现代写作模式》。"我不得不承认自己并未读过这本书。经历了这段小插曲，答辩的下半段都在轻松愉快的气氛中度过。后来，我的导师艾伦告诉我，他也没读过哈维提到的那本书。

　　第二年的春天，乔纳森和史蒂芬陪我去伦敦大学的阿尔伯特大厅参加毕业典礼。他俩给我递上了鲜红色的哲学博士服。这段漫长而艰辛的学业之旅结束了。我曾试探性地询问学院有无空缺的教师职位，但校方礼貌地忽略了我的提问。我的论文并未给我带来教学方面的工作,甚至连按小时收费的临时工也成为我的奢侈。

然后,我意外地得到了一个机会。也许算不上什么职业,它与我会的另一门语言有关系:法语。我最早接触法语是3~4岁的年纪,通过棕色酱油瓶上的法语标签相识。当时的我对这种陌生的语言疑惑不解,产生了浓厚的兴趣。我在童年时代便接受了系统的法语教育,所以即便后来我遇到了严厉的法语老师(莱塞女士)也能从容应对。莱塞女士身材瘦小,治学严谨,她最喜欢惩罚学生的方式是"抄写50个法语动词"。后来在她的葬礼上,有这样的致词:她不用亲自现身,也能让整个教室安静得连根针掉到地下也能听到。

20世纪80年代初,我完成论文之后那段时间,露西正好盼望着能在小学里学习法语。但他们学校已把外语学习从教学大纲中删除了,都是保守党干的好事。我在露西的校门口认识了一个好朋友,她是一大家子聪明孩子的母亲克里斯蒂娜·帕特尼斯(Christine Putnis)。她说服了我和另一个母亲罗斯·梅斯(Ros Mays)在放学后一起给孩子们补习法语。最初我严重缺乏自信,不知道如何下手。后来我们一起摸索,慢慢开始了我们长达10年的法语教育。每个星期一的下午,我们会摆出饮料和饼干招待来我们这里学习的孩子。在这持续1小时的学习时间里,我们会用猜谜、游戏、图画、讲故事、唱歌的方式,对他们进行循序渐进的法语基础学习。

一两年后,罗伯特要参加中学毕业考试,拿到普通教育学历证书。我感到自己有必要帮助他一起复习法语了。因为在此之前的最后一次考试中,他的成绩单上法语那一栏写着"不能通过考试"的结语。现在,我已经成为了一名法语老师,我无法接受自己的孩子法语考试不及格的现实。我下决心狠抓罗伯特的法语。我会把他的朋友托马斯·卡德伯里也一块儿叫上,让他知道我们训练的严肃性,也让他有个竞争的小伙伴。每堂课,我们至少要研习50个法语单词,将它们用各种时态、各种人称学习一遍。我们的努力非常成功,罗伯特最后的考试成绩拿到了"A"。这对罗伯特来说,是一件了不起的事情。因为罗伯特一出生就被贴上了物理、化学、数学等标签,他在语言方面并不突出。

我逐渐对教学有了信心,并打算将语言教学推上一个新高度(无论是法语还是西班牙语)。我再次在露西学校门口等她放学时得到了一次好机会。一位母亲介绍我去她工作的私立学校——新成立的剑桥六年级学习中心。

Part Three Travelling to Infinity
我和霍金的生活

校长给我进行了一次不太正式的面试,结果是我被录取了。我将要教的学生是希望进入牛津剑桥两所大学的中学毕业生。这是一项颇具挑战性的工作,这也是对我自己能力的一种考验。如果我教的学生能顺利通过入学考试并被牛津剑桥录取,那意味着我也有被"录取"的资格。这份工作让我满意的是时间比较自由,我甚至可以在家里为学生授课。

接下来我将自己的大多数时间泡在了图书馆,在那里查阅牛津剑桥大学入学考试的相关资料。思考制定教学方案,咀嚼考试涉及的哲学道德内容,这两个学校都很喜欢伯特兰·罗素的带有哲学性的名句。比如"希腊有位理发师,他为全城所有不能自己理发的人理发,那么谁能为他理发"。或者"所有概括都是错误的"。警句式的名言也时常作为考试内容,出题者源源不断地在奥斯卡·王尔德的作品中搜寻题目,如:"真理很少纯粹,也绝不简单。"这些名言通常与写作题目联系起来,例如要求考生对包括核威慑或者科学价值的正负面等问题阐述自己的见解。"爱因斯坦天才的结果是广岛"就是曾经出现过的考题,考题需要学生探讨科学的利弊。对于我如饥似渴的大脑而言,这些论题就如同精神粮食般可贵。

我爱上了这些大学入学考试的内容,我彻底地消化了考试的教学大纲。语法、理解、翻译、阅读,每个考试项目都需要努力地准备和消化,它们给我干涸的大脑带来知识的甘露。更重要的是,我爱上了教书,我爱上了我的那帮17~18岁的学生。无论是法语课上的小学生,还是准备考大学的中学生,他们都与我自己的孩子一般大,所接受的教育程度也相仿。因此,我感到与这些青少年有某种天然的亲切感,我相信即便最难相处的学生也会接受友好的教育方式。我的学生中,很多人不到6岁就开始上寄宿学校。到了16岁,面对生活和学业的双重压力,他们或许用了不正确的方式发泄自己的不满和愤怒导致他们被退学。但现在,他们有了第二次机会,他们需要良师为他们细心引导。除了这样的学生外,还有很多从国外赶来的学生。他们说着不同的语言,他们的父母都希望他们能在英语环境下接受教育。并且希望有人对他们严加看管,所以将他们送到了这里。这群学生通常是最积极的,动力最大的代表。不过,受限于他们的不同的文化背景,他们也是最需要加强自身民族认同感和写作能力的一群学生。我喜欢现在的工作,是因为它可以鼓励学生们批判地思考问题,鼓励那些阅读量较少的学生多读书。2年后,一个学生向我表示感谢,感谢我用书籍和阅读打开了他的心灵。此时,我认为自己的一切付出都是值得的。

如果我的学生中某人有阅读障碍症，这份工作带给我的成就感就更大了。受我自身家庭的影响，我明白这样的病症会带来哪些相关的困难，我也最懂得应该如何鼓励这样的学生。无论公立、私立学校，总有不明就里的老师会将这些具有阅读困难症的学生定义为愚蠢或者懒惰的学生。这些学生会被安排到教室的最后一排坐着，我自己的儿子就曾是他们中的一员。阅读困难症的人并不笨，科学地说，有阅读困难症的小孩儿通常比一般人还要聪明点。只是他们塞满智慧的脑子里很难挤入其他东西，此时，阅读能力和短期记忆力就会受到一定程度的限制。所以，他们更加需要老师的关心和教导。我们需要正确地引导他们，让他们找回自信，并学会表达自己的想法。

每天，我在家教书的那几个小时都是完美的。尼基的接任者李·皮尔逊（lee Pearson）是位温柔可靠的姑娘。上午，我给学生们上课时，她会帮我照顾蒂莫西。通常情况下，史蒂芬快出门的时候，我的学生就上门了。听到门铃的响声，我只需将围裙一解，就可以迎接自己的学生。我心中充满了幸福：我的技能有了用武之地，还赢得学生们的尊敬。渐渐地，我从智慧的昏睡中醒来，找到了自己的职业归属感。

41 离别

给小学生和中学生上课让我找回了自信，找到了自己的价值感。现在，我还需战胜一个长期缠绕我的困难——飞行恐惧。我在罗伯特出生后不久的那次西雅图之行落下了这个毛病，而这也剥夺了我很多次可以陪同史蒂芬远行的机会——冬天去加利福尼亚、春天去克利特岛，以及乘坐协和客机去纽约。正是因为对飞行的恐惧，每次远行，我总是想方设法地逃避。这不但造成了自己家庭生活的不和谐，也让我自己很不快乐。对飞行的不安甚至会延伸到身体的不良反应，1981年去罗马之前，我就因焦虑而病倒了。我一定要想办法解决这个难题，克服这个毛病。

那个冬天，我坐在牙医诊所外无聊地翻看着杂志，无意中看到一则广告，它推荐了一所可以治疗飞行恐惧症的诊所。和我的家庭医生商量之后，我与盖伊医院的约克诊所取得了联系。那儿的资深心理医生，莫里斯·亚夫（Maurice Yaffe）熟悉多种治疗手段，不论是私人还是国家健康服务的成员都可以就诊。我见到他后，感觉他完全不像一个医生，更像江湖郎中。他风格随性，和病人说话就像是和普通人聊天，他从不会一板一眼地跟你讲医学术语，更不会提及"恐惧症"这个词。他通常会用"困难"这个字来代替"恐惧"。他让我们多想飞机上的食物，告诉我们将注意力集中到目的地，去想象巴黎、纽约、罗马的风光，不能太注意我们抵达目的地的过程。他会给我们讲一些非常简单的空气动力学知识，让我们意识到飞机的设计非常合理且非常安全。最后，莫里斯·亚夫会向我们展示他最得意的发明，那是位于盖伊医院一件空房里的飞行模拟器。他让我们进入飞行模拟器，然后启动"飞机"。"窗外"是事先录制好的飞往曼彻斯特沿途的风景，四周的一切都做得非常逼真：空乘的公告、旋转的引擎声音、抖动的地板、不时遇到气流的颠簸，甚至有小婴儿不安的哭泣，都被模拟了出来。我最初还是呈现了紧张情绪，但进行了12次这样的试飞实验后，我慢慢适应了这个过程且越来越放松。课程结束时，莫里斯·亚夫组织我们进行了一次真正的飞行——巴黎航行。当然，机票由我们自己支付。

如果说巴黎是我走出飞行恐惧的第一步，那么更远一点的加利福尼亚则是我摆脱飞行恐惧的第二步。1982年的暑假，我们一块儿去了美国，在那儿看望了我们的老朋友，重游了曾经熟识的地方。乔纳森正好要在那年8月赶去温哥华参加一场音乐会议，然后他便会来圣巴巴拉与我和史蒂芬会合。乔纳森和我们会合后，他和史蒂芬的学生们住在一起，并和他们一起参加活动。只可惜他的全部旅程都需要自费。

蒂姆对美国的广阔惊讶不已。"他们建设了好大一个国家！"他看着车窗外的大山和沙漠，情不自禁地说道。每天傍晚，我们透过酒店窗户外看夕阳，蒂姆都会严肃地说："世界末日了，世界末日了。"之后一天，我问他最喜欢加州的什么——保罗·盖蒂博物馆、大海、大山，还是汉庭顿花园博物馆。事实上，用这个问题去问一个3岁小孩确实太不明智。蒂姆不假思索地回答："米奇博物馆。"

我现在已成功地克服了飞行恐惧。这段时间，处于学校的考试要求和以后的工作考虑，露西开始学习俄语。现在回想起来并非一个好选择，俄语学习不但没给她以后带来好职业，反而给我们增加了不少苦恼。在1984年10月，我、史蒂芬、露西一块儿飞往莫斯科参加她父亲的一次学术会议。当时露西对俄语的学习热情高涨，史蒂芬的会议结束后，露西在晚宴上用俄语向宾客们提出祝酒词——"为了和平和友谊"。那是一场标准的苏联晚宴，奢华的开胃菜包括了鱼子酱、熏肉、鲟鱼、坚果和无处不在的酸黄瓜。席间敬酒不断，发言不断，还有一个日本的参会代表用我无法听懂的英语发表了一段长长的讲话。真正的主菜——肉末加土豆泥——直到大家开始纷纷离场时才端上桌。

11年前，我们第一次来到莫斯科，当时的人们与外国人之间的交流非常谨慎。现在看来，他们似乎对官僚主义毫不在乎。陪伴我们的人员似乎更喜欢带我们去硬通货商场买衣服，而并不太喜欢给我们指路。史蒂芬有两位最熟悉的同僚：雷娜塔·加洛斯（Renata Galosh）和她的丈夫安德烈·林德（Andrei Lindei）。他们公开邀请我们去他们位于莫斯科郊区的别墅做客。在那儿，我们享用了一顿美妙的晚餐，他们家跟某个餐馆的管理人有良好的关系，故而可以弄到最好的食材。雷娜塔在自己的别墅内还藏有最棒的家制草莓汁。

尽管我已经克服了飞行恐惧症，但要让我每一趟旅行都陪着史蒂芬也不

Part Three Travelling to Infinity
我和霍金的生活

切实际。毕竟，他现在的旅行已成为一种日常生活，他在天上的时间甚至比在地上多。1985年春天，他要去中国出差。别说露西和蒂姆，就是年长的罗伯特我也放心不下，还有我的学生们，毕竟考试即将临近。史蒂芬却对我无法陪同前往不能接受。伯纳德·卡尔和名为约兰塔（Iolanta）的护士承担起了这次史蒂芬的照顾之责。他们带着史蒂芬和他的轮椅坐上了飞机。他们还参观了中国的长城，回来的时候，他们看上去累坏了。史蒂芬病快快的，不过他倒因为自己在事业上迈出的进步而感到无比开心。他回来后，咳嗽更频繁了，对食物更加敏感了。我整晚地陪着他，心底期待着千万不要再出现以前那种恐怖的呼吸困难症状。

暑假我们迎来了休息日。整个8月我们都会待在日内瓦，史蒂芬打算与欧洲核子研究中心的物理学家们共同探讨学术问题。我们则能闲暇地享受日内瓦湖畔的美丽。在核子研究中心，史蒂芬将通过粒子加速器的运行来探讨量子理论的时间矢量方向。在那次史蒂芬的演讲中，我意识到物理学确实太抽象，即便将所有的讲义都用图画的形式表达出来，我依然难以听懂。史蒂芬播放了一些录像，破碎的玻璃瓶重新结合到一起，倒在地上的杯子飘起来回到桌上的原位。无论看多少次这样的录像，我也无法相信时间可以逆向倒流。设想，如果未来的人可以回到从前，那么人类历史的进程也将获得改变。当然，数学的计算将证明这是不可能的，因为在我的认知中，没有任何东西的行动速度可以超过光速。

不管史蒂芬如何穿梭于时间和空间，不可否认的是我们度过了一个快乐的夏天。初夏时分，家里的猫生了一窝小猫，我们将它们纷纷送给了朋友和熟人，最后只剩下一只黑白相间的小猫。我的来自秘鲁的学生贡萨洛·巴尔加斯·略萨（Gonzalo Vargas Llosa）将它也讨要了回去给他的小兔子做伴。露西和一名来自法国布里多尼的女孩成了好朋友，那个女孩的父亲刚中了彩票，时常在家开派对。在考试之前，罗伯特也举办了自己的生日派对，就在我们家的草坪上。大家在一轮圆月下欢快地庆祝。暑假还充斥着歌唱表演和乐器表演，我们甚至还去阿尔伯特音乐厅参加了一次流行音乐会，庆祝蒂姆的6岁生日，他现在已成为了天空乐队的歌迷。每天只要是醒着的时候，嘴里就会不断哼唱乐曲。7月初的一个周末，史蒂芬和我还有一些来剑桥开会的物理学家一起去了萨福克游览其独特的中世纪风光。回来后，我们本打算去学校演出厅观看表演，其中还伴有乔纳森的大键琴演奏。不幸的是，我们得到乔纳森的通知——学校演出厅停电了。唯一的解决办法是将演出厅搬到我们家的后院，就这样，来宾们纷纷将能找到的毛毯都拿到草坪上，我们在那儿举办了一场临时的音乐会。

虽然乔纳森经常被邀请到现代管弦乐队中陪同表演，但他仍时常抱怨剑桥缺少纯正的巴洛克元素。他距离盛行巴洛克元素的伦敦太远，没办法在那边的市场造成影响。如果不是放不下对我的牵挂，放不下照顾我，他也许早就去伦敦了。在那儿，他可以更加轻松地推动自己的事业。对现在的他来说，最能发挥自己的办法就是组建自己的管弦乐队，不过这条路需要的时间和经济成本都相当巨大。他对自己在音乐上的不得志以及对工作机会的渴望让他整天郁郁寡欢。1984年春天，他因为个人原因需要住院做手术。这时，我作一个决定，决意帮他改变现状。首先，我拿起电话预订了大学音乐厅，然后我给一些熟悉的乐手通话，组建了一支规模不大但很齐全的巴洛克乐队。乔纳森从麻醉中醒来时得到了意外的惊喜，他得知在他失去意识的这小段时间里，他已然成为了新晋成立的"剑桥巴洛克乐团"的总指挥。乐团还确定了首场演出时间：6月24日。于是，疯狂的策划、排练和广告宣传占据了他剩下的几周时间，这也是他术后的恢复阶段。

演出当晚，乔纳森负责在门口售票，露西负责发放节目单，还有好多朋友也来自愿担当服务员。我则前后巡视，哪里需要帮忙就去哪里，同时也负责照顾坐在舞台旁的史蒂芬。让我们吃惊的是，买票的队伍一直延伸到了院子前面。观众们陆续入场，我们站在一边清点人数，毕竟只有等剧场差不多坐满的时候，我们才能够从财政上取得成功。"财政成功"在这里仅意味着将成本赚回。好在会场座无虚席，我们的曲目"号角将吹响"也获得了雷鸣般的掌声。1984年的这场音乐会取得的巨大成功也鼓励了所有剑桥巴洛克乐团的成员。在巴赫、亨德尔以及斯卡拉蒂诞辰300周年的1985年，我们又再次成功地举办了一场音乐会。音乐会举办的那天正好与一场足球比赛决赛的时间相撞。然而，观众人数丝毫没有受到影响，我们的第二场演出也捞回了成本。1985年10月在伊丽莎白女王大厅举办的这场演出是剑桥巴洛克乐团第一次在伦敦演出，这场演出或许不能给我们带来多少盈利，但它却为我们赚够了名声，是我们对未来的投资。

我们的家庭现在也达到了新的和睦，因为史蒂芬刚完成了那本介绍宇宙的通俗书稿的第一次编辑，现在是他心情最好的时候。这本书涉及的知识面非常广泛，从早期宇宙学到量子物理应用再到时间的方向。史蒂芬将它们与黑洞理论一块儿探究。图书结尾处，史蒂芬提出在不久的将来统一场

Part Three Travelling to Infinity
我和霍金的生活

论即将得到破解,那将成为足以解释万物的理论,那也将是人类了解"上帝的思想"本源。史蒂芬已开始和纽约的一个经纪人联系约谈出版问题,而在剑桥的家里我们也在紧张地商量着各种出版策略以减轻上交的税费。我们希望这本书能在以后每年都为我们提供固定的稿费收入。从长远角度看,教科书为作者提供的利益远比畅销书带来的一次性收益更佳。不过我并未打算将这笔钱用来给露西付学费,毕竟她已经读中学了。

7月底,史蒂芬带着他的学生和护士,以及他的新秘书劳拉·沃德(Laura Ward)先于我们飞往日内瓦。罗伯特参加了冰岛的探险活动,我计划着在罗伯特走后再与史蒂芬会合。我们将在周末与史蒂芬一行人在德国的拜罗伊特集合,拜罗伊特相当于是瓦格纳的麦加。我们将在那里欣赏话剧《尼伯龙根的指环》,然后一起返回日内瓦的酒店。如今,我的生活越来越美满,我在我喜爱的普赛尔、巴赫和亨德尔那里找到了对音乐的热情,现在,即便是瓦格纳的音乐我也能以一种乐观的心态去欣赏了。

7月29日,史蒂芬一行出发前往日内瓦。我对史蒂芬并无太多担心,毕竟日内瓦比中国更近,且日内瓦一直以干净卫生闻名。真正让我担心的是史蒂芬的父亲,他一直饱受慢性病的折磨。史蒂芬那次出行时,他正好病倒了。我非常担心他会在史蒂芬出行后离开人世。史蒂芬的父亲对待疾病的态度与他生活中对待其他事情的态度相似。他向来沉默,很少提及自己的病痛。尽管我与霍金家的关系时好时坏,但我从来没有不尊重弗兰克。后来,他给我写了一些真诚的信,赞扬并感谢我照顾史蒂芬和孩子们以及独自一人管理出租房屋。除此之外,我还担心罗伯特,他在史蒂芬离开后的第三天也随他们的童子军小组出发了。他们计划穿过一个冰川,乘独木舟绕过爱尔兰的北部,这一切让我有着不祥的预感。

Part Four

第四部分

Part Four | Travelling to Infinity
我和霍金的生活

42 黑暗的夜晚

乔纳森和我很少有独处的时间。我们达成共识，在史蒂芬或孩子们面前尽力表现为普通朋友的样子。尽管非常困难，但我们不得不努力压抑相互间的爱慕之情。每到晚上，我会和史蒂芬一块儿站在门口目送他回家。我们用这种非传统的方式维系着整个家庭的和谐，得到了许多人的支持，其中就包括帮我们做家务的女佣伊芙·萨克林（Eve Suckling）。我们身边的很多了解我们真实生活的朋友，会感性地理解我们，而不会妄下论断。哪怕是思想传统的唐也对我们表示理解。在蒂姆出生前的一个晚上，我与乔纳森在沙发上相依而坐。唐撞见这一幕后，虽面容震惊，但后来也表示对这样的特殊情况下我们的特殊关系表示理解。他承认，长久以来，亲眼见证了我们生活方式的艰难。他认同我和乔纳森的特殊关系，但这也与他传统的思想观产生了巨大矛盾。我们一直相信，依靠着牧师比尔·洛夫莱斯的精神指引，我们的信念会更加坚定。即建立自己理想的家庭框架，同时又以包容的心态对待我们个人的不足。比尔不止一次提到我们家庭的情况特殊，并给我以精神上的鼓励，但他不会告诉我应该怎么做。

当史蒂芬出国的时候，或者我们一同开车找史蒂芬的时候，我们才会让彼此关系自然地流露。但就算这样，也并不意味着我就可以放开思想，尽情表达我对乔纳森的感情。我通常会被内疚的心情笼罩，因为我知道哪怕是孩子们的一句戏语，或者外出时与熟人不经意的巧遇都会彻底摧毁这荒诞的自由。我良心受到极大的谴责。谨慎和欺骗之间往往只有一线之隔，我无法判断自己究竟应该站在哪一边。在当时，还有很多身患残疾的女性公众人物，他们的丈夫重新组建新的家庭并同时继续照顾着自己身患残疾的前妻。但他们毫无意外的都是男性，患病的都是妻子，所以他们才更毫无顾忌地将自己的生活公布于大众视野。

事实上，我和乔纳森那些短暂的亲密时光，无论是下雨时共同躲在屋檐下还是带着孩子一同在外住宿，这些时刻总是能让我暂时从生活的压力中解脱出来，让我低垂的士气重新高涨。奇怪的是，由此产生的内疚之情却反向加固了我对史蒂芬的忠诚。史蒂芬常常去法国开会，这给了我机会将乔纳森介绍给居住在巴黎郊区的布兰登和吕塞特，还有住在浪漫之都中心的玛丽和伯纳德·怀廷。他们都将乔纳森当作我家庭的一个非常重要的成员来欢迎。1985年，我们的旅途从法国变为了比利时和德国。我们家已逐渐形成了这样的习俗，史蒂芬每年夏天都会去欧洲的一个国家作研究，他和他的随同们乘飞机前往，而我和乔纳森带着孩子们开车前往与他们会合。我、乔纳森、孩子们还可以在路上自驾玩耍。1985年8月1日星期五，当罗伯特和他的童子军小伙伴们去了冰岛后，乔纳森、我、露西和蒂姆一同出发前往费力克斯托港。从那里，我们将乘坐渡轮连夜前往比利时的泽布勒赫。

我们的计划是周末在比利时的海边度过，然后驱车前往拜罗伊特，8月8日那天，我们将和史蒂芬在那里见面，一起欣赏《尼伯龙根的指环》话剧。我们在那里仅仅待了1天，刺脸的沙尘暴就逼迫我们不得不向内陆前进，最后只能在比利时靠近德国边境的山区阿登高地寻找宿营地。在去布鲁塞尔的路上，狂风暴雨吹打着我们的挡风玻璃。我们都感到脖子上有一股莫名的瘙痒，就像厚夹克和套衫里掉进了带刺的东西一样，原来是我们都染上了蒂姆从学校"带回"的虱子。之后，我们用专门杀虱子的洗发水仔细地清洗了头发。史蒂芬坚持用了一种味道刺鼻的洗头皂，结果这个味道伴随了他一整天。他自己也调侃道，那天除了他最忠实的学生外，没人愿意靠近他。

比利时的那个夏天，我们一行人和流浪汉差别不大，浑身湿透、头上还长满虱子。我们在大雨中前进，从比利时到卢森堡。在抵达德国边境的时候，我们在一座叫埃希特纳赫的小镇上吃了顿野餐。在车上闷了一上午，蒂姆开心地在公园的树林里奔跑。他不小心迎面摔倒在泥坑中，站起来的时候已面目全非。蒂姆浑身上下从头发到鞋带都浸在稀泥里，湿淋淋的泥浆从他的厚夹克上不断往下滴。乔纳森赶紧去车后座拿出一个大锅，在路沿边建起了临时野营炉。他烧了一锅热水，慢慢清洗蒂姆身上的泥土。旁边的露西笑得不能自已。旅途的最后一程，我们从曼海姆到罗滕堡一路都由乔纳森的朋友们当向导。我们去看了瓦格纳圣所。我们傍晚不到就早早地撑起帐篷，晚饭总是在餐厅里享用各种美酒佳肴。回程的路上，我给史蒂芬打了一个电话，跟他商量明天在拜罗伊特会面的细节。接电话的是

Part Four Travelling to Infinity
我和霍金的生活

他的新秘书劳拉·沃德，之前的秘书朱迪·费拉请了长假和她丈夫一块儿去了南非。劳拉的声音有点颤抖。"啊，简，谢天谢地，你打来了电话！"她在电话那头非常着急，"你快过来，史蒂芬昏迷进了医院，我们不知道他还能撑多久！"

听到这个消息，我大脑一片空白，感觉整个人都掉到了黑暗的深渊里。我开始自责，我怎么敢放史蒂芬和一群不熟悉他的人出远门？他们不知道如何照看史蒂芬，不知道史蒂芬的喜好，不知道史蒂芬服用什么药物以及对哪些药物过敏。失去理智的我完全忘记了这些人实际上已多次与史蒂芬同行，基本的照顾还是没有问题的。我只思考一个问题，我怎么能放下史蒂芬而和乔纳森在这里享受假期？

几天前我们还在剑桥时，史蒂芬到了日内瓦后还给我们通了电话并告知一切顺利。日内瓦方面给他安排住宿在费尔内伏尔泰，这里距离实验室稍远，但其他条件还是不错的。史蒂芬还祝我们旅途愉快，期待着一个星期后在拜罗伊特的重逢。当时，在电话另一头的我正为罗伯特的冰岛之行而担心，我认为史蒂芬的随行人员还是比较可靠也不曾多说什么。史蒂芬最近的身体状况还是不错，只是从中国回来后有点间歇性咳嗽。他突然在日内瓦昏迷，这实在让人难以相信。我们在回到露营地的路上一直在讨论这个令人震惊的消息，我打算立即起身前往日内瓦。但当我们回到露营地后，发现供车辆进出的大门已关闭，唯一的通道只是一个狭窄的容得下行人的小门。我们只能等着第二天清晨再离去，我躺在睡袋里，整夜都无法入睡。遥远的地方传来农场动物的声音和狼的哀嚎，我心里默默地祈祷："让史蒂芬活着，求你了。"

第二天，大门刚刚打开，我们就跳上汽车，飞奔似的冲向日内瓦。身边几百英里的德国乡间田野在车窗外飘过，我们丝毫没有心思欣赏。德国的最大好处是，这里的高速公路没有限速，我们可以飞速地行驶直到瑞士的边界。中途，我们只停了一次，给孩子们弄吃的。我几乎没有食欲，很快，我们又上路了，沿着纳沙泰尔湖一路向日内瓦飞驰。一路上，我们车里的人都没怎么说话，各自想着自己的心事，连车后座上的孩子们也显得异常安静。当日内瓦出现在地平线上的时候，它正沐浴着金色的午后阳光。我们的目标很明确，日内瓦大学医院。在那儿，史蒂芬的生死消息正等待着我们。乔纳森杰出的地图识别能力加上我法语的沟通能力，让我们很快找到了目的地。那是一所干净整洁的医院，医院的外墙刷得粉白，里面到处可见擦得锃亮的不锈钢结构。我们一到医院就被领进重症监护室，我看到史蒂芬了，他安静地躺在那里，仍然昏迷不醒。他戴着一个面具，罩住了他的鼻子和嘴巴，身上到处都插着管子。管子又从他身上延向四面，记录仪显示屏上的绿色荧光小点儿不停歇地起伏游走，记录着他与死亡的剧烈搏斗——他还活着。

值班医生接见了我们。"你上次见你丈夫是什么时候的事情？"他随意地问道，他可能认为我和史蒂芬早已分居多年。当我告诉他，我们上周还在一起的时候，他显露出惊讶的表情问我："你很清楚他的健康状况，为什么还让他长途旅行呢？"显然我们在医疗知识上的糟糕让他感到不可思议。这个问题我无法回答，我只能老生常谈，告诉他们史蒂芬的奋斗以及与病魔抗争到底的精神是他坚持工作的动力。但我当时早已疲惫而无力辩解，医生继续为我们介绍史蒂芬的病情，告诉我事情的严重情况。

显然，史蒂芬一到日内瓦咳嗽就加重了。同行人员不顾史蒂芬的反对坚持叫来了医生。医生初步检测了史蒂芬的状况后坚持要将史蒂芬送往医院。到了医院，他们诊断出史蒂芬患上了肺炎，并强行戴上了呼吸机。史蒂芬并没有像他秘书说的那样陷入昏迷，实际上他是被适量麻醉了，从而方便医生给他输送各种抗体和营养液。他目前生命并无较大危险，医疗仪器都在帮助他的身体器官起作用。我想，这对史蒂芬而言也许是最大的噩梦。他是一个惯于将命运掌握在自己手中的人，现在却被一群医生控制着，更可怕的是这群医生他完全不认识。

我们回到了费尔内伏尔泰的出租房中，史蒂芬的学生、护士、秘书听到我带回的消息都松了一口气。他们看上去都非常困惑，主要成员病倒了，他们也显得没了意义，大家很少说话。现在的史蒂芬在医院输液，他们几乎无事可做。在接下来的日子里，我发现自己渐渐无力应付后勤、情绪、道德带来的轮番轰炸。于是，他们为自己找到了新任务，并很快进入了角色。学生们负责买菜做饭；护士们负责照看孩子和并带他们玩耍；秘书劳拉则负责联系剑桥和核子研究中心商议本次出行的报账事宜。这次小插曲也把霍金一家吓得不轻，特别是史蒂芬的母亲。她的丈夫正与病魔作生死搏斗，突然又听到儿子的入院消息，这种双重打击给她带来了极大的心理压力。那段时间，我常和她通电话，她在电话里显得很冷静，鼓励我照顾好史蒂芬，并告诉我自己已作好了迎接最坏结果的准备。霍金一家三代人同时在这个时刻出现危机，这也许是上天对他们家族的一次考验。弗兰克·霍金年老

Part Four Travelling to Infinity 我和霍金的生活

体衰,在贝德福德郡的房子里养病;史蒂芬·霍金在日内瓦病危;我家的罗伯特·霍金在冰岛冒险,谁又知道他是否正经历危险。后来我才知道,罗伯特乘坐的独木舟在冰岛北部海域翻船了,还好人没事。我觉得,当时的我不知道这件事情其实是件好事。

我们家的第4个霍金倒是身体很好,我完全不担心蒂姆的健康状况。但我得尽快想办法将他送往英国我父母身边去,因为我在日内瓦几乎没有时间照看他,而史蒂芬的护士们很快也要回去了。露西有自己的护照,但蒂姆是登记在我的护照上出国的。于是,我联系了当地的英国领事馆,同他们商量如何送蒂姆回国的问题。英国领事馆的办事员给我的印象很不好,一位深色头发的女办事员面色严厉地拒绝了我提出的要求。尽管我在办公室外等了很长时间,也给她解释了我们家庭的特殊情况。她却回答我,蒂姆没有独立护照,他肯定不能独自回国。如果我们想要在这里为蒂姆办理独立护照,必须出具他的出生证明。我叹着气走出了领事馆,蒂姆的出生证明放在我们英国的家中,摆放在客厅里史蒂芬祖母的书桌上。

我抱着微弱的希望给家里拨通了电话。庆幸的是电话接通了,伊芙的声音从电话中传来。她当时正在我们家做卫生。她在我的指导下找到了蒂姆的出生证明,并通过快递给我们邮寄出来。几天后,我像是获得了久违的胜利一样将手中握着的蒂姆的出生证明在之前的英国领事馆的女办事员面前挥舞。"这还不够。"她语言刻薄地说道,"这只是简版,我们需要官方发的完整版本。"我哑口无言地看着她。"此外,"她接着说,"还有一些书面文件需要你丈夫签字。""我之前已告诉过你我丈夫病倒了,他现在在日内瓦大学医院重症监护室的病床上,如何给你签字?"我努力压抑着心中的怒火。"如果是这样,"她不带丝毫表情地说,"在你丈夫不知情的条件下,你更没有权利为小孩办理护照了。"

我几乎歇斯底里了,眼泪在眼眶里打转。我请求她道:"我只是想送我的孩子回国。"她没有说话,似乎看到我的表情她的态度也有所缓和。"如果你能找到其他人,一个符合资格的英国人(比如一个教师)帮你签字,并提供一张你孩子的照片,或许我能帮到你。"她回答说。乔纳森符合他提出的所有要求。非常顺利的,他在文件上签了字。接着我们带着蒂姆去照相,并让他练习自己的签名。终于,历经辛苦,蒂姆·史蒂芬·霍金先生于10月13日拿到了自己的英国护照。护照上是一张天真的6岁小孩儿的照片,签名也是小孩子那种特有的歪歪扭扭的书写。于是乎,蒂姆·史蒂芬·霍金先生跟着露西以及史蒂芬的护士们乘坐飞机先行返回了英国。

罗伯特虽然不在场，却给我们从遥远的地方带来了好消息。伯纳德·卡尔是与我们共同奋斗的战友。他从英国飞往日内瓦前来接替之前照顾史蒂芬的学生们，他顺道带来了罗伯特在高等程度考试成绩中取得优异成绩的好消息。终于有一丝阳光射进了我连日来阴云密布的生活。这个成绩使得罗伯特有资格进入剑桥大学，他将进入我父亲曾在那里学习过的学院——圣体学院，并从此踏上研究自然科学的道路。

Part Four Travelling to Infinity
我和霍金的生活

43 命悬一线

那段时间，我们的生活一片混乱，生活的难题接踵而至。奇怪的是，像蒂姆的护照这样原本很简单的问题却搞到很复杂，而一些原本很复杂的事情却变得很简单。我们到达日内瓦两天之后，负责照看史蒂芬的主治医生找到我，并将我带到一间空荡的灰色房间。当时照看史蒂芬的医护人员已逐渐发现史蒂芬并非普通病人，且并未受到家属的抛弃。所以，我想当然地以为医生叫我去只是想更深入地了解史蒂芬。实际情况是，医生略微询问了史蒂芬的病情后，很突兀地提出了他的想法。医生说医护人员正在考虑是否拆卸掉安装在史蒂芬身上的呼吸机，并尝试让他从麻醉的状态中醒来。我震惊不已，不敢想象史蒂芬失去医疗仪器帮助后的状态。无需思考，无需与其他人商量，我的答案很坚定，"史蒂芬必须活下来，你要想办法把他从现在的昏迷状态中弄醒，他必须活下来"。医生给我解释，如果想要史蒂芬活下去，接下来需要进行很多复杂的手术。在他身体状况稍微恢复时，他们会给他做气管切开手术，这是让他摆脱呼吸机且能自主呼吸的唯一办法。手术成功后，他的呼吸可以绕过之前咽喉部的最敏感部位，从而减轻他呼吸的压力。然而，这个复杂的手术需要在声带下方的气管开一个小口，难度极高。手术结束后，史蒂芬也将接受终身的专业护理。我并未思考医生告诉我的这些细节，我也不关心这个诊断是否正确，我只有一个想法——史蒂芬必须活着。只要我还有权利做决定，我就会尽最大努力让史蒂芬活下去。

走出医生办公室，我看到了詹姆斯·菲茨西蒙斯（James Fitzsimons），他是来自冈维尔与凯厄斯学院的研究员。我们两家此前并不熟，当时他正和自己的法国妻子奥德（Aude）以及妻子的家人在日内瓦度假。他听到学校那边传来的史蒂芬在日内瓦住院的消息后，主动联系我们并希望为我们提供帮助。他们的到来真是雪中送炭，过去几周的事情已让我身心疲惫，和医生的这次会面也让我心神不定。我意识到危机远没有过去，相反，更多的危机还潜伏在我们的生活中。那时,我完全不知道史蒂芬能否挺过手术的难关。

詹姆斯和奥德的到来给我们带来了新的活力和希望。史蒂芬正在恢复期,我、詹姆斯、伯纳德、乔纳森,以及史蒂芬还留在这里的几个学生,我们轮班照顾史蒂芬。我们并不做护士的工作,医院有很多护士可以为史蒂芬提供帮助。我们要做的是陪史蒂芬说话,给他以精神上的鼓励,让他从精神上恢复过去的活力。詹姆斯也会法语,这可帮了我的大忙。过去,只有我能守在史蒂芬旁边,将他希望说的话翻译给医护人员。现在,詹姆斯也可以充当翻译员的角色。史蒂芬脸上戴着氧气罩,说话很不方便,和他熟识的我们也只能靠想象来推断他的意思。如果我们说对了,他会抬抬眉毛;如果我们说错了,他会皱起眉头。

为了打发时间,我们会在床边为史蒂芬念书。我在自己的学生贡萨洛·巴尔加斯·略萨的影响下开始阅读阿根廷学者豪尔赫·路易斯·博尔赫斯的作品。他是一位精通多国语言、博学多才的盲人作家。我对他的许多观点非常感兴趣,尤其是他对悖论、模棱两可、时间和永恒、历史事件的轮回的独到观点。他的作品具有强烈的文学性和诗性,探索20世纪很多科学发明的本质,称得上是画家埃舍尔的空间悖论绘画的文学版本,或是莫比乌斯数学公式的艺术呈现。我当时正在阅读他的《沙之书》,我来日内瓦之前托伯纳德帮我购买的一本英文版本。我常在史蒂芬的床边朗读这本书,我不知道他是否和我一样对这本书感兴趣。这本书对我帮助很大,我从书中找到了慰藉,它让我在紧张的生活中放松下来。它让我在重症监护室枯燥的生活中找到了乐趣。当我发现书中的故事与我在现实中的体验或有相通时,我更加入迷了。我渐渐被书中的文字吸引,尤其是其中一个叫"另一个人"的故事,这是作者书写的一个发生在日内瓦的故事。"1969年美国马萨诸塞州的剑桥城,博尔赫斯坐在河边的长凳上,静静地看着眼前的查尔斯河。一个年轻人过来坐在长凳的另一边,两人开始攀谈。这位年轻人坚称这是1914年的日内瓦,他们正坐在罗纳河旁的一个长凳上。"显然,这位年轻人就是博尔赫斯自己,他描述了自己当年住在日内瓦马拉纽大道17号的生活。这个故事包含了身份、时空穿梭、梦境、预言、历史重演、预见未来,这些概念都十分吸引读者。我碰巧选择在日内瓦给史蒂芬朗读这个故事,于是惊奇地发现自己也进入了这个故事,成为了其中的一部分,给这个故事增添了一个维度。伯纳德主要研究超心理学和物理学的对应关

Part Four | Travelling to Infinity 我和霍金的生活

系，他对我提出的这种巧合非常感兴趣。一天下午，我和乔纳森一同开车前往阿尔卑斯山游玩。我们正好经过马拉纽大道，我们四处寻找书中的17号地址。我们找到了15号、19号、14号、16号……但怎么也找不到17号的踪影。

史蒂芬恢复意识后，我们生活的节奏就加快了。冈维尔与凯厄斯学院在第一时间安排了一辆医用飞机接我们回剑桥。一名医护人员陪着我和史蒂芬，带着一大堆便携式的医用器械，乘上救护车。我们被一路飞奔送到机场，在那儿一辆红色的小飞机正等着我们。登机后，飞机很快就起飞了。乔纳森于同一天开始返程，不过他将驱车回英国。当时的我心情非常焦虑，如若不然，我一定会非常享受那次飞行经历。就连史蒂芬也在飞机上望着窗外的风景出神。这才是我能想到的最棒的旅行方式——我们的私人飞机。停机坪上所有的其他客机都为我们让道，让我们最先起飞。整个登机过程异常通畅，没有任何的耽搁。当飞机抵达剑桥机场，阿登布鲁克医院重症监护室主任约翰·法曼（John Farman）医生已经带着救护车在那里等我们了。

日内瓦医院的医生们给了史蒂芬可能接受的最好的治疗，不过能够回到熟悉的环境和熟悉的医院，我还是感觉心里更加安全。许多亲戚朋友那天都来重症监护室看望了我们，包括史蒂芬的前护士朱迪·费拉。她本就帮史蒂芬解决了很多问题，现在继续为我们提供着帮助。阿登布鲁克医院的医护人员早就知道史蒂芬的情况，对他繁重的工作日程以及频繁的飞行计划早已熟悉。所以我在给医生介绍史蒂芬的情况时简单了许多。不过，在涉及生活细节的时候，我还是会仔细地给他们叮嘱清楚。包括史蒂芬用药的剂量和时间，史蒂芬喜欢以什么姿势卧床，以及他的饮食禁忌。这些细节虽然微小，但对史蒂芬的治疗却异常重要，所以，我花了不少时间和医生交流。

抵达剑桥机场后的第三天，重症监护室里的史蒂芬的状况逐渐稳定。约翰·法曼建议史蒂芬可以逐步除去医疗监护设备，他一直鼓励史蒂芬尝试自主呼吸，以尽量避免进行气管切开手术。8月20日星期二，史蒂芬的病情恢复良好，医生们决定让他放开呼吸机自己尝试呼吸。史蒂芬在病床上逐渐恢复了力气。史蒂芬住院期间身边总会有人陪伴。他的学生、护士团队，以及苏·史密斯和卡罗琳·张伯伦在内的理疗师会在晚上轮班陪伴他。我们的其他亲戚和朋友们会在白天陪着他。史蒂芬摘掉呼吸机的那天晚上正好是护士团队值班，按照事先的约定，他们在史蒂芬的情况稍有变化时给我打电话。

凌晨时分，家里的电话铃响了。病房的护士在电话上没有多说什么，只是让我立即去医院。我立刻换了衣服出门，给正在照看蒂姆的我的父母留了一张纸条。到了医院，我看到史蒂芬的形容憔悴。他以往白色的皮肤显得有些发灰，眼睛突出且眼神无光，四肢都因为痉挛而不自然地收缩着。由于失去了医疗器件的辅助，他恐怖的咳嗽又回来了。我感觉他就像是一只被猫抓住的老鼠，猫持续捉弄玩耍他，他刚被放出去，又被猫的利爪拍倒。在每次进攻的间隙，他会想尽一切办法呼吸，他的脸上写满了恐惧。

护士脸上的表情告诉我，现在他们已无法帮助史蒂芬了，我应该做好最坏的打算。但我却不这么认为，确实现在我们的老敌人占据了上风。但我察觉到史蒂芬的咳嗽中有一种熟悉的东西，那就是他心理上的焦虑。以前史蒂芬咳嗽时，我曾用瑜伽技巧帮助他放松，并成功地控制住了他的焦虑。也许现在我们还有机会减轻他的负担。我坐到他的床头，用手绕过他的脖子挽着他。我抚摸着他的脸颊、肩膀、手臂，一边抚摸，一边念叨着安慰的话，就像是在安慰一个哭泣的婴儿。我会仔细斟酌我的用语，想办法创造一种安静舒缓的感觉。我给他描述一片平静的蓝色的湖，晴朗的天空中万里无云。天气很温暖，远处的山坡上披满深绿色的植被，金色的沙滩上异常安静，没有一丝吵闹。接下来的几个小时里，史蒂芬的情况得到了好转。他喘气越来越平静，他紧绷的身体也似乎放松了很多。终于，他顺利地开始呼吸了，并慢慢地进入了梦乡。我虽然精疲力尽，但心里充满喜悦，我的家用偏方又一次发挥了作用！不过我依然不能掉以轻心，毕竟史蒂芬现在的状态非常糟糕。

在这之后，我离开了医院去我的好朋友约翰·泰勒（John Taylor）和玛丽·泰勒（Mary Taylor）家休息了。他们家距离医院很近，我给医院的人留下了他们家的电话号码。约翰和玛丽不但常来参与轮班照顾史蒂芬，还经常叫我去他们家休息。那天早上，我接受了他们的邀请。玛丽让我抓紧时间去床上休息一会，我告诉她，我想在花园里坐一会儿，呼吸一下新鲜空气。在医院那压抑的充满消毒水的空气中待久了，我更需要的是能够坐在清晨的阳光下好好放松自己。于是，玛丽给我做了早饭，我们一块儿坐在花园里吃饭聊天。当时的我非常疲倦，甚至说话都前后矛盾。但我还有一些事情要做，那就是我的罗伯特，我很想和他说话，我已经很久没有见到他了。自夏天和他分别后，发生了很多事情，我常常安慰自己，罗伯特

Part Four　Travelling to Infinity
我和霍金的生活

现在的状况一切安好。根据他们的出行时间表，罗伯特现在应该回主营地了，为即将开始的最后一段旅程作准备。这段时间，他们已经不再被禁止与外界联系了。我并不想打断他的旅程，但我认为有必要告诉他他父亲的病况。"你可以在这里给他打电话。"玛丽用她慷慨的语气说道。我已累得没有力气提出异议。我站在那里，颤抖着拨通了打往冰岛的电话。当罗伯特的声音从电话那头传来的时候，我难以控制自己的心情，哭了起来。对着电话，我只有沉默，我唯一能做的就是哭泣。"请赶紧回家吧！"我说道。"好！"他没有任何犹豫。第二天，泰勒一家在希思罗机场将罗伯特接了回来。我当时并不知道，如果自己不打那个电话，罗伯特就可以顺利地完成这次探险之旅，并将获得女王颁发的"女王童子军奖状"。后来，罗伯特给我描述了自己的那次翻船意外，不过他只是一笑而过，说那只是一个小小的意外。

病痛成了挥之不去的噩梦，这漫长的两个星期似乎永远也看不到尽头。我返回医院看望史蒂芬。史蒂芬依然命悬一线。医生们在他的肺部检查出了新的病毒，并给他开了几服新药。他暂时又用上了呼吸机，不过，当听说罗伯特回来的时候，他也精神大振非常高兴。我和约翰·法曼医生商量，可否请一个专业的催眠师。让他帮忙给史蒂芬做放松治疗，以避免史蒂芬一紧张就出现四肢痉挛的症状。约翰很愉快地答应了这个要求，并且第一时间联系了他认识的一个家庭医生兼催眠师。催眠师用的各种放松手法和我平时使用的颇为相似。她取得了一些进展，但史蒂芬的状况还是不足以让我们放心地再次取下呼吸机。最终，无论我们是否愿意，史蒂芬都必须进行气管切开手术。医生们将在史蒂芬的气管上打一个小洞，绕过喉咙的隔膜和肌肉，以达到自主呼吸的目的。

9月，医生们开始更加细致严肃地讨论手术的细节。这段时间，史蒂芬的肺部感染终于得到了药物的控制，他的健康状况也有所好转。虽然医生们认为手术的风险颇大，但我却感觉史蒂芬一定可以走出困境。我们有这么多人站在他的身后，成为他的坚强后盾，他又怎会输给病魔呢？有的人守在他的病床边给他提供第一手帮助；有的人帮史蒂芬办理住院和后勤工作；有的人从精神上给史蒂芬提供支持；有的人在家每日为我们祈祷。乔纳森从日内瓦驾车返回剑桥后，他和他的父母也加入了照顾史蒂芬的团队。

手术进行得非常顺利，史蒂芬的恢复也异常迅速。四周后，我们就可以将他从重症监护的病床上抬下来放到轮椅上了，只是他本人还很虚弱，没办法自己操纵轮椅。每天的诊断结果都有进步，最终他也从重症监护室换到了普通神经科病房。这一劫总算是度过了,但切开气管也让他付出了惨重的代价,史蒂芬从此永远失去了说话的能力。

Part Four | Travelling to infinity
我和霍金的生活

44 责任的压力

在日内瓦,我们可以免受外部世界喧嚣的打扰,将所有注意力都放在史蒂芬的身上。我们每天的生活就是医院到费尔内伏尔泰的两点一线。在那个边境小镇上最出名的就是伏尔泰的雕像。1759年,伏尔泰从法国政治避难逃到这里居住了一段时间。他刻意与法国政府保持距离,一有变动就流亡瑞士。在日内瓦,我几乎生活在一个独立的圈子里。我们和外界只能依靠电话交流,然而电话那边的世界对我而言又显得那么不真实。在这里,我从不期待周末,也不计划旅行,我只关心史蒂芬的病情。

回到剑桥后,那种与世隔绝的感觉消失了。一方面,我们日常生活的各种杂事再次回到了身边。我们要照看小孩儿,要喂他们吃饭,要支付水电气等各种账单。每天早上我要送蒂姆上学,下午要接他回家,要去孩子们的学校参加活动,我自己也要回到教书工作中。但另一方面,史蒂芬的病并没有因为我们从日内瓦回来就彻底恢复,我们仍然要时刻准备着迎接挑战。在剑桥,我们在医院待的时间并不低于日内瓦。我教书的任务不得不根据我去医院的时间进行调整。我每天上午去医院一次,回家之后会趁中午的休息时间教书,教完书又立即赶往医院。我想,我们的家庭之所以能在这样的艰苦条件下一直维持下去,离不开我的父母和乔纳森的帮助。还有我的朋友们,特别是蒂姆的教父教母乔伊和卡罗琳,他们总能无私地为我们提供帮助。

保持家庭正常运转,去医院照看史蒂芬,并非我的全部工作。我还得处理很多其他事情,比如,史蒂芬书籍的出版。这本书稿目前只进行了一次编辑,不过,已有出版商愿意接收了。早在我们前往日内瓦之前就和他们签订了合同,纽约的一个编辑也开始对我们的书稿进行整理加工。等我们回到英国的时候,他写满修改意见的稿子也早放在了我们家中,只是史蒂芬目前的状态还难以修改稿件。史蒂芬的第一份手稿无法通过编辑的审核原本也在意料之中,因为他在手稿中加入了很多较为专业的物理学学术名词，大众读者阅读起来会比较费劲。我自己也读了一遍，我将所有自己看不懂的自然段都标了出来。编辑给我们的反馈意见也大致如此，他提出图书每页多一个公式就会少卖出一些。现在看来，短期内，史蒂芬是没办法亲自修改稿件了。如果我们不能按时交稿，将不得不退还预付稿酬。于是，我找到了史蒂芬的一个学生布莱恩·惠特（Brain Whitt），和他商量稿件的修改问题。除此之外，我几乎没有再管这件事了。毕竟，对我来说，还有很多事情等着我处理。

史蒂芬从重症监护室换到普通病房后，我知道他离回家的时间不远了。不过，当时我并不确定史蒂芬何时能彻底离开医院，因为手术后的史蒂芬需要专业医护人员 24 小时的看护。我、催眠师、护士之前使用的各种物理疗法，以及医院提供的各种精神疗法如今已不再适用。毕竟，史蒂芬现在面临的是实实在在的医学难题。气管切开手术既给他带来了生的希望，也给他带来了新的危险。比如，插在他身上的人工管子需要不时地用微型真空仪器清洗，以清除积累在他肺部的分泌物，而这个管子本身也可能给史蒂芬的身体造成损伤或引发感染。史蒂芬现在比以往任何时候都脆弱，经不起更多的打击。我很难想象世界上还有比他更命悬一线的病人了。

一年 365 天，每天 24 小时的专业护理，那将是一笔巨额花销。很显然，英国国家健康体系只会帮我们报销很小的一部分。我们必须自筹经费解决护理问题。那些慈善基金组织可以为我们提供部分护理费用，但不会为我们提供 24 小时的护理费。我预计这笔经费需要每年 3 万 ~4 万英镑，而且我不能确定这个期限需要多久。在这个关键的时刻，我们收到了一条来自加利福尼亚的基普·索恩的消息。在朱迪四处奔走相告的努力下，史蒂芬生病的消息很快在美国传播开来。当基普得知这个消息后，他立马给我们出了主意，他让我们尽快与美国芝加哥的麦克阿瑟基金会取得联系。基普说，如果我们给基金会做一个比较详细的报告，或许我们能得到它们提供的永久经费赞助。加州理工的量子物理学家默里·盖尔曼是麦克阿瑟基金会董事会成员之一。基普认为他一定会向其他董事会成员建议，让他们更加重视史蒂芬的病情。此外，基普不确定基金会是否能给美国以外的人提供捐款。由于距离基金会下次召开董事会仅剩几周时间了，基普建议我们抓紧时间争取一下。

我从未有过写请愿书的经验，在这个紧迫的时刻，我将自己所有的写作潜能都逼了出来。我写下了所有可能影响董事会决策的信息，提及了史蒂

Part Four | Travelling to Infinity 我和霍金的生活

芬经常访问美国,在美国的各大学院荣获过诸多荣誉学位。我还在信中插入了一张全家人的合照。对基金会来说,他们发放的经费如果有一个专业的会计师团队管理是非常重要的。所以我的下一个任务是联系剑桥校方,委托他们作为行政代表帮我们处理经费掌管事宜。和校方的交涉复杂且缓慢,不过,好在校方表露出的友好接纳态度还是很振奋人心。

尽快建立私人护理机制迫在眉睫,因为史蒂芬目前在医院的护理越来越不尽如人意。在重症监护室的时候,他受到了专业护士的特别照顾,但当转到普通病房后,情况就发生了变化。护士长是友好而能干的,但她手下的护士就不那么如意了。这里的护士无论是技术还是工作的热情都差于重症监护室的护士。护士们的工作专注度、对病人的了解程度,以及持续关注度都不能令人满意。这里的大部分病人都病情严重,甚至没有力气去抱怨护士的不足。所以,护士们的工作态度不好也无人举报。这让我十分担心。有一名护士就是利用病人的这种态度做出了很不人道的事情。一天下午,我去史蒂芬的病房,看到他坐在床上脸色难看,一边皱眉毛一边扭动身体。病房里一个小护士站在那里无动于衷,完全无视史蒂芬小解的需要。我赶紧帮助了史蒂芬,然后,叫这个护士离开了病房。史蒂芬也气愤地给我投诉这个护士一直以来的恶劣态度。史蒂芬提出了对她的不信任。我完全赞同史蒂芬的看法,在那个护士的蓝色眼睛里看到了恐怖的冷酷。这件事更加说明了我们要尽快落实史蒂芬的24小时私人护理问题。我必须用尽全力克服在自己面前的困难。

史蒂芬能对护士的恶劣行为做出反抗还要感谢一个神奇的仪器。它的出现可谓一个奇迹。史蒂芬的家人、朋友、学生们,全力为他提供支持和照顾,我们轮班制陪着他。我们给他搬来了电视,以帮他打发在医院的时间。但这都不能弥补失去语言表达能力给他带来的痛苦。我对目前的现状丝毫没有办法。突然间,一件神奇的东西毫无征兆地来到了我们身边。事实上这要归功于朱迪在背后不知疲惫地努力工作。她曾在英国广播公司(BBC)"明日世界"栏目中看到一种给严重残疾人用于语言交流的装置。她做了一些相关的搜索后,找到了这个装置的发明者。她把这个发明者和他的装置(一套与大脑相连,能够计量快速眼球运动的电极)一起请到了史蒂芬的医院。她说服了剑桥的一家电脑公司提供赞助,并与这个发明者合作免费为史蒂芬制作了这套设备。史蒂芬对连接在自己太阳穴上的电极感到非常不适。他的一个学生对这个装置稍加改装,将本来需要连在大脑上的电极全部放在了一个独立的盒子里,这样,史蒂芬才勉强接受了这个机器。

这台电脑里装有一个包含字典和词组的应用程序。电脑屏幕上可以显示单词,使用者通过摇杆操纵可以得到自己需要的单词和词组,并将这些词语显示在电脑屏幕上。如此,使用者就可以通过简单的操作将自己需要说的话用文字显示在屏幕上,从而达到与人交流的目的。应用程序集成了一部分常用的单词和短语,使用者只需要选择他们就可以实现快速录入,而不用一个一个字母拼接。此外,程序还为动词设定了时态,可使语言的表达更为准确。最初使用它的时候,我感觉这是缓慢、费力、无声的交流过程,使用者和观看者双方都必须保持耐心并集中精力。渐渐地,我发现,史蒂芬只要找到1~2个单词我就能猜出他的大致想法。但史蒂芬坚持要将句子完整地拼写出来,以当作对自己的练习。他的手掌和手指还能做小范围的活动,这台机器让他在医院的最后那段时间获得了无限的乐趣。尽管逐个字幕的敲击很是费劲,但史蒂芬终于可以摆脱医院沉闷环境的困扰,又可以重新和外界进行交流了。他再次跟学生们谈论起了物理,他可以做一些涉及写作的工作,他也可以自主地与医务人员进行交谈。

向美国基金会申请资金的事情正在进行中,我和劳拉开始寻找合适的护士。我们都没有当面试官的经历,更别说面试护士了。不过,我希望医院和社区里的一些社会服务部门能给予我们帮助和建议。许多社工或者护士机构给我们打来电话,我们和他们挨个见面、喝咖啡、聊天,但谈论的大多是宠物类杂事。几乎没有什么有效信息。我们只能继续打广告,我们的解决办法是找几个护士轮班,每天3次,每班8小时。

劳拉不断地在当地报纸上刊发广告,我们一边回复应聘者的电话,一边要求应聘者出具推荐信。由于时间紧迫,我们决定将自己认为合适的人选先通知他们参加面试,再让他们补充自己的推荐信。应聘者看上去都挺合适,我急切地希望找到更多的护士以排出护士值班的时间表,好让史蒂芬早日回家。我总是假设护士们会和我一样卖力工作,且一切都如我理想化的那么顺利。我用我能想到的最简洁的语言将我们家的情况给他们作了介绍。我再三强调,虽然我最大的愿望是让史蒂芬回家,但我不希望这个家被弄得像医院一般。我总是心存尊敬地对待来我们家的每一个护士,我也希望她们能用同样的方式对待我,但这个想法事实上是天真的。

即便是在面试中我非常满意的那些护士,也少有这样的职业操守。她们很难达到我心目中的理想状态。在我们结束面试后,整理那些迟到的推荐

Part Four | Travelling to Infinity 我和霍金的生活

信时，发现自己当初自认为合适的人选并不令人满意。有的被指出不爱干净、有的被指出不够诚实，有被指出曾有犯罪前科。我愤怒于为何没有一个机构可以追踪并标识出那些有犯罪前科的人。以我们家为例，如果我们招纳了有犯罪前科的护士工作，他们将直接嵌入最薄弱的不设防的家庭中，这会为雇用他们的家庭带来很大的危险。排除了一大堆候选人，我们还是留下几个中意的人。但劳拉和他们的后续联系并不顺利，有的人没有回音，有的人回复已找到其他工作，有的人回复自己不适合这份工作。最可惜的是在史蒂芬医生的建议下，我们不能不舍弃好几个我和劳拉曾看中的护士，因为他们缺乏气管切开手术的相关知识。

找不到合适的私人护士，我们只能求助于相关机构（护士雇用代理机构）。找机构的最大缺点就是我们将失去使用固定护士的机会。机构派遣工都是轮流值班制，不断出现新面孔是史蒂芬非常反感的事情。然而现在，我也没有其他更好的办法。此外，机构收取的费用颇高，仅中介费就是一笔不小的数字。虽然麦克阿瑟基金会为我们提供了经费，我们仍然捉襟见肘。尽管基金会对英国国家健康体系有一点儿小芥蒂，但我们的经费申请还是顺利地得到了批准。他们最大的疑问就是为什么英国国家健康体系不给我们全额报销这笔钱。我只好用词谨慎地跟他们解释，自蒂姆出生以来就掌权的撒切尔政府受到了美国的启发，实施货币主义政策使得早已超负荷的英国国家健康体系的服务变得名存实亡。事实上，这些政策鼓励利己主义和物质主义，不仅摧毁了健康服务和教育体系，甚至还动摇了整个社会的基石。撒切尔的理论体系中就没有社会这个概念的存在。她认为社会的组成成分不过是一帮没有公共意识的个体。在这个特殊的时期，生病者、失业者、太年轻者、太老迈者，或者其他方面的弱势群体，都是不幸者。

几个月后，劳拉·沃德因病请假了。已对我们仁至义尽的朱迪·费拉再次挑起大梁，她答应暂时回来当史蒂芬的秘书，直到我们找到替代者为止。在挑选护士这个事情上，朱迪比我谨慎多了也更有经验。她甚至会质疑一些护士提供的书面凭证。即便有的护士的推荐信无懈可击，朱迪也不会掉以轻心。有人告诉我其中一名护士在试用期的表现不理想。尽管这名护士有很好的推荐信，但她被认为是一个惹是生非者。她曾与一些病人发生过不正当的暧昧关系，很多护士因此而不愿与她共事。然而，我并不相信这些传言，我认为这也许是恶意中伤。我曾在学校门口见过这名护士，她是一位母亲，她曾经给我的印象是可靠的、勤勉的。她还曾定期去教堂。我认为她是值得信任的。

整个10月，我会在每周日下午将史蒂芬接回家。这并非易事。有时一点儿小差错都会让神经紧绷的他以为又要发生窒息了。史蒂芬的身体一直很虚弱，咳嗽未曾停歇。医生时常用微型真空清洗机为他清洗肺部的痰。有时，史蒂芬会因为离开医院而感到恐慌，一回家就要求将他送回医院。少数时候，他会在家里表现得放松。我察觉到史蒂芬被"囚禁"在医院3个多月后，他显然对医院以外的环境感到陌生和害怕。在那3个月的危机中，他那打不垮的生存意识让他再次战胜了死神，但也同样给了他有史以来最沉重的打击。如今，对史蒂芬而言，身边的一切看上去都变了样子，他不知道什么是值得信赖的。我知道他不想离开医院的原因，部分是因为他已熟悉了那里，并认为那里可以给他提供安全感。不管他的想法如何，我定了一个日期，11月4日星期四，将是史蒂芬正式出院回家的日子。

从8月初开始的3个月的时间里，我只休息了一天。10月1日，我去伦敦观看剑桥巴洛克乐团的伦敦首演。炎热的夏日还没过去，晚上也热，伦敦街头的景象就像狂欢节，身在其中的我却觉得格格不入，心系着医院里的史蒂芬。演出进行得很顺利，观众们的反应很热烈，尽管我认为现场观众少了一丝当时乐团在剑桥演出时的那种激动。乔纳森能抽出时间将这个演出成功举办已非常不易，因为他也将自己的大部分时间用来陪伴医院里的史蒂芬，或者是帮我照看家里的孩子。然而，他还能抽出时间追逐自己的梦想，组织、练习、彩排，一样都没有落下。我想，观众们看到他率直和优雅的表演时，没人会想到他背后承受的那些压力。我很高兴能见证乔纳森的成功，但同时也对史蒂芬正孤零零地坐在医院的后花园晒太阳的情景而感到内疚。

10月底，我们的生活渐渐好转。史蒂芬恢复了许多，但我的身体状况却越来越糟糕。我患上了慢性气喘，睡眠质量严重下降。我越来越依赖辅助睡眠的药物。我的皮肤还经常出现莫名的伤口。手掌上、嘴唇上都有，弄得我周身不舒服。当然，这一切都是巨大压力导致的结果。医生们建议我在史蒂芬正式回家前放松心情，能进行一次周末度假是最好的。这年是罗伯特的实习年，他9月就去了苏格兰。他这段时间会住在爱丁堡郊外的多诺万的家里，他去了费兰蒂的车间打工。在那儿，他在一个苛刻的领班的监督下学一些基本的工程知识。这对于一个18岁的男孩儿来说，并非一个简单的工作。我非常担心他不懂得如何照顾自己。史蒂芬回家前一个周

Part Four | Travelling to Infinity 我和霍金的生活

末是我能想到的最好的出游机会。我决定去苏格兰，不但可以把自己从每天沉重的事务中暂时解脱出来，而且能见到我的罗伯特。到了那里，我发现他过得很不错，秋天的爱丁堡实在太美丽。

  3 天的出游，无论天气多么美丽，空气多么新鲜，都不足以完全洗刷我过去 3 个月的劳累。而接下来将要发生的事情，是我，或者其他任何人在 3 天、3 月，甚至 3 年也无法做好准备的。

45 叛 变

11月4日下午,史蒂芬回家了。我就像迎接一个刚从医院出来的新生儿一样,兴奋中夹杂着焦虑和担忧,迫切地想要保护这个无助而脆弱的人,唯恐他刚进家门就停止了呼吸。史蒂芬本人也绷紧了神经,他也害怕发生意外,害怕家里的护士照顾不佳,害怕空气中看不见的灰尘成为自己的致命杀手。在手术之前,史蒂芬就从未尊重过他人的智商。现在,他几乎将周围的所有人都当作智力低下且愚蠢的病人。大家都知道他刚回家的时候会表现出害怕,但没人知道史蒂芬害怕的真正原因——不放心将自己交付给一群智力低下的愚蠢的人。

第一天下午来我们家的护士一副病怏怏的样子,像个上了年纪的流浪者。不过,她做的工作倒是挺到位。离开之后,她打来电话说她不会再来了,因为她承受不了我们家如此大的工作量。这对我们的计划来说是一次沉重的打击,原本给这个护士安排的值班还是挺多的。之后,不少护士和她一样,虽心存好意,但都因工作压力大而选择了放弃。无论代价多大,我们都只能求助于代理公司了。接下来的几周,面对不断缩减的人员名单,我和朱迪又开始疯狂地打广告到处找人,而代理公司为我们送来的护士们又能力不一。不过,公平地讲,或许这些护士被代理公司派来的时候都不曾想到他们的工作会如此辛苦。代理公司的频繁换人给我和史蒂芬带来了极大的不安。尽管每个上门的护士都很热心,他们都从心底里希望为我和史蒂芬提供帮助,但他们都不曾料想照顾史蒂芬有多么的艰难。我和乔纳森不得不每日重复着为这些新来的人介绍史蒂芬的情况及我们对护理的要求。

有的护士给史蒂芬喂茶时掌握不好角度,总会将一些茶水洒落在他的呼吸管或衣服上;有的护士在处理食物上切得太细、或者切得太粗以致史蒂芬进食困难;有的护士在给他喂药时没有遵照特定的顺序;有的护士会不小心碰到史蒂芬轮椅上的操纵杆,将史蒂芬推出很远的距离;有的护士在帮史蒂芬上厕所时弄得一团糟。尽管他们都有医学背景,但他们都很惧怕

Part Four Travelling to Infinity
我和霍金的生活

史蒂芬咽喉上插着的管子，不敢去清洗它。偶尔有一位勇敢的护士克服了种种困难会再次出现在我们家，我会将他当作失散很久的老友那样热情对待，因为我不用再对他重复史蒂芬的病情和照顾须知。我尽量耐心地打消他们的疑惧，但我自己紧绷着神经，与疲惫、沮丧、忧心相伴。史蒂芬也同我一样沮丧，不过，他不会将自己的这些情绪隐藏起来。

白天的种种难题不断挑战我们的极限，而到了晚上，难题又有了新花样。上床后，史蒂芬没了电脑，失去了与人交流的能力。这时，他需要交流就必须依靠两件工具。第一件是字母框，这大概是中世纪职业治疗师的发明。在这个大框里，摆着26个字母，史蒂芬无法抬手指向那里的字母。他只能用眼睛盯住，我通过他的视线对他所指的字母进行猜测并确定。如此缓慢地拼接一段时间，我才能知道史蒂芬希望说的话语。这个古老的仪器需要参与者具有极大的耐心。我为了让这个过程简化，编了一系列缩写代码，即某个字母代表某个固定语句。史蒂芬只需要用视线锁定那个字母，我就可以确认他想表达的语言。不过，也许是看护史蒂芬的护士不小心弄丢了我的代码本，这个方法没能持续很久。

第二件工具是蜂鸣器，它最终取代了字幕框成为了我们夜晚最有效的交流工具。史蒂芬会把蜂鸣器握在手里，就像是白天他握住电脑遥控杆那样。他只需按压蜂鸣器，蜂鸣器上的仪表盘就会出现一系列指令。他每按一次就会换到下一条指令，如此，我便可快速地知道他想表达的意思。在很长一段时间内，即便是他健康状况良好时，让他僵硬的四肢舒服地放在床上也非常困难。如今，他病情严重，这个过程就更加耗时费力了。最初的几个月，我会和护士一起将史蒂芬扶上床。在我未确定史蒂芬对自己的躺卧姿势满意之前，我是不会离开的。因为我知道，史蒂芬不会信任不熟悉的护士独自处理这些事情。每天夜里1—2点，我才能处理完家务事，准备睡觉。但睡不了多久就会被吵醒，因为护士们总是难以独自完成任务，总离不开我的协助。

除了这些日夜重复的大麻烦以外，史蒂芬回家的这几个月还充斥着许多其他危及生命的紧急事件。他的那根呼吸管有时会被分泌物堵住，有时会松动，这些问题通常都发生在深夜。当发生这样的事情时，护士就会想办法清理管子或者将管子重新归位，我会立即给重症监护室里的医生打电话求救。我们常常在深夜将史蒂芬送往医院，医生会给他更换新管子，他才能重新呼吸。我们的最后一个学生是性格外向的澳大利亚人尼克·沃纳（Nick

Warner），他离开我们家后乔纳森便搬了进来。乔纳森睡在楼上的卧室。他除了帮忙照顾史蒂芬外，还要负责送蒂姆上学，让折腾得精疲力尽的我可以多睡一会儿。

罗伯特搬出去之后，他那间宽敞透气的卧室很快被我腾挪给史蒂芬使用。那间房子特别适合做史蒂芬的新卧室，那里有一个很大的盥洗池和一个很大的衣橱，我们可以把不断收到的护理和医疗用具储存在里面。我们还在房间里放了一张外科床、桌子、电脑、箱子、扶手椅和一些细小的随身物品。当然，还有那越来越巨大而笨重的轮椅。朱迪最初找来的那套电脑装置如今早已更新换代，加利福尼亚那边寄给了我们更先进的设备。新的仪器添加了一个发声装置，这样，史蒂芬在屏幕上敲出来的语句就会被电脑自动播放出来。虽然机器人的声音听上去机械且不真实，但史蒂芬也算重新拥有了语言能力。来我们家服务的一个护士的丈夫名叫大卫·梅森（David Mason），他是一个技术娴熟的电脑工程师。他帮忙改装这台电脑，并将一些部件安装在了史蒂芬的轮椅上。如此，史蒂芬不用再被电脑束缚，可以跟着轮椅四处行走并表达自己的语言了。沉重的电脑主机和发声装置被安装在了轮椅背部，电脑屏幕装在史蒂芬的正前方以方便史蒂芬的操作。之后一次偶然的机会，我们正好路过一处工业称重机，我们把整个轮椅抬了上去。轮椅、电池、电脑、发声装置、屏幕，枕头以及它的使用者加在一起总计130千克。

新装置刚装上时总会出现一些小毛病，大卫·梅森常常在白天被我们召来解决新装置的小故障。同样，史蒂芬的健康状况也常常出毛病。我们通常会麻烦我们的忠实朋友胸腔科主任约翰·史塔克医生，长期受我们折磨的斯旺医生，或者任何一个急救室值班的医生。理疗师有时在周末也会被我们唤来，药剂师在下班后也会不时地收到我们的呼叫。从11月到12月的圣诞节，四伏的危机一刻未歇。我们生活的小船再次驶入了一片凶恶的未知海域，而我们的船上还有一名难以捉摸的船员。

我的时间和精力大部分奉献给了史蒂芬。我和他喝同一口水，吃同一勺食物，呼吸着同一的空气。当我失去力量时，乔纳森总能作为我的坚强后盾挑起大梁。除此之外，我会将剩下的时间都奉献给孩子和我的学生们。教学的那几个小时是我一周中最放松的时刻，它能用知识治愈我被失望和疲惫折磨的创伤。那年的学生在我心中留下了深刻的印象，他们在与我相处的过程中展现出了惊人的理解能力。他们对我付出的努力表示感激，这

Part Four Travelling to Infinity
我和霍金的生活

从侧面也增强了我继续教下去的勇气。这一项工作已逐渐成为了我的精神寄托。

我在精神上的追求却并不受史蒂芬的认同。史蒂芬承受了并正在承受着极为骇人的痛苦，他现在依然十分恐惧。就像莎士比亚笔下的李尔王，他变成了一个小孩儿，一个被自己庞大且暴躁的自尊心彻底占领的小孩儿。一方面，他垂危的生命时刻提醒着人们他多么需要关爱；另一方面，他易怒的性情和心中的仇恨又难以让人靠近。从前，他是权威的掌控者，现在，他是绝对的独裁者。甚至对待那些与他一样经历过重大疾病磨难的人也尤为苛刻。他在医院那段时间，我出于家庭的考虑，偶尔未将他的事情放在首位，这让他大为震怒。他坚持认为自己的想法是绝对正确的。我非常理解他希望重新确立自己的权威地位，我从未说过现在的他不是家里的主人，不能成为宇宙的国王。但我很不理解他做出的故意疏远我们的举动，比如：想尽办法将轮椅弄到角落里不接受我们对他的帮助，或者剥夺他人的隐私权，尤其是露西。他的种种做法让我们本已艰辛的生活变得更加困难。我和露西间的感情越来越亲近。露西是一个开朗活泼的小女孩儿，她独立坚强的性格在哪怕最黑暗的时刻也能给我提供鼓励和支持。我们常常促膝而谈，谈话内容无所限制。露西现在的年纪，需要有自己的独立空间。她的房间应是她独立的休憩所，远离护士和轮椅的骚乱。她对史蒂芬的尊重远大于我，但她的隐私也应得到尊重。她不喜欢护士们之间的窃窃私语，不需要窥视的眼睛和偷听的耳朵。然而，当时的实际情况是，她的隐私时常被人侵犯。

我将史蒂芬不讲道理的做法和他给我带来的伤害告诉了一个医生朋友。我的朋友回答道："你想想，简，他都经历了什么！他半只脚早已踏进了鬼门关！他现在要靠机器和药物维持生命，你觉得这一切难道不会影响他的大脑吗？我相信在那些危机的时刻，他的大脑肯定遭受过供氧不足或者其他某种难以检测到的伤害，所以他的情绪会发生变化。我们应该庆幸，他最出色的智力没有受到影响。"我另外一个朋友是一家收容所的资深护士，她接触的都是患了不治之症且不断衰退的病人。她的经验之谈是，那些在壮年就患上运动神经元疾病的患者要比老年的患者带给家属更多创伤。从某种意义上说，这些观点和建议给了我不少抚慰。至少他们暗示着史蒂芬的种种表现不完全是他自主意识的结果，他不近人情的暴躁可能是他的运动神经元疾病与最近遭受的打击带来的结果。然而，客观而言，这些观点并没有说服力，甚至不为医疗界认可。因为很显然，史蒂芬虽然到了死亡线的边缘，但他的智力依然完好。

另外，我、朱迪、露西慢慢意识到，史蒂芬之所以变得如此狂妄自大，是受到了护士的怂恿挑唆。我给护士们讲过，希望这个家能成为每一个成员的快乐港湾，不希望这里变为一家医院。然而，这一切都等于对牛弹琴，护士们依然我行我素。他们丝毫不在乎家里有一个害羞的、敏感的6岁孩子，也不在乎家里有一个热情、聪明的中学生正在全力准备中考。有一位护士在踏进房门的那一刻起，就把房子整了个底朝天。她认为我们的房间没有消毒，所以怒气冲冲地把每样东西都擦拭了一次。她见到东西就擦，俨然将整个家弄成重症监护室的风格才罢休。在为我们家洗衣服的小时工伊芙不可思议地看着那个护士，说道："她这是疯了吧！"最后，这名护士觉得我们家这样"肮脏"的环境她无法安心工作，此后，就再没来过了。

不过，必须承认的是，也有些护士非常尽责且体贴入微。最好的例子就是被我们称为乔先生（Mr Jo）的护士。他不但做好了自己的本职工作，还在每周三的晚上给我们家送来好吃的咖啡。总体来说，特别负责的护士通常年龄偏大，他们在接受职业培训时已非常成熟。还有一些负责的护士是接受教育程度较高或者是在自己的生活中有类似经验。除他们之外的其他护士，虽都承诺会为我们尽心尽力地服务，但通常是真正的工作刚开始就承受不了压力而退出。对于大多数护士而言，"专业"和"体谅"这两个词似乎没有意义，"利己"这个词倒是被他们无限放大。在他们到来之前的几个月，我就给他们倾诉了我们家的生活压力与我们经历的艰苦日子。但他们大多数人对此不屑一顾，也从不会体谅我们是如何在重压下生活的。我知道护士们连续工作7~8个小时也很辛苦，但他们下班后就可以回到自己的家中休息。而作为家庭成员的我们，却没有这样奢侈的选择。

一个经常出现的问题是，护士和社工们一样，大都容易被他们所处的环境欺骗。因为我们居住在一个大房子中，他们就理所当然地认为我们是有钱人。尽管我多次给他们解释，这个房子是学校租给我们的，可他们从未相信过。护士们看到我们经常出席重要的学术会议，知道史蒂芬的成就和地位，就自然而然地假设我们有权有势。一天晚上，我正在厨房准备第二天的早饭，一个护士走了进来，厚颜无耻地要求我们为她赞助上大学的学费。我简直不敢相信自己的耳朵，我让她当着我和史蒂芬的面重复了一次她的讲话。当时，史蒂芬已入睡了，我们去了他的房间，护士又说了一遍。

Part Four Travelling to Infinity
我和霍金的生活

我跟她解释，她误会我们了，我们和学校并无任何关系，我们没有权利也没有能力为她支付学费。结果她非常不高兴，午夜，她开始不停地抗议，在房里大声吵闹。我打电话把朱迪叫来帮忙。朱迪立刻就赶了过来，聪明厉害的她很快让歇斯底里的小护士冷静了下来并送她回了家，我立刻打电话给代理公司让他们重新派遣替补护士。

还有一个护士，她是一个伤感且孤独的女人。我曾将她当作我的好朋友，但后来发现她有酗酒的习惯。她不但将我们家柜子里的各种酒及酒饮品取出来尝了个遍，还经常偷我们摆放在外面的零钱。后来她不告而别，乘出租车去了希斯罗机场。出租车的司机正好是朱迪的熟人，据他后来的转述，这名护士支付了45英镑的费用，且都是2便士或5便士的零钱，一路上都在兴致勃勃地讲述我们家的生活细节。我们家的情况本就让大家都没了隐私，那个护士更是偷窥了我们生活的每一个角落。我现在要和史蒂芬交流通常都有第三人在场，丝毫没有谈私事的空间。如果我想和史蒂芬谈私事，得事先与护士预约，让他们离开房间5分钟。

由于和史蒂芬的谈话时间有限，交流又较为缓慢，所以我养成了习惯，总会在事先准备好自己的发言。我相信，如果我提前将自己的发言梳理下，无论是经济问题还是家庭问题，我都能在和他的交流中更加富有逻辑性，交流也会更加高效。但这也惹得史蒂芬很不开心，他认为我这是剥夺了他的权威。他更喜欢我们曾经的交流模式，他享受反驳我以及自己作为逻辑强者的角色。于是乎，一些小问题就这样被放大了。我进入他房间时的愉悦心情会在几句话后就被彻底破坏。史蒂芬恢复语言能力后，我又慢慢变得对自己的观点不够自信。到最后，我干脆就不发表自己的看法了。与生理上的病痛时刻折磨着史蒂芬一样，心理上的压力也时刻折磨着我。我对这些细节的变化看得清清楚楚，但却又无能为力，这就是我目前的生活状况。我感觉自己陷入了无可逃脱的黑洞。这段时间我开始做噩梦，每周都有一两次，我会梦到自己掉进一个陷阱中等待着被活埋，此时的我无处可逃。

为了阻止护士们的"叛变"潮，朱迪和我决定给她们发放工作服。因为很多护士抱怨自己的衣服在工作时被溅起来的各种液体弄脏。其中一个年长一点的护士有渠道可以买到二手的护士服，于是，她给我们带来了十几套。白色的制服加上腰带给人非常精神的感觉，也很职业。医院的护士们都穿着工作服，所以我觉得有必要让我们家的护士也这么做。如此一来，我们能更直白清楚地划清家庭成员和护士之间的界线。我希望以此可以在护士们心中建立一点专业精神。然而，史蒂芬却拒绝让护士们穿工作服，他不能接受家里变成医院的感觉。我们只好放弃了这个计划，有些护士衣服和妆容看上去更像伦敦市中心的街角舞女，与剑桥教授和他的家人格格不入。

露西很快习惯了吃早饭时正在阅读的报纸被护士突然拿走。护士们会重新将报纸整理好并放在史蒂芬的座位前，方便他到来时阅读。渐渐地，我们家的其他成员的地位越来越低。大家都被当作二等公民，就仿佛我们都是生活在社会底层，而顶层的那些护士们个个都觉得自己是弗罗伦斯·南丁格尔。在他们之下，还有学生、电脑工程师、科学家。显然，我和露西是最次要的。有一个叫伊莱恩·梅森（Elaine Mason）的护士问我为什么不放弃教书转而学习护理，这样我就可以自己动手照顾史蒂芬了。言语间，无不透露着对我们这种不懂医学常识的人的严重鄙夷。面对各种复杂的问题，伊莱恩·梅森都抱着轻浮的态度，她似乎认为自己做什么都是在传递上帝的意志。当她随便地提到，照顾史蒂芬比照顾她的两个孩子还简单的时候，我很生气地反驳道，这是一项长期的工作，一天两天完全不可能有深刻的体会。她的这种将我们的难题不怀好意地简化的思想让我想起了当年的霍金一家。但我又不能把每个对我们家理解有误的护士赶出家门，我只好尽可能地不去理她。

在家里，我对护士们的傲慢和恶劣态度睁一只眼闭一只眼。渐渐地，我开始从圣马可教堂的活动中寻找寄托。我仔细地聆听比尔·洛夫莱斯的布道，甚至他旗下的其他牧师的讲座我也积极参加，比如以前的传教士，如今的科学家塞西尔·吉普森（Cecil Gibson）。逐渐步入老年的他现在的主要兴趣就是将科学的内容用宗教的语言讲述出来。他们对我很关心，总能为我提供深刻且独到的建议。无论是关于受难的话题，还是人在创造中的位置、善恶话题，他们的真知灼见对我甚有启发。我明白了自由意识是人类天性的先决条件。我逐渐建立了自己的哲学体系，更加懂得如何应对过去无法解决的信念上的难题。如果人类对上帝的信仰是造物主强加于人的，那么人类不过就是一群机器人，既不会有思维的进步也不会有探索的动力。我由此想到，很多时候邪恶的简单定义就是人类的贪婪和自私。这是在道德良知和上等智慧还未出现的上古时代，生命体为了适应自然选择而产生的利己天性。所以，邪恶源于天性和本能，而上帝之所以不加干预，正是因为他尊重自由意志。上帝的任务不是救人于苦难，而是给予苦难中的人希望和宁静。当然在人生道路上还有许多其他绊脚石，诸如疾病、衰退、

Part Four | Travelling to Infinity
我和霍金的生活

不治之症、残疾、毁灭等。但它们并不符合邪恶的定义。疾病有时是由于医疗错误、生活方式的错误、糟糕的环境所致。大胆地做一个假想，如果史蒂芬的疾病真的是因为20世纪60年代初接种了有污染的天花疫苗所致。至于如今生活中的各种混乱，我只能祈祷并保持着信仰，尽自己的最大努力期待美好的明天早日到来。

朱迪在行政工作方面也屡屡受挫。她常常提前一个月就把值班护士的时间表排好，然而突发事情不断，通常真正的时间表最终都会完全变样，让她苦恼不已。她和我都无法确定接下来会是哪一个护士来我们家。无论我们多么精心安排，我们的系统总会莫名其妙地被改变，代理公司总是随机地派遣护士。我们被各种不确定因素搞得心神不定，我们在让史蒂芬重新回到家庭回到社区的努力可算是困难重重。为了解决生活中出现的各种问题，我们召集护士开了几次会议，试图一次性弥合所有的分歧。后来，朱迪间接地听说问题并不出在轮班表上，而是和私人护理系统完全无关的事情上。

麦克阿瑟基金会每半年为我们提供一次拨款。因此，学校的财务代表每半年就需要给基金会提供一份详细的史蒂芬医疗费用报告。我也会递交一份关于史蒂芬健康状况的报告以及下一年经费申请书。1986年3月，在我邮寄给基金会的第二封信中，我提到了我们是如何在当地打广告，意图聘用我们信赖的护士团队。在信中我将这件事形容为"无法解决的矛盾"，并指出了我们如今不得不依靠护理代理公司的现状，这也是产生高昂护理费用的主因。我们得到的经费数目不低，但这笔费用只能刚刚付清我们的账单。现在，不少护士会提出加薪要求，这显然超出了基金会为我们提供的帮助，我们无力承担。这也是朱迪召开第一次护士会议的根本原因。会议开头，我感谢了到会的所有护士，感谢他们辛勤的工作。然后，我给他们详细解释了我们是如何从慈善组织那里得到了这一笔用以支付他们的护理费用。我希望他们能全面地了解了情况后，体谅我们的苦衷。我坦白地告诉他们，我们家1年的护理费至少需要36 000英镑，而美国的慈善基金会为我们提供的护理费仅能勉强维持现状，非常困难。我在会上还提到了一点，没人能保证这项资金的提供会一直延续下去。从而，我们也无力按照护士们的要求为他们加薪。他们的工作身份定位于兼职小时工，这点我在聘用他们时就明确告知过。这也意味着我们无力为他们提供医药费、带薪假、退休金，和其他一些福利。

听完我们的解释，一些较为理解的护士将注意力转向一些现实的需求，例如更多的洗衣篮、晾衣竿、照明、衣架等物件。朱迪和我则借此机会向他们推广"英国护士协会"刚刚颁发的护士行为准则，并请求护士们能严格遵守准则里的第 14 条规定。第 14 条的规定正是我已言明的忧虑：我希望护士们能够让我们维系自己的家庭，让史蒂芬和孩子们能在快乐和平衡的环境中生活。

46 在灰烬中重生

不管家里发生怎样的动乱,并未影响到史蒂芬的身体恢复。事实上,他就像凤凰涅槃,到 1985 年 12 月,他已能偶尔出门去学院了。最开始时我会选择开车送他,但没过多久,他就能自己驾驶轮椅在大街上行动了,除非天气特别恶劣。和以前不同的是陪伴着他的不再是学生,而是我们聘请的护士。现在史蒂芬上下班比以前更花时间,因为在出发之前,我们需要耐心地准备好一切史蒂芬需要的事物。他的轮椅背后搭载了许多设备,这些技术上先进的设备看起来却非常笨拙。相形之下,坐在轮椅上的人显得瘦小虚弱,但史蒂芬毫无畏惧地驾驶着这个庞然大物,毅然前往智慧的疆域里重掌权威。

在史蒂芬的日常生活中,过度考虑他的行动不便一味提供帮助是不明智的。这是对他自尊心的严重挑战,但要在过度与不过度之间合理把握尺度却非常困难。一些人则尽量追求平衡,既对这个瘦小、脆弱的生命给予无微不至的关怀,又在一定程度上对这个精神和智慧上的巨人抱有一点调皮的不尊重。这是微妙的平衡,对于维持健康的家庭生活尤为重要,因为这规定了没有人可以凌驾于他人之上,不过如今要维持这样的平衡已越来越艰难了。最好的情况是大家都持有草木皆兵的警惕性,对照顾史蒂芬的每一个细节都谨小慎微,同时对他的一些怪癖和蛮横的态度抱以宽容的善意。例如,每个星期天的下午,乔纳森都会带着印度咖喱外卖回家。史蒂芬向来重视自己食物里的食材,我给他做饭时也会非常注意,以避免史蒂芬的禁忌。然而,每到星期天下午,他就会津津有味地吃一大盘咖喱外卖,丝毫不关心外卖使用的食材。我和露西对他这种强烈的反差感到意外,同时,我们会忍不住取笑他一番。

有时,我们会进行话题广泛的聊天。虽然私密的对话已成为奢侈,但每个星期天的晚上,罗伯特会带着他的同学回家吃饭。在这个放松的时刻我们可以一同谈天说地,聊信仰和科学。塞西尔·吉普森在他的一次布道中提到，科学研究中的假说就像宗教里的信仰，都需要在信念上迈出一大步。每次提到宗教信仰时，史蒂芬总是笑笑表示不屑。不过，有一次他竟然承认，自己在从事宇宙科学的研究时，确实需要在信念上迈出一大步，需要人们从根本上改变对过去的认知。这令人感到惊异且具有纪念意义。在他的研究领域，这个认知的飞跃（或者说激发灵感的大胆猜测）主要围绕着使用哪一个宇宙模型、哪一条理论、哪一个公式，才能最贴近现实。然后，这些东西都将在实验阶段用现实的观察进行检验。如果幸运的话，这个猜测（认知的飞跃）会解答出之前所有的理论冲突，即理查德·费曼所称的"暂时不错"。科学家必须谨慎选择自己遵从的科学理论，如果多年后这个理论被推翻，那么他这么多年来付出的努力就成为了白费。和史蒂芬谈信仰的话题最多只能谈到这里，再深入的话，等待我的只剩下他饱含深意的笑容。

而护士们无法理解我和史蒂芬关系中的微妙之处，也无法把思想和身体区分开来。他们的多愁善感仿佛一张铺天盖地的毯子将史蒂芬裹于窒息之中。这掩盖了史蒂芬思想的力量，也破坏了我试图维持家庭平衡的努力。在护士们看来，史蒂芬就是一个偶像，对于任何责备都能刀枪不入，包括精神科护士们善意的戏谑。他们关注的是疾病带来的不幸和痛苦，而不是战胜疾病带来的骄傲。他们对史蒂芬的每一个古怪的念头都言听计从，将任何善意的玩笑都视为对偶像的侮辱。

一位艺术家也曾犯过同样过分感情用事的错误。1985年，在学院和国家肖像馆的联合邀请下，这位艺术家前来为史蒂芬画肖像画。暑假的时候，画像被公开展出。画像突出了史蒂芬孱弱的身体，轮椅上的他看上去没有一丝活力。我在画像上找不到从他本人的眼神和表情中透露出来的坚毅和智慧。我愤怒地找到了负责画像的单位，告诉他们，这是一幅丑化史蒂芬形象的滑稽作品。到了1986年初，随着史蒂芬行动能力的逐渐恢复，他在学院中的地位又变得坚不可摧。他本人眼中的那种打不倒的精神之光比以往任何时候都要明亮。这次疾病给史蒂芬带来的影响可与当年的牛顿相比。1665年，由于瘟疫肆虐，大学关闭了，牛顿被迫离开剑桥。牛顿回到了位于格兰瑟姆的伍尔索普庄园，与世隔绝的他这才有了时间和精力去计算那些后来闻名于世的重力学的公式。在史蒂芬失去语言能力的这些时间，他用惊人的毅力学会了如何熟练迅速地操纵眼前的电脑。就跟20世纪60年代初，当他逐渐失去书写能力时，他狠下心来背住了许多长长的公式一样。

史蒂芬虽然失去了语言能力，却找到了一种更为有效的沟通方式。他可

Part Four　Travelling to Infinity　我和霍金的生活

以和任何人交流，不同于以前，只有小部分亲戚和学生能听懂他的话。以前史蒂芬的每次发言都需要一个翻译。他能够调节电脑发音器的音量大小，他现在在公众场合发言或许比一般人更能吸引观众的注意。他的每一句话都需要逐一选择单词，所以交流速度很慢，不过这个问题大家都能理解。史蒂芬发言前，总会对自己的用词仔细斟酌从而避免重复，保证交流的高效，他要确保他的发言一定是最有权威的。

史蒂芬现在不但可以自己表达想法、自己写信、自己给学生上课，他还可以继续编写之前那本未完成的书籍。他的学生布莱恩·惠特在过去的几个月一直在有条不紊地帮忙组织材料，特别是帮忙整理图解和搜集研究材料。现在，这个项目也算是正式回到了史蒂芬的手中。他于是有了动力挖掘电脑的各项功能，然后按照那位美国编辑的建议修改稿件。当时的一切征兆都表明这本书距离正式出版不远了，我们不但不用归还预付稿费，还能通过这本书的出版获得合同约定的全额稿费。这本书或许不会给我们带来一夜暴富，但应该能给我们带来稳定的辅助收入。四分之一个世纪的节衣缩食的日子或许就要结束了。

在家中，我试着把时间合理安排在自己的兴趣上：音乐、教书，以及我的孩子们。与此同时，还要抽空和麻烦的护士们打交道。在朱迪的大力帮助下，我坚持着每周面试新护士，同时尽量满足现有护士提出的需求。双管齐下，以避免出现混乱。我觉察到这些护士不能对史蒂芬出气，就将我变为了他们的出气筒。我把现在的困境和一个过去学护理的校友讲了。她认同这个现象。"护士们，就跟士兵一样，他们接受的训练就是服从命令，不需要思考。"她说道，"当一个病人需要照顾的时候，他们的任务就是照顾那个病人，而并不会考虑其他问题。他们需要行动快速，不需要独立思考，想象力并非护士们的强项。"这个说法很好地解释了我遇到的难题，但并未给我带来多大的安慰。这个解释暗示着护士们和我们的行为准则完全是哲学里两个维度的对立面。那么，无论我们有多么乐意地去妥协，他们却始终无法做到。

与此同时，史蒂芬逐渐回到正轨。短期内，他在自己生日那天去看了一部哑剧，又在两天后出席了校园举办的女士之夜。从长远看，他已经开始计划来年去哪里开会了，似乎完全没有受到日内瓦的影响。巴黎和罗马都是他的秋天旅行计划目标。在那之前的 6 月，他还要去瑞典海岸线上的一个小岛，参加一个关于量子物理学的学术会议。这些日程表的最终敲定还需要商量，毕竟来年 6 月正好是露西参加中学普通程度考试的时间，我不希望在那么重要的时刻离开她。

事实上，1986 年的春天，我的注意力大部分都放在了露西的身上。3 月，她跟着学校一块儿去了趟莫斯科，然而带队的却并非我们熟识的她的俄语老师薇拉·彼得罗芙娜（Vera Petrovna）。每年，薇拉都有这个惯例，她会从二手市场和杂货店买来保暖衣服，将学生们里三层外三层地包裹为米其林轮胎 LOGO 上的人物那样，带去莫斯科游玩。到了莫斯科，学生们会游览城市，跟着薇拉拜访朋友。每到一个地方，薇拉就会脱下一层衣服留给那里的朋友。1986 年，她史无前例地没有得到签证，学校不得已只好派了几个不会说俄语的老师带着学生们去了莫斯科和列宁格勒。所以，当露西在莫斯科生病的时候，唯一能帮助她的就是会一点儿俄语的自己。因为担心自己被遗落在苏联的医院里，她没有告诉同行的小伙伴自己的真实病情，而是坚持着跟着小伙伴完成了旅行。在 10 天的旅行中，她很少吃东西。回家的那天，她发着高烧，非常虚弱地说自己肚子痛。一回家，她就倒在床上起不来了。医生来我们家，诊断出她是患上了阑尾炎。我们又跑到了阿登布鲁克医院的急诊室。我坐在那熟悉的过道上，那熟悉的长凳上。只是这次让我焦心的是女儿发炎的阑尾，而不是丈夫萎缩堵塞的呼吸道。第二天，医生告诉我说露西已经开始恢复了，我们很幸运，她在莫斯科没有爆发急性的阑尾炎。

冬天渐渐过去，逐渐转暖的气温不但给大地带来了生机，也减轻了残酷气候压在我们身上的负担，生活又回到了正轨。我下定决心要维系好自己的家庭，我尽量不把护士轮换的事情弄得太复杂，就跟之前我一直在做的一样，我只是把它当成是生活中的一个小烦恼。接下来，我们又开始举办晚宴欢迎来访的学者，参加学校安排的各种活动。蒂姆邀请了自己的 17 个同学参加自己的生日派对。派对上，我们安排了经典的木偶剧《布袋木偶》。随后，我的父亲重拾了由来已久的传统弹起了钢琴，让孩子们在音乐游戏中度过了快乐的下午时光。

史蒂芬的健康状况一天比一天好，我也开始恢复了一些过去的活动。我回到了教堂的唱诗班和合唱团，我是 20 世纪 80 年代加入合唱团的。现在，由于得到了冈维尔与凯厄斯学院院长约翰·斯特迪的许可，合唱团每周的排练在学院的教堂里举行。如此一来，我的这项活动与史蒂芬的作息时间完美契合上了。我去学院教堂唱歌的时候，史蒂芬会在一名护士的陪同下

Part Four　Travelling to Infinity｜我和霍金的生活

去学校食堂吃饭。史蒂芬吃完饭就会到教堂来，通常能赶上我们排练的最后阶段。之后，我们一块儿回家。露西现在越来越独立，越来越喜欢去剧院，她在家的时间也越来越少。

史蒂芬的瑞典之行有3个护士和1个医生陪同，这几乎将麦克阿瑟基金会提供的经费用到极致。不过，这是一次非常有价值的投资。因为默里·盖尔曼是这个基金会受托人之一，他也会出席这次会议。他将亲眼见证史蒂芬的身体状况，并证实史蒂芬需要如何规模的专业医护团队的护理才能维持生命，并继续为物理学做贡献。1986年9月，我在又一次的经费申请中，提到了史蒂芬在瑞典与默里·盖尔曼的会面。我提到史蒂芬的病情逐渐稳定，但他依然需要高额的医疗护理费用。我大胆地向他们提出，我们可能会无限期地需要他们为我们提供的资金帮助。我还将英国国家健康体系的服务进行了解释：每天会有一个负责我们这个地区的护士上门为我们检查药物和器械供给，停留时间很短；每周会有一个医生上门一次，探访史蒂芬的病情；英国国家健康体系每月只许可我们一次报账机会且还有金额限制。麦克阿瑟基金会同意了我的说法，并采纳了我的建议，他们决定对史蒂芬进行无限期的援助。

瑞典西海岸的马斯特兰德岛上没有喧闹的交通。这里的城镇规模不大，但它却非常适合正在身体恢复期的物理学家施展自己的智力才华。当史蒂芬和他的同僚们运用粒子轨迹探索宇宙奥秘的时候，我独自在石头峡谷和山林间散步，享受着难得的放松和平静。水仙花在6月盛开，阳光直到夜晚才逐渐消逝。在瑞典的那几天所享受到的自由实在是一种奢侈，这其实应归功于史蒂芬母亲为我们提供的帮助。自1986年5月史蒂芬父亲去世，史蒂芬的母亲就经常来我们家帮忙，这让我非常意外，也使得我偶尔拥有了瑞典之旅这样的奢侈的闲暇时光。史蒂芬的父亲在去世前也经历了病痛的折磨，而卧病在床对他来说或许比对寻常人更令人沮丧。史蒂芬的父亲曾经在第二次世界大战前夕，独自一人开车横穿非洲参军，当他快接近80岁的时候还到处露营。他的葬礼标志着自己杰出但不够受世人重视的热带医学研究到达尾声。我觉得，我不会是唯一一个对他充满矛盾感情的人。我敬爱并尊重他，因为他是一个敏锐的人且能为他人着想；但他有时也很冷漠，不近人情。

史蒂芬的父亲去世后，伊莎贝尔以往刻薄的风格似乎也大大减弱了，她表现出了极大的同情心。她似乎很迫切地想要重新融入我们的生活，她用她的幽默感赢得了孩子们的喜爱。即便是在我和乔纳森的关系问题上，她也惊人地表现出了理解甚至是支持。或许，她终于明白了乔纳森的出现并非是要故意摧毁我和史蒂芬的家庭，与之相反，我们是为了更好地维护现在的家庭。我对她的帮助和理解充满感激，她主动提出帮忙看家，以便让我们有更多的时间去欧洲度假露营。在家里，1周7天，1年49周，几乎所有的事情都需要我操心。现在，如果我每个夏天都有一次轻松的度假时间，无疑可以让我紧绷的心得到缓解。我想，无论面对任何困难，我都能及时恢复勇气战斗下去，会毫无怨言地站在史蒂芬的身边。

史蒂芬在瑞典大显身手，身体也没出现任何问题。这件事大大鼓励了他继续四处游走。9月，史蒂芬带领的"旅行团"出发前往法国巴黎（史蒂芬刚收了一个物理学专业毕业的学生做他的私人助理），参加在巴黎天文台举办的学术会议。布兰登·卡特就在那里工作。我也很乐意借这次机会见见吕塞特，和她好好地叙叙旧。同时，我还找到了一份新工作：为科学家的聚会充当司机和口译员。这下，至少那些护士能听到，我还是有许多特长的。

10月，我们来到了罗马。尽管史蒂芬依然四处推广着自己"宇宙既没有起点也没有终点"的异端邪说，教皇仍决定在那年将他收纳入宗座科学院。除了护士以及负责帮忙打理电脑和整理演讲稿的私人助理外，蒂姆也跟着到了罗马。我们在选择随行护士时，尽量选择那些信仰天主教的，或者就选择那些明白我们这次罗马之行赋予的重大意义的人。很幸运，在众多参与轮换照顾史蒂芬的护士中，我们最信任的两个人帕姆（Pam）和特里萨（Theresa）都是天主教教徒。她们听说可以来梵蒂冈的时候，不知有多高兴了。我们一共需要3个护士，不过并非每人都像帕姆和特里萨那么积极。直到出发前的最后一刻，伊莱恩·梅森才答应与我们随行。她还特地声明：她不会与罗马教皇握手，因为那是违背她自己的原则的。

第二次拜访罗马要比1981年的那次正式多了。这次的天气也更好，就连给我们安排的住宿也比前一次更加舒适。我们居住的酒店距离梵蒂冈也比前一次更近。当科学家们聚集在科学院那座文艺复兴风格的总部开会的时候，他们还带着随行的太太和孩子们游览参观梵蒂冈的各种景观。旅行的高潮便是与教皇若望·保禄二世的见面，我们同行所有人都受到了邀请。主教将手放在蒂姆的头上，声音温柔地与史蒂芬和我交谈，给我们鼓励，给我们祈福。接下来，他跟每一个在场的人握手，没有人拒绝。我被他的

Part Four | Travelling to Infinity
我和霍金的生活

人格温暖感动了,他真挚的蓝眼睛中透露着神圣的光。我对任何宗教都没有偏好,来到罗马也是抱着一颗开放对待任何问题的心。主教深深触动了我的心和思想,撇开政治和宗教教条,我感到他真诚地关怀着他看见的每一个人,并且为他们祈祷。

史蒂芬在欧洲尝试性的旅行屡屡获得成功,这让他大受鼓舞。那年12月,他飞往芝加哥参加每年圣诞节前那儿举办的一次学术会议,从而重新巩固自己在国际学术界的地位。现在,他旅游的派头就跟阿拉伯酋长差不多,他在他的宠臣、护士、学生、私人助理以及同僚的簇拥下前进。他的随身行李巨多,通常前往机场接他的轿车都无法装下我们的物品。航空公司也认识了史蒂芬,对他敬重有加,将他看做是身份高贵的客人,给他提供无数的便利和协助。要是当年我带着罗伯特和史蒂芬一块儿飞行的时候能遇到那么多的帮助就好了。具有讽刺意味的是,如今,史蒂芬进行国际旅行的时候,我的存在已不再那么重要了。在人群中,我常常和蒂姆坐在一旁,就如同当年带着罗伯特一样,他们是我最好的陪伴。蒂姆是一个很好的同行者,他喜欢飞行,当飞机在加速准备起飞时,他会握住我的手兴奋地喊道:"再快点儿!再快点儿!"用他那感染人的兴奋之情打消我的部分担忧和顾虑。在旅行途中,除了一些罗曼语言的基础知识,我还能教他一些他感兴趣的其他知识。同时,我也很享受和蒂姆的互动。曾在西班牙的时候,蒂姆就耐心地教会了我国际象棋,这一点,他的父亲史蒂芬就从未做到。

47 数学与音乐

18个月前，史蒂芬生存的概率几乎为零，然而他创造了奇迹：他不但幸存了下来，而且他再次活跃在科学研究的前沿。他正在拟定一个极度抽象的理论，描述假想中的粒子在假想的时空中穿梭，而这个他心中的宇宙甚至都不存在于世界上，只存在于最睿智的理论家的脑海中。他奇迹般的复活以及这些更加进阶的物理见解将他送入了一个更加激烈的行业当中。他又开始了全世界的飞行旅行。无论何时何地，只要有需要，他就会飞过去。在他刚开始摸索学习使用自己的电脑和第一次回到学院之后仅1年时间，他就完成了书稿的第二次编辑，并思考着书稿的名字。他的身体依然处于很脆弱的状态，但他拥有当时最先进的医疗条件的帮助，还有24小时的专业护理。毫不夸张地说，他现在就像拥有一个迷你医院。护士们也都学会了如何在紧急情况下为史蒂芬更换呼吸管，史蒂芬自己掌握着吃药的时间表，他认为没有任何人有他那么了解自己。

来自印度旁遮普地区的高高瘦瘦举止优雅的阿马尔吉特·乔汉（Amarjit Chohan）加入了我们的护士轮换队伍。她晚上在阿登布鲁克的临时剧场打工，白天她会过来照顾史蒂芬。她是因为种族问题从家乡逃到这里的。她对我们充满了热情，但这却让其他护士感到不满。史蒂芬发现自己成为了护士们争夺的目标不禁自鸣得意，当他们互相因为他的事情争吵时，他还会在旁边津津有味地观看。在西班牙的时候，还有一个护士公然和史蒂芬的一个学生调情，她后来甚至还和另外一个护士因为一点儿小事推搡起来，我和蒂姆在一旁看得目瞪口呆。护士们都有很强的个性，个个都像是一股飓风，每人都觉得自己的护理方法最好，相互之间针锋相对。这对于我们家来说是另一个令人苦恼的麻烦，如果在国外旅行时暴露出来就更让我们难堪了。

除了史蒂芬在探究的粒子轨道和幻想宇宙外，1987年还有一件大事——牛顿著作的《自然哲学的数学原理》出版300周年纪念。剑桥因此召集了一次国际学术大会。作为卢卡斯数学教授，领导着宇宙哲学研究的史蒂芬

Part Four | Travelling to Infinity
我和霍金的生活

自然是这次会议的中心。他本人的工作就是牛顿物理体系在20世纪爱因斯坦相对论的影响之下出现的延伸。

艾萨克·牛顿生于1642年，伽利略去世同年，比史蒂芬的出生早了刚好300年。尽管他在格兰瑟姆所接受的教育和在三一学院做"减费生"的学生经历十分保守，但他的书《自然哲学的数学原理》却受到了17世纪伟大的法国哲学家勒内·笛卡尔的数学理论（机械和数学原理）的影响。1660年，笛卡尔的理论在剑桥引起了巨大轰动。许多人排斥他，拒绝阅读他的理论，称他的理论颠覆了真理。不过，当时大学里的大部分人还是崇尚他的，尤其是那些具有敏锐眼光的人。牛顿在剑桥毕业后没多久，瘟疫就爆发了，他将笛卡尔的哲学体系带到了伍尔索普庄园继续研究。也是在伍尔索普庄园的那段充满创造力的时期，牛顿在年仅23岁的年纪就完成了他最出名的三大发现：微积分、万有引力定律、光的性质。

牛顿采用笛卡尔的理论或许是敏锐的，但在出版理论方面，牛顿却并不敏锐。在天文学家埃德蒙·哈雷（Edmond Halley）和当时皇家学会院长塞缪尔·皮普斯（Samuel Pepys）的不断催促下，《自然哲学的数学原理》才最终在1687年完成出版。在他的杰作中，牛顿提出了万有引力定律，预言了星体绕太阳做椭圆运动，还列出了推算这一运动轨迹的复杂数学公式。《自然哲学的数学原理》将数学完美地运用到了物理研究和天文学研究中。牛顿在瘟疫年代写的另一本著作《光学》直到1704年才得以出版，该书将我们看到的光解释为多种色彩光谱的结合，并且指出白色的光也可以被拆分成7种颜色。牛顿拿出一个棱镜对着太阳光，观察白光通过棱镜分散成彩虹的色彩。通过棱镜射到对面墙上的不是太阳的圆形，而是长方形。从蓝到红的各种色光"按照它们各自的折射度依次排列"分散而平铺开来。如果《自然哲学的数学原理》是由伍尔索普庄园掉落的苹果而引发的灵感，给予牛顿《光学》灵感的则是当时市面上售卖的望远镜。这是伽利略在1609年的冬天发明出的探索宇宙的工具。牛顿或许自誉为自然哲学家，但他常被认为是第一个现代物理学家和数学家。

不幸的童年造就了牛顿独断甚至专制的脾气，很出名的就是他对待宣称早于牛顿发现微积分的物理学家戈特弗里德·莱布尼茨的残暴态度。1660年中期，牛顿因为需要一个数学计算方法来研究行星运动的规律，由此发明了微积分。微积分被广泛运用到了他的重力学研究中，他也一直将微积分当作为自己发明的一项工具，并未将其发表。1676年，莱布尼茨突然发表了微积分的时候，牛顿气得火冒三丈。然而这个天才的行为却让我感到很有意思。在写到自己对于世界的角色的时候，牛顿提到自己并不能完全理解自己的理论对世界的重要性，他说道："我知道世界如何看待我，但对我来说，我做研究就跟小孩儿在海滩上玩耍一样。我只是在海滩上四处寻找更漂亮的贝壳，而在我面前的是完全未知的真理的汪洋大海。""在海滩上捡贝壳"正是史蒂芬当年用来挖苦我进行中世纪研究用的词语。

然而，牛顿却翻看了海滩上的每一块儿小石子。尽管当代有些人指出牛顿不能分辨音阶，但他在1667年却发表了一项关于音乐的理论。《音阶》这部作品并不为大众熟知，里面的内容也并无创新。牛顿试着用代数探究音乐的情感色彩，他还将全音阶上的7个音符拿来和光的7色光谱作比较。

或许牛顿的私人品味和音乐并不搭界，但他一生做出的各种伟大理论却足以让300年后的我们为他和他那个时代献上一次音乐会。关于牛顿的天才，还有一种说法是这一切都源自法国当时逐渐盛行的新科学。1660年，伴随着君主复辟，查理二世在英国本土掀起了法式音乐风格的热潮，激发了同一时期的另一位英国天才的诞生：亨利·普赛尔。剑桥巴洛克音乐团的主要曲目几乎都是围绕着亨利·普赛尔以及巴赫和亨德尔组成的。既然是纪念牛顿杰作创世300年，用那个年代的音乐最为合适。虽然史蒂芬非常感兴趣，但我不认为《尼伯龙根的指环》适合在这样的场合下演奏。能在三一学院这个地方举行音乐会对我们是有利的，乐团终于能够吸引较大赞助商的注意，乔纳森的音乐生涯终于可以得到比较扎实的基金资助，乐团也顺势推出了新的唱片，我们为它取名为"音乐音阶的自然原理"。再一次，史蒂芬、我、乔纳森又找到了一个我们各自的才能可以共同发挥的地方。尽管我完全不懂现代量子物理学理论，也不懂牛顿物理学中的数学运算，但我能理解其中的部分概念。同时，我还能将这一隆重庆祝活动的物理方面与音乐方面联系起来。我很享受组织筹办音乐会的过程，就和教书一样，它虽然令人劳累但却体现了我的价值。除了音乐会宣传、联系场地、售票等一系列实际工作，我还要撰写曲目介绍，这是激发我思考的好机会。为了搜集17世纪晚期的音乐的各种信息，我又回到了大学图书馆里。在令人肃然起敬的殿堂里，原本狂乱的日常生活节奏舒缓了下来。我在罗杰·诺思（Roger North）的写作中找到了牛顿和普赛尔的联系。他是17世纪的一名音乐学者，同时也是牛顿门下的一名学生。诺思说，牛顿生命中最主要的两条道路就是数学和音乐。关于数学，他写道，"牛顿先生最新的也是最独家的理论便是把光看作是一系列颜色的集合体"。关于音乐，他写道，"牛顿认为普赛尔是'天赐的普赛尔'，普赛尔的音乐'让他对整个音乐体系有了全新的认识'"。

我在图书馆不能待太长时间，有时只是匆忙进去，选好自己想要的资料，再夹着书匆忙离开。7月，在牛顿纪念活动之前，有很多事情需要我去处理。我很少有休息的时刻，我的每一个方面——智力、体力、精神、创造力——都被彻底激活。我必须要自证，证明自己配得上史蒂芬的卓越，也要向世界证明我们的家庭还正常运转着。除去学院的活动，还有我们举办的晚宴、家中聚会、慈善机构的工作、音乐会，以及数不尽的学术研讨会和世界各地的荣誉奖状。诚然，许多家庭都有自己繁忙的时间表，但我们却与众不同，因为我们的时间表满到令人抓狂。如果不是我的家庭、我的朋友，以及乔纳森的协助，我认为我早就被巨大的压力压垮了。而史蒂芬的护士们既无智慧也缺乏想象力，他们不仅不对我表示支持，反将我的辛苦视为对史蒂芬的伤害。护士们似乎认为我和我的家人的存在就是对天才的史蒂芬的一种干扰。很多时候，只有露西和乔纳森来安慰我，告诉我要理智，要冷静下来。乔纳森的特殊存在自然也引起了护士们的各种流言蜚语，他们用他们浅薄的价值观来定义我们，然而，事实上很多时候，他们自己也达不到他们心中的准则。

露西继续学习俄语，并进入了高中一年级。1987年5月，她陪我和史蒂芬一块儿再次前往莫斯科参加科学院的会议。科学院和其他许多苏联机构一样，正在悄悄丢掉以前"苏联"的命名系统。这也印证了当时社会上发生的巨大变化。"经济改革"和"开放政策"成为了苏联人民兴奋谈论的话题。"你们如何看待苏联国情变化的问题？"在史蒂芬的公共讲话之后，一个苏联记者向我和露西提问。"你能公开问这个问题就是正在发生巨大改变的最好证明。"我回答道。这个寒冷国度的人民被监禁在阴影里，言论自由、思想自由、国际出行自由，对他们来说都是奢侈。

与上次来莫斯科相比，我们也获得了更多的自由。我们可以随意在街头行走，以前通常会被人盯梢。组织方为我们安排的娱乐项目也不是单调地参观莫斯科大剧院，现在他们可以带我们去莫斯科郊外的一个教堂听音乐会。宗教的种子开始在这片土地发芽。例如，在新圣女修道院里，数百支点燃的蜡烛将气氛映衬得十分凝重。虔诚的人们或歌唱圣歌，或屈膝祈祷，仿佛试图弥补逝去的时光。巧合的是，我最近正好跟着我的唱诗班为了3

月在剑桥耶稣学院教堂的演出而排练了俄语版的拉赫玛尼诺夫的《晚祷》。在莫斯科，我们去参观的那座教堂的唱诗班此时也巧合地吟唱着拉赫玛尼诺夫的《晚祷》。在教堂庄严的背景下，声音低沉的男低音将俄语元音的醇厚发挥到了极致，浑圆的声音在空旷的大厅中回响，让所有在场的信徒都心中一震。

在莫斯科的这些经历让我联想到了剑桥的一件事情。这件事情对我、孩子、乔纳森，以及圣马可教区都意义重大。我们的牧师比尔·洛夫莱斯宣布退休，整个教区都为即将失去这个可敬可亲的牧师而感到失落。露西参加了比尔最后举办的一系列课程和活动，最终她也决定在圣马可教堂接受坚信礼。教堂为了欢送比尔举办了一场音乐会，我专门为他演唱了他最爱的几首舒伯特的曲子，比如著名的《鳟鱼》。音乐会后，我们还在西街为他举办了一次大型的晚宴。虽然如此，不能参加他最后一场礼拜还是让我感到悲伤。他的智慧博大而深远，我仅只能触及皮毛。他在最后几次讲道中谈及追求平静的思想让我印象深刻。他帮我仔细分析了我缺乏平静的每一个方面：担忧、惧怕（替史蒂芬、孩子、自己）、失眠、紧张、挫折、失望。他还谈及了我的另一些情感，比如内疚。自责之心就像是一个病态的阴影一样跟随着我。对他给我做的所有安慰，我都悉数聆听。活在当下，他告诉我，在痛苦恐惧和黑暗中始终相信上帝。他引用了《圣经》里《哥林多书》的一段话："上帝不会让你承受超出你限度的痛苦。"我感觉他这句话就是说给我听的。他继续说道，"内疚是一味追求更高更好而产生的风险，而爱是唯一的答案。只有爱才能让我们互相扶持。"他的话让我对内疚这种情感有了新的认识和新的应对之法。毫无疑问，爱是维持我们家庭的最坚实力量。在那样的前提下，我想，我依然没有背离我最初的誓言。我对周遭仍然保持着不变的热爱：对每个孩子我都充满母爱；对史蒂芬和乔纳森的爱也从未动摇。爱有很多种：无条件的神之爱和欲望之爱。我希望能继续为史蒂芬做自己力所能及的一切，来证明我对他的爱。有时，爱又因为责任感而掺杂了重重忧虑，不过，不知道忧虑在哪里结束又如何知道爱从哪里开始。史蒂芬认为提及同情便是对他的羞辱，他认为这等同于可怜和迷信。他拒绝去理解同情，将其拒之千里。

Part Four | Travelling to Infinity 我和霍金的生活

48 极 致

　　从莎士比亚那里借来的灵感，史蒂芬给他的书起了个名字。书稿现在已编辑完成，出版商决定将于1988年6月正式出版发行。美国版本的发行时间是同年春季，比英国出版时间稍早。图书第1版出版前被临时叫停，因为书中对美国部分科学家的学术权威提出了负面评价，出版商担心会因此而带来法律纠纷。书稿暂停出版，出版商在内容上稍作修改以避免纠纷。这不幸小插曲却让书籍的一处处小遗漏得以修改。史蒂芬将《时间简史》献给我，他写了一份令人感动的致谢，这相当于史蒂芬对大众表示对我的感谢。于是，可能招致起诉的部分被删除了，我的名字也出现在了致谢中，出版社不得不加班加点在几天之内印刷出了10 000册，这本书就正式在美国出版了。

　　《时间简史》出版后，史蒂芬去了美国参加发行仪式，我陪蒂姆去了德国，我们去他最好的朋友阿瑟和他的父母家做客。两个小男孩如今难得见面，不过他们也没有新交特别亲密的朋友。尽管好久不见，两人之间丝毫没有陌生感。黑森林里当时下了一场雪，阿瑟的父亲邀请我们滑雪。我这辈子从未滑过雪，也从未想过有一天可以尝试。我听说史蒂芬曾是一个特别厉害的滑雪手，露西也经常跟着自己的朋友去滑雪。露西刚和朋友们完成了一场话剧的排练，他们将在剑桥青年剧场演出，然后参加爱丁堡艺术节。而此时此刻的她，正好在阿尔卑斯山的某处和朋友们滑雪。蒂姆和我很高兴能有学习滑雪的机会。他学得很快，一会儿就能独自从山坡上直冲下来。蒂姆的速度越来越快，感觉就要冲进山脚下的停车场一样。我站在一旁无助地看着，而阿瑟的母亲则在旁边大喊，让他作犁式滑降——意思是通过把滑雪橇往内掰以降低速度。我滑冰时摔断手的经历让我特别紧张，后来我才慢慢意识到滑雪和滑冰完全不同。虽然都是冰冷的，但雪是松软的，摔倒也没事。那个黑森林的周末，我曾经的冒险精神又短暂地回到了我的身体。在那雪山山坡上，冷风吹拂在我的脸上，明媚的阳光照耀着雪地，我享受着这远离家庭责任、远离生活纠纷的轻松时刻。滑雪需要我精力百分百的集中，不但是我的注意力，还有我的全身。唯一的目标就是滑向山底，唯一的问题就是如何毫发无损地完成目标。

史蒂芬在美国待了3个星期，他回来后不久，我们又踏上了前往耶路撒冷的旅程。史蒂芬和罗杰·彭罗斯在那一年因为在物理学上的杰出表现获得了著名的沃尔夫物理学奖。

我对以色列的担心不只是因为要暂时离开我的孩子和学生们。尽管我期待着再次见到我在露西·卡文迪许学院的好友汉娜·斯柯尼可夫，但我并不期待着和一帮物理学家拜访这个世界上最古老最神圣的城市。如果我可以选择，我更愿意和一群信仰与我相近的人同行，但我别无选择。出发之前，史蒂芬态度僵硬地告诉我，如果我不想陪他同去，他可以让伊莱恩·梅森替代我前往，她刚陪史蒂芬从美国回来。

3月，我和蒂姆没有陪史蒂芬去美国而是去了德国滑雪让史蒂芬一直不悦。他回来后，我们间出现了隔阂，言语中总有一丝僵硬。我给他建议，他应该试着调和一下与护士之间的关系。他答非所问地回应："我需要好的护士。"我给史蒂芬提议，我们可否一起写一本他的自传。我想，这样说不定能重新拉近我们的距离。他的回应非常冷淡："我应该为你的想法感到高兴。"直到那时，我才恍然大悟。护士们早就在史蒂芬耳边煽风点火，将我和他之间的小分歧都加倍放大。显然，我和乔纳森的关系已在他们的不真实的流言中被描述得非常糟糕。然而，我却无法为自己辩解。因为在全世界看来，我和乔纳森的关系都是罪过。

在我们出发前去中东不久，我还来得及观看露西他们排练的舞台剧。这部剧是根据苏联作家米哈伊尔·阿法纳西耶维奇·布尔加科夫于1920年创作的政治讽刺作品《一条狗的心脏》改编的。在他的这部中篇文学作品中，布尔加科夫表达了自己对苏联社会将被无产阶级所统治的关心。这部作品当年被普遍认为太过粗鲁，所以直到1987年才得以出版，这也是我们最近一次去莫斯科的那年。看完露西演出的下一个周末，我的父母过来照看房子和孩子，我和史蒂芬出发前往以色列。

飞机在机场短暂的延误后，接下来的行程都非常顺利。乔纳森当时跟着剑桥巴洛克乐团在外地演出，他送给了我一个随身听和一张巴赫的B小调弥撒曲磁带作为生日礼物。我坐在飞机上，听着喜欢的音乐，偶尔看看窗外蔚蓝的地中海。夜晚降临，大海和天空都黑了下来，在遥远的下方，海

Part Four | Travelling to infinity 我和霍金的生活

岸线上的灯光像是交织的霓虹灯一样并成一排。广播里通知我们即将在特拉维夫市着陆。飞机开始下降，我看到地面亮着灯光的建筑和高速公路离我们越来越近，我听到起落架放下的声音，心里等待着飞机着陆时的那一下抖动。然而，等了好久也没有反应，原来飞机又重新回到了天空。但我并未产生恐惧，只是很吃惊，因为我们没有听到广播里的任何通知。很快，我发现乘客们大多都在讨论这个问题，大家都在担心自己是否被劫持了，现在正飞往黎巴嫩。

10分钟后，广播里传来机长的声音，原来是因为突然起雾导致了我们无法降落。现在我们正飞往内盖夫沙漠，那是以色列的领土，靠近埃及和约旦之间的红海。我们将在那里的一座空军基地降落。飞机在夜色中飞向沙漠，波音747降落在了军用机场跑道上。飞机降落后，我们便在原地等待。等到特拉维夫机场的浓雾散去后，我们的机组成员都已经下班了。所以我们得等特拉维夫机场派一批新的机组成员将我们接走。我把窗户遮上，蜷缩在座椅上睡着了。等到第二天飞机启动的时候，我才被史蒂芬的一个名叫尼克·菲利普（Nick Phillips）的助手叫醒。我拉开遮光板，窗外是一片金黄色的沙漠，起伏的沙丘在黎明的阳光下呈现出粉色的光影。

这次耶路撒冷之行最重要的活动是沃尔夫奖的授予仪式。仪式在参议厅举行，背景是犹太画家夏加尔所画的巨型壁画，讲述的是以色列的历史。参加颁奖仪式的不仅有备受尊重、思想开放的以色列总统哈伊姆·赫尔佐克，还有手腕强硬的右翼总理伊扎克·沙米尔。他们两人代表了政治系统的两端，理性与狂热在这里共存。颁奖仪式后，史蒂芬和彭罗斯与他们的以色列同僚们到处参加会议和讲座。我常常无所事事，在耶路撒冷随意游玩。"旧城的犹太区值得一看。"有人这么建议我，"但别去阿拉伯区，那里最近闹起义，非常危险。"我心里不想拘泥于这些死板的条款，所以也没把官方的建议太放心上。不过，我很高兴地发现我们的酒店离旧城的雅法门距离不远。就像当年西班牙的格拉纳达的阿尔罕布拉宫，对面山丘上那些灰色的墙壁就像吸铁石一样把我吸引了过去。熙攘的人群里走着各色的人种，大家在大卫塔下来回穿梭，我走到塔下停住，思考着下一处游览的地方。我想走左边的小道，任凭自己淹没于涌动的人潮之中，但考虑到远离阿拉伯区的建议，我选择了右边。我穿过一个圣公会教堂，进入了一条安静的小街，街道沿着城墙内侧延伸。小街看起来似乎没有什么生机，比刚才经过的大路安静了许多。附近的作坊里不时传来锤头敲击的声音，少数走过的行人一边走一边讨论着自己的日常生意。远处的楼上传来钢琴的声音，除此之外，没什么可以吸引我的了。那个场景很令人愉悦，但并无特别之处。我继续向前走了一阵，到了一个新的街区。从左边住宅的小胡同走进去，不远处就是一条长长的向下延伸的阶梯。我沿着阶梯下行来到一个小平台，在那儿稍息片刻，喝了点儿水。然后我继续沿着台阶往下走，走到最底处是一片广阔的广场，广场的边沿有一堵雄伟的高墙。我看到有穿黑衣服的男人正亲吻着那堵墙，也有新郎新娘在那里拍照，那是著名的西墙。我穿过广场向哭墙走去，看着广场上的人们，有的显得虔诚专心，有的在愉快地聊天。

建筑群下是一条隧道，有士兵站岗。人们在隧道中随意穿行，于是我也加入了人群的队伍。在穿过那座隧道后，我明白了，不借助数学公式时间旅行也是有可能的。从实际和政治角度上说，这条隧道将犹太人居住区和阿拉伯人居住区分割开来。从历史的角度上说，这条隧道将现世的一切与过去圣经时代的声音色彩分割开来。在这里，朝圣者和旅行者并肩而行，就像来自另一个星球的访客。而这里的当地人正带着孩子和驴一如既往地生活着，好像20世纪从未到来。现代的文明和科技在这里似乎从未发生。我跟在当地导游后面，听他讲解这里的每一处名胜。跟着他重走耶稣走过的苦路，不时停下祈祷、吟唱赞美诗。

突然回到了独自一人的状态，能够自由地发现和判断，这是一种奇怪的体验。我不喜欢圣墓教堂那种排着长队众人缓慢通过不同分区营造出的那种神秘阴暗的气氛。在里面的时候，我迫不及待地想离开这个阴暗的地方回到明媚的阳光中。从高处望去，圣城一片洁白的屋顶与威尼斯的高楼上望出去的那一片鲜红色的屋顶一样迷人。城市里四处可听到鸡鸣和驴叫，充斥着浓浓的乡村气息。

距离毕士大池不远处有一个圣亚纳教堂，离穆斯林区的狮门也就100米的距离。从那儿，能一直远眺橄榄山。我走进圣亚纳教堂时几乎没有人，教堂宏伟庄严、穹隆顶、明亮而通风。我打了一个响指（乔纳森教我的方法），发现这座教堂的回音效果竟比国王学院的教堂还好。空荡的教堂里没有什么人，我吟唱了普赛尔的晚祷歌——"太阳遮上了面纱，对着世界说晚安……"——然后，我惊喜地听着自己的声音如何在这教堂的高柱之间回荡，一直飘到穹隆顶。音乐在这里可以拥有自己的生命，它可以在广阔的教堂里回旋并到达圆顶，再慢慢地飘下来。教堂友好的阿拉伯守卫从

Part Four Travelling to Infinity
我和霍金的生活

侧面探出头来，他告诉我说，他喜欢听那些来这里的朝圣者们唱歌。很显然，那天我很幸运能独自享受这么大的教堂，因为这里通常都有来往不歇的唱诗班。他告诉我只要我愿意，随时可以回来唱歌。

事实上，旧城的阿拉伯区并未让我感到恐怖。于是我找了一天时间来到圆顶清真寺，这是恢弘的伊斯兰圣地，也是传说亚伯拉罕献上以撒的地方。这里的入口处已关闭，外面站着以色列的士兵。在将来很长一段时间里，除了本教的朝圣者以外，这个地方将一直对外关闭。我心灰意冷地往回走，穿过阿拉伯的集市。那儿整条街都是各种玲珑的商品：伯利恒的蓝玻璃、陶器和皮毛。我看着那些卖古董的小摊，里面摆放着罗马风格的各式酒杯、铜器、钱币。然后就是令人垂涎的食物区，有各样的地中海东部小吃、坚果、橄榄、土耳其特产、哈儿瓦糕，以及大框的新鲜水果和蔬菜。和我25年前在摩洛哥古城丹吉尔遇到的商贩一样，这里的阿拉伯店主们热情又友好。我在一家古董店和那里的老板讨价还价了好长时间，以惊人的低价买了一串漂亮的罗马风格的玻璃珠项链和一条银色孔雀石项链。店主最开始只是和我友好地聊天，并未说服我买商品，他和我聊起他远在伦敦米德塞克斯大学读书的表兄。突然间，他朝街道的尽头望了一眼，匆忙把我拉进了店铺里。然后，他两手叉腰站在门口，神情非常紧张。他的谨慎是可以理解的，街道的那头正有一群武装的以色列士兵吵闹地向我们这个方向走来。他们对周遭的商铺和小摊并无丝毫尊重。我从这家店主以及旁边几家小摊贩的行为看出，这些士兵有手脚不干净的习惯。过了一阵，士兵们的军靴踏在石头小径上的声音渐渐远去，店主这才走进来，不断地叹气。他为刚刚比较慌张地把我推进店里表示抱歉，他说："你知道的，我们必须得十分小心。"我从他们家又买了一个做工精美的盘子，然后告别，我告诉他以后有机会我还会回来看他。我离开前的最后一天的确又去了那里，但不知为何，那天整条街都关闭了。之前热闹的街上空无一人。古老的色彩、生活、嘈杂的声音，就像从未出现过。忽然间，每个小巷、每个角落、每间房子都空空荡荡的，仿佛时空给时间旅行者关上了大门。

我对阿拉伯人民充满了同情，但我同时也对犹太人民很亲近。我的很多朋友就是犹太人，他们聪明、敏锐、能说会道。他们有人的家庭曾在大屠杀中被弄得支离破碎。我对那天在阿拉伯区街道上见证的以色列士兵的专横行为没有丝毫亲近感。让我更加没有亲近感的是那天我们的出租车司机。那是一个出生于中欧的美国犹太人，无论走到哪里，他都大声地发表着自己的意见。当他载着我们一路奔向死海时,他指着山丘上那一排排的白色建筑得意地说:"看,那是我们建造的家园。阿拉伯人在这里待了2 000年,结果什么事都没做。现在,该我们接管了,他们倒还想把我们推出去。"我曾经也听过类似的言论,都是出自美国的移民演讲者之口。过了一会儿,我们路过贝都因人营地。"你说这种人生存着有什么意义,你看看他们!"司机充满激情地喊着,"2 000年了,丝毫没有进步!"我为两个明明可以互利的民族却要如此对立感到忧伤。最好的犹太人和最好的阿拉伯人其实有很多共同点。他们都很聪明、慷慨、友好。或许历史上更多的犹太人成为了科学家和数学家,但阿拉伯人却在感性的诗歌创作和艺术领域成绩斐然。两个民族各自把握着建立世界上最成功的文化的钥匙。

我们现在去哪里开会都不可避免地要参加一些官方组织的出行活动。记者们带着他们的镜头跟在史蒂芬的后面出席各种会议,对他进行各样的采访提问。每次,都会有记者问相同的问题,而每次史蒂芬都会给出相同的答案。而每次听到史蒂芬的回答,我的心都会阴沉一片。"霍金教授,根据你的研究,你对上帝的存在有何解释?"、"在你描述的宇宙中,是否有上帝存在的位置?"、"你相信上帝吗?",史蒂芬的答案永远是一样的,"不,我不相信上帝,我的宇宙里也不存在上帝的位置"。罗杰·彭罗斯在面对这些问题时则更加聪明,在被问到同样的问题时,他总是说,"想要接近上帝有很多种方法:有的人在宗教信仰中找到了上帝,有的人在音乐中找到了上帝,有的人则选择在纷繁复杂的数学公式中去寻找"。罗杰狡猾的答案并没有排解我心中的忧伤。我跟史蒂芬的生活就是建立在信仰之上的,对他的天才和勇气的信仰,对我们共同努力的信仰,以及对我们最终的宗教的信仰。但我们现在,身处世界三大宗教的摇篮中,却要依靠着客观的科学价值来传道意义不明的无神论。这种对我自己信仰的全盘否认让人伤心。

司机带我们走过《新约》、《旧约》故事里的各处名胜:伯利恒耶稣降生的山洞、耶利哥的晒褪色的石头、狂野的被炙烤的山峦、约旦河绿色的涟漪和加利利海,司机没完没了地抱怨着阿拉伯人的不是,我脸色阴沉地坐在后排。我思考着为什么这片神圣的土地总是孕育着矛盾,在各种人类无法穿越的地貌天险中,矛盾的氛围却遍布这里的每个角落。就像史蒂芬和我一样,我们在精神世界上处于完全的对立面。

史蒂芬在提比里亚的一间湖边餐馆吃午餐,我利用这个时间在加利利海

Part Four　Travelling to Infinity
我和霍金的生活

碧绿的海水里游泳。有那么一瞬间，我感觉自己和这片充满矛盾的土地又达到了一种平衡。戈兰高地上的战火阴云从未消散，这也使加利利海免遭旅游市场的侵蚀，所以2 000多年来几乎没有变化。1988年的提比里亚可能还不如罗马时期那样吸引游客。这里的湖水跟苏格兰的湖水一样平静，毫无波澜。如果不考虑炎热的天气，从山上圣训的遗址看到的加利利海和苏格兰的洛蒙德湖简直没有区别。旅程的最后一天，我们全都泡在死海中游泳。在我的鼓励以及史蒂芬的其他随行人员的支持下，史蒂芬也下了水。在这高盐度的温暖海水里，他安静地漂在水面上，享受着他多年不曾触碰的大自然。这是一个真实的宇宙，不是他想象中的理论世界。没有人说话，远处约旦的群山和山间的飞鸟见证着我们这平静祥和的一幕。在死海里别说潜水了，就算游泳都比平常水域更加费力。我试着潜水，只换来了满嘴满鼻孔的盐水。我的游泳技能只适合酒店的游泳池，这段时间，我每天晚上都会在酒店顶楼的游泳池活动一下。游泳的舒展和酒店窗户外那向地平线延伸的耶路撒冷让人心旷神怡。后来有一次，我在游泳池里发现了一个浑身长满小点儿的小孩，我猜他是得了水痘。不过，我学生时代在西班牙经历了一次水痘，从此身上就充满了抗体，所以我也没有太介意。

49 红女王

中东之行只是一个序曲，这个夏天比平常更加忙碌。尽管和护士们的关系依然紧张，麻烦依然不断，但现在矛盾的中心已转移到了学院，毕竟史蒂芬每天在那儿待的时间最多。刚上任没多久的年轻助手尼克·菲利普写信给我，抱歉地告诉我他要辞职了。其主要原因是他总受到一个护士言语上的攻击。"嘴巴不干净，"他在信里如此描述。我对他的遭遇深表同情，但我也不知道如何才能帮助他。护士们有自己的做事风格，无论是朱迪还是我都无法改变。学院发生任何事情，都在我的管辖范围之外，我更关心如何在家里维持一个良好的环境。

露西的高等程度资格考试即将到来，同时，我本学年度的教学任务也迎来尾声。我开始着手为罗伯特准备21岁的生日派对。他生日当天，我们邀请了家里好多成员一块儿聚餐。一个星期后，我又举办了一次晚宴。晚宴上我们请来了乐队在草坪上表演，这是罗伯特18岁生日派对上的场景重现，不过这次是爵士乐队。罗伯特给大家发的请柬上写着"疯帽子的时装宴会"。生日派对的准备工作紧张地进行着，从耶路撒冷回剑桥后的第三周，一天早上我醒来，忽然感到头痛，腰部也伴有一些奇怪的痛痒。头痛的感觉就跟当年在西班牙患上水痘时很像。我让露西带她的弟弟去上学，自己躺在家里的床上休息，直到10点伊芙来我们家。伊芙走到门口，我听到她在我房间门口用温柔的伯明翰口音问："简在哪里？"伊莱恩·梅森没精打采地回答道："她在床上躺着呢，一点儿小事就站不住了。"伊芙没再多说，径直来到我的房间。她看了我一眼就惊呼道："你得赶紧去看医生！"她说得很大声，家里的每个人都听得清清楚楚。

医生诊断我患上了带状疱疹，很可能是因为压力过大而导致的水痘病毒复发。他让我卧床休息，并给我开了一服止痒药。我躺在床上，想着当时在耶路撒冷游泳池里那个全身长满小豆的小孩儿，又想着还有那么多事情等待着我去做，不知如何是好。

Part Four | Travelling to Infinity
我和霍金的生活

多亏了伊芙——她自己刚摔断了胳膊还在疗伤——乔纳森和露西，他们分担了我的工作，我稍微得到了一些休息。乔纳森在组织排练自己的下一场音乐会之余还负责接送蒂姆上学，露西暂停了自己一贯的社交活动，给我端茶送水，陪在我房间里聊天。所幸现在我不需要管演唱会的行政事务了。如今，剑桥巴洛克乐团的规模越来越大，乔纳森已有了足够的资金请一个专业的助手帮忙打理演唱会的每一处细节。乐团的受欢迎程度越来越高，经常被请到外地去表演。他工作很辛苦，每天排练、演出，经常深夜驱车回家。作为一个典型的巡演音乐家，他的工作时间是弹性的，但在护士们眼里却不能接受。他有时白天会待在家中。然而一些见识短浅的护士根本看不到他在音乐上的造诣，把他当做没用的人，说他混在我们家享受史蒂芬带来的福利。乔纳森可能是我们家遭护士流言蜚语攻击最多的一个人。

露西也忙得不可开交，她要为期末考试作准备，要为爱丁堡戏剧节排练节目，还有一些其他社交活动。我的带状疱疹恢复得很慢，露西不得不从已挤满的时间表里再抽出一点儿时间用来照看我。我之前一直在准备和史蒂芬 6 月一同前往列宁格勒的事宜。我们准备参加那里的一次学术会议。然而，这次突发的病情可能导致我不能陪同史蒂芬前往俄罗斯了。这在其他人眼里或许是自然的事情，唯独史蒂芬以及他身边的仆人们觉得不可理解。也许是史蒂芬拥有着克服困难的超人毅力，对他而言，他无法理解其他人（尤其是他的妻子）过于担心自己病症的态度。在他的眼里，除了运动神经元疾病外，其他的病都没什么严重的。很显然，我实在达不到他对我的期望。我发现自己每次和他对话，总是以尴尬地道歉开头。因为我知道自己无法达到史蒂芬的要求，所以先行道歉。这样的处境让我万分沮丧。每想到这个问题我的沮丧就更加严重，而我的带状疱疹就更坏一步。病情加重到我神经的刺痛和眩晕已遍布全身。每次谈到家里的事情，我的手指脚趾间都像有 1 000 只蜜蜂在扎一样。

不过，我病得再严重也不能错过一件事情，那就是《时间简史》在英国的发行。按计划，6 月 16 日出版商将在皇家学会举办午餐聚会，这个日子距离我带状疱疹的发作仅一周的时间。《时间简史》就是史蒂芬如何与病魔斗争，如何一次次打败死神的最好体现。这对于我和他来说都是一种成就和胜利，它标志着我们俩过去的并肩战斗，和我们早期婚姻生活里的那些互相帮助。虽然胜利是属于我们两人的，但这个胜利却不是一件只有我们两人参与的私事，它是一件紧张的公众事件。受到病患的影响，我在宴会上很难以最好的一面示人。我虚弱得都无法正常与他人交流，更别提在穷追不舍的媒体面前自如地回答他们的提问。

发行典礼后的第二天，我再次从病床上站了起来。我穿上红色的礼服，戴上一个红色的纸做的皇冠，在脸颊涂抹上胭脂。因为我要在罗伯特的生日宴会上扮演"红女王"。不过，我在生日宴会上总是尽量避免过多走动。身上的疱疹一直没好，在疲惫中，我坚持把我的教学任务熬到了学期末。我再也没有多余的力气和我们家的护士争吵。随着《时间简史》成为畅销书并登上销售量榜首，护士们相互间的敌意也越来越浓。反正他们的争执也不影响我们家庭的和谐，我开始用他们应得的轻蔑态度对待他们。我尽可能地和他们少打交道，有的护士会在我们家打很长时间的电话和他们的朋友聊天。如果真的过分了，我会毫不留情地开除他们。一次，我打算找那名叫伊莱恩·梅森的护士好好谈谈。我认为，她就是一切问题的根源。我想告诉她，我不能眼睁睁地看着护士们之间的不负责任和不和谐把我们精心安排的时间表以及我们的家庭搞得乌烟瘴气。然而，我的这次谈话并未起到任何效果。她态度傲慢地否认了我对她的一切指责，并打电话告诉了她的丈夫以证明自己做事的正直清白。然后，她抬头挺胸夺门而出，留下我愣在原地心情沮丧。

与此同时，还有不少古怪的入侵者侵扰着我们的生活，他们大部分来自美国。他们完全不考虑时差问题，经常在半夜给我们打来电话，要求和史蒂芬谈话。每个打来电话的人都是《时间简史》的读者，例如一位自称贾斯廷·凯斯（Justin Case）的读者认为自己解决了宇宙的奥秘，并希望告诉霍金教授《时间简史》里的计算是错误的。他经常在凌晨3点左右和一位来自日本的自称艾萨克·牛顿的读者争抢电话线路，欲求与史蒂芬通话。露西还接到过一个向她求婚的电话。"美丽的露西，"电话中的人说道，"你愿意嫁我吗？不过在此之前，请顺便将我的论文给你的父亲读一读吧。"还有一个从佛罗里达打来电话的人，他称世界还有半个小时就要爆炸了，要求能尽快和史蒂芬通话。"他不在，"我回答道。"好吧，那……"他声音听上去很是沮丧，"这个地球完了，我也无能为力。"除了电话之外，还有一些找上门的读者。他们在我家门口等待着与史蒂芬见面。但这并不是什么好主意，比如有一位先生穿着背心坐在我们家门口，显然没意识到我们家的大门是往外开的。当大门打开时，门把手挂住了他的背心，将他拉扯到了旁边的草丛中。而史蒂芬坐在自己的轮椅上径直向校园驶去，根本看不见这个读者。等他从草丛中爬出来的时候，史蒂芬早已没了踪影。还有一位来自好莱坞的电影明星，想显摆自己的半生不熟的宇宙理论；有骗人的记者答应给慈善机构捐款作为对接受采访的回报，却迟迟没有兑现；还有不请自来的自诩传记作家，显然是想靠史蒂芬的名气让自己大赚一笔。所以，理所当然地，我迫不及待地期望着暑假时光早日到来。那个暑假，我们决定前往日内瓦。我知道当时在日内瓦发生的种种惨痛经历，但现在，或许这个世界上的任何地方都好于剑桥。

抛开好莱坞明星的骚扰以及家里吵闹的护士，我和史蒂芬认真交流了沃尔夫奖金的花费问题。沃尔夫奖金、《时间简史》的稿费收入、多年的积蓄，我们终于凑够钱买第二栋房子了。史蒂芬想将这笔投资放在剑桥，他看中了一所剑桥的公寓。而我更想在郊区买一栋别墅，远离剑桥的紧张气氛，去一个真正有隐私的地方居住。我一直梦想着能在北诺福克的海边买一栋别墅，但我们目前的存款还不够在那里买房。但以我们目前的存款来看，随便在哪个郊区买一栋房子都不成问题，我和史蒂芬则可以获得久违的宁静。史蒂芬可以安静地思考自己的研究，孩子们可以有地方学习，而我可以开开心心地装饰新房和新花园。

那年 8 月，乔纳森、蒂姆和我穿越法国北部一路向南，前往日内瓦与史蒂芬会合。在那儿，我们遇到了一个奇怪的英国人，那件事情让我第一次萌生了在法国购置家居的想法。这个操着一口法语口音的英国人在这里做房产生意。他在法国乡间游走，购置别墅，重新装修，然后再卖给英国人，价格比英国本地相同的乡村别墅便宜许多。他站在一家路边餐馆旁与坐在那里的法国人、英国人仔细描述着自己的商业计划。我内心的冲动被唤醒了，我觉得自己似乎找到了我们那笔钱最好的花费地。这是一个可行的方案。一方面，可以享受到乡村小屋的所有好处；另一方面，房子虽在国外但距离剑桥比威尔士还近。我们可以在这里尽情享受欧洲风情，孩子们还可以在这里练就一口流利的法语。

回到英国，新学期在匆忙中开始了。我开始想办法将我的想法付诸实践，然而，事实证明这都是我的空想。在日内瓦和史蒂芬度过的整个夏天都非常愉快，在友好平静的环境下度过了一段时间后，乔纳森、蒂姆和我还去了法国南部游玩了 10 天左右的时间。我们回到剑桥时，都因为美好的假期而容光焕发。大家都对未来充满了信心，谁都没有意料到潜伏着的新的危机。第一，露西本打算申请牛津大学她父亲和爷爷曾经就读的学院——大学学院。但因为她们的"剑桥青年剧社"在爱丁堡戏剧节上大获成功，她赶不及回来参加入学考试，所以只能先撤销申请再重新提交。第二，属于罗伯特和他外婆共有的那套房子一直是出租在外的，然而那位租户正威胁我们将把我们告上法庭。因为我此前还在法国的那段时间，租客和史蒂芬发生了口角，最后史蒂芬让他收拾东西走人。第三，剑桥巴洛克乐团的管理员因为如今的工作量太大而提出辞职申请。第四，在学院陪伴史蒂芬的护士们也矛盾不断，导致本应以学术为中心的学院被弄得乌烟瘴气。最后，朱迪也打算辞职了。她尽职尽责地为史蒂芬工作了15年，这件事让人感到十分悲伤。

我担心学院爆发的这些乱事最终会影响我们的家庭生活，而这时正是露西考大学的关键时刻，受不得一丝不良气息的干扰。她现在正在复习，准备牛津大学的入学考试，还要抽时间为他们的舞台剧《一条狗的心脏》做排练。他们的表演在爱丁堡艺术节上饱受好评，获得最高奖项之一的最佳独立作品奖。这样一来，他们获得了在伦敦的大舞台上巡演两周的资格。不幸的是，伦敦的表演时间刚刚排在了牛津面试前。露西不得不在每天晚上放学后再前往伦敦忙她话剧社的事情。忙完后再赶回剑桥的家中，因为第二天她还要照常上学。她现在几乎没有闲暇时间，所以充足的睡眠对她非常必要，我必须保证家庭环境的安静。虽然这明明是一件大家都应该明白的事情，但是对于大部分天天穿梭于我们家的外人来说却很难做到。

我尽量让护士们的勾心斗角不要蔓延到家里，然而这对于保持家庭的平静显然不够。史蒂芬不但在英国、美国成为了有名的科学家，现在，他更是受到了全世界的关注。随着《时间简史》的成功出版，他已然成为了人们狂热追随的对象。1988年10月，当我和蒂姆陪史蒂芬去巴塞罗那参加西班牙语版的《时间简史》出版仪式时，我们才第一次认识到这个问题。他走到哪里都会被人立刻认出来，街上的行人看到他就会鼓掌。我被要求在新闻发布会和电视采访节目中担任翻译。而一些女性杂志也要求对我进行采访。有人能够将我再次看做史蒂芬的战斗伙伴让我感到满足。不过我们接到的采访请求越来越多，不只是在西班牙，全世界的媒体都在追踪我们。与媒体保持良好关系是很有必要的，毕竟我们是来这里售书的。根据我们和出版商的条约，我们必须答应接受外界的采访。在家里的时候，我就想有一点儿自己的私人空间，可以安静地做一些自己喜欢的事情。而外界媒体的频繁打扰已严重影响了我们的正常家庭生活。史蒂芬的办公室几乎成

Part Four　Travelling to Infinity
我和霍金的生活

为了电视台的摄影棚,一旁的护士们也互相掐来掐去,争夺上镜的时间。但那还不算大问题,一个记者问道,可否到我们家中拍摄一些家庭照片,这是我最不乐意的事情。我非常抵触这种事情的发生,孩子们也是极力拒绝。我们家里本就有很多进进出出的护士,如果再加上记者们拿着相机到处拍照,将不再有任何隐私。我的话丝毫没有作用,这种不合作态度反倒被媒体当作我对天才男人的不忠。鉴于我和乔纳森的关系,鉴于我一直拒绝接受护理训练,我早已被媒体定义为不忠而饱受谴责了。所以,我现在绝不愿意外界介入我的生活。我想要在隐私和公众之间竖起高墙,自然这又成为了他们眼中我对丈夫不忠的证据。

　　11月7日,露西在伦敦麦尔安德的半月剧场举行的为期两周的巡演开始了。她4点钟从学校放学,半小时后必须坐上前往伦敦的公交车。话剧中的每一个演员都身兼多个角色,在每幕间每人都要频繁切换服装道具,所以整个话剧需要演员耗费大量的精力。每过午夜,她才能回家。第二天早上,她还得在9点以前抵达学校,开始新一天的繁忙学习。在露西的表演开始后,史蒂芬和自己的跟班一同飞去了美国的加利福尼亚。露西的时间虽然紧张,但史蒂芬的离开却似乎让她更加放松。史蒂芬走后,家里一切都安静了下来,生活的质量也得到了明显提升。家里的每个人都得到了久违的解脱。

　　下一个周末,带着一种陌生的悠闲感,我坐在家里翻看着星期天的报纸。报纸上刊登的一处法国地产的消息引起了我的注意。在报纸的下方是一处位于法国的英国房产商的广告,宣传他们可以为顾客找到最舒适的房子。我给他们打了电话,没过几天,他们就从法国南部给我寄来了许多照片。照片看上去像是在大雪或大雾中拍摄的,手册里好多术语我都要翻看词典才能明白其意。最关键的是,它们的价格都不高。任何一间我看到的别墅都比英国南部的这些两卧室公寓便宜一半。虽然从照片上看不出这些别墅的质量,但它们都毫无疑问地拥有很大的占地面积。我又打电话询问了更多的问题。很快,乔纳森、蒂姆和我一同在11月中旬去了趟法国。

50 天堂愿景

11月的法国郊外刮着寒风,沉闷又荒凉。不过,我们的目的地法国小镇阿拉斯还是充满生机的。我们到达目的地时正值夜晚,街边小店里的最后一批客人缓缓涌出商店,走上明亮的街头。街上到处挂满了圣诞节的装饰品,我们开心地买了很多和圣诞节相关的商品。我们吃惊的是,这里很多商店的招牌上都挂着同样的标语:新的博若莱葡萄酒到了。于是,我们在住宿地附近的一家酒吧享用了一顿大餐:宝石红的红葡萄酒加上饱受好评的招牌菜。或许在英国的时候太忙碌以致我们很久没有好好准备圣诞节了。这次,我们终于完成了完美的圣诞节购物并享用了一顿香醇的美酒。

第二天,这里下起了铺天盖地的雨夹雪。这阴冷潮湿的天气让我对在郊外四处奔走看房子的事情完全提不起兴趣。但是,接待我们的地产经纪人热情而有活力,他和他的助手正迫不及待地想用宝贵的星期天给我们介绍他们所熟知的最棒的房产。那个星期天我们非常忙碌,跟着经纪人跑了大半天时间,一路上看到的只有下个不停的大雨,其间还夹有雪花。大雨停了后,郊区又升起了一片浓雾。在浓雾中,我们参观的都是一些残破不堪的房子。有的天花板是漏的,有的房间感觉是用硬纸板糊起来的,还有一个房子连接厨房和餐厅的过道是它的卫生间。我心中想要找的是有特色的老房子,这个房子的基础设施还应该是完整的。至少可以通过我们的翻修达到居住舒适性,房子的墙体还要足够结实,最好是支持可以通过局部改建以方便残疾人出行。房子外的环境不能太差,不能太靠近主街道以导致噪声过大,这是非常重要的一个条件。我们第一天看的房子没有一栋符合我的要求。

第二天是个好天气,天空晴朗,能见度极佳。乡间的法国被一层软绵绵的积雪覆盖,在阳光下闪闪发亮。我们在返回宾馆的路上的一个小镇停留,联系了另一个地产经纪人马耶太太(Mme Malliet)。她带我们出了小镇,朝着海岸线的方向行走。从小镇里出来后的道路蜿蜒而上,不久,我们便到达了一个广阔的平台。事实上,这是一条跨越两条河谷的高地。我们经过了一个赛车场,又穿过了一个小村庄。我们走得越来越远,四周有人居住的迹象越来越少。从遥远的地平线上偶尔能看见教堂的尖顶、水塔或者废弃的风车磨坊。马耶太太忽然往右转去,我们紧随其后。于是,我看见了距离主路1 000米左右有一栋长长的矮房,由石灰墙和红墙砌成。"妈妈,这就是我们的房子。"当时9岁的蒂姆说道。在路的那边,那座房子就像老朋友一样在向我们招手,它似乎有一种魔力让我们第一时间就被吸引住了。我想这就是法语里的"一见钟情"。当我们近距离观察它时,也丝毫没有失望。房子曾被当做老式磨坊,然而风车磨坊早已废弃。房屋前方我们远远就看到的低矮建筑只是房子的一侧,较其他三侧而言更矮。房子中间有一个天井庭院,很有罗马别院的风格,这正是我和史蒂芬订婚那段时间我梦寐以求的房子。从天井看这座房子与从外面大路上看一样漂亮。起居室、厨房都对着天井和房子后面的花园和牧场。那里常年无人打理,成了一群野鹅的天地,只有一处角落种了些蔬菜。

房子的卧室完全符合我的要求,可以成为史蒂芬理想的卧室:在一层,无需上下楼,只需将宽大而通透的阁楼稍加改造就能让卧室的空间扩大许多。对我而言,这个房子让我满意得难以想象。我们目前看到的一切都完全达到了我心里的标准。这里距离海边只有不到1小时的车程,距离剑桥也非常近。这里就像剑桥西边的郊区,与威尔士相比,近多了。房子拥有极佳的视野,从草坪上可以一直望向远处的森林。房子远离大道,但想回到大道也非常容易。它很老旧,充满了自己的特色,但房间整体硬件都很好,没有太大的破损。当然,我们未来会做很多改装。最重要的是,这座房子的价格低廉,我们可以从购房预算中省下一大笔经费用于装修。

回家的路上,我脑袋里一直想着这套房子。想着以后应如何装修,如何将它变成我梦想中的家园。一回到英国的家中,我就拿起笔,拿起尺子,将自己的想法和大概的草图画了出来,统统传真给位于南加州的史蒂芬。史蒂芬的回答是肯定的。通过传真与远在大西洋对岸的他交流要比面对面交流容易多了。他简约的回答"看上去不错"在我看来就是同意了我的建议。接下来的买卖环节进展就非常迅速了。我同时还需要迅速学会处理和法国人的房产交易问题,这里的房产交易程序和英国存在较大区别。我必须尽快熟悉法国的法令和相关条款,法国银行的办理系统、法国的保险政策、法国的税收,以及他们的水电费交纳之类的事情。英国货币当时正在升值,所以我也享受着有汇率给我提供的好处。最令我感到开心的是，同样的价钱在英国什么都买不到。我觉得自己突然有了一种多年以来都没有的安全感和稳定感。这次购房，尽管经费是我和史蒂芬共同承担的，但购置策划、外语交涉都是我对家庭作出的重要贡献。我们过去奋斗的方向只有科学。而现在的这个项目融合了我们的共同爱好，语言、对法国和法国生活的热爱、放松的花园和音乐，以及史蒂芬的科学爱好。我每次翻看自己画的那些草图，就迫不及待地想搬到这栋房子里去。有一个旧车库与房子连在一起，我们稍加改装，就可以把这里弄成史蒂芬的学堂。他可以在这里举办夏季学校，邀请科学界的同僚以及他们的家人们来这里举办学术会议。有了这么一个地方，我们可以在法国的北部建立起属于我们自己的"里雾诗"夏季学校。这个地方可以将我和史蒂芬的关系重新修补，给我们带来 1985 年以前的那种和平和安宁。

Part Four Travelling to Infinity
我和霍金的生活

51 回 家

1989年初，我的购房计划被暂时搁置，因为当时我正忙着帮史蒂芬校对法语版的《时间简史》。我不仅需要检查语法错误问题，还要审校译不准的问题。英文版的《时间简史》开头有一段美国科学家卡尔·萨根写的引言，但我发现法语版的《时间简史》并未将其翻译过来，而是直接删除了。法国出版商弗拉马里翁（Flammarion）背着史蒂芬用一个法国的物理学家写的引言代替了英文版里卡尔·萨根的引言。我发现这段引言带有轻蔑的意味，所以我将其删除了。法语版《时间简史》将于1989年3月初在巴黎出版，那个时间正好是我计划完成购房手续的时间。出版前的几个星期，大量法国媒体来到剑桥做采访，但我的心思几乎都放在了法国房产的购置问题上。我的视野开阔了，不再局限于英国家中的四面围墙。

学习法国法律系统的复杂细节，建立自己在法国的银行账户，签订保险等各种复杂手续都落在了我的身上，但我做起来却特别带劲。我和法国北部地区的这些令人愉悦的法国人民们频繁地打着交道，乐此不疲。3月1日在巴黎，我正式签署了购房合同。与此同时，我已经着手准备翻新工程了。签署合同本身就是一项了不起的成就，因为所有人都必须在场，而史蒂芬刚从纽约开完会回来。当我们在法国买房的消息传到剑桥的时候，我也收到了一些不好的回应。"史蒂芬不喜欢郊区。"他母亲在史蒂芬面前态度傲慢地说，想让他改变主意。"她难道忘了蒙茅斯郡的兰多戈镇的经历了吗？"史蒂芬母亲说道。诚然，史蒂芬对郊区的印象会因为那次的事情而不悦。但如今的情况不同了，这栋房子是我精心挑选的，且会仔细地翻修以满足史蒂芬的生活要求，她这样责怪我是不公平的。许多不了解史蒂芬的人以及他身边的一些护士，总把他想象成大城市里的花花公子，对田园生活不屑一顾。这些人心中的史蒂芬的形象和实际情况是不相符的。而他们对我这次投资的诽谤已开始让史蒂芬对我挑选新房的决定产生疑惑了。

买房之后在巴黎待的那几天显然增加了史蒂芬对城市生活的热爱。走在大街小巷他都是人们关注的焦点，他是媒体面前的宠儿，是出版商争相追捧的对象。尽管我也热爱巴黎，但我却不像史蒂芬那样享受。我们在圆顶餐馆（La Coupole）享受美食，去了埃菲尔铁塔上的一家饭馆，那家饭馆还让史蒂芬在他们的到访名人手册上签名。我们参观了当时新建的奥赛博物馆。我们和史蒂芬在法国的好多朋友们聚会，去了他法国的表姐家做客吃饭，庆祝书籍的出版。几乎到处都有人拍照，记者们追着想要采访史蒂芬，而我和史蒂芬的一位法国同事则担起了史蒂芬的翻译工作。当"欧洲一台"广播的知名主持人让－皮埃尔·埃尔卡巴克（Jean-Pierre Elkabbach）请我们去做访谈的时候，我受宠若惊。当我们到达电台时，让－皮埃尔正和法国国民阵线领导者让－马里·勒庞（Jean-Marie Le Pen）进行激烈的讨论。当见到我后，让－皮埃尔很快恢复了镇定，对我展现出了优雅的绅士风度。广播在全法国范围内播出。事实就是，在我们住进新家前，我们的生活就已通过国家广播传到了我们所有的邻居那里。

　　回到英国后三周，我和露西、蒂姆又一同去了法国。我们开着车，车顶上装满箱子，里面放满了衣服、餐具、书架配件、食物等物件。我惊喜地发现了一条新开的车道，仿佛专为我们而设计。这条道路将我们的车程缩短了至少 20 分钟。所以当我们比计划中更早的时间抵达新家后，我们看到新房里全是正在辛苦工作的工人。大家都在努力工作，将这里改造得更适合史蒂芬的工作和生活。工人们只花了 17 天的时间就把顶上的阁楼改建为了卧室。他们效率很高，很快就将我们的房子换了个模样。

　　史蒂芬最近买了一辆大众客货两用车，车厢里设有一个坡道便于轮椅上下，同时还有固定轮椅的装置。我们正好可以用它来搬运大件家具。那天晚些时候，乔纳森开着这辆车，带着更多的家具和行李箱抵达了我们的新家。第二天，乔纳森开车去了勒图凯机场，这座机场在其鼎盛时期受到英国人的广泛喜爱。他在那里迎接史蒂芬、罗伯特，和史蒂芬的一些随行人员以及两名我们信得过的护士。《时间简史》的大卖让史蒂芬有了充裕的资金可以享受前往法国的奢侈的私人专机。他们乘坐的飞机很小，聪明的澳大利亚飞行员在机翼处腾出空间放置史蒂芬的箱子和轮椅，他还邀请罗伯特坐在副驾驶的位置上与他并肩飞行。

　　复活节假期那段时间，法国北部的天气实在太好了。我甚至一度以为自己来到了地中海。明媚的阳光照耀着我们新房那白色的墙和低矮的铺满红色瓦片的屋顶，蔚蓝天空下的草坪上开满白色的鲜花。就连史蒂芬也被眼

Part Four | Travelling to Infinity
我和霍金的生活

前的景象吸引了，尽管他曾抱怨这里的郊外与剑桥郡一样平坦。罗伯特很快就在自行车之旅中发现这里并非想象中那么空荡。我们的房子坐落在一片地势偏高的平原上，一条蜿蜒的河流将平原分隔为村庄、水磨坊、古堡、教堂、白杨树和溪流。史蒂芬似乎很喜欢这里，虽然他不曾从自己口中表露出来。不管是郊区的生活还是陌生的老房子，他都一直持着比较负面的观点，不过对这里他还是比较满意的。他和孩子们一块儿出去为我们乔迁宴购买粉红香槟，我们将香槟买来分发给邻居以及那些在买房问题上给予过我们帮助的人。史蒂芬自然是宴席上的中心，他操纵电脑用音译的方式说出了简单的法语，引来宾客们捧腹大笑。众人纷纷祝贺史蒂芬的书成为了畅销作品，而史蒂芬也礼貌地接受了大家的祝贺。孩子们很快都找到了新朋友，就连蒂姆也用不流利的法语和手势与这里的小朋友们交流。例如"踢足球吗？"或者"玩游戏吗？"蒂姆很反感别人亲他的脸颊，直到罗伯特告诉他，不出几年你会十分乐意被女孩子亲脸颊，蒂姆这才将信将疑地接受了。对我而言，在法国，我可以像法国人一样生活。我可以做真实的自己，不用事事征求他人的意见，不用为自己的存在而感到愧疚。

52 成名的代价

我的自信心刚在法国土壤的培育下萌发出新芽，却又很快在英国被打倒。我还是一如既往地用乐观的态度面对生活，压根没想到 4 月底一名好莱坞电影制片人的到来再次开启了我们家庭生活的混乱。他看上去很友好，坐在那里跟我讲他自己家庭的故事，并说他有意向拍一部《时间简史》的电影。他想把这部电影做成一个对这本书的严肃的且充满信息量的解读。他也非常认可我提出的建议，认为电影应该从孩子的角度去观察世界如何在宇宙和空间中穿梭。这个想法非常具有吸引力。只要电影能在保证科学真实度的前提下，导演和编剧发挥其最大限度的想象力，我认为他们会获得极大的成功。

这个制片人没走多久，又有一个来自美国的电影工作者前来拜访，目的都是一样的。这个导演是个性格鲜明的女人，在和她的交流中她流露出的对他人的关爱赢得了我的尊重。媒体的拍摄工作大都差不多，先在学院里大闹一番，将该录制的东西录制好后，再到我们家里拍摄残疾人科学家的形象，似乎是为了给影片增加点人情味。所有的导演或者制片人在和我们的初次见面时都显得特别友好，他们通情达理、善解人意。他们总是承诺会将对我们家庭生活的干扰降至最低，承诺他们对我们私人生活的打扰不会太长，只需几个镜头就能搞定。他们会承诺他们的镜头、电线、照明等其他一些设备都会被放得远远的，保证不妨碍我们的生活；他们不会胡乱调整我们家具的位置；我们想穿便装就穿便装，几乎可以不用担心有他们的在场。

然而事实上，他们很少有人能兑现自己的诺言。无一例外的，拍摄初期，在我们的目光监督下，他们的行为会得到收敛。摄像机刚运转，所有的制片人和导演们都会立刻将自己的承诺抛开，通常以资金不够不得不改变拍摄策略这样的借口搪塞我们。家具被人随意拖动早已变为家常便饭，用完之后也没人将它们摆回原位。家里到处都是他们用来打光的刺眼的照明灯，

Part Four | Travelling to Infinity
我和霍金的生活

各种仪器需要的插头电线遍布家里的各个角落。可见之处，只要有挂钩什么的，几乎一定安装有麦克风。我们原本熟悉的家被外人弄得如此陌生。他们还要求我们站在镜头前，若无其事地过我们平时的生活。我感觉自己就像一个不曾接受过任何训练的演员而又必须参加一场重要的演出。我对这样的状况非常无助，内心有一个声音始终抗拒着。当然，我们和摄影组之间的矛盾并非没有解决办法，但任何办法都需要花费更高的经费和更多的时间。这些导演和制片人仅仅只是任务式的从这个项目快速进行到下一个项目，并未真正投入到艺术创作的本源。

在外界的重压下，我内心的反抗精神依然在我相对平静的外表下发芽，等待着爆发的那天。我的孩子们对这些事情也提出了抱怨。特别是露西，她正准备着考试，家里闪亮的灯光和来回打扰的人群让她无法集中精力。而我什么也做不了，我不能赶走这些人，因为这会激怒史蒂芬。史蒂芬乐于享受大众对他的关注。史蒂芬刚又去了一趟美国，但是我得到的这短暂的休息并没有带给我足够的力量与穷追不舍的摄制组作斗争。而现在正是一年中我身体最虚弱的季节，空气中飘着各种植物的花粉，给我带来过敏反应且鼻涕不断。

那个初期表现出很理解我的美国女导演开始变得越来越独断专行。让人难堪的是，一次她带着摄影团队加入了我周六的例行购物活动。史蒂芬和我一块儿购物的时间本就很少，而现在，我要和史蒂芬、他的随行人员，以及后面跟着的一大帮镜头和剧组一块儿去超市买菜。一路上，我都躲着镜头。摄影团队是不会为我提供帮助的，他们只会像影子一样跟在我们身后，用他们的镜头和麦克风杵到我的脸前。我大包小包地采购，然后独自一人将商品抬上购物车，自己结账后再将它们带着。

这部影片是为一个美国电视频道制作的。主要目的是介绍史蒂芬的日常生活，同时，他们也希望为即将根据《时间简史》改编的电影提供一点独家资料。只有当我想到他们是在推广史蒂芬的《时间简史》的时候，那难熬的几周才变得稍微可以忍受一点儿。星期六的晚上，一位彬彬有礼的记者和他的妻子来访，不过，我丝毫没有心情欢迎任何电视电影人员。除了回答记者妻子的提问外，我几乎没有多说一句话，也没向他们介绍自己。我给他们端上了饮料，记者的妻子开门见山地问道："你有宗教信仰吗？"她语气里那种随意的态度一下将我激怒。我告诉她，这不关她的事情，请她别管闲事。当我回过神来，又懊恼不已，为自己的鲁莽感到愧疚。恍惚间，我听到自己的声音在抱歉似的邀请他们一起共进晚餐。

深夜,我独自躺在床上思考着白天的事情。公众的压力让我正在成为一个连我自己也不认识的陌生人,然而,我又找不到有效的解决问题的方法。显然,在公众的眼里我不过是一支插曲、一个附属品,他们是希望通过我来更多地了解和认识史蒂芬。我和史蒂芬唯一的关系就是我在很久以前嫁给了他,和他一起生活并养育了我们的三个孩子。如今,我存在的意义只是为了满足媒体探求个人隐私的欲望,而在我内心深处,我在反抗——为自己的屈辱和无助反抗。

10天的拍摄期终于结束了,史蒂芬在人山人海的伦敦帝国学院举办演讲,探讨薛定谔方程。发明于1962年的薛定谔方程对于量子理论研究的重要性就相当于牛顿力学对于探寻天体运动规律的重要性。史蒂芬尽量将虚时间($i^2=-1$)解释得清晰易懂。演讲结束后,给这次演讲提供赞助的电脑公司IBM的一个代表找到史蒂芬并要求与他合影。显然,这是赞助商公司员工的好福利。我站在舞台的一角心情复杂,想着可能我是这里唯一一个和科学没有任何关联的人。直到我遇到了薛定谔的女儿,我们曾经于1983年在都柏林有过一面之缘。她不太爱说话,也不高傲。她告诉我,她是薛定谔和另一个女人所生,后来被薛定谔的妻子收养。薛定谔的妻子将她当做自己女儿一般对待。我为她感到难过,她一直生活在自己父亲的阴影之下。不只是他父亲巨大名气,还会为父亲花花公子的名声而饱受苦恼。我为自己的孩子们担心,担心今天的薛定谔的女儿就是我的孩子们的明天。

接下来的那个星期六,我去市中心为"国家精神分裂基金会"做义卖。出发之前,我和往常一样帮史蒂芬阅读信件。发现有一封英国首相撒切尔夫人寄来的信件,她在信中提到,"希望史蒂芬可以参加女王即将来临的生日典礼,并接受'荣誉随从勋章'的颁发"。我后来还专门为这些复杂的词汇查了百科,才知道原来这可能是这片大地上最高的荣誉,甚至比爵士头衔还要高。这种授勋非常低调,被授勋的人只会在其名字后加上几个小字母,如"C."、"H."。史蒂芬当时去了美国,我只好代表他参加了领奖仪式。

史蒂芬已被提名为剑桥大学的名誉博士,那年的夏天将是他职业生涯的顶峰。到时,一定会有大量记者涌来,我丝毫不期待我们那时能保证自己的稳定和谐的生活状态。如何让露西安心地准备高等程度考试,如何让罗伯特安心地准备期末考试,才是我急需解决的问题。我和史蒂芬优先考虑

Part Four | Travelling to Infinity
我和霍金的生活

的事情各不相同，矛盾也越来越难以调和。对我来说，最重要的是保证家庭的和谐，我们的隐私得到尊重。我并非是要将记者和吵闹的护士一并拒之门外，但我想我应该得到起码的尊重。尽管史蒂芬的名气很大，尽管他是我们家最重要的人，尽管史蒂芬的病痛造就了他是我们家最应被照顾的人，但我们家庭的其他成员也同样应得到关爱。无论是大人，还是小孩，都不应因为史蒂芬的存在而天然地成为牺牲品。我不希望现在的生活环境给孩子们造成压力，更不希望他们在将来讨厌甚至憎恨自己的出生环境。

对史蒂芬来说，他享受着自己的名气给他带来的福利。他喜欢媒体，是媒体让他的名字在全世界传遍。在这个挑剔又处处充满敌意的社会，他的声名鹊起不仅塑造了战胜科学天险的伟大形象，还成就了他的战胜死神的坚强战士形象。对他来说，所有媒体的宣传都是正面的，因为这都能给他的书《时间简史》增加销量。那年夏天，矮脚鸡出版社给我们寄来了一大箱香槟，庆祝《时间简史》在畅销书榜单上持续了52周的时间。第53周，它还稳居畅销书榜单第一的位置，傲视群雄。史蒂芬成功地将两个极端融为了一体：他所研究的科学领域是最基础的也是最难懂的；而他可以将如此深奥的知识用简单易懂的语言讲述出来，并吸引了大众的注意力，这就是一个壮举。

事实上，这本书的畅销确实远超了我们的想象，我只能尽量在生活中保持低调。我试图将有关版税的信件对外人保密，因为如果我们的财富突然剧增的消息一旦传播出去，很可能会失去那些为我们慷慨解囊的好朋友。我很清楚，我们的经济状况一旦被公之于众，将会引来一群我不愿结交的人。过去，史蒂芬一直忙于自己的科学研究，我是家里的财政大臣。我总会为史蒂芬如此病重无法工作，我们全家出现经济困难而担心。这让我学会了科学管理家庭账目的本领。我对家庭财政的管理还算出色，不但露西的学费不用愁，我们偶尔遇到紧急事情也能抽出余钱应对。就算史蒂芬没了工资，我当时管理的家庭存款也够我们一家生活几个月甚至几年的时间。自从1985年签订《时间简史》的合同以来，我一直与纽约的出版商就版税问题保持着通信。突然间，情况发生了变化。

之前一直是我负责联系并收取版税，突然一天纽约方和我中断了联系。我电话询问他们，他们说收到指示，之后的版税稿费都直接发给学院的史蒂芬本人，而不再发给家里的我。我不知道是什么造成了这样的改变，史蒂芬也没做任何解释。似乎经历了这么多年的互相信任，我能有效并谨慎地管理财务的能力遭到了史蒂芬的质疑。更让我不解的是，自这次财务管理变更之后，信件经常散落在桌上，大家都能看见，就连临时工也可以随意拆开我们的信件阅读。难道史蒂芬希望这些白纸黑字可以彰显他天才般的能力。

那年春天，史蒂芬第二次去了美国，使我们之间紧张到不可思议的家庭气氛得到了缓和的时间。我的其他事情也都得到了恢复：教书、学习、研习文学和音乐。他离开之后，我们自然也没有外界的打扰，大家都享受着安静的生活。没有媒体、护士的骚扰。我们去了一次丹麦的乐高乐园，算是了了蒂姆的一个心愿。5月下旬，我们又一块儿去了法国的别墅度假。

我们是第一次在初夏时节看到我们的新房，它向我们展示着它全新的一面，尽情欢迎我们的到来。装修翻新进展得很顺利，我们现在又加装了一个浴室，专为史蒂芬建造。对仓房的翻修也踏上了正轨，花园被收拾得像模像样。我曾经幻想中的英国乡村花园竟在法国得到了实现，就连我们的园丁克洛德（Claude）都说，在我们漂亮花园的影响下，只种植蔬菜的他也因花园的美丽而种上了几朵漂亮的小花。在我的心中，这栋新房开启了一扇大门，一扇通往过去的大门。通过这扇大门，我们似乎回到了过去那个在蓝天白云下无忧无虑的闲暇时代，远离如今剑桥的争吵。这个地方已在我心中占据了重要的位置。这里空气新鲜、视野开阔，绿色的草坪在我们脚下向天际延伸。海风吹过，带来的尽是花香和木头独有的香味。阳光总是那么柔和，一切都是那么安静。在这里，我可以真正的独处，没有护士、摄像机、记者。我可以在花园里挖土，我可以安静地享受音乐。我可以沉浸在书籍中不担心受到打扰，也不用担心被人批评自私地享用宝贵的时间。在那里，我能感觉到自我，我的自我与大自然同在。和当年一样，我能感觉到体内那个向往自由的灵魂，向往着傍晚时分能够内心平静地遥望天边，不用为任何事操心。

我一边在花园里翻土、播撒种子、种植玫瑰花，一边陷入沉思。我想起去年的法语教学大纲中选用的一些文章，感到自己能和伏尔泰笔下的主人公赣第德（Candide）产生共鸣。赣第德受哲学家潘格洛斯教授（Dr Pangloss）的影响，年轻的他曾乐观地认为现实是"尽善尽美"的，但现实中他的幻想彻底破灭，于是悲伤地远离了这个世界，转而在花园中寻找慰藉。"我们必须深耕自己的心田……"，这就是他最终找到的答案，悲观而孤独地面对这个世界的种种不合理。在剑桥，我们生活中没办法解决的矛盾、

Part Four | Travelling to Infinity
我和霍金的生活

无法调理的情绪，腐蚀着我们生活的根基。而在法国，土壤是新鲜而肥沃的，花园里充满了对未来的许诺，在永恒的自然法则的主宰下，那是一个可预见的、生生不息的未来。

53 荣 誉

　　1989年的夏天，众多惊人的奖项等待着史蒂芬，媒体对他的关注度也达到了巅峰。首先是6月15日，爱丁堡公爵菲利普亲王将代表剑桥给史蒂芬颁发荣誉博士学位。我们提前得到通知，6月16日英国皇室会在白金汉宫确认史蒂芬的皇家荣誉，并将在6月17日星期六向媒体通报。巧合的是，乔纳森带着他的剑桥巴洛克乐团这天将会在伦敦大学参议厅为庆祝史蒂芬获得荣誉博士而举办一场演出。尽管在1987年纪念牛顿的庆典上巴洛克乐团成功获得了大众关注并吸引了足够多的赞助商，但撒切尔时代下的英国音乐表演行业不景气，这些赞助商自己通常也摇摆不定。巴洛克乐团刚与一个非常有绅士风度的英国公司达成并签订了赞助协议，谁知笔迹未干，这家公司就被美国的一家电脑公司收购了。而这家电脑公司向外公布自己只以营利为商业目的，不会赞助艺术、音乐，或者其他任何性质的慈善机构。这家公司残忍地撤销了他们之前对我们提供的所有赞助。乔纳森的乐团本已安排好了接下来2年的演出计划，由于这次的意外变故导致资金链出现了严重缺陷。乐团在之前的运作有一点小盈利，但这次的突然事件不得不给我们带来巨额负债的危机。如今的乔纳森和乐团命悬一线。在这个时候，史蒂芬的名气起到了救赎作用。如果以庆祝史蒂芬获得荣誉博士为名义开音乐会，一定会有大批观众前来。这些观众虽然是来参加音乐会，但实际上他们是希望在音乐会上看到史蒂芬。不用说，现在炙手可热的史蒂芬吸引潜在的赞助商还是非常简单的。乐团将演奏史蒂芬最爱的巴洛克风格音乐，在现场还能为我们支持的几个慈善机构组织小型募捐活动。这个想法对各方面都有利，史蒂芬也表示了赞同。同时，对于首相撒切尔的来信，史蒂芬也作了肯定的回复。5月，他又踏上了美国的土地。

　　我曾经非常乐意为乔纳森乐团的演出做筹备工作，因为这样的工作经历也给我在其他业余爱好上带来了大胆尝试的勇气。然而这场演出我可以肯定的是，会吸引众多对史蒂芬感兴趣的记者。前来采访我们的记者什么人

Part Four | Travelling to Infinity
我和霍金的生活

都有：一些比较友好，一些冷静客观，还有一些则咄咄逼人。无论是法国记者还是西班牙记者，大家都纷纷涌向英国，希望第一时间报道天才科学家的最新消息。有的记者惯于在采访中使用小伎俩，我后来也渐渐学会了如何应付他们。比如在采访之前就想好什么能说，什么不能说。我不理解为什么要把生活中私密而复杂的细节告诉一个记者、一个陌生人。如果我想找人倾诉，我会选择牧师；如果我需要有人给我开导，我会选择心理医生；如果我需要将自己的故事告诉别人，我会选择写书。当然，也有可能出于保护自己隐私或者保护朋友隐私的角度，我会放弃将自己的故事写为书告诉大众。所以，当我发现记者的问题过界了，我会将采访变为谈话。我会反问他，如果被采访的是他，他会作何回答。我应对媒体的习惯，不可避免地让我成为了一些记者仇视的对象。有一个记者就曾对我做过不实的报道，"简只在刚结婚的那几年爱过史蒂芬。"我自己的老校长金特女士专门给发表这篇报道的《时代》杂志写了一封信，提出了严厉的声讨，要他们更正不真实报道。然而，那个顽固的记者不但没有道歉，还表示他知道内情，他写的内容都是准确无误的。我和史蒂芬曾经的忠实的好友，我过去的校友卡罗琳的丈夫乔治·希尔（George Hill）告诉我，他曾亲眼看到这个记者写下这篇报道。他之所以没有制止，是因为他认为这个记者至少未将乔纳森牵扯进来。他认为，如果乔纳森和我们的亲密关系被这个记者一番胡说而发表，会带来更多的麻烦。

我曾在接受《卫报》记者采访时，不小心流露了自己的不满情绪。我不满的是，媒体上充斥着大量我能与史蒂芬这个天才一起生活是多大的福气这样的文章。这些文章都将重点指向了名声和财富，就好像病痛和残疾从未在我们生活中出现过。然而，我面对媒体时流露的任何不满都会被媒体解读为我对史蒂芬的不忠。但是在我看来，如果我继续在媒体面前表露出快乐而自信的假象，绝口不提我们实际生活中的种种困难，那就是对许多残疾人士和他们的家庭说谎。他们很可能正忍受着心碎、焦虑、贫困和压力，这些都是我们在早年曾经历过的。在这个缺乏同情心的社会，人们很容易责难残疾人士，反问他们："如果霍金教授能做到，你们为什么不行。"如果我们通过媒体展现了一个虚幻的完美的生活，那些平凡的残疾人家庭里的"我"将要面临更大的压力，承担更多不该承受的痛苦。意识到这些问题后，我决定不再在记者面前维持假象，一脸开心地装出他们想象中的我们愉快生活的样子。我对《卫报》记者的回答，每一句都出自肺腑。我没有贬低史蒂芬的成就,但我也绝不会回避我们生活中的艰辛。我强调了英国国家健康体系对我们几乎没有提供任何实质性的帮助。虽然后来我们受到了麦克阿瑟基金会在经济上的援助,但这实际上也是我和史蒂芬努力奋斗并争取的结果。我明确提到,我们的生活有两个主旋律。我们会享受史蒂芬天才带来的成功,同时,我们也需要接受恐怖疾病给我们生活带来的绝望。这两个主旋律非常极端,中间几乎没有过渡地段。

然而,很多人已根深蒂固地将史蒂芬看作一个打不倒的神。我说的这些话虽然在我看来是合乎情理且易于理解的,但在他们眼中却变得完全不可理解,甚至不可思议。在他们看来,史蒂芬就是一个探索宇宙的伟人。他的身边不存在任何疾病,也不存在家庭。我的采访谈话被大部分人认为是对史蒂芬不忠诚的表现。我提出的人和批评意见都不会得到人们的支持。大众这样的回应加深了我的孤独感。我不知道是我身边的人瞎了还是疯了,又或者是我自己丧失了心智。是这些人都生活在一个颠倒黑白的世界,还是如他们所指,我才是那个意志薄弱的人?英国广播电台于那年夏天播出了关于我们生活的影片。影片上映之后,关于我不忠于史蒂芬的说法更是高涨。在影片中,我重复了在两家报纸采访中我所表露出的忧虑。我本意是希望通过自己的抗议给大众的思想灌入我们实际生活的真实形象,同时,让大众更加了解史蒂芬的科学理论的来之不易。影片里,镜头前的我状态很不好,多年来积压在自己身上的压力使我疲惫不堪。我说话的声音无精打采,这让我开玩笑的话语丝毫没有幽默感,反倒蒙上一层尖酸刻薄的气味。我的反派形象更是不自觉地得到了放大。

我话语中透露出悲伤,那是来自肺腑的凄凉。我甚至比希腊神话中的卡桑德拉(Cassandra)还会预言未来,预言潜伏在我们家庭前方的灾难。年轻的制片人尼基·斯托克利(Nikki Stockley)曾对我说,他们在学院里为史蒂芬录制视频,时常被护士伊莱恩·梅森粗鲁地打断。那段时间,无论是公开场合还是家里,伊莱恩·梅森都会想尽一切办法顶替我的存在。要么是模仿我,要么是在背后说我坏话,在史蒂芬耳旁煽风点火。伊莱恩·梅森已成为护士队伍中的掌权者,现在的护士轮换表也几乎由她一手操控。我对她强硬措施的任何抱怨都不会起作用,相反,哪怕一句对她的抱怨也会被她反映到史蒂芬那里去。到最后,我还要因为自己的"无端干涉"而受到史蒂芬的责备。我向皇家护理学院发信,请他们按照护士准则严格要求我们家里的护士,但我的请求被无情地拒绝。他们告诉我,除非我有照

Part Four | Travelling to Infinity 我和霍金的生活

片证据证明护士们没有按照法则工作，否则他们不予受理。这就是我当时生活中面对的身体上以及心理上的双重折磨。在这样的背景下，我们迎来了各种颁奖典礼。总有那么多的晚宴要出席，我需要和名流们见面聊天、礼貌性地微笑、富含政治色彩的闲谈。这一切都像是在我们渐行渐远的腐蚀的家庭生活的外表浇上一层白色的糖衣。

露西也在努力尝试着挽回自己的隐私，她在大家都能看到的日历的6月8日下面进行了标注："露西开始了高等程度考试的学习，我是一个不喜欢受人打扰的隐士！"在史蒂芬接受荣誉博士学位的日子，即6月15日下面露西标注了"露西在当天有2门高等程度考试"。然而，露西希望周遭的人对她的考试表现出关心是不现实的。不出意外地，在6月22日的日历上，她像申诉一样标注："给我应得的怜悯吧！"她能在众多不利的环境下完成自己的考试已非常了不起了，更别说还取得了优异的成绩。

6月15日那天是露西的考试日。那天天气很热，这对露西可不是什么好事情。这个天气对史蒂芬的荣誉学位颁奖仪式来说却非常理想。我想，我们家庭成员间最大利益的分歧从未像那天那样泾渭分明。露西早上心事重重地去了考场，而我们其他人则兴奋地等待着迎接这充满荣誉的一天的开始。我们其余人于早上10点出发，步行前往会场。康河边的草地看上去如此宁静，像一幅田园画卷。每一株绿宝石般的小草和每一片树叶都在明亮的阳光下荡漾，有绿色的、金黄色的、褐色的。康河的河面像一面银色的镜子一样闪闪发光，中间映衬着湛蓝而悠远的天空，两边则是绿树成荫。

我们来到冈维尔与凯厄斯学院，学院里的人熙熙攘攘，洋溢着不寻常的兴奋。我们走进大楼的文艺复兴庭院里，等待在那里的史蒂芬的同僚们爆发出了热烈的掌声。然后这位光荣的荣誉学员花了几分钟时间穿上鲜红色的典礼服。这件衣服如果在冬天的时候穿戴或许更好，现在是盛夏时节，穿着如此厚的礼服确实让人难受。史蒂芬拒绝戴上镶有金边的黑色天鹅绒软帽，于是乎，我们让随行的蒂姆戴着。陪同史蒂芬随行的学院里的研究员也换好了正式的衣服，他们走在我们前面道路的两旁，我们跟在后面，大家缓缓走向荣誉之门。从另外那边的美德之门那里传来了号角声，他们吹奏的是莫扎特的《忏悔者的庄严晚祷》。史蒂芬驾驶着自己的轮椅全速通往荣誉之门，他的背后跟着一支乐队，大家一块儿进入了参议厅的庭院。

罗伯特叫了几个自己的大学同学来帮忙，他们一块儿抬着史蒂芬来到教学楼的公共休息室。其他将获奖的人员也悉数到场，包括联合国秘书长佩雷斯·德奎利亚尔。史蒂芬刚静下来喝了一口苹果汁，爱丁堡公爵菲利普亲王就到了。他平易近人，和我们聊起了家常。他谈到了1981年到西街看望我们的事情。他还故意嘲笑了蒂姆头上戴着的帽子，然后饶有兴趣地观看史蒂芬操控电脑。之后离开，与其他获奖人打招呼。我们也转身离开这位皇室成员，为接下来的仪式做准备。轮椅经过亲王的时候，他问道，"史蒂芬自己驾驶轮椅？""是的，"我回答道，"小心你的脚趾。"

当我们进入队列时，其他获奖人员已列队完毕，并开始有节奏地进入会场。史蒂芬、罗伯特、蒂姆、我，排在队伍的最后面，跟着人群慢慢绕着庭院向前行走。庭院外的其他建筑的房顶站满了围观的群众，庭院里架起了无数的摄像机。在那炽热的阳光下，往日的疯狂压力和喧嚣似乎都烟消云散了。有那么一刻，我甚至怀疑它们是否真的存在过。参议厅里凉爽又昏暗。穿着鲜红色服装的荣誉者们排着队，教授们以及负责颁奖的大臣们各自站在自己的区域，随行的家属都穿着正装，大家坐在安排好的席位上观看这一荣耀的仪式。大厅前那座巨大的橡木门关上了，将外面不相干的游客拒之门外，圣约翰学院和国王学院的两个唱诗班一块儿吟唱起了一首伯德的弥撒曲。仪式宣布正式开始。仪式主持人用庄重神圣的拉丁语介绍了各个获奖者：德国神学家大法官马凯爵士、联合国秘书长佩雷斯·德奎利亚尔、物理学家史蒂芬……发言人的演讲极尽华美之辞，当他完成对史蒂芬的介绍后，不太懂拉丁语的蒂姆也迫不及待地鼓起掌来。主持人在介绍佩雷斯·德奎利亚尔的时候，说他给波斯以及美索不达米亚平原的人们带去了和平。而他对史蒂芬的赞美之词则选用了古罗马哲学家卢克莱修的《物性论》中的原子论。

接下来，握手、拥抱、脱帽致礼，授予仪式正式开始。菲利普亲王给他们逐个颁发荣誉学位，每颁发一个就会迎来一阵热烈的掌声。轮到史蒂芬的时候，大家的掌声尤其响亮。有的获奖者在颁奖时显得尤其紧张，就像一个才从学校毕业的本科生，比如苏·赖德（Sue Ryder）。有的获奖者则显得非常自信，比如：史蒂芬、歌唱家杰西·诺曼（Jessye Norman）。唱诗班开始吟唱新的弥撒曲，之后唱国歌，颁奖仪式宣布结束。我们将蒂姆留给了他的外祖父母照看，我和罗伯特推着史蒂芬走出场外，走进外面炽热的阳光中。人群对着我们微笑、挥手，照相机快门的声音响个不停。

午宴将在圣体学院举行，这恰巧是罗伯特就读的学院。我们到达学院内，整个国家的精英都在这里聚餐，可惜这里提供的食物中只有三文鱼是史蒂芬

Part Four　Travelling to Infinity｜我和霍金的生活

可以食用的。史蒂芬和他的同桌聊得非常开心，但坐在我身边的一名法国人则显得十分拘谨。直到我提到我们在法国购置的那套房产时，他才活跃起来。他告诉我，他的妻子刚在诺曼底购置了一套房产，不过他本人更喜欢居住在城市。话匣子打开后，他和史蒂芬也聊得很开心，后者时常听得哈哈大笑。

吃完午饭，气温越来越高了。为了大家的利益，各位来宾的发言也非常简短。第一个发言的是史蒂芬。"因为宇宙的一切都从史蒂芬那里开始。"菲利普亲王在引荐他的时候这么说道，"他的成就从真正意义上反映了我们文明的光辉。"后来大法官马凯爵士也发表了非常简短的讲话。仪式结束后，整个下午大家都用在了象征意义上的社交上。

回到家中，一些亲属和朋友聚集在一起。学院在草坪上为我们准备了下午茶、烟熏三文鱼三明治、奶油草莓和香槟。罗伯特没有参加下午的聚会，因为他那天傍晚的时候还要参加一个圣体学院组织的活动——划船比赛。我也想办法从聚会中抽出身来，去学院观看了他的比赛。不过，这具有重大意义的一天还未结束。露西回家了，她的心情很差，她告诉我她的考试非常糟糕。晚上，宾客们都走了，我一人在厨房收拾东西。电话在这个时候响起，是罗伯特打来的。罗伯特在电话中随便寒暄了几句，然后说自己的期末考试成绩不理想。他听上去很不开心，我完全能体会他当时的心情。

罗伯特从小就忠心耿耿地服侍自己的父亲，今天早上也是他一直在参议厅任劳任怨地照看着史蒂芬。正因为时常陪伴父亲左右，罗伯特对父亲取得的成就非常清楚。然而，罗伯特心里清楚，自己或许永远也达不到自己父亲的成就。作为天才的儿子，他不得不活在伟大父亲的阴影里。在得知等待已久的期末成绩后，罗伯特为了让自己的家人和父亲好好享受这值得庆幸的一天，他直到深夜才将自己的坏消息告诉我。我为我丈夫取得的多方面的成功和荣誉而感到骄傲，但也为儿子的痛苦感到悲伤。我对罗伯特的忧虑感同身受；因为我自己也只存在于史蒂芬成功的边缘。

或许罗伯特没有在学术上完成自己希望达到的成就，但通过划船比赛，罗伯特在河道上吸引了所有人的眼球。第二天下午，我带着史蒂芬来到河边观看比赛，后面还跟着一帮英国广播公司的记者。我们一开始还走错了路，好不容易找对了地方。我们刚到就看到罗伯特他们驾驶的小船对前面的船只穷追不舍，不一会儿，广播里就传来罗伯特的船反超的消息。我父亲在这里读书时，也曾是划船比赛的热衷者。他总说当年因为压力太大，没法享受在剑桥的时光。不过，我认为罗伯特在剑桥的时间大部分还是挺享受的。

54 荣誉随从勋章

6月16日晚，我们全家坐在电视机前，等待着关于史蒂芬在女王生日典礼上的颁奖报道。值班护士伊莱恩·梅森不知为何很不高兴，我的父亲却兴奋得跳上跳下，为他女婿的荣誉而感到高兴不已。与史蒂芬的父亲一样，自己在事业上的不得志促使他对身边人取得的成功看得异常重要，仿佛是自己的心理补偿。第二天早上醒来，我琢磨着一个更为现实的问题——怎么能让这一天充满节日的气氛。之前自己疏忽了这点，因为史蒂芬一天中最重要的一餐就是早餐。我想起我们家可能还有一点从莫斯科带回来的剩下的鱼子酱，星期二晚上的派对还留下了一点香槟。于是，我们享用了一顿丰盛的早餐，但我们也耽误了非常多的时间，我们吃完早餐后不久就到去大学中心吃午餐的时间了。我在那儿订了桌子。吃过午餐，我抽空去了趟参议厅，看乔纳森他们对当天晚上演出的排练进展。乔纳森和他的家人们正紧张地准备着，乐队也进行着最后的排练。稍作停留后，我回家带父亲去了河边散步。我们又一次观看了划船比赛，罗伯特在今天的表现也非常出色，仍然是遥遥领先。

那天晚上，我们全家人再次回到参议厅。大家吃惊地发现从四方赶来的观众、亲戚朋友早已在门口排起了长队。这次音乐会的名字我们将其定为了"荣誉学位"。参议厅的外面张贴着学院的期末考试成绩单。我带着史蒂芬绕开了那个地方，来到那天参加荣誉博士学位颁奖的庭院的草坪上。在那儿，他和许多重要的客人们合影，有赞助本次演出的赞助商，有来自学院和大学的同僚。而我则绕回大厅门口观看排队购票的队伍。到了那里后，我发现10岁的蒂姆是当时站在门口的唯一的售票员。这或许部分解释了队伍走得如此慢的原因。站在另一边的露西和我的父亲正忙着将购票后进入的客人们带上他们的座位。我赶紧找了几个人去帮蒂姆的忙，然后回到了史蒂芬的身边。参议厅的经理坚持让我和史蒂芬做一次特别的出场，这让我感到十分难为情。他非常坚持。我们进场时，全场观众都起立给我们鼓掌。

Part Four　Travelling to Infinity 我和霍金的生活

史蒂芬坐在轮椅上开心地享受着当时的气氛，我却非常不好意思，感觉自己的每一个动作都在众目睽睽之下显得笨拙无比。

几分钟后，巴洛克号角吹响了普塞尔奏鸣曲那宏伟的开篇。气势磅礴的音乐在构建于18世纪的大楼里盘旋，让人心驰神往。如同我此前的预想，演出取得了惊人的好评。观众们在最后都进行了慷慨的捐款。最终，我们得到的慈善捐款让我们给运动神经元疾病协会、白血病研究组织、伦纳德·切希尔基金会三家慈善机构都送去了丰厚的支票。同时，我们还将举办演唱会的成本全部赚了回来。这个夜晚非常成功，慈善机构们都得到了自己的最大利益，剑桥巴洛克乐团在人满为患的参议厅完成了精彩的演出，成功签订了新的赞助商。更最重要的是，史蒂芬享受了几百人前来为他鼓掌喝彩的礼遇。不过，史蒂芬在乔纳森的演出开始后显得不太高兴。或许是他认为乔纳森和他的乐团们抢了自己的风头。这种想法对乔纳森非常不公平，这也不像史蒂芬平时的行为。他曾在演出工作筹备期就主动参与了进来，哪怕是远在美国开会时他对这一项目也充满了兴趣和关注。谦逊的乔纳森在表演的最后退出了聚光灯，让史蒂芬上台再次接受观众们的喝彩，这一切都毫无疑问地表示这是围绕史蒂芬为中心的一场演出。更让我惊讶的是，史蒂芬还提醒我，这份荣誉仅仅是个称号，和我更没有什么关系。这更不像史蒂芬的为人了，我感到非常困惑。结论是令人不快的：一定是有闲人在他耳边说闲话，而他听信了恶毒的谗言。史蒂芬一直都很顽固，自己的态度坚决，但他一向很慷慨，不会恶意伤人。现在这传谣言的人似乎在给他灌输一些反对他家人的思想。

整个暑假，聚光灯都没有从史蒂芬的身上离开。尤其是当我们在7年后重返白金汉宫以后，他的名气更是如日中天。不过与7年前去白金汉宫相比，这次显得更加亲密。我们的日程安排与第一次非常相似：头一天晚上我们便来到伦敦，住在皇家学会安排的酒店。唯一的不同是这次有蒂姆同行，还有史蒂芬的印度护士阿马尔吉特·乔汉。露西特地记得将自己的漂亮鞋子放在一个显眼的地方，并在上路之前反复检查。她还准备了一条棕色的礼裙，礼裙与她棕色的头发配在一块儿特别漂亮。摄政街的交通跟7年前一样拥堵，不过这次是因为正在进行的卫兵交接仪式。为了避开主入口的拥挤的人群和车辆，我们被带到了女王的专用通道。转眼间，我们就来到了一个安静的院子。伦敦炎热沉闷的空气和嘈杂的人群似乎全被挡在了花园之外。在那里，一个王室随从武官、一个男仆、一个女仆早已在等待着我们。他们把我们领进了白金汉宫。一路上，我们见到了菲利普亲王幼年时的电动车玩具，依旧焕然一新，花园旁边还摆放着几辆自行车。我们走进大理石柱撑起的大厅，整个走廊灯火通明，深红色的绸缎将大厅装饰得异常奢华。房间到处摆放着巨大的百合花束，就像鲜艳的守卫一样把守着宫中的宝藏。

我们穿过一条挂满油画的走廊。画中的查理一世和他的家人透过精美的画作冷眼看着来往的通行者。一排排加纳莱托风格的油画、一幅荷兰风格的油画以及一系列奥古斯塔公主的肖像画让我目不暇接。我们走过连接仆人区的狭窄通道，然后被领到一间墙上挂满画作的小房间——帝国室。我们和男仆闲聊了一会儿之后，我和史蒂芬被带去面见女王，家里的其他人则在帝王室休息。女王正在过道那头的某个房间等着我们。史蒂芬驾驶着轮椅走在前面，我们穿过走廊来到那头开阔的房间。站在壁炉前的正是英国女王，身上的皇室蓝裙子点缀着白色的条纹。她朝我们的方向看过来，友好又敏锐地笑了笑。她的表情很快变得惊慌，因为史蒂芬驾驶着自己的轮椅冲进了女王的接待室，将红色的地毯全部卷到自己轮椅的轮子里。被卷到轮子里的地毯卡住了轮胎，让史蒂芬的轮椅来了一个急刹车。原本摆放在地毯上的椅子都被拉倒了，堵在了接待室的门口。我站在门口，看不清接待室里的情况。接待室里只有女王一人，她犹豫了一下，做了一个手势，似乎要亲自上前将史蒂芬和他的轮椅解救出来。还好跟在我们身后的男仆三步并作两步跑到前面帮忙，才避免了多余的尴尬。

经过这件事，女王看上去有些慌乱。我也比较慌乱，甚至忘记了和女王握手。女王做了正式的欢迎致词后，我也忘了行屈膝礼。一时间，大家都沉默不语，非常尴尬。女王率先打破了沉静，她宣布授勋仪式正式开始，并授予了史蒂芬"荣誉随从勋章"。我代表史蒂芬接过勋章，转身放在他的面前，将勋章上的刻字大声朗诵出来："行为忠诚，名声清白。"女王说，她认为这句话写得特别好。史蒂芬在自己的电脑屏幕上打字："谢谢您，女士。"随后，我们将自己带来的一本《时间简史》送予女王。女王继而问道，"这就像律师用通俗的语言解释法律条文，史蒂芬也用通俗的语言解释了他最新的科学研究？"我一时紧张，未能领悟到女王提出的类比关系。片刻后，我镇定地回答，《时间简史》更具有可读性。尤其是前几章的内容讲述了宇宙研究的历史，引人入胜。之后才提及了粒子理论、弦理论、虚时间等复杂的问题。接下来，女王又和我们聊了十几分钟，话题涉及史

Part Four　Travelling to Infinity｜我和霍金的生活

蒂芬对科学的热爱、史蒂芬的特殊轮椅、电脑的美式发音。女王和我交谈时，用她那深邃的蓝色眼睛注视着我，眼睛中发出的光芒跟她那镶嵌着蓝宝石和钻石的领针一样明亮。她的眼神温暖、敏锐、充满关爱，在她的注视下，我没有秘密，似乎一切都被她看穿。尽管我非常想环顾一下这漂亮的蓝绿色的房间，看看墙上的画和收藏的纪念品，但在女王的注视下，我身子几乎不敢移动。

从白金汉宫出来，我们将前往希尔顿酒店顶楼用餐。我将我和史蒂芬与女王见面的细节给我们家的其他成员进行了复述。他们在白金汉宫的活动范围只限制在帝国室，听了我的复述，大家都对轮椅和地毯那段趣闻发出欢快的笑声。我告诉他们，当我和女王对话时，就像和一位严肃而又热心的女校长对话一样紧张。我相信女王也觉得和我们的对话有点儿尴尬。看着窗户外的伦敦，我不禁思索，我们和女王对话时是否说错了什么。史蒂芬抱怨着地毯事件，轮椅的一个手动操纵杆出了问题，致使他出了洋相。不管怎样，我对今天还是满意的，史蒂芬本就辉煌的奖章列表中又多了一枚重量级的勋章。

我们离开酒店时，酒店经纪人送了我一大捧百合花束。黄色的、红色的，十分鲜艳。这也许只是希尔顿酒店聪明的公关手段，但他们的善意表达仍然让我心里感到温暖。这让我想起了1975年史蒂芬被授予教皇奖章时，露丝·休斯在加利福尼亚州送给我的宝石项链。和宝石项链一样，这束花让我知道自己还是有人关注并肯定的。

第四部分

55 最后的宣判日

　　一周后，我和蒂姆再次去了法国。我们于黄昏时分抵达别墅，别墅在西沉的夕阳中显得沧桑。我大口深呼吸，感受清新的空气进入肺部深处，感受生机在体内复苏的感觉。经过了长长的旅程，我感到疲惫，路途上经过的高峰和低谷又让我精神紧绷。穿过大门的内部庭院静谧祥和，就像一条柔软的毯子，将外界的喧嚣从这里隔断开来。麻雀的叫声在院子的白墙上回荡，让四周的氛围更显安宁。蒂姆催促着我赶紧打开房门，他迫不及待地想奔向阁楼去看他的飞机模型是否完好。飞机模型被透明的线和胶带缠绕在楼梯杆上，悬空于楼梯井。我们在房间里来回穿梭，仔细查看着房子的情况，熟悉房间里的每一个角落。我们很快发现，那曾经黑漆漆的仓房已经完成了它的"灰姑娘"式的180度转变。翻修之后可以让给史蒂芬的随行人员和护士们使用。碎石、蜘蛛网、烂掉的木梁，早已不见了踪影。取而代之的是一间楼下敞亮的房间。地板是新铺设的，二楼还有两个巨大的卧室和一个浴室。整个房子的主要框架被翻新并加固了，结构风格上依然遵从房子当年的特色。翻修后的房子很难让人看出这是上了年纪的建筑。我们出了房间来到花园，期待着更多的发现。我们不在的这段时间，这里就像被人施了魔法一般。蒂姆喊道："这里就像是白金汉宫！"他说得一点儿都没错。绿化带中的植物已经成熟。我们在5月种下的小苗和种子，如今都冒土而出，甚至进入了开花时节。无数鲜艳的花朵在花园里怒放，就像快活的精灵一样对我们频频点头表示欢迎。当然翻修工作还未彻底结束，还有一些墙面需要重新粉刷，还有部分地板需要重新铺设，但总体来说已接近尾声。我们的新房已作好了迎接我们和我们宾客的准备。蒂姆的好朋友亚瑟以及他的父母会在周末参观我们的新房。而我的弟弟克里斯也带着他的妻子和4个孩子一同前来参观新房并看望我们。乔纳森将负责将我的父母接过来。史蒂芬将和我们最信赖的护士帕姆·本森（Pam Benson）一同坐飞机前来，随行人员还有伊莱恩·梅森和她的丈夫大卫·梅

Part Four | Travelling to Infinity
我和霍金的生活

森以及他们的家人。

尽管我的母亲持有不同意见，但我还是很乐观地邀请了梅森的家人。我想，如果换一个比剑桥更大更舒适的居住环境，我和伊莱恩·梅森的矛盾或许可以得到缓和。我没必要去打扰她和史蒂芬之间建立的关系。我想，作为职业护士，她应该能看清这个家庭的运转依靠的是团队合作和微妙的平衡，制造麻烦者是没有容身之地的。我天真地相信，我和乔纳森并未同床的客观事实能让她明白，我和乔纳森自始至终都是将史蒂芬和孩子们放在第一位的。只有最顽固的基要主义者才会对我和乔纳森努力为之付出的克制视而不见。具有讽刺意味的是，史蒂芬从来不会容忍基要主义者，并对任何宣传这种思想的人都抱以嘲讽。

我们——我、蒂姆、杂务工克劳德，以及镇上一个勤快的姑娘——仍然在为一层的大房间粉刷墙壁。我那恍惚的弟弟带着他的妻子和4个孩子竟提早一周抵达了。不过，克里斯为了弥补他的意外到访，担起了烹饪大任。他认为法国最好的旅游景点就是超市，在那里他忙着浏览货架不亦乐乎，为的是寻找奢华的调味品加入锅里。他手艺特棒，那几天的晚上，香气就飘满屋子，让我们垂涎欲滴。

等到史蒂芬和他的随行人员于8月中旬抵达勒图凯机场的时候，我们的客房也翻新完毕，还经历了包括我父母在内的一些到访者。我父母对我们的新房赞不绝口，说它既漂亮又舒适。但史蒂芬的随行人员一到，空气中立马出现了不一样的紧张气氛。见到史蒂芬，我开心地跟他打招呼，迎接我的却是一张冰冷的脸。我怀疑护士们又在他身边煽风点火，诱导史蒂芬讨厌法国，更别说这个法国的郊区。我带史蒂芬看了新房外令人心醉的景色，开阔的眼界能望到远处的蓝天和地平线上的雄伟山川。但史蒂芬的回应依然不冷不热。日子一天天过去，我终于开始悲伤地意识到史蒂芬现在对伊莱恩的态度比对我要亲密得多。我知道伊莱恩一直在史蒂芬身边说我的坏话，说我的瑕疵。史蒂芬或许已被说服，认为现在的我一无是处。伊莱恩现在的地位很有利，她不需要背负我们这个家庭才具有的责任和负担。她专业的护理技能可以满足史蒂芬的每一个稀奇古怪的念想。她可以利用无数机会在史蒂芬的身边甜言蜜语。史蒂芬的生活被两方面占据。其一，科学研究，在这个领域我几乎不占任何比重；其二，身体状况，在这方面伊莱恩几乎完全代替我占据了主导位置。我的角色开始变得模糊和不重要。我曾经如此珍惜的我和史蒂芬之间的关系开始变得虚无缥缈起来。也许史蒂芬在她身上看到了我不具备的特质,并和她产生了共鸣。我没有拒绝他的余地,我已做好了心理准备,将伊莱恩当做是我们家女版的乔纳森。前提是她会像乔纳森和我一样,将史蒂芬、孩子、整个家庭作为一个和谐的整体去对待。对我来说,和史蒂芬保持婚姻关系是非常重要的。我一直以来坚信,如果没了我,史蒂芬会像一个迷失的小孩儿一样无助。他在科研上会很坚强,但会迷失于自己的生活。我和他一起经历了太多太久,我永不会对他冷眼相待,无论他残忍的疾病给他带来了怎样的困难。为史蒂芬着想已成为了我的本能。只要他表现出一丁点儿的不舒服、不高兴,都会成为我心里最重要、最担心的事情。我认为我仍然爱着他。无论他的精神有多么强大,疾病对他造成的痛苦在他的身体上依然随处可见。正是他与疾病作斗争的反抗精神让我对他充满了爱怜。这种爱不是恩惠,实际上这种爱会令我精神紧绷、如履薄冰。一方面,我对他的顽固和无理要求感到绝望;一方面,我又要维护他的尊严和作为残疾人士的权利。

我们的婚姻,以及由此发展而来的庞大而复杂的架构,是我成年生活的梦想。也象征着我最重要的成就——我照顾史蒂芬活到了今天,且我们建立了家庭并拥有了孩子。我们经历了许多历史走到今天,我和史蒂芬一起与病魔斗争了几十年,与科学斗争了几十年,我们都是并肩前行。或许,在偶尔黑暗的时刻,我需要借助他人才不至于压抑到想要自杀,但我的确将自己生命的绝大部分献给了史蒂芬。我承认,我偶尔会渴望自由,我痛恨现实生活给我施加的诸多限制。但我从未真正逃避过,哪怕在最黑暗的时刻,我也没有一走了之。反倒是深陷泥潭,无法自拔。我们的婚姻如今岌岌可危,我想不通如此根深蒂固的基石竟会由史蒂芬的一时激情引来被摧毁的威胁。伊莱恩本身有一个健全的丈夫以及一个完整的家庭,我无法理解她现在的行为。这是关于她自己良心的选择,我无权干涉。

如果这个事件中涉及的人们的人格是高尚的,不以自我为中心,不为私利而害他人,这件事可以非常轻松地得到解决。如果我能更坚决、更坚强,也许事情会向另一个方向发展。然而现实是,等待我们的暑假变成了一场灾难。史蒂芬对法国的厌恶日渐加深,对我们的新家越来越看不顺眼,即便春天时节他还非常喜欢这里。他对护士帕姆以及我们的家庭的敌对情绪越来越浓。最终,我忍无可忍,直截了当地指出史蒂芬和伊莱恩的行为对帕姆不公,无异于将其赶出家门。我在未经深思熟虑后爆发出来的语言成为了这次危机的导火索。我不小心点燃了一场最终将吞噬自己的"大火"。

Part Four | Travelling to Infinity
我和霍金的生活

这场"大火"从那天晚上开始爆发,一直持续到第二天晚上。它打破了我们新家宝贵的宁静,所有的愤怒都因我而起,我自然深陷火焰中心。所有的怒火都朝我袭来,责骂、憎恨、复仇将我包围。恶毒的指责将我灼伤——不忠诚的妻子、不关心丈夫的配偶、自私自利的事业女人、懒惰而轻薄的女人、宁愿唱歌也不肯照顾丈夫的女人。他们怒斥,我已独断专行很久了,我的本职工作就应将史蒂芬放在首位。

我独自一个人面临着这些责骂,并未告诉乔纳森。我不能自私地将他扯到这疯狂的火焰中来。不过,我也没有任何平息火焰的办法。我想说,尽管试图弄懂那些物理知识令我几乎发疯,尽管史蒂芬的疾病不断对我提出严酷的要求,但我确实在努力争取做好史蒂芬的称职的妻子。我每天准备药片、操作医疗器械、招聘护士并安排值班表、协助史蒂芬写论文/图书并参加会议,不管自己的生活变得多么别扭,我都竭尽全力地将史蒂芬奉为中心。然而,我的这些抗诉丝毫不起作用。对乔纳森问题我也做了解释,我告诉史蒂芬,如果没有乔纳森的帮助我不可能维持着整个家庭挺到今天。但这个回答明显不能得到史蒂芬的认可。我就算施出浑身解数也无法满足他们的要求,如今,我的一丁点不足都在恶毒的言语面前放大了千倍。而我的丈夫被他人虚假的承诺和不真实的指望蒙蔽了双眼。我们的婚姻终于敲响了丧钟。

第一轮的狂轰滥炸终于消停下来,我独自回到自己的房间,委屈的泪水夺眶而出。我的内心在反抗,这些刚刚走进我们生活中的人是多么肤浅和无耻。他们从未亲身经历过任何可怕的危机,他们从未体验过每天生活在死亡阴影下的巨大创伤,而我在过去20多年中几乎每天都要勇敢地面对并试图战胜一切威胁我们生活的困难。他们从未跌入绝望的泥潭,他们从未陷入道德困境而饱受折磨,他们从未被要求挑战自己身体和精神的极限。他们看到的都是事实的表面,他们为了满足自己的虚荣心,将自己都无法遵守的价值观强加于他人。在他们眼里,我只是个机器人,我不应做出任何符合人性的反应。我仅仅是需要被爱,然而这个要求在他们看来完全是荒谬的。

这场争吵以我的惨败告终。史蒂芬和梅森一家返回了英国,把我和蒂姆留在了法国。这座可爱的老房子和花园将我筋疲力尽的身躯和枯竭的心灵拥进了怀抱,法国的乡村又一次恢复了平静。我渐渐开始恢复理智,如果史蒂芬真的不要我了,我可以从此生活在法国。我可以通过教英语或者西班牙语养活我的家，蒂姆也能像我希望的那样成为双语使用者。9月，蒂姆去了不远处的乡村学校，虽然他现在的法语还不流利，但这丝毫不影响他和小伙伴们交流。每天早上，我把他送出门，目送他骑着自行车冲下山坡，再爬上山顶，最后消失在山脊上。在家，我们有时也说法语。英语和英国在我们的生活中逐渐变得陌生起来。我不愿回忆英国的生活，不提英国撒切尔政权下的种种政治不公，英国给我带来的更多的是惨痛的回忆。而法国则给我提供了一个完全不同的生活风格，新的友谊以及生活的平静。此外，天主教占主流的法国人民崇拜圣母玛利亚。与三位一体的男性形象不同，圣母代表了母性，因而女性形象在法国宗教中占有一席之地。教堂里圣母玛利亚的形象往往是悲情的，她普爱众生、赐予安慰。我经常在法国的乡村教堂里，久久凝视着那简单绘制的圣母玛利亚。她或许能为我分担苦难，给予我慰藉。

蒂姆和我很快就适应了新的生活，我认为这样的生活可以持续很长时间。如果有必要，我们真的可以从此永久居住在这里。也许某天史蒂芬解决了自己的问题，我们还能重返英国。乔纳森回到剑桥参加各种演出，他时常鼓励我，如果真觉得这里是我的心之归属，我们完全可以选择在法国生活。

史蒂芬依然每天给我打电话，他催促我赶紧回英国。他说他想念我们、需要我们。他的语言真挚诚恳，让我相信他的确是愿意重修我们的关系，并会管好自己的护士。他的话语充满说服力，让我相信他变成了那个失去我之后的迷失的孩子。9月下旬，我返回了英国，下定决心重修我们之间的关系。在高速公路上等待了许久，我和蒂姆于深夜抵达剑桥。罗伯特见到我十分开心，然而，史蒂芬对我的态度依然是冰冷的。迎接我的不是那个我认为迷失的孩子，而是之前那个冷漠的暴君。我立刻意识到，回英国是一个重大错误。

Part Four | Travelling to Infinity
我和霍金的生活

55 沉重的现实

新的一周开始了，蒂姆回到了学校，我也重新开始了自己的教学任务。我下决心，就算是不能完成一年的教学任务，至少也要将这半个学期教满。我回到英国之后的一个星期，收到了史蒂芬给我的来信。他在信中告诉我，他决定搬去和伊莱恩一起生活。同一天晚上，罗伯特在路上遭遇了强盗的袭击，在扭打中他的下巴受了伤。那真是个祸不单行的日子。

然而，在事实上，史蒂芬的这个冷酷的决定不得不延期执行。因为他和伊莱恩没有房产，无处可去。于是，我们就这样生活在混乱和糊涂的漩涡之中。而我还傻傻地相信，尽管史蒂芬现在还情绪低落思维混乱，但随着时间的推移，这场暴风雨或许会渐渐消散，史蒂芬或许会重新选择和他的家人一起生活。史蒂芬就像风中的一片枯叶，在风的吹动下在我身边飘来飘去、忽远忽近，不会有一丝预兆。出于他与伊莱恩的关系，史蒂芬承受着外界的巨大压力，这些压力导致史蒂芬情绪出现较大波动，中间会迎来一段短暂的平静，最终则是更强更大的风暴。我从新闻中得知，护士已向媒体宣布自己将和史蒂芬建立婚姻关系。法律的问题接踵而至，我甚至担心他们会抢走蒂姆的抚养权。乔纳森这段时间也不能再来我们家了，因为害怕莫名的法律诉讼，他只好待在自己的家中。和史蒂芬平心静气地交谈已经变得非常不现实了，我们之间竖起了一道无法逾越的屏障。他越是失控，我就越是感到他想控制我，就好像我是他的一件物品。每天我出门去工作时，都会看到前天晚上值班护士塞在我车窗上的不友好的信件。他们会要求我完成一些我不可能完成的任务。所有的负面消息都指向我。有的人建议我赶紧放弃乔纳森，重新把史蒂芬放到首位。我很不情愿地卷入了金钱的纠纷，包括史蒂芬和伊莱恩。还好我有教学工作，只有在备课的时候，我才能够恢复理智并得到放松。我的教师同事们在这件事情上给予了我极大的支持。他们都替我的处境担忧，每天和他们相处的几个小时是我一天中唯一可以获得平静的机会。偶尔，我还会去唱歌。音乐成了教学以外可以给我带来慰藉的东西。然而，我饱受折磨的心已让我无法胜任高声音乐的歌唱。我们的家已变得越来越不安全，外界的一些听信传言的人会不时地闯进来找我们理论，我和蒂姆时常受到惊吓。我对两大护理机构——皇家护士学院和英国护士中心——的抱怨丝毫不起作用。两家机构都不希望掺和到我和史蒂芬的婚姻危机中来。那个月末，我和我的另外两个孩子告别，罗伯特要去格拉斯哥的一个信息技术学院攻读博士后，露西则将前往牛津大学读书。那种感觉，就像我生活中最重要的部分正离我而去。我个人的价值和意义——过去多年来我一直在苦难生活中坚持和维护的东西——也逐渐被摧毁。在这场战争中，我独自一人，没有保护伞。无论我望向何处，我眼中所见都是史蒂芬和我曾经共同奋斗后留下的痕迹。大地露出黑暗的裂缝，吞噬着我们共同构建的建筑，吞噬了我从少女到少妇的全部记忆，也吞噬了一切希望和乐观思想。取而代之的是一个孱弱的身躯，空洞的行尸走肉，孤寂而茫然，每天遭受精神的折磨。关于未来，我只有一件事可以肯定，那就是我必须保护好我最小的最脆弱的孩子蒂姆。不论我陷入何种境地，都要集中精力和全部的勇气为他而战。

乔纳森和我此前从未想过没有史蒂芬的世界，我们在这方面没有任何幻想。这种变化对我们的思维模式而言是陌生的，因为我早就做好了安定的心态，从未想过生活会迎来巨变。过去，我认为我、乔纳森、史蒂芬已建立了非常稳定的关系。虽然这需要我和乔纳森具有极高的自我控制力，但我坚信我们的关系非常健康，可以让家庭中的每一个人都幸福地生活。而现在这都成为了我的空想，因为史蒂芬对我们的这种奇怪的生活方式已不满了很长时间。我认为史蒂芬的表现非常不可理解，如果史蒂芬早就开始讨厌这种方式，他为何在之前从未告诉我？乔纳森进入我们的生活后，史蒂芬的事业蒸蒸日上。如果他曾一直压抑自己的心情，他怎会在工作上带有那么大的动力？显然，史蒂芬不希望自己仅被当作普通家庭的一员来对待，他希望自己成为这个家庭的中心。如今，有一个这样的人进入了他的生活，拜倒在他的脚边，将他当做神圣的领袖一般追捧。那人告诉他，他再也不用请陌生的护士了，因为她可以24小时地为他提供照顾。她可以陪他前往世界各地，永不会离开他片刻。我显然达不到那样的标准，我不得不接受残酷的现实。我甚至被威胁赶出自己的家门。我在史蒂芬生活中的角色已被全盘否定，就好像我过去做的一切事情、留下的一切记忆都将被一并清除。

Part Four Travelling to Infinity
我和霍金的生活

新学期开始后,我和蒂姆又被困在了剑桥的日常生活中。不能回到法国,然而我现在急需一个可以安身的地方。自然不能去乔纳森那里,因为搬到乔纳森家就等于明示了我要终结和史蒂芬的婚姻,那并非我的本意。我需要搬到一个中立的家庭中去,一个可以让我和蒂姆远离伤心地的地方。只有一个地方可去,那就是小圣玛丽街。虽然学校已接管了我们的旧房多年,但理论上我们仍然拥有那套房子的所有权。我知道这座房子目前没有租客。于是我给学校写信,请求他们让我和蒂姆暂住在那里,直到这次的危机得以平息。学院新的主任刚上任不久,我们互不相识。他给我的回信中说,他非常遗憾,因为史蒂芬和学校曾签订过正式的交换协议,除非史蒂芬出面废除这一协议,否则我无权使用那处房屋。

白天,每当史蒂芬和我说话的时候,我都恐惧到要窒息。我心乱如麻,双手从指尖处开始疼痛至全身。晚上,我都做着同一个噩梦:四周的房屋崩塌,将我埋在黑暗的废墟下等待死亡。蒂姆那段时间也总是做噩梦,梦到在路上被坏人追逐。蒂姆变得越来越内向和焦躁。我的医生给我开了一服 β 受体阻断药,并建议我寻求心理咨询帮助。我唯一可以帮助蒂姆的办法就是把他送到远离这些矛盾的地方,但我们不能去小圣玛丽街居住,这个问题开始变得复杂起来。我打电话找到蒂姆的校长,告诉他蒂姆在家中承受的各种压力。然而蒂姆已将这种压力发泄于学校,他常常回家的时候眼里挂着泪水。

在这个学期剩下的时间里,西班牙的皇室阿斯图里亚斯亲王将史蒂芬叫到奥维耶多给他颁奖。只有那时,我和史蒂芬的战争才稍稍迎来了短暂的和平,除此之外的整个学期家里的气氛都紧张到了极点。只有在媒体和记者面前,我们才会表现出伪装起来的平静。不过,这些时候,我经常充当记者采访史蒂芬时的翻译,我的价值得到了体现。史蒂芬最近宣布要给他最喜欢的护士买一套房产,这给我带来了巨大打击。那个曾开辟宇宙的精明大脑为何在勾心斗角的情感游戏中显得那么幼稚。史蒂芬和瓦格纳音乐剧中的主人公齐格弗里德一样,把自己紧紧裹在一件用信念织成的斗篷里,避免受到外界的影响。他自己被冷酷无情的逻辑主宰,如同穿上了钢铁铠甲来抵御情绪上的脆弱。史蒂芬身体上最脆弱的或许是他的喉咙,但他还有一个心理上的致命脆弱点——面对外界的舆论以及精神压力丝毫没有抵抗力。他以前从未遇到过类似的情况,所以他没有应对的办法。这是史蒂芬必须要面对的压力。压力在他身上就像从地表冒出的青烟,在那表面之下翻滚着巨大的洪流，等待着彻底爆发的时刻，也是史蒂芬激情和愤怒爆发的时候。史蒂芬每次愤怒爆发都很快，之后又会很快安静下来，家庭生活再次回归平静。爆发之后他会变得更温柔、更冷静，他会反思自己的问题，反思自己给曾经热爱的家庭带来的伤害。然后，他会承认自己是被冲突的情感问题占满了头脑，他承认自己需要帮助。我也经历过同样的事情，我比任何人都能理解他，并希望尽我之力给他最大帮助。事实上，这种平息和理智是短暂的，很快一场更大更具毁灭性的灾难就会接踵而至。逐渐地，我对史蒂芬的突发暴怒、夺门而出的习惯从最初的悲伤到后来的习惯。我们就这样将僵持的婚姻关系维持到了那年的圣诞节。我的父母计划在圣诞节庆祝他们的金婚，然而，他们的计划也成了史蒂芬时涨时退的情绪浪潮的牺牲品。史蒂芬的情绪多变无法预测。整个圣诞节的白天，他还和我们一家人和谐地待在一起并共同进餐。到了晚上，伊莱恩驾驶一辆轿车停在我们家的门口，他跟着伊莱恩离开了我们的家。他们住进了附近的酒店，第二天，他就飞去了以色列参加一个学术会议。

之后的几天，我们中断了联系，没有他的任何消息。直到我和乔纳森带着孩子们从法国度完假开心地回到家中，才发现史蒂芬已回到家中，就像什么事都没发生过。史蒂芬未对之前一段时间的离开做任何解释，我也学会了少问问题。那个晚上，我们围坐在餐桌旁，享用烤鸭和橘子汁，庆祝史蒂芬的生日。第二天早上，我开心地给史蒂芬的母亲写了封信。告诉她，史蒂芬的态度似乎有了很大转变，或许危机已然过去。我告诉她，我期待着能重新开始我和史蒂芬的家庭生活。然而，我却收到了负面的回应。我从她给我的回信中看到，伊莎贝尔不但否认了过去我为史蒂芬做的努力，还跟那些外人一样将我当作史蒂芬名望和成功的受惠者。她怒斥我，说我没有权利反对史蒂芬和他真正喜爱的人在一起的机会。

虚幻的稳定果然是不长久的。不久，家里的情况开始恶化。迎接我的又是连续几周的威胁、冷淡、吵架。到了期中假期，我带孩子们去找亚瑟的父母，和他们相约好在奥地利滑雪。当我和孩子回到剑桥后，发现史蒂芬已不在家中。他搬出去了，他真的搬出去了。1990年2月17日，我们离开剑桥前往奥地利的那天，在伊莱恩丈夫的帮助下，史蒂芬从我们家搬了出去。这天终于来了，我麻木地感觉不到悲伤。

然而，一切并未结束。第二天，史蒂芬从埃尔斯特里电影制片厂打来电话，他正在那里进行《时间简史》电影版的拍摄工作。他打电话让我们过

Part Four | Travelling to Infinity 我和霍金的生活

去照全家福,用来做电影的背景。这真是让人吃惊的要求,他刚甩开了我们,现在却要我们去充当相机中的木偶,假装当年的幸福和快乐。我在电话中毫不犹豫地回绝了他,我心中已接受了他将离开我们的家庭的事实。我终于可以勇敢面对自己,再不用担心他的意见了。我告诉他,我们不会去埃尔斯特里,我重新做回了自己的主人。

接下来,沉痛的悲剧变为闹剧。美国的电影制片人和导演们一个接一个地给我打电话,用各种甜言蜜语哄骗我配合他们的工作。他们后来来到剑桥,找到一间废弃的教堂,在那儿搭建了一个和史蒂芬的办公室一模一样的复制品。他们不断地来敲门,带着他们可怜的理由试图博取我的同情。他们绞着双手、哀号痛哭:几百万美元要打水漂了;我的缺席破坏了他们的所有计划、缺少了传记成分,这部电影就会有重大缺陷。我无动于衷,我用他们当年跟我签订合约里的原话回答他们,"电影将以客观的角度讲述一个科学的故事,史蒂芬日常生活中的细节将尽量不会被涉及"。他们说他们当年的那个承诺是错误的。他们对自己的承诺越多否定,我就对他们的真诚度越发否定。我越来越肯定自己的做法,我变得更加坚强。

第四部分

57 无效

也许最近的事件给了我从未有过的独立和自信，但它也同时让我陷入了悲伤的深渊。那是惨痛的失败，我感觉自己曾经的一切努力都付之东流，过去的25年经历仿佛被删除了一样。这并非我的主观感觉，让我不得不承认这个客观事实的正是那两个我曾不辞辛劳为之工作的慈善机构。他们宣称，如果继续和与史蒂芬产生矛盾的我有任何联系，他们将面临损失公众信任的危险。于是，两家机构都将我除名。史蒂芬的名字自然比我的值钱多了。虽然残酷，但也在我的预料之中。在这个社会上，要是没有史蒂芬，我一文不值。

尽管生活置身于一片浓雾中看不清方向，我却在这个最脆弱的时刻感受到了一股前所未有的力量——精神力量。我遍布世界的朋友在这个危急时刻给我送来了关心和慰问，他们从精神上给我的帮助是巨大的。他们是我真正的朋友，他们和我与史蒂芬相识多年，他们见证了我们当年的困难。他们甚至还在某些特定的时候慷慨帮助过我们。这些朋友对我们取得的成功从心底里为我们感到高兴，而并非贪图史蒂芬的名声。这些朋友，我信赖无比。我曾对他们进行过倾诉，他们知道我的忧愁。他们都认识乔纳森，都认为乔纳森是我值得托付的人，也都明白乔纳森在我们家的特殊地位和扮演的特殊角色。有朋友说，听到这个消息后甚至流下了眼泪。他们的安慰给我带来了平静，让我意识到与其在悲伤中沉沦，不如寻找有效的解决办法。我将把过去花在照看史蒂芬身上的精力全部投入到我的新项目中：写一本书，但不是回忆录。虽然许多出版商争先恐后地想要这本书的出版权，但这个题目实在太痛苦了，我目前也缺乏清晰的思考。我要写的是在法国买房的经历，我要将我们如何找房，如何联系地产商，如何翻新房屋的故事写进书中。再加入一些其间发生的轶事，我打算把这样的书推广给那些同样想在法国购置地产的英国人看。我知道，英国的大部分读者都不会法语，所以我还专门做了一个法语词汇备注。上面记载了大量跟房产有关的法语

Part Four Travelling to Infinity | 我和霍金的生活

词语：合法性、保险、装修、水电费、电话系统和卫生保健。

过去我的时间会用在做家务、照看史蒂芬、安排护士值班表、调解护士们之间的矛盾、接无聊读者的电话，以及筹划聚会。如今，我把所有的这些时间都用在了写书上。在编写法语词汇备注时，我学会了使用电脑，就像当年在日内瓦大病初愈的史蒂芬一样。深入了解后，我才意识到，如果当年写论文时能有这样一台设备该多省力。这台电脑外加一台打印机是史蒂芬送给我的分手礼物，这是一份大礼。我一直不明白为什么他选择送我这个，我想，这也许是因为史蒂芬处于一个自我困顿的状态，但因为他的骄傲和孤僻却终不愿承认。但我的确很感激这两台机器为我带来的便利，如果没有它们的帮助我很难写好自己的书。写作时与法语打交道非常有趣，也让我学到了很多新东西。然而，让人头疼的是选择出版商的问题，没有经验的我还是选错了人。有一个看上去很有责任心的出版商找到了我，但事实上，他和他的其他同行一样，只对回忆录感兴趣。

出版商的突然变卦让人恼火，不过幸运的是，我和史蒂芬分开的消息直到几个月后才被媒体知晓。正因为没有八卦小报的大肆炒作，我们才有了一段有益的休整时间。史蒂芬和我能在没有媒体窥视的情况下，重新建立我们的关系。我们可以像老朋友一样见面，远离那些让我们关系恶化的争执。史蒂芬可以每天来西街看望蒂姆，和我们共进午餐，我们可以平静地聊天。唯一的不同就是，他现在和别人住在一起。

我们分居的消息最终还是被媒体知道了，原因是一场车祸。一天晚上，史蒂芬和他的值班护士（不是伊莱恩）在赶回他住处的路上被一辆超速的出租车撞了。史蒂芬的轮椅被撞到了一边，他本人也倒在了漆黑的马路上。幸运的是，他除了肩部有擦伤外，没有其他任何大的毛病。史蒂芬在医院待了几天后就出院了。敏锐的媒体立刻捕捉到了这一消息，采访过程中大家都对史蒂芬未在西街居住而充满了兴趣。各大媒体，报纸杂志社的记者们纷纷赶到我家门口，争相抢着他们心中的大新闻。我和蒂姆被当时的场景吓住了，多亏了旁边哈维院的领班门卫将这些记者打发走了。媒体并不知道乔纳森的存在，所以他得以从后门离开。

这个消息被公之于众后，学校立即派来了财务主管询问我们什么时候搬家。他们的说辞简单坚决：学校和史蒂芬本人签订的合同，如史蒂芬本人不居住在这里了，学院认为没有义务为他的家人提供住宿。他实际上就是给我们限定搬家期限而来的。我没有力气反驳，更别说争取。财政主管通知我搬家的那天的前一天，本应是我和史蒂芬结婚25周年纪念。那是7月的一个星期一的早上，我再次意识到，我和史蒂芬过去的这25年对于外人来说丝毫没有意义。无论过去我创下了什么纪录，如今都被清空，之前那25年就像什么事都没发生过。史蒂芬是唯一重要的人。离开了他，我立刻就会陷入无家可归的险境，我不得不逐渐认清这个现实。

唯一令我宽慰的是，学校给了我们1年的时间让我们找房子。这对我来说非常重要，蒂姆刚转学到距离西街只有5分钟路程的国王学院上学，他转学的主要原因就是离家近。如果他刚开学我们就搬家，我自己也觉得荒谬。此外，蒂姆最好的朋友阿瑟也即将来这里做寄宿生，所以，我想到无论家里发生什么事情，能让我的孩子和他最好的朋友在一起才是最重要的。事实上，阿瑟在接下来的2年时间就居住在我们家中，所以蒂姆在学校内外都能随时见到他的好友。这是一个非常好的局面，阿瑟有我们照看，蒂姆有一个好朋友可以陪他生活。无论遇到什么难题，他们两人都可以相互鼓励并一起度过。

上天赐予我最大的幸运是我不是孤身奋斗，乔纳森一直谨慎而坚定地站在我身边，尽管他受我的拖累也几乎成了公众抨击的中心。有他的陪伴，我那曾经破碎不堪的自信也开始逐渐恢复。同时，他也要努力尝试着接受刚发生的一切事情。从我们认识之初，乔纳森就明白我们的关系是建立在史蒂芬的接纳与否上。我们的共同目标不是摧毁这个家庭，而是维护这个家庭。乔纳森曾担心史蒂芬不能接受，但他却没意识到这也许不是史蒂芬一人能否接受的问题，他低估了误解和闲言碎语所能造成的伤害。乔纳森对我、对这个家，以及对史蒂芬的爱始终那么坚定。对我而言，如果我的生活中没有乔纳森，我几乎不能处理任何事情甚至没有勇气继续生存下去。他替我扛起了无数现实的压力，在他的臂弯中，我找到了长久以来缺失的感情上的依靠。现实再次将我们带到了一起，不过我们拥有的不是欢乐，而是相互对彼此境遇的悲伤。尽管乔纳森和我同居了，但那时的我们还没考虑过结婚的事情。我们忙着找房子，我们对彼此许下爱的承诺。但当时的我，无论是生理还是心理都无法接受自己和史蒂芬分离的事实。此外，我和史蒂芬并无书面上的离婚协议，从法律上看，我们依然是夫妻。

让我欣慰的是，《时间简史》这本书虽然让我们身陷麻烦，但至少它让我免遭一贫如洗的窘境。我们最终在剑桥的同一个区域选中了一间房子，而且我们还有足够的资金对房子进行改建与翻新。初看那栋房子时，我觉

Part Four Travelling to Infinity 我和霍金的生活

得他沉闷且无生机。房子由普通的砖块和混凝土筑成，没有任何吸引人的特点。房子外面的花园贫瘠无比，房间内的墙纸都斑驳地脱落。买这栋房子就意味着我要从零开始，将这个破烂的建筑翻修成我的新家。唯一吸引我们的就是房子的地址，从这里骑车到市中心或者到蒂姆的学校都很近。此外，这里距离史蒂芬奢华的新家也很近。这有益于他们父子见面，史蒂芬曾坚持一个星期要见到蒂姆至少两次。每次蒂姆与父亲见面，阿瑟都会陪同左右从不抱怨。我庆幸史蒂芬没有急着办理离婚手续，我非常担心离婚会迎来一场关于蒂姆抚养权的战争。偶尔，史蒂芬仍然会闹点儿情绪，但我已习惯了他的风格，没有过多地把这些小插曲放在心上。我和史蒂芬的交流和见面，总体来说还是和谐的。

只要没有官方的离婚证书，蒂姆就不会受到复杂法律程序的侵扰。随着他年龄的增长，这个问题很快会自然消失。我逐渐过上了正常的生活，这对于我来说是不敢想象的奢侈。毕竟过去的 25 年，我过的是世界上最艰难的奇怪生活。乔纳森和我珍惜着我们现在的生活和隐私。我们低调地生活，不想让贪婪的媒体找到任何可以挖掘的爆料新闻。偶尔，我们会在报纸或者电视上看到关于我们的不公平报道，不过这不会对我们的生活产生什么影响。

不出意外，剑桥大学以及史蒂芬所在的学院都对西街 5 号的房产充满了兴趣。大学方面想在这个地方给法律系的学生修一栋图书馆，而学院方面早就计划在这里建一个宿舍，两方开始了漫长的协商。在我们居住在那里的最后一年，我们时常要面对学校派来的建筑工人。他们来这里量尺寸、画草图、在花园里插上旗标，作好我们搬家他们就进场开工的准备。随着我们的离开，这栋房子和它那安宁的花园以及花园上茂盛的树木都将迎来尾声。无论是哪方得到了最终的使用权，他们都会拆掉这片绿地。我在等待搬家的那段时间，唯一能做的就是保护好我们花园里的两棵大树——房子边上的一株杉树和草坪尽头的西部红柏。建筑工头再三给我承诺，这些树木已经受到保护，因为它们位于树木保护令规定下的保护区，他们无权砍伐这些树木。我这才放心地搬家了，我认为自己尽到了公民应有的环保的责任。

接下来的一年之中，我经常在回家路上顺道去看旧房子的花园，看看有没有不幸的事情发生。威胁似乎解除了，除了打桩机不停地工作，一切都很平静，花园、草坪、树木都完好无损。独自走在那个花园里，昔日的美好浮现在眼前。我想起了在草坪上举办的聚会，想起了当时跳舞的人群。我们在这里玩板球、槌球，我抬着头看着黑漆漆的窗户，仿佛看到了过去住在那里的我们的欢声笑语，看到了那些夏日晚宴。草坪的角落里摆放着一些我曾经熟识的物件，蒂姆的采砂坑、一个废弃的玩具桶、一个漏气扁平的足球、一个破碎的花盆。它们记录了我们的生活和往事，如今住在这里的学生都不会知道。

看到过去的老家仍然保持着原貌，我放心不少，我的注意力又转移到了其他的事情上去了。我的文稿代理人一直没有找到合适的出版商，我之前撰写的有关法国购房的书已被定名为《在法国安家》。他在找出版商方面的屡屡受挫让我有了自己联系出版商的想法。很快，文稿代理人给我邮寄了一份我们合约的复印件。他指出我和他有4年的合同，合同期内，只有他能作为我这本书的版权代理。如果我想变更条款，除非重新签订一份新的合同，并约定他具有永久性权利代理我出版的与史蒂芬相关的任何传记。我很愤怒，既气自己太过天真，又气这位代理手段狡猾。我缺乏经验且处于沮丧之中，显然，我被他利用了。他的欺诈行为点燃了我要出版这本书的决心，无论付出任何代价也不能让他得到我可能写作的任何书的版权。

几乎在同一时间，税务局开始审查《时间简史》稿酬纳税问题。在保守党政策的影响下，国家失业率增高，国库资金吃紧。于是，国家加大了税务局的调查力度，特别是那些因为离婚导致财政混乱的案件。尽管我已不曾管理史蒂芬的稿费多年，税务稽查员却不依不饶地骚扰着我。他给我写信、打电话，甚至在圣诞节我忙着做饭的时候还打电话询问我。

这些烦恼的事情让我暂时忘却了西街5号的老房子，直到1993年7月的一个星期一，我突然又开始想到它们。这个想法不知为何越来越强烈，直到变为一种不可抗拒的冲动。我的理性思维不断压抑着这奇怪的感觉，因为那几天我一直在忙着准备假期和其他一些活动。那周晚些时候，我去市中心为度假做最后一次购物，回来的路上我决定去西街看看那里的老房子。当我转过街角时，我看到了一片可怕的景象。原本熟悉的花园现在是一片陌生的荒土。曾经的大树、灌木、玫瑰、罂粟、鸟儿、刺猬和松鼠的栖息地，现在都变为了一个大坑。坑里是肮脏的泥水。我稍微盘算了下，大概有40株树木被砍伐，其中最重要的自然是那棵西部红柏。蒂姆的小兔子"棉花尾巴"还在那棵树的下面搭过窝。我站在那里哑口无言，我突然想到星期一的时候的那股冲动，难道是陪伴我多年的树木在向我发出呼救

Part Four　Travelling to Infinity　我和霍金的生活

吗？我不是申请了树木保护令吗？

我给城市委员会打了电话，他们称找不到我当初申请的树木保护令的记录。新的建筑团队给城市上交的项目计划表里只提到了几株不重要的灌木，所以城市委员会并未阻止且批准了他们的计划表。现在回忆，当初那个工头给我的承诺丝毫没有意义，我被欺骗了。不过，我能从这出悲剧中感到一丝因果报应的意味。花园和树木的命运不正是我自己命运的写照吗？大地上的黑洞正是我破裂的家庭最贴切、最惨痛的象征。

结语
2007年2月

Conclusion | Travelling to Infinity
我和霍金的生活

我开始写结语的时候，飞机刚刚起飞。我将迎来9个半小时的飞行旅程，目的地是美国的西雅图。透过飞机的窗户，英国的伦敦机场开始变得越来越小，我们的飞机慢慢驶入云端。自1967年第一次西雅图之旅以来，我已多次重访此地。这次，我热切地期待着到地球的另一面去看望我那刚出生的孙子，任何飞行恐惧症都被抛诸脑后。当飞机飞过苏格兰那白雪皑皑的山岭，向着西北方向穿越冰岛和格陵兰岛时，我突然想起了多年前的往事。那时我身边的罗伯特还是一个小宝宝，而孩子的父亲史蒂芬也才刚开始显露运动神经元病症的病征。今天，罗伯特已定居西雅图，他的妻子卡特里娜（Katrina）是一名杰出的雕刻家。他们不久前刚拥有了自己爱情的结晶。同样让我感到不可思议的是，史蒂芬被诊断出运动神经元疾病时，医生预测他仅剩2年的存活时间。时至今日，44年过去了，他依然存活于世，并在不久前刚拿到了皇家学会颁发的最高荣誉——科普利奖章。

1995年，我曾去西雅图看望罗伯特，因为半年前他刚开始在微软公司工作。当时在飞机上，我就预感西雅图这个城市将默默地在我的生活中充当重要角色。如今，我的小孙子乔治（以我父亲的名字命名）出生了，那个城市和我的生活更是诗意地连接在了一起。这不是我一个人的旅行，罗伯特此时正坐在我的身边，因为我们昨天刚参加完我母亲的葬礼。我的母亲最近忽感不适，一周前在睡梦中安详平静地离开了我们。我当时正为演出进行排练，她离开的时候我感到一阵战栗，仿佛天使的翅膀轻轻呼唤着我。我回到家中，接到了疗养院打来的电话。我并未过于激动，因为我已预感到了母亲的离开。

时间回到1995年，我和史蒂芬办完正式的离婚手续。与此同时，我的书《在法国安家》终于出版了。这本书出版后，我开始慎重地考虑写一本自传，将我和史蒂芬的故事告诉大家。就在这段时间，剑桥的一个出版商联系上我，并提出了希望我撰写一本自传的请求。从西雅图回到剑桥后，我就开始着手起草我的新书。文字从我指尖流出，我就像找到了宣泄的出口，可以将那段充满悲伤和幸福的过去重温。我必须正视那段历史，并在心中给它一个正式的结局。如此，我才有能力去拥抱一个新生活的开始。我要感谢出版商许可我按照自己的意愿讲述故事。通过这书，我将自己过去20—30年的乐观、幸福、失望、悲伤，倾泻而出。

我曾经对写回忆录是比较抵触的。一方面是不愿回忆过去，另一方面是我清楚地知道这会让我曝光更多的隐私。不过，我很快意识到自己是没有隐私权的。史蒂芬在世界上的知名度越高，我越是没有隐私权。在未来的某一天，一定会有某个传记作者打听、编写、编辑，并出版这样的书籍。他的书一定会涉及我的生活。过去与媒体的交流经验告诉我，在别人的夸张描述下我会变成什么样子。所以，与其逃避不如自己主动站出来书写那段过去，将我的故事真实地展现给大众。我在书中披露的很多事情都是非常私人的，它们曾经让我痛苦心碎。我不相信这旋律只能与福楼拜笔下的"破铁锅"发出的噪声共鸣。虽然我在史蒂芬生活中的角色已大不如前——史蒂芬再婚的事实关上了我们交流的大门。但我无法轻易忘却那25年生活在黑洞边缘的感受、那25年取得的卓越成就、那25年我们孕育的可爱的、适应力强的、充满爱心的孩子。随着我在键盘上敲击出文字，我才意识到自己的内心深处早就希望将这些记忆搬出台面，早就希望将积累于心的情绪表达出来。我和史蒂芬的生活或许只是20世纪末的一个普通英国家庭的生活。我生活中的很多地方都很平常，和其他家庭并无区别。唯一的不同是：我的家庭有一个天才的大脑和残疾的身体。

运动神经元疾病是我拿起纸笔撰写这本回忆录的一个重要原因。在这个缺乏爱心的社会，残疾人家庭以及他们的家庭成员时刻都面临着艰辛的挑战——与官僚作风斗争、为保持尊严而斗争、与不停歇的疲劳作斗争、与得不到安慰的沮丧和悲伤心情作斗争。我希望我的回忆录激起社会高层领导人对残疾人权益的重视。同时，我希望我的书能让更多的医学人士引起重视，并投入到这种奇怪疾病的研究中来。目前，英国国家健康体系对这个疾病的认识还是肤浅的。他们并未认识到这个疾病对病人身体会带来多大的创伤，更未认识到这个疾病对病人心理带来的巨大影响。我希望这本书的出版，能让他们明白并重视起来。

1999年8月，我的第一本回忆录，精装版的《音乐移动群星》（即《我和霍金的生活》的第1版）正式出版，书名源于福楼拜的诗集。该书出版后，我收到了许多善良读者们的来信，很多都是对我曾经的生活处境表示关心的女性读者。她们鼓励我继续写作，并给我讲述了她们自己的生活故事。来信的读者中，有的自己就是残疾人家庭中的一员，有与我有相似的家庭生活经历。他们都告诉我，书籍带给他们感动和感伤。《音乐移动群星》出版后，在剑桥的生活圈中，我收到了出乎意料多的支持。很多人告诉我，说他们被书中的内容深深打动。一位94岁高龄的老人还表示，"我的书拿起来就放不下，她宁可不睡觉也要将这本书一口气读完！"史蒂芬在媒体

Conclusion | Travelling to Infinity
我和霍金的生活

前的风光形象让很多人对我们的生活有了错误的理解。他们读了我的回忆录后，才惊讶地发现事实并非如此。由此也证实了我长久以来的怀疑：我们的公众形象和私生活的真相就算不是背道而驰，也是大相径庭的。

我将自己过去的大部分经历都录入了电脑中。1997年7月，我和乔纳森结婚了。那段时间，我们的新家经历着各种磨难。很多亲朋好友都生病了，大小乱子出个不停。我和乔纳森身体状况也不理想，乔纳森去利物浦演出后被诊断患有肾结石。我在一次滑雪中摔伤双腿——腿部韧带撕裂，自此之后，我的膝盖就落下了毛病。鉴于亲朋们的患病，以及我与乔纳森的身体状况，我们并未在婚礼这件事上大费精力。

事实上，要让我们从精神上、情感上为婚礼做好准备是不现实的。离开家之前一两分钟，我突然意识到，沿着那条路走1英里（1 600米）就能抵达教堂，那里坐满了正等待着我的亲戚和朋友，我感到既难为情又难以置信。我在三个孩子的陪伴下来到了圣马克教堂。新上任的牧师向我致以平静而友好的问候，即便如此，我心中的敬畏和惊叹却丝毫没有减少。牧师白底金边的圣衣给这美妙的婚礼添加了一丝童话气氛，接下来罗伯特、露西、蒂姆带我走上地毯。我未来的丈夫乔纳森站在教堂的那边等待着我。唱诗班吟唱起了《希巴女王之驾到》，我被无数的情绪淹没，身体不由自主地颤抖起来，眼睛无法从乔纳森身上移开。孩子们扶着我走过地毯，来到圣坛旁边。在我的左边有一张轮椅，轮椅上坐着我那年迈孱弱的母亲。

接着是赞美诗、祷告文、朗诵和圣歌。其中的每一个词语都是经过仔细斟酌、咀嚼挑选而出，之后被翻译为西班牙语和法语。这些词语由教堂的僧侣、朗读者、唱诗班通过颂歌传达出来。它们或高或低，或雄壮或舒缓。唱诗班中的很多人是我熟识多年的好友，他们用专业的音乐技术将勃拉姆斯的《德语安魂曲》中的"主的宫殿何等壮丽"片段演唱得惟妙惟肖，极为震撼人心。而演讲者只有一个人选，那就是牧师比尔·洛夫莱斯。他和我们相识很久了，且在最艰难的时刻给予过我们帮助，只有他才能胜任这个职位。尽管他当时已年老体衰，他还是坚持站在了讲台上，用他独特的激情和活力发表了动人的演讲。他用最真诚坦白的语气讲述着我们的故事。他的讲话让我想到了我的过去。在那么长一段时间里，我曾拥有许多来自全世界的朋友。他们给了我极大的帮助，他们对我赠与过慷慨的爱。我也在每个星期天的祷告上乞求上帝给予我的这些朋友关爱和照顾。今天他们全都在场见证我了的新婚，唯有我过去25年最亲密的伴侣，我的孩子的父亲史蒂芬缺席。

露西站在台上,引用莎士比亚十四行诗《两颗真心相结》来描述纯洁的婚姻。那景象我至今仍记忆犹新。她站在那里,美丽动人。她的双手放在自己隆起的腹部上,仿佛是从她腹中6个月大的胎儿那里获取能量。她的未婚夫亚历克斯(Alex)站在台下,眼神充满爱意地看着她。在仪式书上签字时,我的钢笔出了问题,将我重要的签名弄得一团糟。不禁让我想起了当年在圣奥尔本斯高中不及格的书法课。乔纳森拉着我的手走下圣坛,仪式迎来尾声。在巴赫的《圣安妮前奏》的伴奏下,在亲戚朋友的笑脸簇拥下,我们走出教堂,走进灿烂的阳光之中。那天是最近几周难得的一个晴天,我和乔纳森在门口给来宾们逐个拥抱,感谢他们的到来。然后我们一起坐上车,车队在一帮法国朋友的领导下,缓缓驶向温波尔礼堂。在那里,我们拍照、举办宴会,欢庆至深夜。

乔纳森和我都乐观地期待着接下来的正常婚姻生活。不过,后来我明白了纯粹的正常生活是不存在的。我们的生活很繁忙,音乐依然是我们生活的主旋律之一。我的唱诗班活动还在继续,我偶尔也会在乔纳森的大键琴伴奏下试着表演独唱。我已不再教书了,因为有太多其他的事情需要我处理。不过,我倒是为跳舞抽出了时间,无论是作为参与者还是观看者。过去,我曾有很长一段时间无法参与其中。我和乔纳森时常旅游,我们经常回到法国的郊外。在那里的一座牧场我置办了一个花园,庆祝千禧年的到来。乔纳森会在闲暇时间处理音乐上的事情(除了剑桥巴洛克乐团以外),他从5年前就开始担任起了剑桥大学莫德林学院唱诗班的总指挥。

我们生命中很少有时间是没有顾虑的。我和乔纳森结婚的那个夏天,我的母亲受到关节炎的折磨变得行动不便,坐上了轮椅。她之所以能继续在圣奥尔本斯的家中生活得感谢我父亲的陪伴和奉献。我经常去拜访他们,终有一天,听力衰退的父亲也坚持不住了。英国国家健康体系和社保向来起不了任何作用,我们又一次不得不寻求机构的帮助为他们申请护理服务。我们对请来的人员的期望再次落空,除了少数符合我们的需求外,大多数人都无法使用。他们要么不够诚实,要么缺乏足够的护理培训。此外,每到法定节假日,他们通常不愿上班。父亲只能给我打电话,让我过去帮忙。有一次,一名护理将沙拉酱加在了水果派上,父亲对此也一笑了之,他从未丢掉自己的幽默感。不过他最终决定和母亲一起搬到了剑桥郊区的一家疗养院居住。

Conclusion | Travelling to Infinity
我和霍金的生活

父母住到了我的附近,并受到了良好的照料,这让我放心不少。不过,我得负责将他们的老房子整修出来并出售。这将是一个累人的大工程。但我非常乐意在父母都还健在的时候为他们处理这些事情。父亲的内心一向是年轻的、有活力的,只可惜年迈的身体跟不上节奏。2004年6月,父亲的帕金森症加重并诱发了肺炎。母亲在那几周之前刚患上胸部感染住进了阿登布鲁克医院。看到母亲之前在医院受到的糟糕对待,父亲犯病后拒绝住院。母亲虽然看上去更加虚弱,但父亲却先一步离开了我们。母亲比父亲长寿,不仅在2006年3月度过了自己的90岁生日,还见证了她的第4个曾孙,我们的第2个孙子乔治的诞生。

与当时的大多数人一样,当我们的父母亲突然老到需要我们照顾的时候,我们丝毫没有迎接困难的准备。同样,无论什么年纪,失去亲人给自己带来的痛苦是沮丧的。在我的生命中,最值得信任且永不计代价为我付出的两个人前后离开了人世。在母亲去世的一周后,在飞往西雅图的航班上,我被悲伤的情绪包围。母亲有着美丽的一生,她慷慨无私,总能体谅并关爱他人。她总能想办法做好事,但无论回忆多么美丽,母亲离开的悲痛始终缠绕着我。曾经,我想象过失去伴侣或者子女的感觉,但我从未意识到失去父母竟会如此的撕心裂肺。

除了照顾年迈的父母亲,过去的十年里还充满着其他挑战。在这里,我就不赘述了。总之,我一直靠着当年照顾史蒂芬的信仰而生活。我现在的信仰更加广阔、敏锐,我以天主教为根基,以音乐为媒体。年轻时候的乐观早已不在,取而代之的是对克服困难的决心。我想,这就是我从史蒂芬身上学到的东西。

再说说家庭,罗伯特已长期定居美国了。不过幸运的是,我的另外两个孩子住在英国,我们经常见面。露西是一个全职作家加单身母亲,他的儿子威廉是一个漂亮的小男孩儿。不过威廉也有自己生活中的困难,2001年时,小威廉被诊断为自闭症患者。

蒂姆已改掉了幼年时期不自信的问题,现在的他精明而敏锐。尽管一直以自己的父亲为豪,但他向来拒绝生活在父亲名气的阴影下。他希望通过自己的努力工作和成就来取得他人的认可,而不是通过他的背景。蒂姆和我一样,精通多种语言,他最终决定攻读伯明翰大学的市场营销硕士。

还有史蒂芬……史蒂芬再一次拿回了自己对生活的控制权——他的第二次离婚程序已接近尾声。从去年夏天开始,他又开始和我们自由地交往了。尽管身患各种疾病，他依然在世界的舞台上活跃着。我们慢慢恢复了交流，经常一起聚会出行。现在我们的家庭聚餐与以前很相似，大家能互相友好地打趣。史蒂芬通常会在宴会结束时总结陈词。我有幸被邀请参加了皇家学会给他颁发科普利奖章的颁奖典礼。虽然我现在对他的科研成果完全不了解了，但和以前一样，在这样的场合我总会为他感到异常的自豪。他在颁奖当天对媒体发言，表达了自己希望去外太空的想法。我不得不承认这让我颇为担心。几周后，他去了一次以色列，他此行的前提是访问约旦河西岸的拉马拉城并和巴勒斯坦人交流。英国《卫报》第二天刊登了整整两版的报道，上面的照片上显示史蒂芬在巴勒斯坦人民簇拥下驾驶着轮椅走在拉马拉的街头。我看到了这份报道后，为他感到无比自豪。在登上太空之前，他还想要去一次伊朗，尽管出于政治原因这次旅行最终能否成功还有待时间的考验。史蒂芬从以色列回英国后，我们一块儿度过了圣诞节和新年。他经常在星期天的时候来我家里吃饭，我们也经常去剧院看演出。他和他的母亲出席了我母亲的葬礼，这给我心里带来了极大的慰藉。伊莎贝尔看上去非常虚弱，但她整体健康状况还算不错，只是记忆力有点儿衰退。伊莎贝尔并不服老，她用自己一贯的幽默和机智提醒我，说我当年将她视作道德模范。前几年，她曾给我写过一封长信，感谢我为史蒂芬做的一切。这一慷慨的举动让我们两家向来紧张的气氛得到了极大程度的缓解。

　　我们曾经居住过的西街5号，现在屹立着一栋新的公寓楼。在那片土地上，我们曾住在一座漂亮的房子里，曾经在美丽的花园里度过了无数美好的休闲时光。20世纪90年代，在我们搬离那里后，我发现他们砍伐了花园里的大树。之后，我发起过一次维权行动，使得几株最重要的大树得以保留。在飞往西雅图的飞机上，我看着飞机在加拿大北部留下的投影，飞机在日益缩减的北极冰川上空吐着浓烟。我问自己，我们的花园被铲平了，美其名曰为了进步，这难道不是一次疯狂的掠夺吗？过度开发可利用资源必将导致整个地球的退化。如同西街5号的房子与花园被铲除一样，我和史蒂芬过去的生活也被铲除了，但我们家庭的核心精神依然存在。事实上，这也是对我的青年岁月的肯定。每当我们重聚在一起享受闲暇时光的时候，那股年轻、热爱生活的冲动又会涌现。和史蒂芬相遇的那年，困扰人类生活的最大问题是"核战争"问题。如今，困扰人类生活的最大问题变为了"地球环境如何发展"，以及"人类能否继续在这个星球上幸存下去"。过去的难题，早已烟消云散；今天的难题，我想只有时间可以给出答案。

附言——2007年5月

写完结语后，史蒂芬刚结束了他的零重力旅行，安全返回地球。各大媒体都刊登了他成功完成太空之旅的照片。照片中，史蒂芬在失重状态下悬浮于空间摆脱一切束缚时，他脸上的笑容几乎能让群星动容。我被深深打动了。我想，在他向着科学无限进发的征程上，我能陪伴他走过中间一段短暂的旅程，是多么的幸福。

最后的话——2014年8月

露西写的儿童读物，科学冒险故事《乔治的宇宙的秘密钥匙》受到了大众的广泛关注。她不知疲惫地努力工作，将自己最好的一切都献给了他的儿子威廉。而威廉如今也成长为了一名讨人喜欢的年轻小伙子。

蒂姆现在从事着市场经理的工作，总在世界各地出差。

罗伯特仍然居住在西雅图，他现在在微软云上班。他的家庭和谐而美满，他们经常回剑桥看望我和史蒂芬。

史蒂芬依然是当今世界最著名的科学家。他如今依然是我们家庭的中心，依然是物理学的中心。事实上，我们很快就要一块儿去旅游了！

致谢